Reifezeiten

Geschichte der Hauswirtschaftsberatung in der Steiermark
von 1945 bis 1995

Gedruckt mit Förderung des Bundesministeriums für Bildung, Wissenschaft
und Kultur in Wien
sowie mit Förderung vom
Amt der Steiermärkischen Landesregierung, Abt. Volkskultur.

Steiermärkische Kammer für Arbeitnehmer
in der Land- und Forstwirtschaft

Umschlagbilder: Mag. Dr. Dorothea Schafhuber.

ISBN 3-7059-0231-8
1. Auflage 2005
© Copyright by Herbert Weishaupt Verlag, A-8342 Gnas.
Tel.: ++43-3151-8487, Fax: ++43-3151-84874
e-mail: verlag@weishaupt.at
e-bookshop: www.weishaupt.at
Sämtliche Rechte der Verbreitung – in jeglicher Form und Technik –
sind vorbehalten.
Druck und Bindung: Druckerei Theiss GmbH, A-9431 St. Stefan.
Printed in Austria.

Dora Schafhuber (Hg.)

Reifezeiten

Geschichte der Hauswirtschaftsberatung
in der Steiermark von 1945 bis 1995

Mit einem Streifzug durch die Kulturgeschichte
des bäuerlichen Wohnens und der Haushaltstechnik

Redaktionsteam:
Linde Doppelhofer
Christel Kortschak
Dora Schafhuber
Ludmilla Weihs

Mit Beiträgen von Bäuerinnen und Beraterinnen

Weishaupt Verlag

INHALT

Vorwort von Vizepräsidentin ÖR Lisl Leitner 9
Vorwort von Min. Rat Dr. Gertraud Pichler 10

Einleitung 12

Teil 1: Landwirtschaftliche Haushaltsberatung in der Steiermark (1945–1995)

Die landwirtschaftliche Haushaltsberaterin 18
Zur Geschichte der Ausbildung von Landwirtschaftslehrerinnen und Beraterinnen in Österreich .. 18
    Lehrerinnen-Ausbildung vor 1938 18
    Ausbildung der Landwirtschaftslehrerinnen im „Dritten Reich" 21
    Ausbildung zur landwirtschaftlichen Lehrerin und Beraterin nach 1945 22
    Lehrbefähigungsprüfung 26
Der berufliche Stellenwert hauswirtschaftlicher Beraterinnen 27
    Gehaltseinstufung, Dienstrecht 27
    Berufsethos – Berufung – Berufsfreude 31
    Der Ingenieur-Titel für die Beraterinnen 34
    Teilspezialisierung und Rationalisierung der Beratung im Bezirk 35
    Bäuerinnen übernehmen Kursleitung und organisieren Exkursionen 37
Weiterbildung und Spezialausbildung 37
    Weiterbildungsseminare für Hauswirtschaftsberaterinnen 37

Geschichte der landwirtschaftlich-hauswirtschaftlichen Beratung in der Steiermark 49
Den Anfang machten Wanderlehrerinnen 49
Das Bildungsprogramm des Reichsnährstandes 52
    Aufgaben der Wirtschaftsberaterinnen im Reichsnährstand 53
    Aus der Praxis der Beratung in der NS-Zeit 54
    Ländliche Hauswirtschaft wird Lehrberuf 56
    Beratungssituation im Krieg 58
Aufbau der Hauswirtschaftsberatung nach dem Zweiten Weltkrieg – ein steiniger Weg 58
    „Hauswirtschaft", „Hauswirtschaftsberatung", „Haushaltsanalysen" 59
    Beratungsziele 59
    Beratung in der Praxis 61
    Mehr Beratungspsychologie als Problemlöser 63
    Sozialökonomische Beratung 65
    Problemlösung durch neue Managementmethode (MSE) 67
Bildungs- und Beratungsauftrag für die Landwirtschaft –
    Aufgabenbereiche in den achtziger und neunziger Jahren 68
    Die Hauswirtschaftsberatung im Wandel 69
    Andere Ziele, andere Bezeichnung der zuständigen Abteilung 70
Beratung und Bildung in der Praxis seit 1945 71
    Beratungserlebnisse 71
    Beraterinnenstand und Arbeitsschwerpunkte von 1945–1985 83
    Personelle Besetzung der Abteilung Hauswirtschaft 86
    Biografie der Abteilungsleiterin Lisbeth Kalin 87

… Biografie der Abteilungsleiterin Dr. Johanna Bayer … 89
… Biografie der Abteilungsleiterin Dipl.-Ing. Ludmilla Weihs … 91
Kurse für Bäuerinnen und Mädchen – Beratungsschwerpunkte … 93
… Mitarbeit der Hauswirtschaftsberaterinnen an den Fortbildungsschulen … 93
… Landjugendbetreuung … 95
… Webkurse – Von der Selbstherstellung zum Zukauf der Textilien … 97
… Kammerfachkurse, Bäuerinnenkurse … 98
… „Missionsversuche für Hauswirtschaft" – Kammerfachkurse für Männer, Hauswirtschaft in Landwirtschaftsschulen … 101
… Vorträge und Kurzkurse für Bäuerinnen … 102
… Haushaltstechnik und Arbeitserleichterung – ein Beratungsschwerpunkt … 104
… Die Beratung in den Umstellungsgebieten („Die Drei im Jeep") … 105
Aktionen … 107
… Elektro-Beispielshöfe … 107
… Gemeinschaftswaschanlagen … 107
… Gefrieranlagen – der große Hit der 50er-Jahre … 109
… Immer wieder Fleischverwertungskurse – erster Ansatz zur Direktvermarktung … 113
… Musterhausgärten und Blumenschmuck … 117
… Haus der Bäuerin … 120
Lehrberuf „Hauswirtschaft" … 121
… Hauswirtschaftslehre … 121
… Es ist kein Meister vom Himmel gefallen – Ausbildung zur Meisterin der ländlichen Hauswirtschaft … 127
Landjugend … 136

Die Fachbereiche der Hauswirtschaftsberatung … 137
Rationalisierung des Haushalts, Verbesserung der Wohnsituation … 137
… Ausstellungen … 139
… Bundeseinheitliche Schwerpunktprogramme … 141
… Schwerpunktprogramme auf Landesebene … 141
… Technik im Haushalt und Energiefragen … 142
Beratungsbereich Wohnen und Wohnbau … 147
… Beratungsinhalte, Beratungsmittel in den 50er-Jahren … 147
… Bauboom und hauswirtschaftliche Wohnbauberatung ab den 60er-Jahren … 150
… Planungsbeispiele … 153
… Wohnbaukurse – Bauherrenschulung … 154
… Investitions- und Finanzierungsplanung … 162
Betriebseinkommen des Haushalts … 162
… Direktvermarktung … 162
… Geförderter Betriebszweig „Urlaub am Bauernhof" … 165
… Buschenschankberatung … 169
Sozialaufgaben der Hauswirtschaftsberatung … 172
… Familienhilfe, Betriebshilfe … 172
… Kur, Erholungswochen, Meeraufenthalt … 173
Bäuerinnenorganisation … 175

Zusammenfassung … 178

Inhalt

Teil 2: Kulturgeschichte des Wohnbaues und der Technik im Haushalt

Vorbemerkung 182

Zur Kulturgeschichte des bäuerlichen Wohnbaus 183
Situation und Wandel bäuerlichen Wohnbaus und bäuerlichen Wohnens 183
Bauernhof und Bauernhaus vor dem Ersten Weltkrieg 186
    Hof- und Hausformen – Forschungsgegenstand und Entwicklung 186
    Bauliche Besonderheiten 190
    Rauchstuben und Rauchküchen 191
    Keller 192
    Kachelstube 193
    Kochen und Wohnen – rauchfrei 194
    Schlafstätten 195
    Nutzung des Wohnhauses für den landwirtschaftlichen Betrieb 195
    Vorratsspeicher 196
    Küchengeräte 198
Situation und Entwicklung des Bauernhauses in der Zwischenkriegszeit 198
    Kücheneinrichtung vor dem Zweiten Weltkrieg 200
Das Bauernhaus im „Dritten Reich" 201
Bäuerliche Wohnverhältnisse und Entwicklung nach dem Zweiten Weltkrieg 204
    Bäuerliches Wohnhaus – Baukultur, Baustil, Wertung 204
    Vorgabe zur Hausgröße 206
    Landarbeiter-Dienstwohnungsbau 207
    Wandel des Baustils, Wohnkultur 208
    Ausgedinge – Wohnung oder Haus 208
    Förderungspreis für gutes Bauen 209
Wohnen und Kochen in den Nachkriegsjahren 212
Situation bäuerlicher Wohngebäude im ausgehenden 20. Jahrhundert – Maßnahmen ... 215
    Dachraumausbau 217
    Kücheneinrichtung 218
    Wirtschaftsraum und Schmutzschleuse 220
    Die Unterbringung von Haushalts- und Betriebsmitteln im Wohnhaus 223
Das Bauernhaus am Ende des 20. Jahrhunderts 223
    Raumgestaltung 224

Kulturgeschichte der Technik im Haushalt 225
    Wasserleitungsbau 226
    Warmwasserbereitung und Zentralheizung 227
    Zentralheizungskessel 228
    Kachelofen 229
    Elektro-Warmwasserspeicher 230
Elektrizität 231
Küchenausstattung: Vom offenen Feuer zum Sparherd 232
    Kochstätten und Kochgeräte 232
    Herd mit offenem Feuer und Kochofen 233
    Der Sparherd 234
    Elektrische und mit Flüssiggas betriebene Küchenherde 237
    Dämpfer, gemauerte Kessel 239
    Kartoffeldämpfkolonnen 240
    Selch- oder Räucherkammern 241
    Küchengeräte 242
Brotbacken und Vorratshaltung 244

Vom Getreide zum Brot	244
Brotbacköfen	248
Konservierungsmittel Salz	252
Fleisch und Speck in der Vorratswirtschaft	252
Eindosen	253
Eier konservieren	257
Milchverarbeitung	257
Lagerung und Konservierung von Kraut und Rüben	259
Obst und Beerenobst konservieren	261
Technik der Wäschepflege	263
Nähmaschine	267
Zusammenfassung	268
Quellen- und Literaturverzeichnis	269
Verzeichnis der Abbildungen	272
Abkürzungen	273
Sachregister	275

VORWORT

Die Beratung und Bildung für bäuerliche Familien und Betriebe erweist sich als eine der bedeutenden Leistungen der Landwirtschaftskammer in der Steiermark für die Bauernschaft. Seit der Wiedererrichtung der Landeskammer für Land- und Forstwirtschaft Steiermark im Jahre 1945 erfuhr die hauswirtschaftliche Beratung durch die Einführung einer eigenen Abteilung innerhalb der Kammer als „Abteilung Hauswirtschaft" eine ihren Aufgaben entsprechende Anerkennung.

Die Hauswirtschaftsberatung bewirkte durch ihren ideellen, personellen und fachlichen Einsatz eine Verbreitung von aktuellen Fachkenntnissen, was sich insbesondere auch auf eine Stärkung des Selbstbewusstseins der Bäuerinnen auswirkte. In unzähligen Fachkursen und Einzelberatungen konnten Kontakte zu den Bäuerinnen und der Landjugend hergestellt werden, die grundlegend für eine erfolgreiche Beratung sind. Attribute einer Beraterin, die das Vertrauen der bäuerlichen Menschen genießt, sind fundiertes Fachwissen, Zuhören können, wenn Not herrscht und den Möglichkeiten entsprechend zu handeln. Hauswirtschaftsberaterinnen scheuen in Zeiten schlechter Infrastruktur keine Strapazen, um für die Bauernschaft im Einsatz zu sein. Ihre Dienstauffassung ist geprägt von Verantwortungsgefühl, Berufsethos und Freude an ihrem Beruf. Der Aufgabenbereich der Beratung in der Landwirtschaft insgesamt hat sich gewandelt, erfordert neue Organisationsformen. Doch sei der Aufbauarbeit in den 50 Jahren Hauswirtschaftsberatung mit Dankbarkeit gedacht.

ÖR Lisl Leitner,
Vizepräsidentin der Landeskammer für Land- und Forstwirtschaft Steiermark

VORWORT

Im Namen des Bundesministeriums für Land- und Forstwirtschaft, Umwelt und Wasserwirtschaft darf ich der Autorin Frau Mag. Dr. Dorothea Schafhuber sehr herzlich zu dieser zeitgeschichtlichen Darstellung der landwirtschaftlichen Haushaltsberatung von 1945–1995 in der Steiermark gratulieren. Es war viel an Recherche notwendig, um diesen informativen Überblick und wichtige Zusammenhänge darzustellen. Darüber hinaus wurde versucht, an einem spezifischen Fachbereich, dem des Wohnbaues und der Technik im Haushalt, die Kulturgeschichte und die damit verbundenen Beratungsanforderungen anschaulich zu erläutern.

Die Land- und Forstwirtschaft hat in diesen 50 Jahren eine enorme Veränderung erfahren. Diesen Veränderungen musste sich vor allem die Beratung stellen, um für die bäuerlichen Familien das bedarfsgerechte und zukunftsorientierte Bildungs- und Beratungsangebot bereitzustellen. In den Jahren von 1950–1970 waren die Produktionsberatung, Ertragssteigerung, Rationalisierung, Spezialisierung, Ernährungssicherheit, Vorratswirtschaft und die Wohnbauberatung wichtige Beratungsthemen. Die Jahre danach bis 1990 waren davon geprägt, die Überproduktion einzudämmen und alternative Einkommenschancen wie Urlaub am Bauernhof, Direktvermarktung, biologische Landwirtschaft, betreutes Wohnen und vieles mehr zu entwickeln. Die Diversifikation in der Landwirtschaft, die Qualitätsproduktion, den Betrieb als Unternehmen zu führen, stellte an die Beratung neue Anforderungen. Die Themenvielfalt, die Komplexität, aber vor allem die Herausforderungen durch den EU-Beitritt haben zugenommen. Jedoch im Mittelpunkt der Beratung stand und steht das Wohl der bäuerlichen Familie mit ihrem Betrieb.

Um die Beratungspersonen für ihre anspruchsvollen Aufgaben zu qualifizieren, bedarf es einer guten fundierten Berufsaus- und laufenden Weiterbildung. Die Diversifikation in der Landwirtschaft verlangt auch eine Spezialisierung der Beratungskräfte. So wurden in den letzten Jahren Spezialausbildungen für Berater und Beraterinnen eingerichtet und für bäuerliche BetriebsleiterInnen verschiedene fachliche Zertifikatslehrgänge entwickelt. Aber bereits in den 70er-Jahren waren die Wohnbauberatung neben dem hauswirtschaftlichen Kostenrechnen, der Investitions- und Finanzierungsplanung und Wirtschaftlichkeitsrechnung wichtige Spezialaufgaben.

Nicht nur fachliche Beratungsinhalte mussten laufend an die Erfordernisse angepasst und vorausschauend entwickelt werden. Auch die Beratungsmethoden und Beratungsmittel wurden vielseitig, effizient und mit neuen Erkenntnissen eingesetzt. Von der Flanelltuchtafel hin zum Taschenrechner bis heute zum Laptop und

Powerpoint mit anspruchsvollen und effizienten Beratungsprogrammen waren Quantensprünge zu verzeichnen. Das e-learning ist auch für unsere Bauern kein Fremdwort mehr.

Diese zeitgeschichtliche Darstellung ermöglicht uns einen guten Rückblick, was die Ziele und Aufgaben der Beratung in den letzten 50 Jahren waren und welche Bedeutung sie für unsere bäuerlichen Familienbetriebe gehabt haben.

Es ist gut, nach vorne zu sehen, Visionen für die Zukunft zu entwickeln. Aber es ist auch notwendig, einmal innezuhalten und zurückzublicken, was die landwirtschaftliche Haushaltsberatung zum Wohle unserer bäuerlichen Familien geleistet hat. Diese Dokumentation lädt dazu ein.

Ein herzliches Dankeschön!

Min. Rat Dr. Gertraud Pichler,
Abteilung Schule Beratung, Erwachsenenbildung

Wien, Juni 2005
Bundesministerium für Land- und Forstwirtschaft,
Umwelt und Wasserwirtschaft

EINLEITUNG

Das Jahr 2005 ist der österreichischen Zeitgeschichte gewidmet. In zahlreichen Veranstaltungen und Ausstellungen werden die Zustände und das Leben vor 60 Jahren dargestellt und die Veränderungen bis zur jüngsten Vergangenheit aufgerollt. In den letzten Jahren wurde viel recherchiert, wurden viele Dokumente gesichtet, viele Zeitzeugen befragt, viel geschrieben, auf die Not in den Nachkriegsjahren hingewiesen, soziale und kulturelle Maßnahmen in dieser Zeitspanne angeführt.

Auch die vorliegende Arbeit befasst sich mit der Aufgabe einer zeitgeschichtlichen Darstellung unter Berücksichtigung kulturwissenschaftlicher Aspekte. Es ist die Geschichte einer Berufsgruppe, die sich seit 1945 für die bäuerliche Bevölkerung beratend und helfend einsetzte: Die landwirtschaftlichen Haushaltsberaterinnen in der Steiermark. Ihre Geschichte wurde niedergeschrieben, damit sie nicht völlig in Vergessenheit gerät. In der heute schnelllebigen Zeit wird kaum noch eine Beziehung zur Aufbauarbeit der Hauswirtschaftsberatung, der Zeit eines kontinuierlichen Aufbaus der Beratung allgemein, einer Kontinuität mit steter Anpassung der Inhalte und Strategien der Entscheidungshilfen an neue Verhältnisse gepflegt.

Wer von den heutigen Beratungsbeauftragten, wer von der bäuerlichen Standesvertretung kann sich heute und in Zukunft überhaupt noch vorstellen, welche Beratungsleistungen in früheren Jahrzehnten unter welchen Verhältnissen von den Beraterinnen in den Bezirken erbracht wurden? Es wird hin und wieder bruchstückhaft davon erzählt, wie es früher war, einiges darüber geschrieben, ohne die Hintergründe und Beziehungszusammenhänge eines Wandels entsprechend zu berücksichtigen. Bei solchen Darstellungen kommt es leicht zur wertenden Gegenüberstellung von einst und jetzt. Die gegenwärtige Beratungsqualität als höher einzustufen gegenüber derjenigen der vergangenen Jahrzehnte greift zu kurz, ist nicht objektiv.

Der Zeitrahmen wurde vom Beginn der Hauswirtschaftsberatung 1945 bis zur weitgehenden Neukonstruktion des Beratungswesens mit dem Beitritt Österreichs zur Europäischen Union 1995 festgelegt. Will man so manche Hintergründe von Begebenheiten und Entwicklungen verstehen, ist ein Rückblick auf frühere Zeiten mit ihren gesellschaftlichen, wirtschaftlichen und kulturellen Zusammenhängen und Ausprägungen aufschlussreich.

Bis in die Mitte der 90er-Jahre war die Bezeichnung des Beratungsgebietes „Hauswirtschaft" auch der übergeordnete Begriff für diese Sparte, die sich auf Haushalt, Familie und betriebliche Interdependenzen im sozialen und kulturellen Umfeld und marktwirtschaftliche Gegebenheiten bezieht. Hauswirtschaft gehörte zum Selbstverständnis der Hauswirtschaftsberaterinnen. Dieser Begriff umfasste alle Bereiche eines Haushaltes mit dem Ziel, Organisation und Aufwand zur Erfüllung aller Erfordernisse für ein ökonomisch gesichertes Leben der Hausgemeinschaft unter Bedacht auf den ideellen, sozialen und kulturellen Kontext in der Beratung zu berücksichtigen. Der Begriff „Hauswirtschaft" hatte in der Antike das gesamte wirtschaftliche Schaffen einschließlich der Landwirtschaft beinhaltet (antike Ökonomik), die Ordnung des Hauses und seiner Verwaltung.[1] Diese Philosophie war auch Programm für die Vertreter der „Hausväterliteratur" des Mittelalters. Sie umfasste die Gutswirtschaft wie die „innere" Hauswirtschaft von der Nahrungsbeschaffung, Vorratshaltung, Nahrungszubereitung, Gesundheitspflege usw. bis zur vielfältigen Landwirtschaft. Vom gesellschaftlichen Wandel durch den Merkantilismus und Liberalismus im 17. und 18. Jahrhundert war der ländliche Haushalt gegenüber dem städtischen weniger betroffen.

Ein gravierender Wandel setzte in der zweiten Hälfte des 20. Jahrhunderts ein. Während in den 30er-Jahren noch die Selbstversorgung bäuerlicher Betriebe und Haushalte politisches Ziel war[2], setzte die Marktverflechtung nach den Jahren des Wiederaufbaues neue Akzente. Das außerschulische und schulische und nicht nur hauswirtschaftliche Bildungsangebot für die bäuerliche Bevölkerung wurde von ihr zunehmend beansprucht. Außerlandwirtschaftliche Berufe wurden von Bauern und der bäuerlichen Jugend aus existentiellen Gründen angestrebt, gleichzeitig stieg das Bildungsniveau dieser Gesellschaftsgruppe. Nicht selten üben heute in der jüngeren Generation Frauen von Bauern einen nichtlandwirtschaftlichen Beruf aus, so manche führt einen Haushalt mit betonter Nutzung des Marktangebotes mit Fertig- und Halbfertigwaren. Andererseits werden gerade die Werte Gesundheit, Tradition, Kultur von älteren, aber auch von jungen Frauen aufgegriffen und mit neuen Erkenntnissen und Ideen zum Gegenstand von Neubesinnung und Neugestaltung der Lebensverhältnisse im eigenen Haushalt und dem sozialen und kulturellen Umfeld ergänzt.

Der Anschluss an die EU stellte neue Herausforderungen an die Beratungskräfte im Allgemeinen. „Hauswirtschaft" im bisherigen Verständnis einer Gesamtheit aller Aufgaben zur Deckung der Bedürfnisse der Haushaltsmitglieder unter ökonomischen, sozialen und kulturellen Gesichtspunkten rückt in den Hintergrund, die

---

[1] Richarz, Irmintraut, Zur Entwicklung der Wissenschaft vom Haushalt, in Bulletin des Internationalen Verbandes für Hauswirtschaft, 8/1977, S. 6f.
[2] Tätigkeitsbericht der Landes-Landwirtschaftskammer Steiermark 1932 bis 1936. – Ing. Hans Linhart, Das landwirtschaftliche Schulwesen in Steiermark, in: Steirische Bauernzeitung, Nr. 1, 2. 1. 1938, S. 11. Hier berichtet der damalige Schulinspektor und Direktor vom Bemühen um Webkurse zwecks Selbstversorgung der bäuerlichen Haushalte mit Textilien und von 50 Eindoskursen vom Juli 1936 bis Juli 1937 in der Steiermark.

Ernährung im Hinblick auf Gesundheit und Erwerbseinkommen, zu dem der bäuerliche Haushalt Wesentliches leistet, steht im Vordergrund. Der Wandel zeigt sich in neuen organisatorischen Maßnahmen.

Die Ausbildung der Lehrerinnen und Beraterinnen für den Einsatz in den landwirtschaftlichen Institutionen (Schule und Beratung) war bis zur verstärkten Öffnung zu nichtlandwirtschaftlichen Berufen („Durchlässigkeit") hauswirtschaftlich betont, die Berufsausübung der Beraterinnen auf den Haushalt in ganzheitlicher Schau ausgerichtet: Haushalt, Familie (Hausgemeinschaft) und Betrieb. An die Beraterin wurde stets eine Vielfalt an Fragen gestellt. Dies änderte sich auch mit der Einführung der Teilspezialisierung in den 70er-Jahren und Zunahme von Aufgaben aus dem Energie- und Umweltbereich nicht. Allerdings wurde die Fachberatung aufgrund zunehmender bürokratischer Aufgaben zurückgedrängt. Die Ausbildung der landwirtschaftlichen Hauswirtschaftslehrerinnen und Beraterinnen hat sich seit den Anfängen nach dem Zweiten Weltkrieg bis zur Gegenwart sehr gewandelt. Solange es noch keine beratungspraktische Ausbildung im Pädagogium gab, war es für die jungen Beraterinnen regelrecht ein Sprung ins kalte Wasser. Die bange Frage „Was wird auf mich da zukommen?" stellten sich wohl die meisten Anfängerinnen. Die Tatsache, dass nicht überall eine ausreichende Einführung in die Arbeit und eine kollegiale Information über besondere Verhältnisse in einem Gebiet oder einem Hof erfolgte, erschwerte nicht selten den Beginn der Beratungstätigkeit. Es war wahrlich ein Abenteuer, auf das sich die unerfahrenen jungen Beraterinnen einließen.

„Hauswirtschaft" ist eine Imagefrage. Sie ist weiblich besetzt und unterliegt der Wert- bzw. Unterschätzung durch die Gesellschaft. Das Problem der Unterbewertung des Haushaltes zeichnete sich in anderen Ländern schon früher ab. Um die Wende vom 19. zum 20. Jahrhundert zeigte sich bereits in der Schweiz das Ausbildungsproblem einerseits für den Haushalt, andererseits für den Beruf. Zu den Auswirkungen der Industrialisierung sah die Gründerin und Vorkämpferin für die Ausbildung von Hauswirtschaftslehrerinnen schon vor 100 Jahren Verwirrung und Zerstörung des Familienlebens. Es war dies die Zeit der Abwanderung der Mädchen vom Land in die Industrie:

„[...]. Der ‚Beruf' brachte eigenes Geld; das Geld konnte zur Befriedigung eigener Bedürfnisse verwendet werden, die Bedürfnisse mehrten sich. Das Haushalten sank in der Achtung, denn es brachte scheinbar nichts ein oder sehr wenig – es war kein ‚Beruf'. Die ‚Familie' fing an, Zerfallserscheinungen zu zeigen. Der Individualismus verlangte immer mehr, sein Leben nach eigenem Gutdünken zu leben. Was vom Haushalt übrig blieb, war zum großen Teil nur noch Schlaf- und Kostort. Die soziale Struktur des Volkes änderte sich; als Gegenpol zum Individualismus trat die Vermassung der Menschen immer stärker in Erscheinung. Das demokratische Staatsgefüge war in Gefahr, eben weil seine ‚Keimzelle', die Familie, gefährdet war. Eine

weitere Strömung kam hinzu: Die Emanzipationsbewegung der Schweizer Frau. Sie war die natürliche Folge des erwachten Bildungsdranges; [...] so entstand das Problem der Vorbereitung auf ihre Doppelaufgabe: Berufslehre und hausmütterliche Schulung."[3]

Fast ein Jahrhundert nach diesen Entwicklungen in der Schweiz mit ihren Auswirkungen werden in Österreich ähnliche Probleme sichtbar. Doch zeichnen sich heute bereits Tendenzen ab, für früher typisch hauswirtschaftliche Aufgaben, wie z. B. in dem Bereich der Hausarbeit, Anleitungen zu professionellen Arbeitsmethoden zu erfahren. Man wird wohl das eine oder andere, das es schon einmal gab, aber als unattraktiv abgesetzt wurde, wieder einführen, vermutlich als Novum deklarieren und unter neuer Bezeichnung anbieten.

Die Ausübung des Berufes als Hauswirtschaftsberaterin ist ebenfalls mit der gesellschaftlichen Einstellung zur Hauswirtschaft verbunden. Dies erfordert das Selbstverständnis als „Hauswirtschafts"-Beraterin, zum anderen handelt es sich um einen Sozialberuf, der wie jeder andere um seine gesellschaftliche Anerkennung bemüht ist. Hauswirtschaftsberaterinnen mit ihrer höheren hauswirtschaftlichen Ausbildung waren lange Zeit in ihrer dienstrechtlichen Position gegenüber den vorwiegend männlichen Kollegen, die eine landwirtschaftliche höhere Ausbildung durchliefen, benachteiligt. Sie wurden – zumindest in der Steiermark – gehaltsmäßig schlechter eingestuft als die männlichen Kollegen ohne pädagogische Ausbildung.

Ehemaligen Hauswirtschafterinnen ist es ein Bedürfnis, die Geschichte der landwirtschaftlichen Hauswirtschaftsberatung von ihren Anfängen im Jahre 1945 und ihren Vorläufern in der Zwischenkriegszeit und im Dritten Reich bis zur völligen Umstellung im Rahmen des Beitritts Österreichs zur Europäischen Union mit neuen Organisationsformen aufzuarbeiten und darzustellen. Sie erinnern sich an ihre Ausbildung, an die Anfänge der Beratung und den Wandel bis zum Jahre 1995. Um diese Zeit wird der systematische Aufbau der Hauswirtschaftsberatung mit ständig gleitender Anpassung an die neuen Herausforderungen abgelöst von einer flexiblen und jederzeit einzusetzenden neuen Auftragserteilung und einer neuen Organisationsform.

Anekdoten und Erlebnisberichte aus dem Beraterinnenalltag bringen Licht in die Hintergründe der Begebenheiten, in die Schwierigkeiten, aber auch Erfolgserlebnisse. Die Situationsschilderungen vermitteln ein realistisches Bild der Arbeit und des Verhältnisses der Beraterin zu Vorgesetzten und zu den Beratungsklienten.

Fachlich bezog sich die Arbeit für die Hauswirtschaftsberaterinnen (Wanderlehrerinnen) anfangs auf Vorratshaltung mit Hinweisen auf gute Haushaltsführung, Be-

---

[3] Schweizer Gemeinnütziger Frauenverein, Sektion Bern, 50 Jahre Haushaltungslehrerinnenseminar Bern 1897–1947. Bern 1947, S. 7f.

schaffung von Geräten und anderen Betriebsmitteln. Die Nachfrage nach Kursen nahm zu, die Aufgaben für die Beraterinnen wurden vielfältiger, einzelne Sparten waren intensiver zu betreuen. Zum Teil konnten die Aufgaben dadurch bewältigt werden, dass der Beraterinnenstand aufgestockt wurde. Allerdings nahm auch die Fluktuation vor allem bei den jungen Beraterinnen zu. Mit der Zunahme der Aufgaben wurde auch die Weiterbildung der Beraterinnen auf Bundes- und auf Landesebene verstärkt.

In den 70er-Jahren kam es in der Steiermark zur freiwilligen Teilspezialisierung. Nach 1995 verschwand die bisherige Abgrenzung zwischen den Aufgaben hauswirtschaftlicher und betriebswirtschaftlicher Beratung immer mehr, Beraterinnen wirkten u. a. als Projektmanagerinnen. Die bisherige Abteilung „Hauswirtschaft", dann Abteilung für „Hauswirtschaft und Familie", wurde zur Abteilung für „Ernährung und Erwerbskombination", was zur Frage Anlass gab, ob nun die „Hauswirtschaft" in der Bildung und Ausbildung der Vergangenheit angehört.

Jede Zeit hatte ihre Schwerpunkte in der Beratung: Bäuerinnenkurse mit Praxis und Theorie, Jugendarbeit, dann besonderer Einsatz in Umstellungsgebieten. Zur Zeit des Baubooms erfolgten eine allgemeine Schulung für alle Beraterinnen und eine spezielle für Spezialistinnen sowie die Einführung von Bauherrenschulungen. Diesem Aufgabenbereich musste besondere Aufmerksamkeit gewidmet werden. Der Bau eines Wohnhauses entsprach finanziell der Wertschöpfung der betrieblichen Arbeit der Bauernfamilie, war das Ergebnis ihrer Lebensleistung. Die Kosten für den Hausbau wurden oft unterschätzt, vielfach kam es zu Überschuldungen des Betriebes. Fehlinvestitionen beim Hausbau galt es durch entsprechende Vorbereitung und Information durch die Bauherrschaft zu vermeiden. Einkommenssparten wie Urlaub am Bauernhof, Direktvermarktung und Buschenschank erforderten den Vorschriften entsprechende Planungen.

Die Förderung bäuerlicher Haushalte durch Agrarinvestitionskredite, Beihilfen und Darlehen wurde zunehmend eine vordringliche Aufgabe der Hauswirtschaftsberatung. Die Abwicklung von Förderungsansuchen beansprucht viel Zeit, doch ergibt sich dadurch der Einblick in Probleme, z. B. Mängel im Plan, die zu einer Beratung veranlassen.

Die Beratungs- und Kurstätigkeit der Hauswirtschaftsberatung der Landwirtschaftskammer ist in ihrer Effizienz zwar nicht messbar, nicht in Zahlen auszudrücken. Doch wurde ungefähr seit den 70er-Jahren das Kurswesen von der jeweiligen Kursleiterin evaluiert, indem sie meist durch Fragebögen die Stellungnahme der Kursabsolventen einholte und, sofern es die Zeit erlaubte, die praktische Umsetzung des Beratungsstoffes in die Praxis in Einzelfällen feststellte. Die Evaluierung erfolgte also informell, d. h. auf der unteren hierarchischen Ebene der Institution und ohne Auftrag von „oben". Die methodisch-didaktische Vorgangsweise wurde von einem

Teil der Beraterinnen mit Wissen und Gewissen überlegt und mit Erfolg durchgeführt.

Fragt man heute Bäuerinnen über ihre Erinnerungen an die „Hauswirtschafts"-Beratung, so wird gerne betont, dass sich die Beraterinnen für sie Zeit nahmen und sie dies sehr schätzten; heute kennen viele die für ihr Gebiet zuständige Beraterin gar nicht. Das neue Medium EDV und Internet verändert die Kontaktnahme, heute verläuft die Beratung annonymer, es gibt weniger persönlichen Kontakt. Früher war die Beratung kontinuierlich, heute wird rasch umgestellt, es fehlt dadurch der Tiefgang.

Die Familie begleitet die Beraterin bis in den Hof, der Bauer bedankt sich für die Beratung (1985).

Ergänzend zur Geschichte der Hauswirtschaftsberatung ist es nahe liegend, kulturgeschichtliche Beiträge anzufügen, die jene Thematik betreffen, mit der im Allgemeinen die Beraterinnen auf fachlichem Gebiet und aufgrund der Förderungen, auch je nach Wissen und Können, stärker befasst waren. Dies betrifft das Bauernhaus und die Technik im Haushalt. Nicht minder bedeutend wäre das gesamte Fachgebiet Ernährung kulturgeschichtlich für den Zeitraum der ersten 50 Jahre Hauswirtschaftsberatung. Da es sich dabei um ein sehr umfangreiches Thema handelt, konnte dies in dieser Arbeit nicht berücksichtigt werden.

Teil 1

Landwirtschaftliche Hauswirtschaftsberatung in der Steiermark (1945–1995)

Die landwirtschaftliche Haushaltsberaterin

Zur Geschichte der Ausbildung von Landwirtschaftslehrerinnen und Beraterinnen in Österreich

Lehrerinnen-Ausbildung vor 1938

Schulen für Hauswirtschaft wurden bereits im 18. Jahrhundert als notwendig erkannt, doch blieb es nur beim Planen ohne Durchführung. Bald nach der Einführung des Reichsvolksschulgesetzes in Österreich im Jahre 1869 plante man den Hauswirtschaftsunterricht in den Pflichtschulen. Eingeführt wurde nur das Handarbeiten und Nähen. Für den Kochunterricht fehlte es an Schulküchen und Lehrkräften. In der zweiten Hälfte des 19. Jahrhunderts wurde in einigen Ländern Deutschlands Kochunterricht in den Volksschulen eingeführt. Im Jahre 1883 wurde in Kärnten (Pichlern-Marienhof) und 1884 in Mistelbach bei Wels eine Molkerei- und Haushaltungsschule errichtet.[4]

Bereits im 19. Jahrhundert erkannte man, dass hauswirtschaftliche Bildung nicht mehr nur von Müttern auf Töchter vermittelt genügt.

Für die weitere Entwicklung der landwirtschaftlichen Haushaltungsschulen waren die Beschlüsse bzw. Anregungen des internationalen Kongresses in Wien im Jahre 1907 und des hauswirtschaftlichen Kongresses in Freiburg in der Schweiz im Jahre 1908 entscheidend.[5] *Dort wurden die Anregungen gegeben, Schulen zu gründen, in*

---

4 Buchinger, Josef, Geschichte des land- und forstwirtschaftlichen Schul- und Bildungswesens in Niederösterreich. Hgg. vom Verein zur Förderung der forstlichen Forschung in Österreich. Wien 1968, S. 123f.
5 Petzold, Ruth, Die Entwicklung der hauswirtschaftlichen Ausbildung im landwirtschaftlichen Bereich in Österreich. Unveröffentlichtes Manuskript. April 1985.

denen Mädchen zu Wirtschaftsberaterinnen und landwirtschaftlichen Haushaltungsschullehrerinnen herangebildet werden.[6]

Die ersten Haushaltungsschulen wurden bereits um die Mitte des 19. Jahrhunderts von Klosterschwestern eingerichtet, die jedoch vornehmlich von Mädchen aus bürgerlichen Kreisen besucht wurden.

Vielfach lehrten tüchtige Frauen ihre Töchter und weiblichen Dienstboten. Alsbald wurden in den Städten Hauswirtschaftskurse für Dienstmädchen angeboten. In Österreich erwog man Ende des 19. Jahrhunderts, Hauswirtschaftsschulen zu errichten und orientierte sich an den Entwicklungen in den Nachbarländern. Studienfahrten führten u. a. nach Deutschland, Belgien und Holland. Die erste ausgebildete Hauswirtschaftslehrerin der Steiermark, Betty Hinterer, besuchte das Haushaltungslehrerinnenseminar in Bern. Ihre Kontakte zur Schweiz sind vielleicht auch auf die Beziehungen ihres Vaters, einem der ersten steirischen Braunviehzüchter, der die Zuchttiere aus der Schweiz importierte, und auf den Einfluss des Direktors der Landwirtschaftsschule Oberhof (seit 1898), die 1904 auf den Grabnerhof bei Admont übersiedelte, zurückzuführen. Betty Hinterer absolvierte zuvor nämlich einen dreimonatigen Hauswirtschaftskurs am Grabnerhof. Dr. Schuppli war Schweizer, verheiratet mit einer tüchtigen Frau aus Schlesien. Ida Schuppli führte bereits am Oberhof Hauswirtschaftskurse ein. Sie versuchte in vielen Beiträgen in Zeitschriften hauswirtschaftliche Hilfen für die Frauen zu vermitteln und von der schulischen Ausbildung in Hauswirtschaft zu überzeugen. Betty Hinterer wurde ihre Nachfolgerin und setzte ihre Bildungstätigkeit wie auch die Auflagen des Grabnerhof-Kochbuches fort. Darüber hinaus diente ihr Buch zur Haushaltsführung den Schülerinnen als Lernbehelf und war in vielen bäuerlichen Haushalten bekannt.

Es ist bei der historischen Betrachtung des Ausbildungswesens in der ländlichen Hauswirtschaft von Interesse, wer die Initiatoren zur Gründung von Hauswirtschaftsschulen und Ausbildungsstätten für Hauswirtschaftslehrerinnen waren. Soweit dies ergründbar ist, waren es sowohl Frauen als auch weitblickende Männer. Die erste Ausbildungsstätte für Landwirtschaftslehrerinnen in Österreich initiierte der Präsident der Landwirtschaftsgesellschaft Oberösterreich, Georg Wieninger. Er besaß ein Gut in Otterbach bei Schärding, wo er 1911 eine einjährige Haushaltungsschule als Übungsschule und das zweijährige Seminar zur Heranbildung landwirtschaftlicher Haushaltungslehrerinnen und Gutsbeamtinnen errichten ließ. Wieninger stellte sein Gut und seine Bibliothek als Lehreinrichtung und Lehrmittel der Schule und dem Seminar zur Verfügung. Eine der steirischen Absolventinnen von Otterbach war die spätere Leiterin der Abteilung Hauswirtschaft der steirischen Landwirtschaftskammer von 1945–1960, Lisbeth Kalin.

---

6 Buchinger, Geschichte, S. 124.

Für Lehramtskandidatinnen gab es einen Spezialunterricht in Pädagogik und Methodik. Diese Anstalt musste nach zehnjähriger Tätigkeit wegen fehlender Finanzierung – den Kriegsfolgen – 1921 geschlossen werden, außerdem errichtete das Land Niederösterreich 1918 in Bruck an der Leitha neben einer zweijährig geführten Burschenschule und einer zweijährig geführten „Landwirtschaftlichen Frauenschule" zur Ausbildung von Bäuerinnen ein zweijähriges Seminar zur Heranbildung von Landwirtschaftslehrerinnen, das so genannte „Haushaltungslehrerinnenseminar".[7]

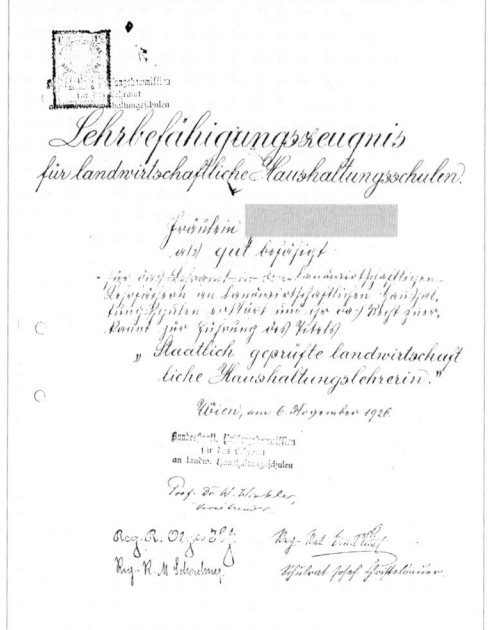

In Bruck an der Leitha war das Eintritts-Mindestalter 17 Jahre. Von der Aufnahmsprüfung waren nur Maturantinnen ausgenommen.[8] Danach wurde die Haushaltungsschule in eine einjährige Schule und das Seminar in eine dreijährige Lehranstalt umgewandelt. Das Seminar schloss mit einer dreitägigen Lehrbefähigungsprüfung vor der „Bundesstaatlichen Prüfungskommission für das Lehramt an landwirtschaftlichen Haushaltungsschulen" ab. Mit der Überreichung des sehr ausführlichen Lehrbefähigungszeugnisses wurde den Absolventinnen die Führung des Titels „Staatlich geprüfte Landwirtschaftliche Haushaltungslehrerin" zuerkannt.[9] Die meisten Landwirtschaftslehrerinnen, die Ende des oder nach dem Ersten Weltkrieg in der Steiermark angestellt wurden, durchliefen diese Ausbildung.

Die Landwirtschaftslehrerinnen waren meist vom Elternhaus her oder von der

---

7   K. k. o. ö. Landwirtschaftsgesellschaft, Die erste „landwirtschaftliche Frauenschule" Otterbach (o. J.), S. 2–3. – Maria Mayrbäurl, Entwicklung des oberösterreichischen landwirtschaftlich-hauswirtschaftlichen Schulwesens. Nichtveröffentlichter Bericht, April 1985. - Ruth Petzold, Geschichte des landwirtschaftlich-hauswirtschaftlichen Schulwesens in Österreich 1984/85. Nichtveröffentlichtes Manuskript. Kopie im Privatarchiv Schafhuber. Hofrat Prof. R. Petzold war Inspektorin für das landwirtschaftlich-hauswirtschaftliche Schulwesen in NÖ. und langjährige Vorsitzende der Arbeitsgemeinschaft der Landwirtschaftslehrerinnen Österreichs.
8   Kurz Gertrude, Niederösterreichische Landwirtschaftliche Lehranstalt: Landwirtschaftliche Frauenschule und Haushaltungslehrerinnenseminar in Bruck a. d. Leitha. Maschinschriftlicher, unveröffentlichter Bericht. August 1982, Kopie im Privatarchiv Schafhuber.
9   Kurz Gertrude, geb. Strubl, Bericht über ihre Ausbildung zur landwirtschaftlichen Haushaltungslehrerin vom August 1982 mit Kopie des Zeugnisses der Schule „Niederösterr. landwirtschaftliche Landes-Lehranstalt und Hauswirtschaftslehrerinnenseminar in Bruck a. d. Leitha", ausgestellt am 14. Dezember 1923. Kopie im Privatarchiv Schafhuber.

schaft" aufgesetzt bekam. Der vierjährige Schultyp, von den Initiatoren vorerst für Absolventinnen einer zweijährigen Hauswirtschaftsschule gedacht, wurde aufgrund vermehrter Nachfrage nach einem fünfjährigen Schultyp aufgelassen und 1999/2000 begann der erste fünfjährige Lehrgang.

Für Absolventinnen einer allgemeinen höheren Schule, einer höheren wirtschaftlichen Berufsschule und Akademikerinnen, die in den landwirtschaftlichen Lehr- und Beratungsdienst eintreten wollten, gab es den Ausbildungstyp „Sonderlehrgang". In Weyregg begann Mitte April 1953 ein zweijähriger Sonderlehrgang mit vorwiegend praktisch-fachlicher Ausbildung. Die Bewerberinnen hatten eine höhere Lehranstalt für hauswirtschaftliche Frauenberufe, eine Lehrerinnenbildungsanstalt oder eine allgemein bildende Mittelschule absolviert.[26] Die Hälfte der Teilnehmer setzte mit dem zweiten Lehrgang der HBLA ihre Ausbildung fort.[27] Die im Jahre 1948 in Tullnerbach untergebrachten „Sonderlehrgänge für die Ausbildung weiblicher Fachkräfte für den landwirtschaftlichen Lehr- und Förderungsdienst" dauerten zwei Jahre, danach besuchten die Absolventinnen die pädagogische Lehranstalt „Bundesseminar für das landwirtschaftliche Bildungswesen" in Wien-Ober-St. Veit.[28] Es gab Sonderlehrgänge für Maturantinnen, 1953/54 für Absolventinnen der dreijährigen Hauswirtschaftsschule und 1955 fand ein einjähriger Sonderlehrgang für elf Absolventinnen der Hochschule für Bodenkultur statt.[29]

Die sechs- bis achtmonatige pädagogische Ausbildung fand zuerst in Tullnerbach statt. Nach dem Ankauf der Liegenschaft in der Angermayergasse in Wien-Ober-St. Veit und der Fertigstellung der Baulichkeiten hatte das Bundesseminar 1954 hier seine endgültige „Heimat" gefunden. Ab 1959 wurde das Seminar zweisemestrig.

1967/68 wurde die pädagogische Ausbildung viersemestrig. Ein Semester davon entfiel auf die Beratungs- und Schulpraxis in den Bundesländern. Es ersetzte die bisherigen Probejahre. Die pädagogische Ausbildung wurde nun auch den vorwiegend männlichen Absolventen einer „Höheren Bundeslehranstalt für Landwirtschaft bzw. Landtechnik" vorgeschrieben, wenn sie eine Stelle als Lehrer oder Berater anstrebten. Derzeit ist diese Anstalt dreijährig und führt den Titel „Agrarpädagogische Akademie".

In den erwähnten Lehranstalten lief das Schuljahr von Jänner bis Dezember. Im Herbst 1957 wurde auf den allgemeinen Schulbeginn im Herbst, Schulschluss im Sommer, umgestellt.

---

26 Reiter-Stelzl, Berufspädagogische Akademie, S. 15.
27 10 Jahre HBLA in Oberösterreich 1956–1966, Elmberg im Sommer 1966, S. 7.
28 Mitteilung von Helga Pietsch, Absolventin des Sonderlehrgangs Tullnerbach.
29 Reiter-Stelzl, Berufspädagogische Akademie, S. 15.

Lehrbefähigungsprüfung

Im Jahre 1947 wurde die „Befähigungsprüfung für den landwirtschaftlichen Lehr- und Förderungsdienst" für alle Absolventen der Höheren Bundeslehranstalten für ländliche Hauswirtschaft eingeführt. Zur Lehrbefähigungsprüfung waren Lehrerinnen und Beraterinnen nach zweijähriger Praxiszeit (Probelehrerin) zugelassen und erhielten vom Bundesministerium für Land- und Forstwirtschaft, der Prüfungskommission für den landwirtschaftlichen Lehr- und Förderungsdienst, das „Befähigungszeugnis für den landwirtschaftlichen Lehr- und Förderungsdienst". Für Absolventen der nicht hauswirtschaftlichen höheren Lehranstalten wurden ab 1953 vierwöchige pädagogische Lehrgänge eingeführt, ab 1963 sechswöchige Lehrgänge für Absolventen einer Höheren Bundeslehranstalt und vierwöchige für Absolventen der Hochschule für Bodenkultur – alle im Bundesseminar.[30] Ab 1966 wurden die gesetzlichen Grundlagen für eine einheitliche pädagogische Lehrer- und Lehrerinnenausbildung geschaffen; mit zwei Semestern bzw. für Absolventen der Hochschule für Bodenkultur vier Wochen mit einer Woche Prüfungsvorbereitung. Die Prüfung zur „Befähigung für den land- und forstwirtschaftlichen Lehr- und Förderungsdienst" konnten die Hochschulabsolventen im Anschluss an die Einführungswoche ablegen.[31]

Die duale Ausbildung zur Landwirtschaftslehrerin oder landwirtschaftlichen Haushaltsberaterin – beide erhalten den Berufstitel „Fachlehrerin" – umfasste, wie erwähnt, ab 1946 eine Ausbildung von insgesamt sechseinhalb bis sieben Jahren.[32] Noch in den 50er-Jahren gab es in den Jahrgängen mehrere Spätberufene, die bereits über praktische und fachliche Erfahrungen verfügten. Vor dem Zweiten Weltkrieg schloss die Lehrbefähigungsprüfung unmittelbar an die pädagogische Ausbildung an, während der NS-Zeit wurde ein Probejahr vor dieser Prüfung angeordnet und seit 1946 sind zwei Probejahre vorgeschrieben.

Erstmals wurde 1966 die pädagogische Ausbildung der vorwiegend männlichen Absolventen der landwirtschaftlich orientierten HBLAs gleich den hauswirtschaftlichen eingeführt. Beratungspraktische Übungen wurden ab 1965 in den Lehrplan aufgenommen, die an einer Bezirkskammer über zwei Wochen zu absolvieren waren.[33]

Die Lehrbefähigungsprüfung konnte nach zwei Praxisjahren abgelegt werden. 1989 wurde die pädagogische Ausbildung auf vier Semester, für Absolventen der Bodenkultur auf ein Semester verlängert. Die schul- und beratungspraktische Ausbildung erfolgte während des viersemestrigen Pädagogiums in einer zweiwöchigen Pra-

---

30 Ebd. – Agrarpädagogische Akademie, S. 24.
31 Ebd. S. 24.
32 Weihs Ludmilla, „Ausbildungsmöglichkeiten in der ländlichen Hauswirtschaft", Grafik. Hg. Landeskammer für Land- und Forstwirtschaft, Abteilung Hauswirtschaft, o. J.
33 Stöckler Franziska, Die Beratungs- und Bildungsarbeit der steirischen Landeskammer für Land- und Forstwirtschaft unter besonderer Berücksichtigung der Bezirkskammer Weiz von 1945 bis 1970. Dissertation der KFU Graz, Graz 1995, S. 143.

xis im zweiten Semester, und einer sechswöchigen im dritten Semester an Bezirks- oder Landeskammern bzw. an einer landwirtschaftlich-hauswirtschaftlichen Schule. Am Ende des vierten Semesters wurde die Lehrbefähigungsprüfung für den landwirtschaftlichen Lehr- und Förderungsdienst schriftlich und mündlich abgelegt. Die letzte Lehrbefähigungsprüfung nach zwei Jahren Probezeit fand 1995 statt.[34]

2001/02 wird die pädagogische Ausbildung für Absolventen einer Höheren Bundeslehranstalt auf sechs Semester verlängert.[35] Seit dieser Zeit beträgt die Praktika wie folgt: fünfwöchige Schulpraxis an Fachschulen, fünfwöchige Beratungspraxis an einer Bezirks- oder Landeskammer und fünfwöchige ergänzende pädagogisches Praktikum an sonstiger landwirtschaftlich-pädagogischer Einrichtung wie Ferienangebote der Sozialversicherungsanstalt (SVA), Grüner Kreis, Behinderteneinrichtung, Alteneinrichtung. Während der Praxis im dritten Semester sind die Studierenden nicht im Seminar Ober-St. Veit. Die zweite Praxis im fünften Semester umfasst je zwei Wochen Schul- und Beratungspraktika, die auch im Ausland erfolgen kann. Als Abschluss wird eine Diplomarbeit entweder im Bereich der Humanwissenschaft oder der Kommunikations- und Beratungswissenschaft verfasst und mündlich präsentiert. Aus diesen drei Bereichen kann jeweils die Lehrveranstaltung gewählt werden, in der die Prüfung abgelegt wird.[36] Die Absolventinnen des Pädagogiums wurden bisher in den landwirtschaftlichen Haushaltungsschulen bzw. von Landwirtschaftskammern angestellt.

Der berufliche Stellenwert hauswirtschaftlicher Beraterinnen

Gehaltseinstufung, Dienstrecht

Die Gehaltseinstufung erfolgte in der Steiermark nach Ermessen zuständiger Kammerbeamter und dem Hauptausschuss der Landeskammer. So wurden z. B. einmal neu eingestellte Beraterinnen eines Jahrganges von Anfang an höher eingestuft als die vorhergehenden. In der Regel kamen in den 50er-Jahren (und wahrscheinlich auch vorher) die neu Eingestellten in eine Gehaltsstufe einer Schreibkraft, vergleichbar der im öffentlichen Dienst eingeführten Einstufung nach A, B, C usw., also in C (Nichtmaturanten) – und das nach einer fast siebenjährigen Ausbildungszeit mit Pädagogium! Erst mit der Lehrbefähigung gab es eine Einstufung als Landwirtschaftslehrerin bzw. landwirtschaftliche Haushaltsberaterin, da das Gehalt der Bera-

---

34 Mitteilung von Prof. Dipl.-Ing. Liebhard-Wallner per e-mail über die beratungs- und schulpraktische Entwicklung seit der Umstellung auf die viersemestrige bzw. sechssemestrige Ausbildung in Ober-St. Veit.
35 Reiter-Stelzl Josepha, Historischer Rückblick auf die Ausbildung von Landwirtschaftslehrer/innen und Beraterinnen, in: FS 50 Jahre Agrarpädagogische Ausbildung, Wien 2004, S. 9ff.
36 Liebhard-Wallner, wie oben.

terinnen – nur mit Lehrbefähigung – vom Bund bezuschusst wurde. Das Anfangs-Nettogehalt einer Beraterin in den 50er-Jahren deckte gerade einen bescheidenen Lebenshaltungsaufwand und betrug z. B. 1956/57 rund 800 Schilling. Ein bescheidenes Zimmer kostete ohne Betriebskosten und ohne Frühstück 120–150 Schilling, mit Betriebskosten rund 200 Schilling, ein Mittagessen im Abonnement, das an Sprechtagen konsumiert werden sollte, je nach Bezirk 20 bis 28 Schilling, also bei zwei Mittagessen pro Woche rund 160 bis 224 Schilling pro Monat. Davon allein konnte man aber nicht leben. Natürlich gab es Diäten, die man zum Teil dem Gehalt zurechnen muss. Die Unterrichtsstunden an den Fortbildungsschulen wurden ebenfalls honoriert. Es gab jedoch ziemliche regionale Unterschiede hinsichtlich des Lebenshaltungsaufwandes. In manchen Gebieten erhielten Beratungskräfte Aufwartungen von den Beratungsklienten, in anderen wiederum war dies nicht üblich oder es wurde das Angebotene nicht vertragen:

> *Die Bäuerin meinte es gut mit uns – sie wartete Würstl auf. Doch die sahen etwas bedenklich aus: sollen wir sie essen? Ja, wir müssen, sonst ist die Frau gekränkt. Doch da lag ein Hund unter der Bank. Schwupps, legte die eine ihr Würstl im Moment, in dem die Bäuerin die Küche verließ, dem Hund vor die Nase. Dieser schnupperte daran und ließ es liegen! Die Bäuerin kam zurück, unsere Verlegenheit war groß – ein Gedankenblitz: „Entschuldigen S', mir ist das Würstl hinuntergefallen". Die Bäuerin: „Ach, macht nix, hab ja noch eines", und legte eines auf den Teller der Missetäterin. Es musste gegessen werden, aber auf dem Weg zurück zum Auto wurde es wieder hergegeben.*

An Freitagen wurde kein Fleisch aufgewartet, da gab es im Unterland Eierspeise, da Bohnen den Bäuerinnen als zu gering für die Beraterin erschienen. Mehrmals Eierspeise hintereinander an einem Tag war auch nicht jedermanns Sache. In den Milchliefergebieten war das Käsebrot die häufigste Jause, denn Käse wurde von den Milchlieferanten von der Molkerei zurückgenommen.

Es gab Gebiete, wo die Bäuerinnen eine Jause bester Qualität auf den Tisch stellten, aber in anderen Gegenden war es üblich, an jedem Außendiensttag als Jause vorwiegend „schaken" (ranzigen) Speck oder Selchwürstel und sauren Most oder gesüßten Schnapstee angeboten zu bekommen. Man konnte in solchen Fällen Verständnis erwarten, wenn man statt zu jausnen um einen Kamillentee bat. Die Situation in den 50er-Jahren ist eben nicht die gleiche wie zehn Jahre später, als bereits die hauswirtschaftlichen Kurse und Besuche von Fortbildungs- und Fachschulen Früchte trugen. Es mag vorgekommen sein, dass einer Beratungskraft das eine oder andere Essbare, Schmackhafte zugesteckt wurde, was den Lebensunterhalt verbilligte. Anderswo wiederum war es nicht üblich, die „Kammerleute" zu bewirten. In einer südsteirischen Gegend bekam der Gast (dazu zählte auch die Beraterin) nur ein Glas Wein hinge-

Praxis auf Bauernhöfen mit den bäuerlichen Lebensverhältnissen vertraut. Zu ihrer persönlichen Eigenart erwarben sie jedoch in ihrer Ausbildungsstätte nicht nur fachliches Rüstzeug, sondern auch eine gewisse Prägung ihrer Lebenseinstellung, die sie in ihrem Beruf weiter vermittelten. Diese kam besonders bei Leiterinnen von Schulen im Stil der Führung von Schule und Schülerinnen zum Ausdruck. Als ein prägnantes Beispiel mag das strikte Alkoholverbot an der Schule am Grabnerhof unter der Leitung von Betty Hinterer gelten. Ihr war auch das Alkoholproblem auf dem Lande mit seinen Folgen bekannt, das sie energisch bekämpfte. Nach Absolvierung des Pädagogiums wurde die Lehrbefähigungsprüfung abgelegt.

Ausbildung der Landwirtschaftslehrerinnen im „Dritten Reich"

In der NS-Zeit wurde in Österreich, nun „Ostmark" genannt, das deutsche Ausbildungssystem eingeführt. Es war beabsichtigt, eine Ausbildungsstätte für die Alpengaue und eine für die Donaugaue einzurichten. Die frühere Meiereischule in Annabichl bei Klagenfurt (Pichling-Marienhof), gegründet 1883, somit die älteste landwirtschaftliche Hauswirtschaftsschule Österreichs, wurde in die Stiftsgebäude Maria Saal übersiedelt. Hier wurde die Ausbildungsanstalt für Landwirtschaftslehrerinnen der Alpengaue eingerichtet, die dann „Zollfeld" hieß. Darin befand sich eine Unterklasse (landwirtschaftliche Haushaltungsschule) als Übungsschule und eine Oberklasse. Deren Absolventinnen konnten bereits als Wirtschaftsberaterinnen in einer Kreisbauernschaft des Reichsnährstandes angestellt werden. Vorerst wurde dort ein Aufbaulehrgang zur Lehrerin der landwirtschaftlichen Haushaltskunde angeboten, doch war bereits eine einjährige pädagogische Ausbildung für Lehrerinnen der landwirtschaftlichen Haushaltskunde vorgesehen, die bis 1940 in Bruck/Leitha stationiert war. Diese wurde 1940/41 nach Tullnerbach, dann nach Gießhübl, im Jahre 1943 in das Schloss Obersiebenbrunn verlegt.[10] Als Unterklasse gab es eine Haushaltungsschule und eine Landfrauenschule. Eine Oberklasse gab es also in Zollfeld und in Bruck/Leitha.

Absolventinnen eines pädagogischen Seminars waren danach Landwirtschaftslehrerinnen und konnten an einer landwirtschaftlichen Haushaltungsschule oder an einer Landfrauenschule unterrichten.[11]

Ausbildungsbedingungen waren:

• Zwei Jahre Hausarbeitslehre mit anschließender Hausarbeitsprüfung und zwei Jahre Hauswirtschaftslehre auf einem Lehrhof als Voraussetzung für den Besuch

---

10 Buchinger, Geschichte, S. 135. – Reiter-Stelzl, Josefa, Historischer Rückblick auf die Ausbildung von Landwirtschaftslehrer/innen und Beraterinnen, in: 50 Jahre agrarpädagogische Ausbildung (FS). Wien 2004, S. 9ff.
11 Wochenblatt der Landesbauernschaft Südmark. Amtliches Organ des Reichsnährstands. Folge 38, 23. 9. 1939, S. 1139.
12 Auskunft der Betroffenen und Zeitzeugin Dipl.-Ing. Ludmilla Weihs.

- der einjährigen Unterklasse bzw. einer einjährigen Landfrauenschule,[12]
- danach Besuch der Oberklasse.
- Seminar (siehe oben).

Der Unterricht begann im November. Statt eines Zeugnisses erhielten die Absolventinnen eine Bestätigung, den „pädagogischen Lehrgang für Lehrerinnen der landwirtschaftlichen Haushaltungskunde" besucht zu haben. Leiterin dieses Seminars war Dipl.-Ing. Franziska Haas. Der letzte Lehrgang in Obersiebenbrunn fand vom September 1944 bis Kriegsende statt.[13]

Ab dem Schuljahr 1944/45 wurde ein neues Institut als „Staatsinstitut für den landwirtschaftlichen Unterricht" in Klagenfurt errichtet[14], das nur ein halbes Jahr währte.

Nach einem Jahr als „Probelehrerin" in der Beratung oder an einer hauswirtschaftlichen Schule konnte die Lehrbefähigungsprüfung abgelegt werden.

Ausbildung zur landwirtschaftlichen Lehrerin und Beraterin nach 1945

Nach dem Zusammenbruch des „Dritten Reichs" mussten die landwirtschaftlichen Lehrerinnen und Beraterinnen, die in der NS-Zeit ihre Ausbildung durchliefen – sie waren meist noch Probelehrerinnen – einen Kurs im Winklhof bei Oberalm in Salzburg absolvieren, der die ideologische Umschulung bezweckte. Im Anschluss daran konnte die Lehrbefähigungsprüfung abgelegt werden.[15] Dieser Sonderlehrgang fand zwischen 1946 und 1949 an dieser Fachschule statt und musste vorerst von allen Fachkräften, die ihre Ausbildung nach reichsdeutschen Lehrplänen begonnen hatten, besucht werden.[16] Im Jahre 1947 fand aufgrund eines Beschlusses des Bundesministeriums für Land- und Forstwirtschaft bereits ein Sonderlehrgang statt, in dem folgende Unterrichtsgegenstände angeführt sind: Agrarpolitik, Betriebslehre und Wirtschaftsberatung, Hauswirtschaftslehre, Nählehre, Ernährungslehre, Gesundheits-

---

13 Mitteilung von Herta Trummer, Loipersdorf, und Gretl Schein, Pichling bei Köflach, beide Absolventinnen des Obersiebenbrunner Seminars, Mitteilung vom 9. 3. 2003.
14 Ausbildungs- und Prüfungsbestimmungen für Lehrer und Lehrerinnen an landwirtschaftlichen und gartenbaulichen Berufs- und Fachschulen. Hg. Reichsministerium für Wissenschaft, Erziehung und Volksbildung. Berlin 1943, S. 10f. – Mitteilung Dipl.-Ing. Ludmilla Weihs, Zeitzeugin.
15 Information Dipl.-Ing. Ludmilla Weihs.
16 Reiter-Stelzl Josepha, Die land- und forstwirtschaftliche berufspädagogische Akademie. Entwicklung, Aufgaben und Perspektiven des Bundesseminars in Wien. Diplomarbeit an der Grund- und Integrativwissenschaftlichen Fakultät der Universität Wien. Wien, Juni 1998, S. 14.
17 Kopie im Anhang der Diplomarbeit Reiter-Stelzl, Berufspädagogische Akademie, S. 103.
18 Halmer Irmtraud, Von der „ersten Landwirtschaftlichen Frauenschule" zur „Höheren Bundeslehranstalt für Land- und Ernährungswirtschaft", in: Festschrift 1951-2001 Höhere Bundeslehranstalt für Land- und Ernährungswirtschaft Sitzenberg". Sitzenberg, Oktober 2001, S. 23–26.
19 Reiter-Stelzl, Berufspädagogische Akademie, S. 14.

lehre, Säuglingspflege, Obst- und Gartenbau, Milchwirtschaft und Kleintierzucht sowie Referate.[17]

1946 wurde der Schultyp „landwirtschaftlich-hauswirtschaftliche Lehranstalt" als dreijähriges Seminar in der Haushaltungsschule als „Staatliche landwirtschaftliche Mädchenschule"[18] bzw. „Landwirtschaftliche Mittelschule für Mädchen"[19] in Sooß errichtet. Zur Aufnahme war ein zweijähriges Praktikum erforderlich. 1951 übersiedelte diese Lehranstalt in das Schloss Sitzenberg bei Reidling, NÖ., das mit ERP-Mitteln angekauft wurde. Der Titel war nun „Höhere Bundeslehranstalt für landwirtschaftliche Frauenberufe (HBLA) Sitzenberg". Bis 1954 war dies die einzige dieser Art in Österreich, die anschließende pädagogische Ausbildung fand in Tullnerbach statt. Die Zulassung zur Aufnahmsprüfung setzte eine zweijährige Praxis (Hauswirtschaftslehre) und die Absolvierung einer einjährigen Haushaltungsschule voraus. Ausnahmen kamen vor.

Bis 1938 konnte die Lehrbefähigungsprüfung an der Hochschule für Bodenkultur nach der pädagogischen Ausbildung, in der NS-Zeit nach einem Probejahr, abgelegt werden. Nach dem Zweiten Weltkrieg waren zwei Probejahre für die Zulassung zur Lehrbefähigungsprüfung vorgeschrieben. Mit der Verlängerung der pädagogischen Ausbildung auf vier Semester wurde die Ablegung der Lehrbefähigungsprüfung unmittelbar nach dem Seminar wieder eingeführt.

Bis 1956 betrug in Sitzenberg die Schuldauer drei Jahre. Von 1956 bis 1963 wurde hier dieser Schultyp vierjährig geführt; es waren zwei Jahre Praktikum oder eine einjährige Haushaltungsschule statt einem Jahr Praxis vorher zu absolvieren. Mit dem Schuljahr 1963/64 wurde Sitzenberg fünfjährig, das Aufnahmealter war nun ab 14 Jahren.[20] Nach einer Probezeit in Sitzenberg wurden auch die anderen HBLA's auf den fünfjährigen Schultyp umgestellt.

1954 wurde in Pitzelstätten bei Klagenfurt die zweite HBLA Österreichs für landwirtschaftliche Hauswirtschaft errichtet, die „Höhere Bundeslehr- und Versuchsanstalt für ländliche Hauswirtschaft Pitzelstätten bei Klagenfurt". Vorerst dreijährig, wurde Pitzelstätten ab 1958 vierjährig, dann fünfjährig mit einem vierjährigen Sonderlehrgang für Absolventen einer zweijährigen Hauswirtschaftsschule. Mit der Umstellung der Hauswirtschaftsschulen auf drei Jahre wird hier derzeit ein dreijähriger Aufbaulehrgang geführt.

Die HBLA Elmberg bei Linz begann mit dem Unterricht vorerst als „Sonderlehrgang" in Weyregg (1953/54) mit anschließender seminaristischer Ausbildung.[21] Ungefähr die Hälfte dieses Sonderlehrganges wurde als erster Lehrgang der Höheren Bundeslehranstalt in Oberösterreich geführt. Aufnahmsprüfungen für einen weiteren

---

20 Halmer Irmtraud, in: Festschrift 1951–2001. Höhere Bundeslehranstalt für Land- und Ernährungswirtschaft Sitzenberg". Sitzenberg, Oktober 2001, S. 23–26.
21 10 Jahre Höhere Bundeslehranstalt für landwirtschaftliche Frauenberufe in Oberösterreich 1956–1966. Elmberg 1966, S. 7f.

Lehrgang folgten, der dann interimsmäßig bei den Schulschwestern in Wels im Februar 1957 begann. In Wels liefen bereits drei Jahrgänge, ein vierter war erst möglich, als der erste und zweite Jahrgang ein Ferialpraktikum an der HBLA Pitzelstätten absolvierten. Der erste Jahrgang 1958/59 musste aus Platzgründen ausfallen, der Eintrittsjahrgang 1959/60 verbrachte sein erstes Schuljahr in Breitenwang bei Reutte (Außenstelle der HBLA Kematen). Die zweite Reifeprüfung fand 1960 noch in Wels statt. Im November 1960 schied die HBLA endgültig (und schweren Herzens[22]) von Wels und zog in den Neubau in Elmberg ein, wo noch Räume im Rohbau standen, die erst 1961 fertiggestellt werden konnten. Um diese Zeit kehrte auch der zweite Jahrgang aus Tirol zurück. Einen dritten Jahrgang gab es in diesem Jahr nicht. Die HBLA wurde vorerst 1960 und nach Fertigstellung aller baulichen Maßnahmen am 4. 10. 1961 feierlich eröffnet. Die Lehrgänge wurden ab dem Schuljahr 1969/70 fünfjährig geführt.[23]

Der 1. Jahrgang an der HBLA Kematen bei Innsbruck begann im Jahre 1959. Da noch gebaut werden musste, wurden der zweite und dritte Jahrgang für ein Jahr nach Breitenwang bei Reutte ausgesiedelt.[24] Kematen führt derzeit einen fünfjährigen Lehrgang und einen dreijährigen Aufbaulehrgang.

Die Lehranstalt Sitzenberg hieß ab 1951 „Höhere Bundeslehranstalt für landwirtschaftliche Frauenberufe", Elmberg und Kematen ab ihrer Gründung und später auch Pitzelstätten, ab 1988/89 hießen sie „Höhere Bundeslehranstalt für Land- und Hauswirtschaft" und seit dem Schuljahr 1995/96 „Höhere Bundeslehranstalt für Land- und Ernährungswirtschaft".[25]

So wie z. B. Oberösterreich um „seine" HBLA im Lande bemüht war, strebte man auch in der Steiermark eine landwirtschaftlich-hauswirtschaftliche höhere Lehranstalt an. Von der Bäuerinnenseite bemühte sich die damalige Abgeordnete zum Nationalrat und Landesbäuerin von Steiermark, Maria Stangl, unterstützt von der Leiterin der Abteilung Hauswirtschaft der Kammer, Dipl.-Ing. Ludmilla Weihs, um die Errichtung einer Höheren Lehranstalt für landwirtschaftliche Hauswirtschaft. Vonseiten des Landes waren der Landesschulinspektor und Landtagsabgeordnete Dipl.-Ing. Hermann Schaller und der Direktor der St. Martiner Hauswirtschaftsschulen, Hofrat Monsignore Willibald Kahlbacher, auch bestrebt, einen vierjährigen Schultyp in der Steiermark einzuführen. Die Schulschwestern in Eggenberg begannen mit dem Unterricht 1989/90 einer „Höheren Lehranstalt für Land- und Hauswirtschaft" als Privatschule mit Öffentlichkeitsrecht, die vom Unterrichtsministerium seit dem Schuljahr 1995/96 die Bezeichnung „Höhere Lehranstalt für Land- und Ernährungswirt-

---

22 10 Jahre Höhere Bundeslehranstalt Elmberg, S. 9.
23 Information OStR Ing. Maria Schaffer, ehem. Lehrerin in Elmberg und Ing. Maria Reiterlehner, Absolventin des ersten fünfjährigen Lehrganges in Elmberg.
24 Information Hanni Eder, Innsbruck, ehem. Lehrerin in Kematen.
25 Halmer Irmtraud, Festschrift 1951–2001, S. 23f.

stellt. Ohne Brot dazu ließ man das Weinglas gerne unberührt. War ein Beratungsfall schwierig und langwierig, meldete sich ein Hungergefühl, vor allem wenn sich die Arbeit von in der Früh bis nach Mittag erstreckte. Es war ein Glücksfall, wenn danach ein Gasthaus aufgesucht werden konnte, das auskochte. Dies war in den 50er-Jahren noch keineswegs selbstverständlich. So mancher Wirt war vorwiegend auf Getränkeausschank eingestellt. Keine Aussicht auf etwas Essbares, wenn der Magen knurrt, hatte auch eine Beraterin, die mit ihrer Chefin, Schulrat Kalin, unterwegs war:

Als ich im Grenzland Beraterin war, kam die Chefin aus Graz, Schulrat Lisbeth Kalin, auf Inspektion. Wir gingen den ganzen Tag von einem Hof zum andern. Der Hunger plagte uns schon sehr, denn wir bekamen nirgends was zu essen, sondern überall nur einen Wein vorgesetzt. Als wir durch ein Waldstück wanderten, bemerkte ich eine Menge Eierschwammerln, tat aber so, als würde ich sie nicht sehen. Da rief Frau Schulrat: „Eierschwammerln! Ja sehen Sie die Eierschwammerln nicht? Die wollen wir doch mitnehmen!" Also sammelten wir Eierschwammerln. Als wir beim nächsten Hof in die Küche kamen, fragte nach einer kurzen Begrüßung und Vorstellung Frau Schulrat die Bäuerin: „Haben Sie ein Pfandl und etwas Schmalz?" „Jo ..." „Und auch zwei Eier?" „Jo...", „dann bitte wollen wir uns die Eierschwammerln rösten." Ich putzte und schnitt die Schwammerln, röstete sie, während die Chefin sich mit der Bäuerin unterhielt. Endlich gab es an diesem langen Wandertag von einer Bauernwirtschaft zur anderen für uns etwas zu essen.

Auf dem Heimweg belehrte mich Frau Kalin: „Wenn Sie auf einen Hof kommen, gehen Sie zuerst ins Häusl. So wie dieses ausschaut, so wird es auch im Haus sein." M. W.

In der Zentrale stellte man sich natürlich ein billiges Leben auf dem Lande vor, vielleicht basierend auf Erfahrungen der Bauberater, die angemeldet waren, und für die der Tisch stets reichlich gedeckt war. Die Außendienstdiäten deckten zwar bei ganztägigen Veranstaltungen, die in Gasthäusern stattfanden, die Ausgaben für Essen und Getränke, meist blieb noch etwas für den Kaffee, je nach Gebiet auch darüber hinaus noch etwas übrig. Bei anspruchsvollen Einsätzen, wie bei überregionalen, speziellen Tagungen konnte eine Teilnehmerin vielleicht mit den Tagesdiäten auskommen oder auch nicht. Ein Beispiel des Gehaltes einer Beraterin im Jahre 1959 im dritten Dienstjahr zeigt laut Lohnstreifen Folgendes: brutto 1.693,– öS, netto 1.434,80 öS, abzüglich der monatlichen Raten von 500 öS für den Gehaltsvorschuss für ein Auto der Marke Puch 500, das sie im Dienst einzusetzen hatte. Der Auszahlungsbetrag machte demnach 934,80 öS aus. Nur Anfängerinnen in der Beratung mit finanziell gut gestellten Eltern, die ihr das Auto kauften, brauchten natürlich keinen Gehaltsvorschuss zu beanspruchen. Die Verkehrswege waren speziell im Winter in den 50er- und Anfang der 60er-Jahre großteils katastrophal. Beschädigungen des Autos, z. B. auf eisigen Wegen und Hofzufahrten, waren daher keine Seltenheit. Obwohl diese im Rahmen oft termingebundener Dienstreisen passierten, hatten die Reparaturkosten voll und ganz die Dienstnehmer selbst zu bestreiten. Es gab das Kilometergeld für die Außendienstfahrten. Dieses deckte die Kosten für die laufenden dienstlichen Fahrtkilometer und die normalen Instandhaltungskosten, aber keineswegs die Kosten für Reparaturen aufgrund schlechtester Fahrbahnverhältnisse.

Eine angemessene Gehaltsstufe für Beraterinnen mit absolviertem Pädagogium lehnte noch zu Beginn der 70er-Jahre der damalige Betriebsratsobmann der Kammer vehement ab. Doch nach einigen Jahren wurde von der Kammer ein dem Land vergleichbares Gehaltsschema beschlossen, in dem eine Einstufungsklasse 4L für Beratungskräfte – also vergleichbar dem Lehrerschema des Landes – eingeführt wurde. Sie sollte eine (zumindest scheinbare) Gleichstellung mit den männlichen Kollegen ermöglichen und außer der Matura auch die pädagogische Ausbildung berücksichtigen.

Landwirtschaftsberater wurden auch als Nichtmaturanten, wenn sie eine Fachschule absolviert hatten, eingestellt und gehaltsmäßig immer besser eingestuft als die Beraterinnen mit Matura und Pädagogium. Eine pädagogische Schnellausbildung (sechs Wochen) mit Lehrbefähigungsprüfung wurde in den 70er-Jahren für alle mit der Beratung befassten Kammerangestellten vorgeschrieben.

Die Arbeitszeit betrug bis 1959 48, ab 1. Februar 1959 45 Wochenstunden:
Ab 1. Februar 1959 traten die zwischen dem Österreichischen Gewerkschaftsbund und der Bundeskammer der gewerblichen Wirtschaft getroffenen Vereinbarungen in Kraft, welche eine Verkürzung der wöchentlichen Normalarbeitszeit von 48 auf 45 Stunden, bei vollem Lohnausgleich, vorsahen. [...][37]

Der Gebührenurlaub betrug, wie in allen Dienstnehmersparten, die ersten fünf Dienstjahre zwölf Werktage, wobei natürlich auch der Samstag als Werktag galt.

Mit viel Idealismus waren viele Beratungskräfte auch an Sonntagen im Einsatz. Unter anderem fanden in den 50er- und frühen 60er-Jahren z. B. viele Landjugend-

---

37 TB 1958/59, S. 19.

veranstaltungen wie Jahreshauptversammlungen der Ortsgruppen nur sonntags oder feiertags statt und erforderten die Teilnahme der Beratungskräfte. Für diese sonn- und feiertäglichen Mehrleistungen gab es offiziell einen Zeitausgleich 1:1, zusätzlich einen freien Tag für fünf Dienstsonntage eines Kalenderquartals. In der Praxis wurde von den unmittelbaren Vorgesetzten (Kammersekretär, Abteilungsleiter) nur Letzteres eingehalten, von der offiziellen Version erfuhren die Beratungskräfte erst nach einer Beschwerde an den Leiter der Personalabteilung anlässlich einer Arbeitstagung 1962. Dennoch wurde bis in die 70er-Jahre diese Regelung den Beratungskräften vorenthalten.

Das Argument des Leiters der Personalabteilung war: *Die Bauern müssen auch sonntags arbeiten. Wem es nicht passt, der kann ja gehen.* Für die Leiterin der Abteilung Hauswirtschaft wurde es jedoch immer schwieriger, gute Nachwuchskräfte zu bekommen. Ein zusätzliches Einkommen durch private Geschäfte oder Dienstleistungen außerhalb der Kammer beschafften sich nur wenige, dies wurde von der Kammerführung auch nicht gerne gesehen und sollte gemeldet werden. In der Beratung ist es wesentlich schwieriger, Beruf und Familie in Einklang zu bringen. Da dies nicht immer möglich war oder auch aufgrund gesundheitlicher Probleme wanderte so manche Beraterin in den Schuldienst mit geregelterem Dienst und besserer Bezahlung ab. Wenn eine Beraterin im Beruf verbleiben wollte, weil sie sich dazu berufen fühlte, aber die Mutterpflichten keine volle Dienstzeit zuließ, auch keine „Oma" für die Kinderbetreuung einspringen konnte, wurde es für sie sehr schwer. In einem Fall wurde zu Beginn der 70er-Jahre eine Teilzeitbeschäftigung (30 Wochenstunden) von der Kammer genehmigt und von der Beraterin für die Dienstzeit eine Tagesmutter – damals noch eine Seltenheit – eingesetzt.

Berufsethos – Berufung – Berufsfreude

Obwohl das Dienstrecht für die weiblichen Beratungskräfte sehr zu wünschen übrig ließ – die steirischen Beratungskräfte waren die schlechtest bezahlten von ganz Österreich –, wirkte sich dies keineswegs negativ auf die Einsatzfreude und Leistung der Beraterinnen aus. Die meisten waren Idealisten. Für sie war die Tätigkeit und das Engagement in der Beratung nicht bloß Beruf, sondern Berufung. Es bedurfte einer vorbehaltlosen positiven Einstellung zu diesem Dienst mit Einsatz der vollen Kräfte, im Bewusstsein, der bäuerlichen Bevölkerung in ihrer Lage zu existenziell weiterführenden, die menschlichen Bedürfnisse berücksichtigenden Entscheidungen ihrerseits zu verhelfen.

Der Beruf als Beraterin machte in dieser Zeit auch Spaß, und persönliches Erfolgserlebnis bestärkte sie in ihrer Tätigkeit. Der Beruf bot und erforderte mehr Selbständigkeit in Planung und Organisation als im Schuldienst, mehr Freiheit in

Entscheidungsfällen, wenn auch der Druck terminbedingter Stoßarbeiten viel Energie und Durchhaltevermögen verlangte. Der persönliche Kontakt zur bäuerlichen Bevölkerung hielt bei vielen weit über die aktive Dienstzeit hinaus an. Im „Streit"-Gespräch mit einer Kollegin aus dem Schuldienst rechtfertigte sich eine Beraterin damit:

Deine Schülerinnen müssen da sein, wenn du in die Klasse kommst. Die Bäuerinnen kommen zu meinem angebotenen Kurs und Vortrag in Massen freiwillig.

C. K.

Eine Beraterin, die Vertrauen genießt, erntet noch lange danach von so mancher Bäuerin Dankbarkeit. Sie wird u. U. über das Fachliche hinweg auch in persönlichen Fragen kontaktiert. Ihr Verständnis und die Fähigkeit, aufmerksam zuzuhören erschließt ihr oft erst das wahre Problem, das die Ratsuchende ihr mitteilen möchte, aber umschweifend schildert. Manchmal wurde ein banaler Vorwand, z. B. der Ofen raucht, vorgebracht, und erst allmählich sickerte der tatsächliche Grund ihres Vorsprechens, z. B. Schwierigkeiten in der Familie, durch. Für ihren Rat, vielleicht auch Vermittlung konkreter Hilfen, zeigte sich so manche Bäuerin dankbar – ein Lohn für die Beraterin, der beglückte. So ein Vertrauensverhältnis entwickelt sich naturgemäß nur über einen längeren Zeitraum. Häufiger Wechsel von Beratungskräften beeinträchtigt eine solche Entwicklung.

Kontakt und Vertrauen sind die Grundlage für eine gute Zusammenarbeit mit Bäuerinnen. Diese Grundlagen muß man sich als junge Beraterin mühsam aufbauen.

L. D.

So manche Beraterin betont, dass auch sie viel von den Bäuerinnen gelernt hat. Besonders effizient entwickelte sich die Rückkoppelung nach einem Wohnbaukurs. Die Hofbesuche motivierten so manche Bauherrschaft zu eigenständigen, auf den eigenen Bedarf zugeschnittenen Lösungen. Das eine oder andere Beispiel war jedoch für weitere Fälle interessant und wurde in so manche Planung eines Um- oder Neubaues aufgenommen. Geben und Nehmen sowie das Weitervermitteln von Ideen befruchteten die Wohnbauberatungen insgesamt. Die Wechselwirkung von Beraten und Beratenwerden, von selbstbewussten und eingeschüchterten Frauen schildert eine Beraterin:[38]

In meiner Erinnerung tauchen viele markante Bäuerinnengestalten wie Bilder eines Films bruchstückhaft auf. Diese Bilder beleuchten scharf deren Schicksale, Si-

---

38 Doppelhofer Linde, Die Situation der Bäuerinnen im Wandel der Zeit. Auswirkungen auf die Beratungstätigkeit, in: Ländlicher Raum, Hg. Österreichisches Kuratorium für Landtechnik und Landentwicklung. Mitteilungen des Arbeitskreises Ländlicher Raum 2/59. Wien, November 1995, S. 19.

tuationen, ihre Stellung in Familie und Betrieb, in der Gemeinschaft und in der Öffentlichkeit. Etliche dieser Frauen haben sicher Spuren in mir hinterlassen. Es waren starke Frauen, kreativ und verlässlich. Sie haben meine Beratungsarbeit unterstützt und durch ihre Mitarbeit geprägt. Man konnte mit ihnen hart diskutieren, sie um Rat fragen. Sie waren aber auch in der Lage, einen guten Vorschlag anzunehmen und diesen mit dem Beratungsteam zu perfektionieren. So lernte einer vom anderen.

Ich lernte in jungen Jahren aber auch das Gegenteil kennen: die unscheinbare Bäuerin, verschüchtert im Kursraum sitzend, die kaum wagte, für sich selbst Geld auszugeben, die keinen Zugang zum gemeinsamen Konto hatte, ja manchmal sogar ohne Schlüsselgewalt dastand. L. D.

Erfolge in der Beratung kann man nur zum Teil durch Rückkoppelung, Evaluierung erfassen, sie liegen meist nicht an der Oberfläche, können kaum als strahlendes Ergebnis sichtbar gemacht werden. Und dennoch wird eine gewissenhafte Beraterin bemüht sein, auch „unscheinbare" Fälle zu betreuen:

Das Beratungsgespräch verlangt viel Einfühlungsvermögen. Manche Beratungsklienten waren schüchtern, wenig mitteilsam. Oft kam man erst nach längerer Zeit und über verschlungene Umwege auf das eigentliche Anliegen der Familie. […] Heute ist es leichter erkennbar, wer der eigentliche Betriebsführer ist. Die Beratungswünsche werden direkter formuliert.[39]

Beraterinnen genießen in beruflicher und gesellschaftlicher Hinsicht oft nicht den Status, der ihnen aufgrund ihrer Ausbildung und ihres Wirkens zukommen sollte. Dies wird deutlich, wenn ein hoher Funktionär bei bestimmten Anlässen wohl die kleineren Kammerfunktionäre freundlich begrüßt, aber die daneben stehenden Beratungskräfte geflissentlich übersieht.[40] Nicht jeder Beraterin ist es gegeben, sich durch Dominanz bemerkbar zu machen. Die bescheidenen Fleißigen und Tüchtigen werden von „höheren Stellen" meist erst dann entdeckt, wenn es um zusätzliche Leistungen mit höherem Qualitätsanspruch geht. Im Allgemeinen herrscht unter den Beratungskräften ein gutes kollegiales Verhältnis. Schwierig wird es, wenn sich eine Kraft aufgrund überdurchschnittlicher Leistung profiliert – das macht u. U. die Kollegenschaft neidisch, ein allgemeines menschliches Problem. Auch die Dominanz der einen, die andere in deren Entscheidungsmöglichkeiten einengt, kann sich problematisch auswirken.

---

39 Ebd., S. 21.
40 Mitteilung von betroffenen Beratungskräften.

Der Ingenieur-Titel für die Beraterinnen

Die Diskussion über die Gleichstellung der Hauswirtschaftsberaterinnen mit den männlichen Kollegen bezog sich auch auf den Ingenieur-Titel, der ausschließlich nur Absolventen der landwirtschaftlichen, gartenbaulichen und Weinbau-HBLA's, aber auch dem einen oder anderen Fachschulabsolventen nach einer fünfjährigen praktischen Tätigkeit verliehen wurde. Es gab mehrere Versuche, den Ausschluss der Hauswirtschafterinnen von dieser Titelverleihung aufzuheben. Im Jahre 1961 richtete Nationalratsabgeordnete Dr. Bayer ein Schreiben an den damaligen Landwirtschaftsminister, Dr. Hartmann, datiert mit 21. Oktober 1961, mit dem Ersuchen, Absolventinnen der hauswirtschaftlichen HBLA's den Ingenieurtitel zu verleihen.

Im Antwortschreiben des Ministers vom 17. November 1961[41] lässt er verstehen, dass auch er den Ingenieurtitel für die Hauswirtschafterinnen der vierjährigen Jahrgänge gerechtfertigt fände,

[...] wenn sie eine der in der Verordnung vom 27. Oktober 1950, BGBl. Nr. 224/50 aufgezählten Tätigkeiten ausüben.

Aus grundsätzlichen Erwägungen wird es sich dabei aber nur um die Gleichstellung der Absolventinnen und nicht um eine Besserstellung handeln können. Eine Besserstellung wäre derzeit insoferne gegeben, als erstmals im Sommer 1960 die Reifeprüfung nach dem 4-jährigen Lehrplan vorgenommen wurde. Bei der Reifeprüfung im Dezember 1959 handelte es sich noch um eine Übergangsmaßnahme nach nicht ganz 3 1/2-jähriger Ausbildung. Vorher dauerte das Studium bloß 3 Jahre, was auch der Hauptgrund war, daß die Höheren Bundeslehranstalten für landwirtschaftliche Frauenberufe nicht in den Katalog der Verordnung vom 27. Oktober 1950, BGBl. Nr. 224/50 aufgenommen wurden.[42]

Da der überwiegende Teil der Absolventinnen gleich ihren männlichen Kollegen nach der Reifeprüfung noch 1 Jahr das Bundesseminar besuchen wird und ihnen die 5-jährige berufliche Tätigkeit im Sinne der mehrfach genannten Verordnung auch nicht erspart werden kann, werden erst ab Sommer 1966 für Frauen und Männer die gleichen Voraussetzungen vorliegen. Es wird daher auch erst zu diesem Zeitpunkt der gegebene Anlaß sein, die Verordnung BGBl. Nr. 224/1950 durch die Aufnahme der Höheren Bundeslehranstalten für landwirtschaftliche Frauenberufe zu ergänzen, wobei jedoch aus Zweckmäßigkeitserwägungen zwischen jenen Absolventinnen, die die Schule mit dem 4-jährigen Lehrplan absolviert haben, und jenen, für die noch der 3-jährige Lehrplan gegolten hat, kein Unterschied zu machen sein wird.

Mit freundlichen Grüßen   *e. h. Hartmann*

---
41   DER BUNDESMINISTER FÜR LAND- UND FORSTWIRTSCHAFT, Zl. 10.683 – Pr. / 61.
42   Die Absolventen der landwirtschaftliche HBLA, obwohl nur dreijährig, erhielten ohne Pädagogium sehr wohl den Ingenieurtitel.

Die HBLA für alpine Landwirtschaft (Erzabtei St. Peter, dann in Grins bei Landeck, von 1949 bis 1956 in Seefeld, ab 1956 in Raumberg) dauerten ebenfalls nur drei Jahre, dennoch erhielten die Herren Absolventen unter den vorgegebenen Bedingungen den Ingenieurtitel.

In den 70er- und 80er-Jahren erhielten nur zwei Absolventinnen der HBLA Sitzenberg, Maturajahrgang 1955, den Ingenieurtitel: Die eine war Leiterin der Abteilung für Arbeitswirtschaft an der Versuchsstelle Wieselburg nach abgelegter, zusätzlicher technischer Prüfung, die andere war Referentin für Haushaltstechnik, für erbrachte Entwicklungsarbeit auf dem Gebiet der Wohnbau-Planung und Beraterinnen-Weiterbildung, Technik im Haushalt und Energiefragen.

Den Absolventinnen der hauswirtschaftlichen HBLA's mit vierjährigem Lehrgang konnte dann der Ingenieurtitel durch Ablegung einer Prüfung, zu der auch eine umfangreiche Hausarbeit erstellt werden musste, verliehen werden. Doch dies wurde nicht „kampflos" erreicht:

Es war ein kleiner Kampf um die Ingenieurtitelverleihung. Wir [...] waren im November 1994 die ersten, die die Prüfung zur Erlangung des Ingenieurtitels abgelegt haben. Es hat immer geheißen, wir haben in der HBLA zu wenig technische Gegenstände gehabt. Die Prüfungen haben wir dann in folgenden Gegenständen abgelegt: Raumordnung und Umweltschutz, Biologie, Betriebswirtschaft und Buchführung. Ich war damals mit dem Ministerium die sogenannte Verhandlerin und habe einfach nicht aufgegeben. Dann hat sich die Prüfung immer wieder verändert. [...] Wären wir nicht so hartnäckig gewesen, hätten den Ingenieurtitel auch alle anderen vielleicht nie bekommen. E. M. L.

Inzwischen bedarf es auch für die Absolventinnen der HBLA's für landwirtschaftliche Hauswirtschaft bzw. Land- und Ernährungswirtschaft nur noch des Antrages für den Ingenieurtitel. Das Ingenieurgesetz von 1970 wurde 1990 dahingehend novelliert, dass Absolventen der Höheren Bundeslehranstalten für Haus- und Landwirtschaft, dann HBLA für Ernährung und Landwirtschaft, nach dreijähriger Berufspraxis den Ingenieurtitel bekommen können. Dies ist auch möglich nach § 4, Abs. 1, nach mindestens achtjähriger Berufspraxis für Fachkräfte ohne Absolvierung einer HBLA und Pädagogium.[43] Der Hinweis auf den technischen Bezug als Voraussetzung ist gefallen.

Teilspezialisierung und Rationalisierung der Beratung im Bezirk

Das Aufgabengebiet der Hauswirtschaft ist vielfältig und vielgestaltig, demnach auch das Aufgabengebiet einer Beraterin. Kein betrieblicher Zweig in der Landwirtschaft

---

43   Mündliche Mitteilung von Ing. Mag. Thomas Haase, interimistischer Leiter des Agrarpädagogischen Institutes.

weist für die Beratungskräfte eine derartige Vielfalt an Aufgaben auf wie die der Hauswirtschaftsberaterinnen. Immer neue Schwerpunkte der Beratung kamen hinzu.

Der Beratungsumfang wurde zu groß für die Beraterinnen, um auf allen Fachgebieten auf dem letzten Wissensstand sein zu können. Es zeichneten sich Probleme mit der umfassenden Fachberatung („Allround-Beratung") ab. Über Auftrag der Leiterin der Abteilung Hauswirtschaft im Jahre 1970 sollten Vorschläge zur Reorganisation der Beratung eingebracht werden. Einer davon hatte die Teilspezialisierung der Hauswirtschaftsberatung mit einem entsprechenden Weiterbildungsvorschlag zum Inhalt.[44] Je nach Eignung und Neigung sollte sich eine Beraterin auf ein Fachgebiet spezialisieren können, wobei sie, bis auf weiteres, die allgemeinen administrativen Aufgaben in ihrem Beratungsgebiet weiter zu führen hatte. Eine andere Organisation wäre zu dieser Zeit noch nicht durchführbar gewesen. Diese teilspezialisierten Beraterinnen sollten eine zusätzliche Schulung in ihrem Spezialgebiet erhalten und auch von anderen Bezirken für Vorträge und Kurse angefordert werden können. Dieser Vorschlag blieb vorerst über einige Jahre ohne Reaktion und stand erst zur Diskussion, nachdem auf der Beraterseite ein Plan zur Teilspezialisierung der landwirtschaftlichen Berater mehrfach publiziert wurde. Der Weg zur Teilspezialisierung in der Hauswirtschaftsberatung führte über Arbeitskreise von Beraterinnen unter der Leitung einer Referentin der Abteilung Hauswirtschaft. Die Themen bezogen sich auf die vorrangig zu bearbeitenden Beratungsschwerpunkte: Zu Beginn der 70er-Jahre waren dies die Wohnbauberatung und die Beratung über bäuerlichen Fremdenverkehr inklusive Buschenschank in den Weinbezirken. In der Folge wurden weitere Arbeitskreise, z. B. für Ernährung und Publizistik, gebildet.

Die Kurs- und Versammlungstätigkeit der Beratung insgesamt war bis dahin darauf ausgerichtet, möglichst viele Teilnehmer melden zu können. Überlegungen zur Verbesserung der Beratungseffizienz führten zur Erkenntnis, dass nicht die Massenberatung, sondern eine Spezialberatung in kleineren Gruppen zielführender sein würde, unbefriedigende Entwicklungen zu stoppen. Dies betraf in erster Linie die Wohnbauberatung. Doch Großveranstaltungen wie Bäuerinnenversammlungen, so genannte „Massenveranstaltungen" – heute würde man dies als „Event" bezeichnen – trugen wesentlich zur Imagehebung der Bäuerinnen und der Bezirkskammer bei. Dies äußerte sich vor allem durch die Feststellung von Dorfbewohnern „was ist denn heute wieder Großes los? Ja, die Bauernkammer ...!" Die Bauernkammer gewann somit an Ansehen.

---

44 Schafhuber Dorothea, Entwurf zur Reorganisierung der Hauswirtschaftsberatung (über Auftrag der Abteilungsleiterin Johanna Bayer), 1. Fassung 1970, 2. Fassung als Besprechungsgrundlage März 1972.

Bäuerinnen übernehmen Kursleitung und organisieren Exkursionen

Ein weiterer Weg zur Arbeitsersparnis für die Beraterin wurde erstmals Ende der 70er-Jahre zuerst im Bezirk Weiz eingeführt: Es wurden interessierte, tüchtige, selbstbewusste Bäuerinnen, meist Ortsbäuerinnen, als Kursleiterinnen eingeschult. Die Beraterin führte sie in die Demonstrations- und Vortragstechnik ein; sie selbst kam zu Beginn des Kurses, wobei sie die Kursleiterin offiziell vorstellte, und zum Schluss des Kurstages, um sich bei der Kursleiterin zu bedanken und das Gelingen lobend anzuerkennen. Desgleichen führte sie auch die Ortsbäuerinnen in die Praxis der Exkursionsleitung ein, indem sie ihnen vorerst Teilaufgaben übertrug und schließlich die Bäuerinnen eigenständig Lehrfahrten organisierten und führten. Auch einige Beraterinnen anderer Bezirke führten sodan solche Einführungskurse für Bäuerinnen durch.[45] Vereinzelt begannen damals Bezirksbäuerinnen selbständig mit Planung und Leitung von Exkursionen, was später für so manche selbstverständlich wurde. Als Besichtigungsziele wählten die Reiseleiterinnen nicht nur Fachspezifisches, sondern gingen auch in gewerbliche Betriebe, z. B. Hühnerschlachthöfe und andere Fabriken mit Fließbandtätigkeit. Die Bäuerinnen gingen danach durchwegs zufriedener mit ihrem Bäuerinnendasein weg, sie würden nie mit den Arbeiterinnen in diesen Fabriken tauschen wollen.[46] Auch gingen Initiativen für Spezialkurse, z. B. Wohnbaukurse, von so mancher Bezirksbäuerin aus. Zugegebenermaßen übte noch die eine oder andere Beraterin eine dominante Praxis dahingehend aus, die Bäuerinnen von ihr abhängig machen zu wollen. Und gerade dies war und ist nicht im Sinne einer effizienten Allgemeinberatung.

Weiterbildung und Spezialausbildung

Weiterbildungsseminare für Hauswirtschaftsberaterinnen

Die Zahl der Beraterinnen wurde, wie auch in anderen Bundesländern, in der Steiermark nach und nach aufgestockt, ihre Schulung immer umfassender.

Zur Vermittlung neuer methodisch-psychologischer Kenntnisse auf dem Gebiet der Beratung wurden Wissenschafter zu den Beraterinnen-Weiterbildungsveranstaltungen eingeladen. Didaktische Kenntnisse brachten in den 70er-Jahren die jungen Beraterinnen bereits von ihrer Ausbildung im Bundesseminar für das landwirtschaftliche Bildungswesen mit, älteren Beraterinnen wurden sie im Rahmen der Weiterbildungsveranstaltungen vermittelt.

Von der Abteilung für die hauswirtschaftliche Beratung im Bundesministerium

---

45 Interview Linde Doppelhofer, 2. 12. 2002. – Bericht von Dipl.-Ing. Ludmilla Weihs über einen Besuch mit den Seminaristinnen von Ober-St. Veit bei einem dieser Einführungskurse in Weiz.
46 Interview Christl Hafellner, ehemalige Bezirksbäuerin, am 19. 3. 2005.

für Land- und Forstwirtschaft, Min. Rat Dipl.-Ing. Maria Nejez, wurde in Zusammenarbeit mit der für Beratungslehre zuständigen Professorin des Bundesseminars, Dipl.-Ing. Nora Matzinger, und in Absprache mit den Leiterinnen der Abteilungen bzw. Referaten „Hauswirtschaft" aller Bundesländer ein jährlicher Österreich weiter Beratungsschwerpunkt gewählt. Die Beraterinnen wurden in Seminaren auf Bundes- und auf Landesebene, hier auch zusätzlich in ein bis zwei Tagen in die jeweilige Schwerpunktthematik eingeführt, so manche wurde zur Mitarbeit im Team der Referenten eingeteilt.[47] 1968 wurde erstmalig an der Pädagogischen Akademie ein Lehrerfortbildungsplan und ab 1970 ein Lehrer- und Beraterfortbildungsplan erstellt.[48]

Weiterbildungsseminare auf Bundesebene – Ländliche Hauswirtschaft – Beraterinnen[49]

Jahr	Thema	Ort	Bemerkungen
1958	Seminar über Probleme der Heiztechnik in bäuerlichen Betrieben	Agrarwirtsch. Institut Ober-St. Veit	Beraterinnen, FS- u. HBLA-Lehrerinnen
1961	Gesamt-Betriebs-Beratung Probleme der Ernährungsberatung auf dem Lande	BS Ober-St. Veit	Betriebs- u. Hw.-Berat. Beraterinnen, FS- u. HBLA-Lehrerinnen
1962	Das Wohnhaus im bäuerlichen Familienbetrieb	Bundesseminar	Beraterinnen
1963	Das Wohnhaus als Heim der bäuerlichen Familie	Bundesseminar	Beraterinnen, FS- u. HBLA-Lehrerinnen
1964	Richtig Haushalten mit Geld	Bundesseminar	Beraterinnen, FS- u. HBLA-Lehrerinnen
1965	Die Anwendung physiologischer Erkenntnisse bei der Arbeit der Beraterin	Bundesseminar	Beraterinnen
1966	Die Arbeitswirtschaft im ländlichen Haushalt	Bundesseminar	Beraterinnen
1967	Die Anwendung arbeitswirtschaftlicher Erkenntnisse im bäuerlichen Haushalt – eine Hauptaufgabe der Beraterin	Bundesseminar	Beraterinnen
1968	Wirtschaftliche und soziale Verhältnisse in der Landwirtschaft – Bestimmungsfaktoren der Beratungssituation	Bundesseminar	Beraterinnen, FS- u. HBLA-Lehrerinnen
1969	Arbeitskette Wäschepflege	Bundesseminar	Beraterinnen, FS- u. HBLA-Lehrerinnen

---

47 Bundesseminar für das landwirtschaftliche Bildungswesen – Land- und forstwirtschaftliches berufspädagogisches Institut Wien-Ober-St. Veit, Lehrer- und Berater-Fortbildungsplan des Bundes, der Länder und der Landwirtschaftskammern.
48 Festschrift „50 Jahre Agrarpädagogische Ausbildung", S. 44.
49 Programme lt. Lehrer- und Berater-Weiterbildungsplänen; z. T. korrigiert, da andere Themen durchgeführt wurden. – Ergänzungen im Förderungsdienst 2/80, S. 4.

Die landwirtschaftliche Haushaltsberaterin

Jahr	Thema	Ort	Teilnehmer
1970	Sozialökonomische Beratung – ein zukünftiger Schwerpunkt der Beratungsarbeit	Bundesseminar	Gemeinsam mit Lehrer der HBLA, hausw. FS
1971	Wirtschaftslehre des Haushalts	Bundesseminar	Gemeinsam mit Lehrer der HBLA, hw. FS
1972	Die Ernährung unter Berücksichtigung der Geld- und Arbeitswirtschaft	Raiffeisenhof	Beraterinnen Österr., Lehrerinnen d. HBLA
1973	Seminare waren vorbereitet, mussten wegen der Maul- und Klauenseuche abgesagt werden		
1974	Beratungsmethodik	Bundesseminar	Berater u. Beraterinnen
	Aufzeichnungen – Hilfsmittel einer modernen Haushalts- und Betriebsführung	Bundesseminar	Lehrerinnen, Beraterinnen
1975	Entwicklungstendenzen im ländlichen Raum – Folgerungen für die Beratung	Bundesseminar	Beraterinnen
1976	Schnittgewinnung – Einführung in die Neuauflage „Zuschneiden ist so einfach"	Bundesseminar	Lehrerinnen, Beraterinnen
	Gemeinschaftsverpflegung unter besonderer Berücksichtigung Jugendlicher	Bundesseminar	Lehrerinnen, Beraterinnen
	Marketing – begleitende Maßnahme bei der land- und hauswirtschaftlichen Beratung	Bundesseminar	Beraterinnen
	Grundlagen publizistischer Tätigkeit	Bundesseminar	Berater, Beraterinnen
1977	Aspekte der Betreuung von Mutter u. Kind auf dem Lande	Bundesseminar	Lehrerinnen, Beraterinnen
	Bewusste Haushaltsführung – ein Beitrag zur Erreichung von Lebenszielen	Bildungshaus Lainz	Beraterinnen
	Seminar für Mitarbeiter bei der beratungspraktischen Ausbildung	Bundesseminar	Berater, Beraterinnen
1978	Bewusste Haushaltsführung – ein Beitrag zur Erreichung von Lebenszielen; der wirtschaftliche Aufgabenbereich des Haushalts	Bildungshaus Lainz	Beraterinnen, Lehrerinnen HBLA, hw. FS
1979	Bewusste Haushaltsführung – ein Beitrag zur Erreichung von Lebenszielen; die kulturelle und die soziale Aufgabe des Haushalts	w. o.	w. o.
1980	Der bäuerliche Haushalt – Lebensfeld dreier Generationen	Bundesseminar	Lehrerinnen, Beraterinnen
1981	Informationstagung; Themenbereiche: Ernährung, Gesundheit, Bauen-Energie	Bildungshaus Linz	Beraterinnen

Jahr	Thema	Ort	Teilnehmerinnen
1982	Betriebswirtschaftlich-methodische Weiterbildung. Die Finanzierung im landw. Betrieb u. im Haushalt	Bundesseminar	Beraterinnen
	Die Aufgabe der Haushaltsberatung bei der individuellen Wohnungsgestaltung	Bildungshaus Lainz	Beraterinnen
1983	Ernährung für ältere Menschen	Bildungshaus Lainz	Lehrerinnen, Beraterinnen
	Fachlich u. methodische Fortbildung für Jungberaterinnen. Schwerpunkt Wohnen-Bauen	Bundesseminar	Beraterinnen
	Die Aufgabe der Haushaltsberatung bei der individuellen Wohnungsgestaltung (Fs. v. 1982)	Bildungshaus Lainz	Beraterinnen
	Seminar für Praxisanleiter	Bundesseminar	Berater, Beraterinnen
1984	Haushaltsführung: Der Haushalt als System, 2. Teil: Geldwirtschaft	Bildungshaus Lainz	Lehrerinnen HBLA, Beraterinnen
	Beratung bei der Planung u. Einrichtung von Arbeitsräumen im Bauernhaus*	Graz, Raiffeisenhof	Jungberaterinnen
1985	Einführungsfortbildung „Planung und Einrichtung von Arbeitsräumen im Bauernhaus"*	Graz, Raiffeisenhof	Beraterinnen i. 1. u. 2. Dienstjahr, alle Bundesländer
	Aufbauseminar: Betriebswirtschaft – Haushaltsführung (3. Teil) – Investieren – Finanzierung	Bundesseminar	Referentinnen, Beraterinnen, Lehrer BS, HBLA
	Intervalltraining: Problemlösungs- und Entscheidungstechniken, Gruppenberatung (3. Teil)	Kammer Kärnten	Berater, Beraterinnen
	Projektgruppe „Bauen u. Wohnen"	Bundesseminar	Projektgruppe, Spezialistinnen, Beraterinnen
	Supervision f. Beratungsbetreuer	HBLVA Schönbrunn	Berater, Beraterinnen – Mitarbeiter Beratungspr.
	Internat. Beratertagung Informationsbedarf	Ansbach, BRD	Beratungskräfte, Führungskräfte
1986	Aufbauseminar Betriebsw.-Haushaltsführ. Teil 4	Bildungshaus Lainz	Teiln. des Seminars 1–3
	Umweltbewusste u. kostensparende Verwendung v. Energie. Heizung und Warmwasserversorgung	Bundesseminar	Berater, Beraterinnen, Lehr. HBLA
	Umweltbewusst wirtschaften und haushalten. Nahrungsmittelqualität aus der Sicht der Konsumenten	Bildungshaus Lainz	Beraterinnen, HBLA-Lehrer für Ernährungslehre
	Einführungsfortbildung „Ausgewählte Fragen der Beratungsmethodik"	Bundesseminar	Beraterinnen im 1. und 2. Dienstjahr

* Beide Seminare wurden unter der pädagogischen Leitung von Dipl.-Ing. Matzinger von den Wohnbauberatungskräften der Steiermark – Doppelhofer, Waldhauser, Fischer und Schafhuber – fachlich geleitet und durchgeführt.

	Aufbauseminar „Supervision für Betreuungsberatung."	Bundesseminar	Berater, Beraterinnen
	Urlaub auf dem Bauernhof – schriftliche Aufzeichnungen	Bundesseminar	Beraterinnen
1987	Aufbauseminar „Betriebswirtschaft – Haushaltsführung: Schwerpunkt Haushaltsführung	Bundesseminar	Lehrerinnen HBLA, Beraterinnen
	Textilmarkt und Verbraucher	Bundesseminar	Lehrer HBLA, FS, Beraterinnen
	Planung u. Einrichtung von Arbeitsräumen im Bauernhaus	Graz, Raiffeisenhof	Beraterinnen im 1. und 2. Dienstjahr
	Kostenbewusst Haushalten und Wirtschaften	Bundesseminar	Beraterinnen
	Kommunikation in der Beratung	Bundesseminar	Berater, Beraterinnen
	Intervalltraining: Problemlösungs-, Entscheidungs- und Planungstechniken	Innsbruck	Berater, Beraterinnen
1988	Ausgewählte Fragen der Beratungsmethodik	Bildungshaus Matrei	Beraterinnen im 1. und 2. Dienstjahr
	Intervalltraining: Problemlösungs-, Entscheidungs- und Planungstechniken (MSE)	Innsbruck	Berater, Beraterinnen
	Ernährungsgewohnheiten – Ernährungsverhalten – Verhaltensänderungen	Bundesseminar	Beraterinnen, Lehrerinnen HBLA, FS
	Einführung in die Journalistik für Berater	Europahaus	Berater, Beraterinnen
	Kommunikation in der Beratung	Bundesseminar	Berater, Beraterinnen
1989			
1990	Ausgewählte Fragen der Beratungsmethodik	Bildungshaus St. Michael	Beraterinnen 1. und 2. Dienstjahr
	2. Intervalltraining: Problemlösungs-, Entscheidungs- und Planungstechniken (MSE)	Bildungshaus St. Michael	Berater, Beraterinnen
	Planung der Beratungsarbeit 1990/91	Bildungshaus St. Hippolyt, St. Pölten	Führungskräfte Land- u. Hauswirtschaft
	Weiterentwickl. eines Konzeptes von Erwerbs- und Einkommenskombinat. in bäuerlichen Familien	Wien	Führungskräfte der lw. Haush.-Berat., Landesbäuerinnen, Bäuerinnen
	Die Funktionen des Beraters im Rahmen der beratungspraktischen Ausbildung	Bundesseminar	Berater, Beraterinnen, die die Funktion eines Betreuungsberaters[50] übernehmen

50 Beratungskräfte Steiermarks, die Studierende des pädagogischen Seminars Wien-Ober-St. Veit anlässlich ihrer Beratungspraxis im Rahmen ihrer Ausbildung betreuen.

Kommunikation in der Beratung	Bundesseminar	Berater, Beraterinnen (Betreuungsberater)
Management am Arbeitsplatz	Bildungshaus Michaelbeuern, Sbg.	Führungskräfte Land- und Hauswirtschaft
Arbeitswirtschaft Teil 2	BA f. Landtechnik	Lw. Haushaltsberaterinnen
Ergonomische Arbeitsgestaltung (Fortsetzungsseminar)	Wieselburg	Berater, Wirtschaftsber. Lehrer
Arbeitswirtschaft Teil 3: Arbeitsplanung u. Organisation (Fortsetzungsseminar)	Bundesseminar	w. o.
Urlaub auf dem Bauernhof	Bundesseminar	Referentinnen f. UaB, lw. Haushaltsberaterinnen, Lehrer FS u. HBLA

Bis in die 80er-Jahre waren bundeseinheitliche Weiterbildungsveranstaltungen für möglichst alle Beraterinnen vorgesehen, danach spezielle Themen nur für einige Teilnehmerinnen je Bundesland.

Weiterbildungsveranstaltung für Beraterinnen der Landeskammer Steiermark[51]

Jahr	Thema	Ort	Teilnehmer
1950/51	Arbeitstagungen im Frühjahr und Herbst – Besprechung aktuelle Thematik, Haushaltstechnik	Raiffeisenhof	Beraterinnen
1958/59	2 Arbeitstagungen/Jahr, jeweils 5 Tage – Haushaltstechnik, Waschmittel, Garten-Düngung, Geflügelhaltung, Schweinefütterung	Raiffeisenhof	Beraterinnen, St. Martiner Lehrerinnen
1960/61	2 Arbeitstagungen/Jahr w. o., div. Themen	Raiffeisenhof	Beraterinnen, St. Martiner Lehrerinnen
1964	Frühj.-Tag. 1 Woche, aktuelle Themen, Herbsttag. 1 Woche – Gartenbau	Raiffeisenhof	Beraterinnen
1966	3 eintäg. gebietsweise Arbeitsbesprechungen, Herbsttagung zu verschied. Themen	Raiffeisenhof	Beraterinnen der Region
1967	3 eintäg. gebietsweise Arbeitsbesprechungen, Arbeitstagung 1 Woche „Arbeitswirtschaft im bäuerlichen Haushalt"	Raiffeisenhof	Beraterinnen

---

51 Quelle: Lehrer- und Beraterfortbildungsplan, Tätigkeitsberichte der Landeskammer, diverse Kursprogramme, Berichte im Förderungsdienst.

Jahr	Thema	Ort	Teilnehmer
1968	Frühjahrstag. Gemeinsam mit den Beratern, Gegenwarts- und Zukunftsfragen der Landwirtschaft,	Raiffeisenhof	Berater und Beraterinnen
	2 eintäg. gebietsweise Arbeitsbesprechungen		Beraterinnen
1969	Herbsttagung 5 Tage, Themen: Marktwirtschaft, Nebenerwerbsw., Betriebsführung, Berufsberatung. Arbeitsmarktfördergesetz, bauliche u. technische Angelegenheiten	Raiffeisenhof	Beraterinnen
1970	Beraterinnen-Herbsttagung – diverse Themen	Raiffeisenhof	Beraterinnen
1971	Haushaltsanalyse – jede Beraterin soll 1 Analyse machen	Raiffeisenhof	Beraterinnen
	3-täg. Weiterbild. Thema: Neues auf dem Kunststoffsektor	Raiffeisenhof	Beraterinnen
	6 eintägige Regionaltagungen – Schwerpunkte Planung Sommer- und Winterarbeit		Beraterinnen
1972	Kalkulationen im bäuerlichen Haushalt	Raiffeisenhof	Beraterinnen
1973	Beraterinnentagung – Regionaltag. Themen: Erfahrungsbericht, Haushaltsanalyse, Kostenrechnen, Fremdenverkehrskalkulationen	Raiffeisenhof	Beraterinnen
1974	Frühjahrstagung 3 Tage – tier. Erzeugung und Hausw., Hausw. u. marktwirtsch. Probleme, überbetriebliche Zusammenarbeit	FS Stein	Beraterinnen und HW-Beirat
	Seminar Arbeitsunterweisung Herbsttag. 5 Tage, Arbeitsunter- weisung, organisatorischer Rahmenplan	Raiffeisenhof	Beraterinnen
	2 eintägige Regionaltagungen: Fremdenverkehr, Steuer, Recht		Beraterinnen
1975	3 eintägige Schulungen Haushaltstechnik, Arbeitsbesprechung	Raiffeisenhof	Beraterinnen
	Feuerwehr- und Zivilschutzkurs in Lebring	Feuerw.-Zivilsch. Lebring	Beraterinnen, HW-Beirat
	Beraterinnentagung: Lebensmittelgesetz, -hygiene, Qualitätsbegriffe bei Lebensmittel, Textilkennzeichnung, Raumordnung und Flächenwidmungsplan, Sozialmaßnahmen f. d. Bauernfamilie	Raiffeisenhof	Beraterinnen
	Arbeitsbesprechung 2-tägige Schulung in Buchhaltung	Raiffeisenhof	Berater und Beraterinnen

1976	Frühjahrstagung Haushaltsführung, Haushaltstechnik	Raiffeisenhof	Beraterinnen
	Herbsttagung: 2 Tage gemeins. mit Beratern: Neuzeitliche Fragen der Futterproduktion, 1 1/2 Tage Gesundheit der bäuerlichen Familie	Raiffeisenhof	Berater und Beraterinnen
1977	Didaktik und Methodik der Beratung. Arbeitstagung – Ziele und Aufgaben der Beratung	Raiffeisenhof	Berater, Beraterinnen
1978	Gesprächsführung	Raiffeisenhof	Berater, Beraterinnen
	Haushaltsführung u. Haushaltstechnik	Raiffeisenhof	Beraterinnen
	Grundsätzliche ökologische Fragen	Raiffeisenhof	Beraterinnen
	Beraterinnentagung: Umweltschutz,	Raiffeisenhof	Beraterinnen
	Gesundh. Bewusste Haushaltsführung	Raiffeisenhof	AK-Haushaltsführung
1979	Gesprächsführung	Raiffeisenhof	Berater, Beraterinnen
	Trachtennähkurs	Raiffeisenhof	Beraterinnen
	Ziergarten	Raiffeisenhof	Beraterinnen
	Öffentlichkeitsarbeit	Raiffeisenhof	Berater, Beraterinnen
	Planzeichenkurs	Raiffeisenhof	Beraterinnen
	Seminar für junge Mitarbeiter,	Raiffeisenhof	Jungberater,
	Persönlichkeitsbildung	Raiffeisenhof	-beraterinnen
	Menschenführung, Soziologie des ländlichen Raumes	Raiffeisenhof	Berater, Beraterinnen
	Psychol. Erkenntnisse – eine Hilfe bei der Beratungsarbeit (Prof. Dr. Hruschka)	Raiffeisenhof	Beraterinnen
1980	Gesprächsführung	Raiffeisenhof	Beratungskräfte, Referent
	Wohnberatung und Fremdenverkehr,	Raiffeisenhof	
	Wohnbau – einfaches Planzeichnen	Raiffeisenhof	Beraterinnen
	Fremdenverkehr und Wohnbau – Exkurs.,		Interessierte Berater und
	OÖ Energie und Landwirtschaft	Raiffeisenhof	Beraterinnen
	Fremdenverkehr und Buschenschank	Raiffeisenhof	Berater, Beraterinnen
1981	Beratung bei Hofübergabe –	Raiffeisenhof	Beraterinnen
	Hofübernahme. Wohnen und Bauen		AK-Wohnberatung
	Hauswirtschaft und Wissenschaft		Beraterinnen
1982	Haushaltstechnik	Raiffeisenhof	Beraterinnen
	Energie im Haushalt	Raiffeisenhof	Beraterinnen
	Energieauswertung in der Landwirtschaft – Beispiele sinnvoller Energiesparmöglichkeiten	Raiffeisenhof	Beraterinnen im AK-Energie
	Investitions- und Finanzierungsplanung – Ernährung, Vorratswirtschaft, Lebensmittelgesetz		
1983	Biogasanlagen und Kleinwasser-	Raiffeisenhof	Beraterinnen im
	kraftwerke in bäuerlichen Betrieben	Raiffeisenhof	AK-Energie
	Wohnberatung	Raiffeisenhof	AK-Wohnberatung

	Die landwirtschaftliche Haushalts-beratung auf neuen Wegen	Raiffeisenhof	Beraterinnen
	Fremdenverkehr und Buschenschank	Raiffeisenhof	AK-Fremdenverkehr
	Beratung bei Hofübergabe/ Hofübernahme, Hauswirtschaft und Wissenschaft	Raiffeisenhof	Beraterinnen
	Wohnberatung	Raiffeisenhof	AK-Wohnberatung
1984	Ökologie – Ökonomie	Raiffeisenhof	Beraterinnen
	Kostensenkung im bäuerlichen Haushalt	Raiffeisenhof	Beraterinnen
	Ernährungsfragen	Raiffeisenhof	AK-Ernährung
	Wohnbauberatung	Raiffeisenhof	AK-Wohnberatung
	Fremdenverkehr	Raiffeisenhof	AK-Fremdenverkehr
	Planzeichenkurs	Raiffeisenhof	AK-Wohnberatung
	Jungberaterinnenseminar Wohnberatung	Raiffeisenhof	Junberaterinnen Österr.
1985	Haushaltsführung – Haushaltsplanung	Raiffeisenhof	Beraterinnen
	Publizistik – Verfassen von Artikeln	Raiffeisenhof	Berater, Beraterinnen
	Wohnbauberatung	Raiffeisenhof	alle Beraterinnen
	Innenaufnahmen; Fotografie als Hilfe für die Wohnbauberatung	Raiffeisenhof	Interessierte Beraterinnen
	Möglichkeiten der Kostensenkung im bäuerlichen Betrieb	Raiffeisenhof	Beraterinnen
	Ernährungsfragen	Raiffeisenhof	AK-Ernährung
	Bäuerlicher Fremdenverkehr	Raiffeisenhof	AK-Fremdenverkehr
	TZI als Hilfe für die Beratung	Raiffeisenhof	Berater, Beraterinnen
	Wohnbauexkursion BRD, Dänemark	Raiffeisenhof	Beraterinnen
	Arbeits- u. Kostenvergleich verschiedener Versorgungssysteme	Raiffeisenhof	AK-Energie
	Wohnen u. Bauen – Übereinstimmung von Wohnqualität und Kosten	Raiffeisenhof	Beraterinnen
	Bäuerlicher Fremdenverkehr	Raiffeisenhof	Beraterinnen
1986	Küchen- u. Heilkräuter, Kultur, Pflanzenschutz – Kostensenkung in der tierischen Produktion	Raiffeisenhof	Beraterinnen
	Direktvermarktung – Bauernmarkt	Raiffeisenhof Raiff. U.	AK-Fremdenverkehr/ Direktvermarktung
	Der Bauernhof im Dorf u. i. d. Landschaft – ÖKL-Tagung	Exkursion	AK Wohnberatung, Baureferenten Österr.
	Wohnbiologie, Wohnbaukurse	Raiffeisenhof	AK-Wohnberatung
	Urlaub a. Bauernhof u. Direktvermarktung	Raiffeisenhof	AK-Fremdenv./ Direktv.
	Ernährungszustand der bäuerlichen Bevölkerung	Raiffeisenhof	AK-Ernährung
	Aufzeichnungen für die bäuerl. Familie	Raiffeisenhof	AK-Haushaltsführung
	Methodik in der Beratung – MSE	Raiffeisenhof	Beratungskräfte

Teil 1: Landwirtschaftliche Hauswirtschaftsberatung in der Steiermark (1945–1995)

1987	Aufzeichnungen; Jugend-Aus- und Weiterbildung; Erzeugung von Qualitätsmilch	Raiffeisenhof Raiffeisenhof	Beraterinnen
	Marktforschung Biomasse, Fernwärme, Hackschnitzel	Raiffeisenhof	Beraterinnen im AK-Energie
	Energieeinsparung im Haushalt	Raiffeisenhof	Berater, Beraterinnen
	Förderungs- und Verwaltungsarbeit	Raiffeisenhof	Vortragende, Beraterinnen
	Richtiger Einsatz audiovisueller Medien	Raiffeisenhof	Beratungskräfte
1988	Gesundheitstagung	Raiffeisenhof	Beraterinnen
	Qualität beim Wohnungsbau – Wohnhaus-Außengestaltung,	Raiffeisenhof	Beraterinnen
	Lüftungssysteme im Haus, Qualität der Möbel und deren Behandlung	Raiffeisenhof	Beratungskräfte
	MS-Dos für PC-Benützer – Einführung in die Programmierung	Raiffeisenhof	Referenten
	in Basic. Verhandlungsführung	Raiffeisenhof	Beratungskräfte
	Open Access für Anwender und Programmierer	Raiffeisenhof	Referenten Künft. Benützer
	Feuerungsanlagen		Beraterinnen
	Produktionsfindung und Produktionswerbung		AK-Energie Beraterinnen
1990	Beratung für die 90er-Jahre	Raiffeisenhof	Beratungskräfte
	Bäuerliche Sozialgesetzgebung	Raiffeisenhof	Beratungskräfte
	Haushaltsschädlinge, Vorratsschädlinge	Krastowitz	Beraterinnen Stmk. und Kärnten

Quelle: Lehrer- und Berater-Fortbildungsplan des Bundesseminars für das landwirtschaftliche Bildungswesen (Bundes- und Landesveranstaltungen); Tätigkeitsberichte der Landeskammer f. L. u. F. Stmk.; Weiterbildungsprogramme.

Links: Jungberaterinnenseminar. Leiterin Nora Matzinger bespricht mit der durchführenden Beraterin Hedwig Fischer den Schulungsverlauf. Rechts: Die Gruppensprecherinnen der Kursteilnehmerinnen präsentieren der Bauherrenfamilie ihre Planungsvorschläge.

Die landwirtschaftliche Haushaltsberaterin

Ungefähr ab 1990 wurde der Umfang der Teilnahme an Weiterbildungveranstaltungen auf 18 Tage/Jahr und Beraterin beschränkt. Die Beraterinnen erhielten den Beraterfortbildungsplan, sie konnten und mussten sich anmelden.

Jungberaterinnenseminar auf einem Hof im Bezirk Weiz mit Teilnehmerinnen aus den Bundesländern. Besprechung der Probleme und Übungsaufgabe.

Links: Dipl.-Ing. Nora Matzinger, Leiterin des Jungberaterinnenseminars und MR Dr. Karl Fink, Direktor des Bundesseminars Ober-St. Veit (Raiffeisenhof, 1985). Rechts: Die Ausbildung von Beraterinnen im Planzeichnen erkannten Verantwortliche der Hauswirtschaftsberatung auch auf Bundesebene und in den Bundesländern als notwendig. Steirische Beraterinnen führten auftragsgemäß diese Weiterbildung durch.

Vom Landwirtschaftlichen Fortbildungsinstitut (LFI) wurden Seminare für Beraterinnen und Berater in Gesprächsführung u. a. in den 9oer-Jahren in EDV abgehalten. Die LFI-Geschäftsführung wurde in vielen Bezirken von den Beraterinnen wahrgenommen. Deren Aufgaben bezogen sich auf Erstellung von Kursprogrammen, Koordination von Kursen, Kontakte mit anderen Bildungsorganisationen, Konsumenteninformation, Lehrerinformation, Kursmeldung u. v. m.

Einige Beratungskräfte, männlich und weiblich, sind mit der Landjugendbetreuung beauftragt und werden auch auf dem Gebiet der Jugendarbeit weitergebildet.

Die Referentinnen, manchmal auch Beraterinnen, nahmen an Weiterbildungsveranstaltungen anderer Institutionen teil, u. a. des Verbandes der E-Werke Österreichs – Elektrohaushaltsberaterinnen (VEÖ), fallweise an Weiterbildungsveranstaltungen der Lehrerinnen an den landwirtschaftlichen Hauswirtschaftsschulen u. a. m. Als Beispiel, das einen guten Einblick in die Weiterbildung der Hauswirtschaftsberatung bietet, soll hier aus dem Tätigkeitsbericht der Landeskammer, Abt. Hauswirtschaft, über die Jahre 1974/75 zitiert werden:[52]

1974

[...] Die fünftägige Arbeitstagung im Herbst befaßte sich mit „Arbeitsunterweisung" und „Organisatorischer Rahmenplan". [...] Zweitägige Regionaltagungen – Themen: Fremdenverkehr, Steuer, Rechtsfragen. [...] Bundesseminar: Fünftägige Veranstaltung „Beratungsmethodik". Zehn Beraterinnen unseres Kammerbereichs nahmen teil. „Aufzeichnungen – Hilfsmittel einer modernen Haushalts- und Betriebsführung". An diesem Seminar nahmen alle Hauswirtschaftlichen Beratungskräfte teil.

Teilnahme der Leiterin der Abteilung an zwei Referentinnentagungen [...] drei Sitzungen der Arbeitsgemeinschaft der Landfrauen [...].

Teilnahme der Referentin für Technik (Wohnbauberatung etc.) an der Tagung der Elektrohaushaltsberaterinnen. Ausarbeitung der Stellungnahme zum Forschungsauftrag „Bewertungsgrundlagen für bäuerliche Wohnhäuser" (Forschungsarbeit DI Spielhofer). [...]

1975

[...] Eine Schulung, gemeinsam mit dem Hauswirtschaftlichen Beirat der Landeskammer, in der Feuerwehr- und Zivilschutzschule in Lebring. Eine einwöchige Arbeitstagung, Inhalt: Das neue Lebensmittelgesetz und seine Auswirkungen; Lebensmittelhygiene; Qualitätsbegriffe bei Lebensmitteln; Textilkennzeichnungsverordnung; Informationen über Raumordnung und Flächenwidmungspläne, Sozialmaßnahmen für die Bauernfamilie; Arbeitsbesprechung. Eine zweitägige

---

52 TB 1974 und 1975, S. 104ff.

Schulung in Buchhaltung, gemeinsam mit den Betriebsberatern, zur Vorbereitung der Kurse über einfache Buchhaltung und Aufzeichnungen im landwirtschaftlichen Betrieb.

Auf Bundesebene fand gerade eine Veranstaltung für alle Beraterinnen mit dem Thema „Entwicklungstendenzen im ländlichen Raum, Folgerungen für die Beratung" statt. Eine Referentin nahm an der Schulung „Management eines Weiterbildungs- und Beratungsprogramms" in Zettersfeld bei Lienz und an einer [...] Tagung des Internationalen Arbeitskreises landwirtschaftlicher Berater in Bad Zwischenahn, Norddeutschland, teil. [...].

Die Leiterin der Abteilung [...] besuchte das Seminar „Führungspsychologie, Motivation, Mitarbeiterführung" für Abteilungsleiter in Ligist.

An einer einwöchigen Arbeitstagung über „Beratungspraktische Ausbildung" auf Bundesebene nahmen 20 Beraterinnen teil.

Die Referentin für Wohnberatung, Haushaltstechnik, Wirtschaftslehre des Haushalts und Fremdenverkehr wirkte an der Tagung der Elektrohaushaltsberaterinnen mit. Sie arbeitet im ÖKL-Baukreis und erarbeitete im Rahmen einer Teamarbeit das Baumerkblatt „Wirtschaftsräume". Sie entwirft und zeichnet Einrichtungs- und Installationspläne und stellte eine Dia-Serie über Wohnen zusammen. Sie erarbeitete das Manuskript einer Broschüre „Der Hausarbeitsraum" und befasste sich intensiv mit Haushaltsanalysen zwecks Betriebsplanung. [...] Sie hielt Vorträge beim Seminar für Landwirtschaftslehrerinnen [...] und war mit der Ausarbeitung für Fremdenverkehrskalkulationen befasst. Sie nahm an der ÖKL-Tagung (drei Tage) teil und an der Exkursion des ÖKL nach Holland sowie an zwei Sitzungen der Forschungsgesellschaft für Wohnen, Bauen und Planen.

Geschichte der landwirtschaftlich-hauswirtschaftlichen Beratung in der Steiermark

Den Anfang machten Wanderlehrerinnen

Wann die ersten Wanderkurse für Bäuerinnen und Bauernmädchen in unserem Land stattfanden, ist nicht belegt. Vielleicht gab es schon im 19. Jahrhundert vereinzelt neben den Wanderkursen für die Landwirtschaft auch Kurzkurse für Bäuerinnen, doch dürften diese nicht dokumentiert worden sein. Eindeutig nachweisbar ist das hauswirtschaftliche Wanderkurswesen in der Steiermark erst in der Zwischenkriegszeit.

Über hauswirtschaftliche Wanderkurse in anderen Bundesländern berichtet die ehemalige niederösterreichische Schulinspektorin Professor Ruth Petzold:[53]

Vor dem 1. Weltkrieg gab es in vielen Teilen der Monarchie, besonders aber in Böhmen und Mähren, in Orten an der Grenze von OÖ und NÖ zur CSSR, aber auch in Kärnten und Tirol Wanderkurse. Zuerst unterrichteten engagierte Hausfrauen, Kindergärtnerinnen, Handarbeitslehrerinnen, aber auch erfahrene Bäuerinnen in improvisierten Räumen und mit sehr wenigen Lehrbehelfen. Später, etwa ab 1913, standen schon einige ausgebildete Landwirtschaftslehrerinnen für den Unterricht zur Verfügung [...].

Hauswirtschaftliche Beratung erfolgte sicher auch von Lehrkräften der Hauswirtschaftsschulen, wenn auch nicht auftragsgemäß. Fachinformationen vermittelten u. a. die Leiterin der Schule Grabnerhof, Ida Schuppli, dann Betty Hinterer in den Kalendern für die Landwirtschaft. Die Lehrerinnen von St. Martin veröffentlichten ebenfalls hauswirtschaftliche Beiträge sowohl in Kalendern für Bauern als auch in den Wochenblättern der Kammer.

Vielen lernwilligen Bauernmädchen und Bäuerinnen war es unmöglich, eine landwirtschaftliche Hauswirtschaftsschule oder einen mehrmonatigen St. Martiner Haushaltungskurs zu besuchen. Andererseits waren die Herren Vertreter der Landwirtschaftsgesellschaft bzw. der Landwirtschaftskammer in den 20er- und 30er-Jahren des 20. Jahrhunderts an hauswirtschaftlichen Kursen und Vorträgen für die Bauernmädchen und Bäuerinnen interessiert, um die Gesundheit der bäuerlichen Bevölkerung sowie bei Absatzproblemen des Betriebes die Selbstversorgung zu fördern. Da innerhalb der Kammer für Land- und Forstwirtschaft (von 1934–1938 Landes-Landwirtschaftskammer Steiermark) keine hauswirtschaftliche Beratung eingerichtet wurde, pflegte man die Zusammenarbeit mit dem Volksbildungswerk St. Martin und deren zwei landwirtschaftlichen Haushaltungslehrerinnen. Der Leiter des Volksbildungsheimes St. Martin, Josef Steinberger, unterstützte das Bemühen um Wanderkurse als Ergänzung der von St. Martin durchgeführten landwirtschaftlichen Fortbildungskurse für Bauernmädchen, Bäuerinnen und Arbeitnehmerinnen. Bis 1930 war die landwirtschaftliche Haushaltungslehrerin von St. Martin, Lisbeth Kalin, die einzige Fachkraft für die Wanderkurse, dann wurde eine zweite, Frl. Wickhoff, von St. Martin hiefür abgestellt[54], *„zwei landwirtschaftlich bestgeschulte Haushaltungslehrerinnen",* wie im Tätigkeitsbericht der Landwirtschaftskammer vermerkt ist.

---

53 Ruth Petzold, Entwicklung der landwirtschaftlich-hauswirtschaftlichen Ausbildung in Österreich. Maschinschriftliches, nicht veröffentlichtes Manuskript 1985.
54 Tätigkeitsbericht der Steirischen Landes-Landwirtschaftskammer 132–1936, S. 238ff. – Lisbeth Kalin, Bericht über die Entwicklung der Beratungsarbeit in der Steiermark von Anbeginn. Maschinschriftlicher, unveröffentlichter Bericht an die Arbeitsgemeinschaft der landwirtschaftlich-hauswirtschaftlichen Lehrerinnen und Beraterinnen Österreichs, o. J. (um 1960/61).

Die Fachvorträge hatten die Arbeitsgebiete der Bäuerin und die Verhältnisse des steirischen Bauernhauses zu berücksichtigen. Die Wanderkurse waren vornehmlich praktisch ausgerichtet, wobei auch Musterhöfe und beispielhafte Bauernhäuser besichtigt wurden. Laut dem Tätigkeitsbericht der Landwirtschaftskammer 1932–1936 sollten Eindoskurse insbesondere bei Notschlachtungen in den Sommermonaten und bei fehlendem Absatz von Schlachtvieh helfen, Verluste zu vermeiden und somit die Kosten für den Haushalt zu senken. Tüchtige Bäuerinnen praktizierten das Eindosen um diese Zeit bereits, um die Hausgemeinschaft mit gesünderem „Frisch"-Fleisch statt mit dem womöglich schwarz geräucherten Selchfleisch zu versorgen. Wie im Unglücksfalle mit einem Stück Vieh die Nachbarschaft geholfen hat, ist folgendem Bericht zu entnehmen:

Es war in so manchen Gebieten der Steiermark üblich, dass im Falle einer Notschlachtung die Bauern der Gegend von dem Betroffenen Fleisch kauften, womit dessen Schaden gemildert wurde und um für Abwechslung im eigenen Speiseplan zu sorgen.[55]   M. G.

Im Neumarktergebiet wurde in den 30er-Jahren bereits viel eingedost. In einem Fall war das Besitzerehepaar zur Zeit einer Notschlachtung nicht daheim. Da sprangen die Bäuerinnen aus der Umgebung ein und verarbeiteten das Schlachtgut, indem der Großteil eingedost wurde. Als die Besitzer zurückkamen, war bereits alles fertig.[56] *Die Bäuerinnen der Gegend waren um diese Zeit mit dem Eindosen bereits vertraut.*   A. H.

Kursangebot und die Teilnehmerzahl waren im Winter 1935/36 relativ hoch.[57] Vereinzelt nahmen auch Bauern und Bauernsöhne an diesen Veranstaltungen teil. Für 1936/37 wurden Kurse in 51 Orten vorgesehen.[58] Aufgrund der vom Bundesministerium für Land- und Forstwirtschaft geförderten Eindosaktion vom Juli 1936 bis Juli 1937 wurden in der Steiermark 50 Kurse gehalten und Dosenverschlussmaschinen und Dosen von der Kammer vermittelt. Die Kursdauer betrug zwei Tage, die Kurse wurden von der Bezirkskammer bzw. vom Steirischen Bauernbund organisiert.[59]

Darüber hinaus fanden in entlegenen Gebieten auch kurzzeitige Webkurse statt. Die bäuerliche Standesvertretung um 1935 forcierte besonders die Selbstversorgung der bäuerlichen Betriebe, so auch mit Textilien. Das Motiv war, die Hausweberei durch Wanderkurse zu fördern, den Bauerntöchtern und weiblichen Dienstboten

---

55 Mitteilung Maria Grassl, Trössing.
56 Mitteilung Annemarie Hartleb, St. Georgen bei Neumarkt.
57 Im TB vom 1932–1936 wird von 276 Vortragsstunden verbunden mit Lehrbesichtigungen in 73 Bauernwirtschaften und 2191 Kursteilnehmerinnen berichtet.
58 TB 1936/37, S. 217f.
59 Steirische Bauernzeitung Nr. 7, 13. 2. 1938, S. 6.

auch in entlegenen Gebieten Gelegenheit zu geben, sich in Spinnen und Weben auszubilden. Beim Bedarf an Kleidern und Wäsche sollte durch Selbstherstellung die Ausgabenseite des bäuerlichen Wirtschaftshaushaltes entlastet werden. In diesen Kursen wurden auch nebenbei Kenntnisse zur Führung des bäuerlichen Haushalts vermittelt. Die Kammer hoffte auf eine verstärkte Ausbildung der Haushaltungs- und Handarbeitslehrerinnen in der Flachs- und Wollebehandlung, im Spinnen und einfachen Weben und somit auf eine Umstellung des Handarbeitsunterrichtes an den Pflichtschulen.[60] Es wurde nach einem Gebäude gesucht, in dem eine stationäre Webschule untergebracht werden könne, was sich als schwierig erwies. 1935 war die Webschule provisorisch in der landwirtschaftlichen Haushaltungsschule Tannhof eingerichtet, wo der erste viermonatige Webereikurs zu Beginn des Jahres 1936 abgehalten wurde. Außer der Praxis wurde auch allgemeinbildender und theoretischer Webunterricht gegeben. Insgesamt umfasste der Unterricht 55 Wochenstunden. An diesem ersten Kurs nahmen 13 Mädchen teil, mehr hätten aus Platzgründen nicht aufgenommen werden können. Im Herbst 1936 gelang es, die Webereischule im Stift St. Lambrecht unterzubringen und hier einen dreimonatigen Kurs für 14 Teilnehmerinnen abzuhalten. Mit den Webereikursen sollten der Flachsanbau und die Schafhaltung als Betriebszweige neu belebt werden. Die Wiedereinführung der Hausweberei sollte – so die Landwirtschaftskammer – nicht als Rückschritt, sondern als Anpassung an die wirtschaftlichen Verhältnisse gesehen werden.[61]

Während der Wanderkurse und zwischendurch standen die Wanderlehrerinnen auch für aktuelle Fragen der Bäuerinnen zur Verfügung. Dadurch kamen sie auch in die Bauernhäuser und lernten die Lebensverhältnisse in den verschiedenen Regionen kennen, was sich besonders für die späteren Aufgaben, besonders für Lisbeth Kalin in leitenden Funktionen, sowohl in der NS-Zeit als auch in der Nachkriegszeit für die Beratung insgesamt vorteilhaft auswirkte.

Das Bildungsprogramm des Reichsnährstandes von 1938–1945

Nach dem Anschluss Österreichs an das Deutsche Reich wurde auch hier das reichsdeutsche Bildungsgesetz für die Landwirtschaft eingeführt. Das Bildungsprogramm zielte auf eine verbesserte Hauswirtschaft vornehmlich durch den „Kampf dem Verderb" und Rationalisierung der Hausarbeit durch moderne Geräte und Maschinen, Hygiene und Ordnung sowie moderne Arbeitsverfahren ab. Die Befähigung zur guten Haushaltsführung sollte durch eine gezielte berufliche Ausbildung in der länd-

---

60 TB der Landeslandwirtschaftskammer 1932/36, S. 243.
61 TB 1932/36, S. 242.

lichen Hauswirtschaft durch Lehrjahre, Kurse und auf schulischem Wege erreicht werden. Es gab keine berufliche Ausbildung ohne Sport, Gesang und mehr oder weniger ideologische Schulung.

Die Kurs- und Vortragstätigkeit der 20er- und 30er-Jahre für die weibliche bäuerliche Bevölkerung wurde fortgesetzt, nur standen nun mehr Fachkräfte zur Verfügung und die Veranstaltungen wurden nicht als „Wanderkurse", sondern „Spezialkurse" und „Fachkurse" bezeichnet. Die Fachkräfte waren keine Wanderlehrerinnen mehr, sondern Wirtschaftsberaterinnen bzw. Fachlehrerinnen. Jede Kreisbauernschaft wurde ab 1939 mit einer hauswirtschaftlichen Fachkraft besetzt, allerdings hatte anfangs die eine oder andere Beraterin auch zwei Kreisbauernschaften zu betreuen. Die Fachkräfte hatten zum Teil die obligate Ausbildung zur Wirtschaftsberaterin bzw. Hauswirtschaftslehrerin, einige praktisch Tüchtige wurden auch ohne Beraterinnenausbildung als Hilfsberaterinnen eingestellt. Zusätzlich gab es Spezialberaterinnen der Landesbauernschaften.[62] Die als Wanderlehrerin tätig gewesene St. Martiner Hauswirtschaftslehrerin Lisbeth Kalin kam in die Landesbauernschaft und übte ihre Tätigkeit ähnlich wie zuvor, jedoch unter anderen Vorgesetzten, aus. Bis 1943 war die Kärntner Hauswirtschaftslehrerin Ida Flatnitzer die Leiterin der für die Beratung zuständigen Abteilung II H der Landesbauernschaft Südmark, nach der Aufteilung der Landesbauernschaft in die Gaue Kärnten und Steiermark und der dadurch erfolgten Rückkehr Ida Flatnitzers nach Kärnten übernahm Lisbeth Kalin die Leitung dieser Abteilung in der Landesbauernschaft Steiermark.

Aufgaben der Wirtschaftsberaterinnen im Reichsnährstand[63]

Außer der Organisation und der Durchführung von Bäuerinnenkursen führten die Wirtschaftsberaterinnen auch Beratungen auf einzelnen Bauernhöfen durch. Eine besonders wichtige Aufgabe war die Betreuung von Lehrfrauen und Lehrlingen. Ihnen oblag auch die Schulung der Ortsbäuerinnen, zu denen in der Regel der Kreisbauernführer, die Kreisabteilungsleiterin und allenfalls eine Spezialberaterin sprachen.

Die Wirtschaftsberaterin war unmittelbar dem Kreisbauernführer, administrativ dem Kreisstabsleiter der zuständigen Kreisbauernschaft (vergleichbar dem heutigen Bezirkskammersekretär) unterstellt. Die Anstellung erfolgte durch die Abteilungsleiterin II H der damaligen Landesbauernschaft. Die Beraterin pflegte ständigen Kontakt mit den Ortsbäuerinnen und den Zentralstellen für Bäuerinnenangelegenheiten und

---

62 Kalin Lisbeth, Bericht über die Entwicklung der Beratungsarbeit in der Steiermark. – Erna Lechner, Bericht über das 1. Dienstjahr in den Kreisbauernschaften Leibnitz – Mureck im Jahre 1939, Blindenmarkt 1986. – Wochenblatt, Folge 5, 4. 2. 1939, S. 142.
63 Ausbildung zur Wirtschaftsberaterin und Haushaltungslehrerin siehe S. 22ff. und 37ff.

Beratung, und zwar mit der Abt. II A, Leiterin Dr. Johanna Scholz, und Abt. II H, Fachlehrerin Ida Flatnitzer bis 1943, dann Lisbeth Kalin der Landesbauernschaft Südmark bzw. Steiermark.[64]

Die Anfängerinnen als Wirtschaftsberaterin in einer Kreisbauernschaft, aber auch bereits in der Praxis stehende Beraterinnen wurden in der „Meiereischule" bei Klagenfurt in ihre Aufgaben eingeführt und sowohl theoretisch als auch praktisch in die Arbeitsbereiche ihrer künftigen bzw. in die bereits zu praktizierende Tätigkeit eingeschult bzw. weitergebildet.

Aus der Praxis der Beratung in der NS-Zeit

Nach dem Anschluss im März 1938 wurden die Eindoskurse fortgesetzt, das Kursangebot auf andere hauswirtschaftliche Bereiche erweitert. Eine junge Landwirtschaftslehrerin aus Niederösterreich, Erna Lechner, die ihr erstes Dienstjahr als Wirtschaftsberaterin in der Steiermark in den Kreisbauernschaften Mureck und Leibnitz verbrachte, berichtet aus ihrem Arbeitsjahr 1939[65] (auszugsweise Wiedergabe):

„[...] Per Bahn, Autobus oder Fahrrad reiste ich an. Um 8 Uhr war Kursbeginn. Ich mußte die Schweinehälften vor den Bäuerinnen bzw. mit ihrer Hilfe zerlegen und dann verarbeiten. Gulasch, Kochfleisch, Braten, Würste und anderes mehr mußte bis zum späten Nachmittag zubereitet und zur Gänze in die Dosen gefüllt und verschlossen sein. Dann begann die anstrengende Arbeit des Kurses, das Kochen der Dosen. Die im Freien aufgestellten Futterdämpfer wurden mit Wasser gefüllt, die Dosen eingelegt und zum Kochen gebracht. [...] Es war unbedingt notwendig die Dosen 2 – 2 1/2 Stunden nach Vorschrift kochen zu lassen. [...] In den Küchen trat damals in großen Mengen die Küchenschabe und in den Vorratsräumen der Speckkäfer auf. Die Beauftragte für Schädlingsbekämpfung vom Reichsnährstand war Frau Matthiesen[66], sie betreute das Gebiet der Landesbauernschaft Südmark durch längere Zeit. Da ich von sehr vielen Bäuerinnen um Rat und Hilfe gebeten wurde, ließ ich sie in mein Arbeitsgebiet kommen. Wir fuhren von Hof zu Hof. Sie stellte in den befallenen Räumen ein Gerät, das mit Spiritus oder elektrisch zu beheizen war, auf, und verdampfte darin das Schädlingsbekämpfungsmittel. Der Erfolg war überwältigend, mit der Mistschaufel konnten die toten Käfer, die aus allen Ritzen in der Küche hervorkamen, zusammengekehrt werden. Besonders wertvoll war der

---

64 Über Wunsch der Kärntner gelang 1943 die Teilung der Landesbauernschaft Südmark in eine Landesbauernschaft Steiermark und Landesbauernschaft Kärnten. Erstmals angeführt im Wochenblatt.Folge 1, 12. September 1942, Titelseite.

65 Lechner Erna, Bericht über das 1. Dienstjahr in den Kreisbauernschaften Leibnitz – Mureck März 1986 im Besitz von D. Schafhuber.

66 Frau Mathiesen wurde von Lübeck in die „Südmark" versetzt, um hier den „Kampf dem Verderb" erfolgreich durchzuführen.

Einsatz in der Vorratshaltung. Die Selchstücke waren so stark befallen, daß man beim Bewegen der Fleischstücke die Puppen des Speckkäfers rauschen hörte. Dieses starke Auftreten wurde durch das übermäßig lange Aufbewahren der Selchstücke (übers Vorratsjahr hinaus) gefördert [...]."

Ida Flatnitzer engagierte sich besonders für die Bekämpfung dieses Schädlings, was ihr auch den Spottnamen „Speckkäfer" eintrug. Eine der Parolen in der NS-Zeit war nämlich „Kampf dem Verderb", daher wurde auf saubere, schädlingsfreie Aufbewahrung der Vorräte besonderer Wert gelegt. Von der Art der Vorratshaltung (Lagerung) war der Schädlingsbefall abhängig. Wurden die Selchwaren in einer trockenen Fleischkammer und luftig aufgehängt, waren sie weniger vom Speckkäfer befallen als in Gebieten, wo es üblich war, diese dicht aufeinander liegend zu lagern.[67] Es folgten praktische Kurse über Gartenbau, Einführung in die fahrbare Gemeinschaftswaschanlage mit Kugeltrommelwaschmaschine und Wäscheschleuder u. a. m. Im Rundschreiben und bei Vorträgen informierte die Beraterin über Beihilfeaktionen, wie z. B. Wolf-Gartengeräte.

Abb.: Angehörige der Kreisbauernschaft Leibnitz (o.).
Eindoskurs in Gündorf im Sulmtal 1939 (M.).
Dr. Johanna Scholz und Erna Lechner auf dem Reichsnährstandsgelände in Leipzig 1939 (u.).
Alle Fotos Erna Lechner.

---

67 Interview Annemarie Hartleb, St. Georgen bei Neumarkt, 5. Juli 1984.

In der NS-Zeit wurden Webkurse von der landwirtschaftlichen Haushaltungslehrerin Lisbeth Kalin vehement gefordert und gefördert. 1939 konnte die schon zuvor bekannte Webschule im Landfrauenheim Bründl eingerichtet werden, wo in den Wintermonaten Webkurse für Bäuerinnen und Mädchen stattfanden. Darüber hinaus wurden über Wunsch der Bevölkerung von der Landesbauernschaft Web-Wanderkurse gehalten. Der erste dieser Art fand in Neuberg an der Mürz in dem Bauernhaus vlg. Webermeier, das Stammhaus einer alten Weberfamilie, statt. Der Kurs dauerte 29 Arbeitstage.[68] Während des Krieges war die Kurstätigkeit aus Personalmangel rückläufig.

Ländliche Hauswirtschaft wird Lehrberuf

Hauswirtschaft als Lehrberuf war zuvor in Österreich durch keinerlei Gesetze geregelt. Mit dem Anschluss an das Deutsche Reich 1938 kam das deutsche Berufsausbildungsgesetz für die bäuerliche Jugend in der Ostmark zum Einsatz. Das Gesetz sah folgende Ausbildung für Mädchen vor, die einen Beruf in der ländlichen Hauswirtschaft anstrebten oder deren Eltern diesen Weg für sie festlegten:
- Nach der Pflichtschule zwei Jahre als Hausarbeitslehrling auf einem Hof.
- Ablegung der Hausarbeitsprüfung. Der Prüfling ist dann Hausarbeitsgehilfin.
- Zwei Jahre Praxis als Haushaltsgehilfin, davon ein Jahr in einer (einjährigen) Landfrauenschule bzw. Haushaltungsschule.
- Ablegung der Hauswirtschaftsprüfung.

Mit der erfolgreich abgeschlossenen Hauswirtschaftsprüfung wurde die Kandidatin „Ländliche Hauswirtschaftsgehilfin" und konnte bereits als Hilfsberaterin, also zur Abhaltung von praktischen Kursen, eingesetzt werden, oder sie ging zurück auf den elterlichen Betrieb oder wurde selbst Bäuerin bzw. erhielt eine gute Stellung auf einem anderen Betrieb. Die Hauswirtschaftsprüfung bestand aus mündlichen, praktischen und schriftlichen Arbeiten im Rahmen der Buchführung einer Bäuerin. Die gesamte Prüfung dauerte einen langen Tag.[69]

Nach einer dreijährigen Gehilfinnentätigkeit konnte sie wieder eine Prüfung ablegen und wurde „geprüfte Wirtschafterin". Dies war der Befähigungsnachweis zur selbständigen Führung eines Haushaltes.

Hatte ein Mädchen die Hauptschule oder sechs Klassen Mittelschule[70] und die

---

68 Wochenblatt Folge 5, 4. 2. 1939, S. 142.
69 In der Ostmark wurden auch Mädchen zur Hauswirtschaftsprüfung zugelassen, die eine Landfrauenschule besucht hatten und über ausreichende Praxis im elterlichen oder einem anderen landwirtschaftlichen Betrieb verfügten, in: Wochenblatt Folge 46, 18. 11. 1939, S. 1322.
70 In der Ostmark entsprach diese sog. „Mittlere Reife" der nach deutschem Muster eingeführten sechsjährigen Hauptschule, die es nur in Städten gab, in der Obersteiermark z. B. in Mürzzuschlag.

Prüfung zur Hauswirtschaftsgehilfin hinter sich, die Unter- und Oberklasse einer Landfrauenschule besucht, konnte sie nach erfolgreicher Staatsprüfung „Haushaltspflegerin" werden und eine Stellung z. B. in einem Großhaushalt besetzen. Nach einer Zeit praktischer Tätigkeit als Haushaltspflegerin konnte sie Leiterin eines Anstaltshaushaltes oder Wirtschaftsberaterin werden.

Mädchen mit besonderer Begabung und Vorliebe zum Lehrberuf war es möglich, nach der Unter- und Oberklasse einer Landfrauenschule noch eine zweijährige pädagogische Ausbildung zu absolvieren (s. S. 21f.). Sie waren dann Hauswirtschaftslehrerinnen und Wirtschaftsberaterinnen.

Außer diesen Berufen standen den jungen Frauen auch Berufe wie die einer Gärtnerin, Geflügelzüchterin, Imkerin oder Rechnungsführerin offen. Auch der weibliche Arbeitsdienst bot Berufschancen als Lagerführerin, praktischer Arbeiten in einem Krankenhaus usw.[71]

Als Lehrhof wurde laut Gesetz ein landwirtschaftlicher, mustergültig geführter Betrieb und ebensolcher Haushalt anerkannt, wo der Haushaltslehrling nicht Ersatz für eine Arbeitskraft war, sondern in alle Arbeiten, die in einem bäuerlichen Haushalt anfallen, eingeführt wurde. Als Lehrfrauen galten tüchtige, unbescholtene, nationalsozialistisch gesinnte Bäuerinnen. Lehrhöfe und Lehrlinge wurden durch die Wirtschaftsberaterinnen kontrolliert. In der Praxis sah es manchmal anders aus. So manche „Lehrfrau" entsprach nicht den fachlichen Anforderungen, ausschlaggebend für die Anerkennung war die Funktion des Mannes in der Öffentlichkeit – dies war jedoch nicht die Regel. Haushaltslehrlinge, die auf einem fachlich und menschlich gut geführten Lehrbetrieb ihre Lehre absolvieren konnten, körperlich nicht überfordert wurden, Familienanschluss hatten, waren ihrer Lehrfrau auch nach der Lehre noch dankbar verbunden. Als Ida Flatnitzer Leiterin der Abt. II H mit dem Sitz in Graz war, kontrollierte sie die Haushalte, die als Lehrbetriebe ausgewählt werden sollten, sehr streng:

„Sie kam unangemeldet ins Haus und schaute in jedes Küchenkastl und Ladl ...!"

Der Lehrling musste ein Arbeitstagebuch führen, das sowohl von der Lehrfrau als auch von der Wirtschaftsberaterin zu kontrollieren war. Die Wirtschaftsberaterinnen der Kreisbauernschaften hatten Schulungen für Lehrlinge zu halten, die Lehrlinge waren zur Teilnahme an diesen Veranstaltungen verpflichtet. Bemerkenswert ist, dass Lehrlinge sowohl aus bäuerlichen als auch aus nichtbäuerlichen Familien stammten.

---

71 Brönimann Benna, Die ersten ländlichen Hauswirtschaftsprüfungen in der Ostmark, in: Wochenblatt, Folge 22, 3. 6. 1939, S. 698f.

Beratungssituation im Krieg

Einen kleinen Einblick in die damalige Situation der Beratung auf dem Lande vermittelt uns ein Bericht einer Beraterin aus dem Jahre 1940, als Fachlehrerin Kalin, Referentin unter der Abteilungsleiterin Ida Flatnitzer und ab 1943 selbst Leiterin der Abteilung war:

1940 in Hartberg – Beihilfeaktion für den Umbau einer Rauchküche.

Frau Abteilungsleiterin, Fachlehrerin Kalin hatte sich zur Kontrolle eines dieser Betriebe in der Kreisbauernschaft Hartberg angesagt. Die Liste der Antragsteller wird von ihr gemustert und dann zeigt sie ganz energisch auf einen Namen: „Zu diesem Betrieb gehen wir hin"!

Dem damals ganz jungen Fräulein Frank wird es etwas bange. Der Hof war nicht so einfach zu erreichen und außerdem war sie erst kurze Zeit im Bezirk tätig. Es war ihr erster Arbeitsbereich. Sie überlegte: Der Zug bis Rohr und dann ein Fußmarsch. Nun, das wird schon gehen. Am nächsten Tag in aller Früh wurde die Abreise bestimmt. Frau Kalin ist schon damals zu unserem Leidwesen eine Frühaufsteherin gewesen. Finster war es, als wir zum Bahnhof gingen, finster waren die Bahnhöfe, alles war verdunkelt, es war ja Krieg. Ich war sehr aufgeregt, wollte es aber nicht zeigen, ich hatte Angst, die Station zu übersehen. Und wie es dann so ist, wir sind um eine Station zu früh ausgestiegen. Ich versuchte nun zaghaft, sie darauf aufmerksam zu machen, daß wir um eine Station zu früh ausgestiegen sind, nachdem der Zug schon weg war. Frau Kalin darauf: „Nun, dann gehen wir eben zu Fuß." Und dann ging es in der Finsternis dem Geleise entlang, eine Stunde lang. Sie hatte wie immer ein Tempo, dem ich fast nicht nachkommen konnte. Bei der nächsten Station waren wir richtig und es führte uns der sichere Weg zu dem Betrieb. In drei Stunden waren wir an Ort und Stelle angekommen. Zu guter Letzt ging alles gut. Umsonst hatte ich gezittert, es würde ein Donnerwetter kommen, aber der Frau Abteilungsleiterin Kalin hatte dieser zusätzliche Marsch nichts ausgemacht und sie hat mich mit keinem Wort gerügt. Ich glaube, sie war am Abend nicht müde, aber ich!

M. F. vh. S.

Aufbau der Hauswirtschaftsberatung nach dem Zweiten Weltkrieg – ein steiniger Weg

Nach dem Zusammenbruch des „Dritten Reichs" wurde die Landwirtschaftskammer nach dem Kammergesetz von 1929 wieder errichtet, ergänzt mit Agenden, die für die Bewältigung der tristen Situation in den Jahren 1945/46 dringend erforderlich schienen. So wurde u. a. auch die Abteilung für Hauswirtschaftliche Beratung in der neuen Landeskammer für Land- und Forstwirtschaft errichtet. Leiterin der Abteilung wurde

Fachinspektor Lisbeth Kalin, die sich bereits als St. Martiner Fachlehrerin und Wanderlehrerin sowie Leiterin der Abt. II H des Reichsnährstandes profiliert hatte. Sie begann 1945 unmittelbar nach der Neugründung der Landeskammer für Land- und Forstwirtschaft Steiermark mit dem Aufbau der Hauswirtschaftsberatung, der außerschulischen Berufsausbildung und der Webkurse.

„Hauswirtschaft", „Hauswirtschaftsberatung", „Haushaltsanalysen"

Die Hauswirtschaftsberatung war und ist eine Image-Frage. Sie ist vorwiegend weiblich und unterliegt der Wert- bzw. Unterschätzung des Haushaltes und der Hauswirtschaft durch die Gesellschaft. Nach der Aufbauphase der Hauswirtschaftsberatung vor und nach den 60er-Jahren, deren Aufgabe als Produktions- und Reproduktionsstätte, änderte sich das Bild: „Hauswirtschaft" wurde in letzter Zeit vielfach mit „Hausarbeit" verwechselt und war in der Werteskala weiblicher Tätigkeiten unten angesiedelt. Auch dies zu unrecht, denn Arbeitseinteilung und Arbeitstechniken, ständiges geistiges Umschalten durch die Vielfalt der hauswirtschaftlichen Aufgaben verlangt praktisches Können und geistige Mobilität. Gute Haushaltsführung und Erledigung der für das Wohlbefinden aller Haushaltsmitglieder nötigen Verrichtungen sind qualifizierte Leistungen von enormer volkswirtschaftlicher Bedeutung. Nur, die Fähigkeit zur Erfüllung dieser Aufgaben ist niemandem in die Wiege gelegt. Eine hauswirtschaftliche Ausbildung vermittelt das Rüstzeug zum Erfolg. Natürlich gibt es Menschen, die ohne spezielle hauswirtschaftliche Bildung ihren Haushalt gut in Schuss haben. Sie haben sich gezielt durch Hausverstand, Informationen, Erfahrung und oft durch viel Lehrgeld ihr „Haushaltsmanagement" erworben. In der Landwirtschaft hilft die Hauswirtschaftsberatung über so manche Schwierigkeiten und Probleme, sowohl hinsichtlich Arbeitserleichterung und Organisation als auch im Falle von Problemen des Zusammenlebens und unterstützt die kulturellen Aspekte innerhalb und außerhalb der Familie.

Beratungsziele

Bereits 1970 hat Prof. Dipl.-Ing. Nora Matzinger in ihrem Beitrag im Förderungsdienst z. T. die Schwerpunkte aufgezeigt als Forderung an die Hauswirtschaftsberaterinnen, sich Kenntnis über die Situation der Betriebe zu erwerben und eine Analyse der wirtschaftlichen, menschlichen und sozialen Situation der Familie bei Berücksichtigung der persönlichen Ansprüche der Familienmitglieder zu erstellen.[72] Matzinger gilt

---

72 Matzinger, Nora, Information über die wirtschaftliche, menschliche und soziale Situation der Familie – Situationsanalyse und Beratung bei der Anpassung der Haushaltsorganisation und Haushaltsführung an die wirtschaftlichen und familiären Gegebenheiten, in: FD November 1970, Sonderheft 3, S. 61ff.

wohl zu Recht in Österreich als „Vordenkerin" hinsichtlich hauswirtschaftlicher Beratungsziele und Beratungsmethoden.

In den 80er-Jahren wurden vom Landwirtschaftsministerium für die Hauswirtschaftsberatung folgende Hauptziele formuliert:

* Die landwirtschaftliche Haushaltsberatung hat der bäuerlichen Familie bei der Lösung ihrer wirtschaftlichen, menschlichen und sozialen Probleme zu helfen.
* Die bäuerlichen Menschen zu befähigen, ihren Haushalt optimal zu gestalten und die damit zusammenhängenden Aufgaben zu erfüllen.
* Erkenntnisse und Fähigkeiten zu vermitteln, die die Bäuerinnen zur partnerschaftlichen Führung ihres landwirtschaftlichen Betriebes befähigen.
* Zur Bildung der Persönlichkeit der Bäuerinnen beizutragen, damit sie ihre Aufgaben in der Familie, im Beruf und in der Gesellschaft bewältigen können.

Durch diese Zielsetzungen ist die Bedeutung der Hauswirtschaftsberatung klargestellt. Für die Praxis der Beratung heißt dies, im vielfältigen Aufgabenbereich sich mit neuen Kenntnissen und Techniken (Haushaltsanalyse, Planungsmethoden) einzubringen. Die Bäuerinnen mussten jedoch dazu meist erst motiviert werden, Aufzeichnungen durchzuführen, die für Auswertungen erforderlich sind. In den frühen 70er-Jahren war die Abteilung Hauswirtschaft mit der damit beauftragten Referentin initiativ und aktiv mit Haushaltsanalysen befasst. Ein Teil der Beraterinnen führte auch Analysen durch, doch scheiterte dieses Unterfangen schließlich am Interesse und an der Zeit von den meisten Bäuerinnen, die erforderlichen Daten aufzuschreiben und bei den Beraterinnen, sofern Interesse vorhanden war, an der dazu erforderlichen Zeit. So war es nur möglich, die Haushaltsanalyse in der Meisterinnenausbildung als einen Teil der hauswirtschaftlichen Betriebswirtschaft vorerst weiter durchzuführen. Leider entbehrte diese Maßnahme des Verständnisses und der Unterstützung einflussreicher Stellen innerhalb der Kammer, was die Durchführung nur durch Überwindung so mancher (völlig sinnloser) Hürden möglich machte.

Entsprechend den angeführten Zielen ist für die Hauswirtschaftsberaterinnen die Beratung und Schulung die ihnen zugeordnete Hauptaufgabe. Demgegenüber steht im Tätigkeitsbericht der Kammer die Absicht, aus Kostengründen den Aufwand für die Förderung zugunsten der Berufsvertretung zu reduzieren:

Die Kammergebarung entwickelte sich in den beiden abgelaufenen Jahren [...] zufriedenstellend. Ausschlaggebend dafür waren die Erhöhung der Kammerumlage ab dem Jahre 1974, die Aufstockung der Landeszuschüsse für den Personalaufwand der Kammer [...]. Ausgehend von den Personalkostenanalysen des Jahres 1973 wurde in den beiden Jahren konsequent darauf hingearbeitet, den Personalstand etwas zu verringern, wobei insbesondere eine Verlagerung von der Förderungsseite hin zur Berufsvertretung angestrebt wurde.[73]

Die Zahl der Beraterinnen verringerte sich nun, und die Aufgaben verlagerten sich speziell Ende der 80er-, Anfang der 90er-Jahre auf die Bearbeitung von Förderungsanträgen.

Beratung in der Praxis

Die Hauswirtschaftsberatung steht in einem Zwiespalt zwischen vorwiegend menschlicher Betreuung von Beratungsklienten – Anhören der Probleme der Bäuerinnen, ihnen zuhören einerseits – und der Reduktion des Beratungs-Zeitaufwandes auf wohl qualifizierte, aber rein fachliche Beratung andererseits. Während sich so manche Bauern und Bäuerinnen noch gelegentliche Besuche der Beraterin erwarten, um mit ihr betriebliche, aber auch menschliche Probleme besprechen zu können, wollen andere eine fachlich kompetente Beratung und rasche, treffsichere Antworten auf ihre Fragen.

Dass die Akzeptanz der Beratungsvorschläge durch die bäuerliche Familie manchmal nur über spezielle Umwege erreicht werden kann, erzählt eine Beraterin:

Trinkfest.
Am Anfang einer Außendiensttätigkeit muß man Erfahrungen sammeln. Es passieren Dinge, die einem „alten Hasen" nie passieren, weil sich ein „alter Hase" niemals in schwierige Situationen drängen läßt.
Eine schon etwas kindische, liebenswerte, aber noch sehr energische und dominierende 86-jährige Altbäuerin wollte eine junge Beraterin mit „Schnapstee" stärkster Sorte unter den Tisch trinken. Dies gelang ihr bei der Beraterin nicht, wohl aber mit den Blumen in der Stube, denn der Tee ist bei diesen bei passender Gelegenheit gelandet. Es war eine reine Verzweiflungstat und reut die Übeltäterin noch heute!
Die Umbauberatung, die vor dem Schnapstee nicht durchführbar war, weil die Altbäuerin auf ihr Recht pochte, funktionierte nachher bestens – die Altbäuerin war von der Stand- und Trinkfestigkeit der jungen Beraterin tief beeindruckt. L. D.

Die Möglichkeit, ein aufgewartetes alkoholisches Getränk im passenden Moment den Blumen auf der Fensterbank zukommen zu lassen, wurde vielfach genutzt.

Vor der Computerzeit wurden fachliche Informationen, speziell Haushaltsgeräte betreffend, gerne telefonisch eingeholt. Heute holen sich bereits viele ihre Informationen vom Internet.

Mit zunehmend besserer Bildung der bäuerlichen Bevölkerung steigen auch die

---

73 TB 1974/75, Einleitung. Unterzeichnet: Der Präsident: LAbg. Simon Koiner. Der Kammeramtsdirektor: Dipl.-Ing. Dr. Heinz Kopetz.

qualitativ-fachlichen Ansprüche an die Beratung. Die zunehmenden bürokratischen Aufgaben vor allem durch die Förderungs-Angelegenheiten beanspruchen viel Zeit. In Bezirken mit hoher Betriebsanzahl und höherer Zahl an Förderungswerbern, speziell für Beihilfen, Agrarinvestitionskredite und Darlehen für Urlaub am Bauernhof, Neu-, Aus- und Umbau von Wohngebäuden und Technik im Haushalt, bedarf es einer straffen Organisation der Arbeit durch die Beraterin, um den Anforderungen gerecht zu werden. So hatten z. B. die Beraterinnen in den kleinstrukturierten Bezirken, in denen Kleinbetriebe überwogen, jährlich bis zu 250 Anträge für den AIK für Haus und z. T. auch Stall und diverse Förderungen, z. B. für Wasserleitungsbau und Sanitäranlagen, Erhebungen für die Wohnbauförderung, Anträge für den AIK für Technik im Haushalt und bis 1984 Förderungen für Landarbeiterdienstwohnungen u. a. m. zu bearbeiten. Durch die AIK-Anträge für den Wohnbau erhielt die Beraterin Einblick in den Plan. Sie konnte den Kreditwerbern Verbesserungen hinsichtlich Raumzuordnung, Küchenplanung, Berücksichtigung von Wirtschaftsraum und Schmutzschleuse, die von so manchem Bauplaner als Luxus gesehen wurden, zweckmäßiger Anordnung des Rauchfanges, Lüftungseinrichtungen u. a. m. anbieten.

Dabei nahm der Zeitaufwand für die Buschenschankberatung zu. Die nicht kostendeckenden Jausenpreise in den Buschenschänken veranlassten die Beraterin Christel Kortschak in den frühen 70er-Jahren, mit Kalkulationen durchschnittlicher Verkaufspreise der entsprechenden Lebensmittel in regionalen Geschäften zu beginnen. Die Ergebnisse wurden bei Weinbauseminaren präsentiert. Nach der Novellierung des Buschenschankgesetzes 1979 wurde die Buschenschankberatung intensiviert. Die Einrichtung des Jausenzubereitungsraumes, des Gastraumes, der Materialien für Einrichtung und Ausstattung der Räume waren aktuelle Fragen im Rahmen der hauswirtschaftlichen Buschenschankberatung. Hiezu wurden von der Beraterin eine Diaserie erstellt, ebenso Richtlinien für Förderungen, z. B. zur Errichtung der WC-Anlagen u. a. Weiters wurde die Aktion Apfelsaft von Apfelbauern u. a. m. eingeführt.

Mit der Zunahme an Förderungsaufgaben, wie sie in den Jahrzehnten bis Mitte der 80er-Jahre durchgeführt wurden, blieb seither für Fachberatungen kaum noch Zeit, doch diese waren wiederum durch die Förderungsansuchen vermehrt gefragt.

Viel Zeit beansprucht eine gute Einrichtungsberatung, die auch von Bauherren und Firmen akzeptiert wird. Ende der 60er- und in den 70er-Jahren war die Wohnbauberatung besonders gefordert.

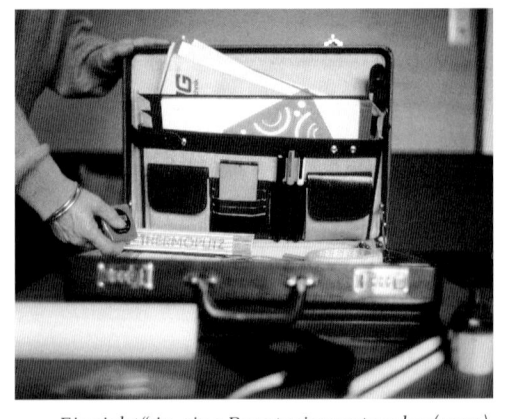

„Einsicht" in eine Beraterinnentasche (1991).

Problematisch war anfangs zum Teil die fehlende Akzeptanz weiblicher Fachberatung in der bäuerlichen Bevölkerung und bei den Planern. Es war ein Gebot der Stunde, besonders interessierte Beraterinnen speziell zu schulen.

Der „Arbeitskreis Wohnberatung", an dem Beraterinnen freiwillig teilnehmen konnten, wurde z. B. durch Kurse eines WIFI-Lehrers im Planzeichnen mit Grund- und Aufriss sowie Perspektive eingeführt. Das Ziel waren professionell, eindrucksvoll und überzeugend von der Beraterin dargestellte Einrichtungs- und Gestaltungsvorschläge, die den Beratungsklienten und Baufachleuten vorgelegt und von diesen angenommen wurden. Diese Dienstleistung war für die Bauherrschaften kostenlos und wirkte sich positiv aus. Aber wer fragte schon danach, wann die Beraterin die Entwürfe und Pläne zeichnete – die Wochenenden reichten dafür oft nicht aus. Je besser eine Beraterin sich auf qualitativ anspruchsvolle Aufgaben einstellte, je mehr sie sich für Beratungsaufgaben engagierte, umso mehr wurde sie angefordert, oft auch außerhalb ihres Beratungsgebietes. Das Nein-Sagen zu Beratungswünschen, die aus zeitlichen Gründen nicht angenommen werden konnten, musste von so mancher gewissenhaften Beraterin auch erst gelernt werden.

Mehr Beratungspsychologie als Problemlöser

Wiederholt berichteten Beraterinnen im Gespräch, dass sie eine entsprechende Akzeptanz vor allem bei den Männern vermissten und die Hauswirtschaft als solche allgemein zu gering geschätzt wurde. Das Imageproblem einerseits und die Effizienz der Beratung zu heben vermeinten Verantwortliche für die Beraterinnenweiterbildung positiv beeinflussen zu können, wenn die Beraterinnen in Beratungspsychologie besser geschult würden. Es wurden auf Bundes- und Landesebene z. T. hervorragende Fachleute über mehrere Jahre hindurch zu Schulungen eingeladen.

Prof. Dr. Hruschka, Universität Hohenheim, war speziell mit Beratungspsychologie befasst und wurde mehrmals zu Weiterbildungsveranstaltungen auf Bundes- und Landesebene als Referentin eingeladen. Sie widmete sich den Problemen der Beratung als Sozialberuf mit mangelndem Image in der Gesellschaft und der Selbstverständlichkeit ihrer Tätigkeit für die Ratsuchenden. Die Erwartung der Beratungsklienten überstieg vielfach die zumutbare Belastbarkeit der Beratungskraft. Die Beratungskraft vermisste oft die gebührende Anerkennung, wenn sie dem Beratungsklienten auf die Sprünge geholfen hatte. Dr. Hruschkas Rat:[74]

Die Ratsuchenden wissen selber häufig nicht, daß man ihnen auf die Sprünge geholfen hat. So müssen wir eigentlich sagen, daß wir von dem Ratsuchenden selber

---

[74] Vortrag anlässlich des Seminars „Beratungspsychologie und Beratungsmethoden" für die landwirtschaftlichen Haushaltsberaterinnen der Steiermark vom 15. bis 17. Oktober 1979 im Raiffeisenhof. Bericht erstellt von Dipl.-Ing. Nora Matzinger.

Anerkennung nicht erwarten können. [...] Helfende Berufe bekommen verhältnismäßig wenig Anerkennung. Auf der anderen Seite steht die Anerkennung der Öffentlichkeit und der Vorgesetzten. [...] Im Vergleich zu anderen Berufen haben viele Frauenberufe weniger Ansehen und auch die Frauen im Beruf haben weniger Ansehen als die Männer. [...] Dazu kommt, daß Hauswirtschaft in der Öffentlichkeit falsch repräsentiert wird. Psychologische Gründe dafür sind, daß die Hauswirtschaft immer dazu gehört, immer selbstverständlich ist. Die „Hauswirtschaft" ist zu bescheiden in der Selbstauffassung. Sie müßte in der Bedeutung, die sie wirklich hat und die ihr zukommt, präsentiert werden. [...] Ein anderer Grund, der so ein bißchen Selbstkritik darstellt. Die Solidarität zwischen den Frauen läßt häufig zu wünschen übrig. [...] Eines ist sicher, man muß sich damit abfinden, daß soziale Normen und Einstellungen und Vorurteile nicht von heute auf morgen abgebaut und geändert werden können. [...] In einem helfenden Beruf muß man Anerkennung und die Bestätigung für sein Wirken nicht von den sozialen Normen her ausgleichen, sondern vom Berufsethos, d. h. von der Weltanschauung und von der ethischen Haltung.

Dem Beratungsklienten auf die Sprünge zu verhelfen, ihn glauben zu lassen, dass der erteilte Rat seine Idee war, könnte dazu führen, die Beratung als entbehrlich zu sehen. Die Beratung hat demnach immer einen Schritt weiter zu sein, muss künftige Entwicklungen erkennen. Beispiele von Ideen und Eigeninitiativen von Beratungskräften, durch neue Projekte und Organisationen Verbesserungen der wirtschaftlichen Situation einzuleiten und Arbeitsüberlastungen einzuschränken, verweisen auf ein dynamisch-konstruktives Potenzial in dieser Berufsgruppe. Auf der hauswirtschaftlichen Seite soll ein Beispiel erwähnt werden, das auch mehrfach publiziert wurde.[75] Eine Hauswirtschaftsberaterin von der Bezirkskammer Weiz entwickelte das Modell „Bäuerinnen helfen Bäuerinnen". Es handelt sich hier um eine Art Nachbarschaftshilfe, in Arbeitsstoßzeiten oder bei Krankheit Haushaltsarbeiten von einer anderen Bäuerin durchführen zu lassen. Organisiert soll dies über den Maschinenring ablaufen. Dieses Projekt der „Überbetrieblichen Hausarbeit" besteht nun seit Mai 1989 beim Maschinenring „Feistritztal-Nord" und verläuft zur besten Zufriedenheit der Bäuerinnen. Die helfenden Bäuerinnen sind auch froh über ein zusätzliches Einkommen. Dieses Modell wird nun auch in anderen Gebieten über die Maschinenringe praktisch umgesetzt.

Auf Initiative von Hauswirtschaftsberaterinnen wurden in den frühen 80er-Jahren mit Unterstützung der Stadtverwaltungen Bauernmärkte installiert, so z. B. Gleis-

---

75   Fischer Hedwig, Überbetriebliche Hausarbeit. Eine neue Art der organisierten Nachbarschaftshilfe, in: der FD, Heft 4/1990, S. 99. – Vier Hände schaffen mehr als zwei, Bericht einer Journalistin, in: Die Welt der Frau, 10/90, S. 26ff.

dorf, Deutschlandsberg, Radkersburg, Mureck, Ehrenhausen usw. Es wurden Marktordnungen erstellt. Die „Marktfahrer" waren erst zu gewinnen. Sie wurden von der für dieses Gebiet zuständigen Beraterin betreut. Es zeigte sich, dass diese neuen Märkte wesentlich attraktiver und effizienter waren als so mancher traditionelle. Es bedurfte einiger Geduld, auch Letztere auf das erforderliche Niveau zu bringen. Das Marktfahren bewertet so manche Bäuerin als einen Statusgewinn, auch wenn es zusätzliche Arbeit bedeutet. Wer Geld heimbringt, genießt auch bei den Alten höheres Ansehen.

> *Eine Bäuerin, die vier alte Leute zu Hause zu betreuen hatte, begann mit dem Marktfahren – „Da komme ich einmal von zu Hause weg, ohne ein schlechtes Gewissen zu haben, denn ich bringe ja Geld heim". Eine Geschäftsfrau meinte nach der Eröffnung eines Bauernmarktes: „Sie werden sehen, länger als drei Monate hält sich der Markt nicht!" – Er besteht heute noch, zum Teil noch mit den gleichen Lieferanten.*
>
> *C. K.*

Ein Weg zur Anhebung der fachlichen und methodischen Beratungsqualität führte über die Reorganisation der Hauswirtschaftsberatung durch die Teilspezialisierung der Beraterinnen.[76] Das diesbezügliche Konzept kam zumindest teilweise seit Beginn der 70er-Jahre zum Tragen. Da die Beratungsklienten zunehmend kritischer wurden – sie waren zum Teil über ein bestimmtes Thema gut informiert –, konnte eine Allround-Beraterin nur sehr schwer in allen Bereichen fachlich mithalten.

Mit einem Testkurs für Bauherrschaften begann es. Die Referentin erarbeitete mit einigen Beraterinnen ein fachliches und organisatorisches Konzept, das vorerst in drei Kursen erprobt wurde. Nach dem überraschend guten Gelingen konnten im nachfolgenden Winterhalbjahr Bauherrenschulungen (Wohnbaukurse) angeboten werden. Die Abteilungsleiterin genehmigte die Einführung mehrerer fachlich orientierter „Arbeitskreise", die von den Referentinnen der Abteilung geleitet wurden.

Sozialökonomische Beratung

Durch den Strukturwandel in der Landwirtschaft und ländlichen Gesellschaft kam die sozialökonomische Beratung als neuer Schwerpunkt zu den bisherigen Aufgaben der Beraterin hinzu. Fragen nach Möglichkeiten des Zuerwerbs und der beruflichen Ausbildung der bäuerlichen Jugend in nichtbäuerlichen Berufen waren neue Themen auch für die Hauswirtschaftsberatung. Die Frage war, ob ein Nebenerwerb für den Mann möglich war, wenn ja, ob die Frau die Mehrarbeit im Betrieb aus gesundheitlichen Gründen schaffen kann. Wie steht es mit der Eignung und Neigung bei der Be-

---

[76] Dorothea Schafhuber, Vorschlag zur Reorganisierung der Hauswirtschaftsberatung. Graz 1970: 1. Fassung, 1972: 2. Fassung und Grundlage zur Umsetzung.

rufswahl u. a. m. In der Einstellung der Bevölkerung und der Betriebswirtschafter und Bauernfunktionäre galt ein Betrieb als Nebenerwerbsbetrieb, wenn der Mann den Nebenerwerb ausübte. War die Frau im außerhäuslichen Beruf tätig, sei es als Krankenschwester, Lehrerin, Sekretärin u. a., galt dieser Betrieb nicht als Nebenerwerbsbetrieb – es war ja „nur die Frau, die arbeiten ging".

In dem sozialökonomischen Aufgabenbereich wurden die Bereiche
- Gesundheit und körperlicher Ausgleich,
- Kultur und
- Gesellschaft durch Organisation und Initiativen

von den Hauswirtschaftsberaterinnen wahrgenommen. So wurden im Bereich Gesundheit und Wohlfühlen – heute würde man es Wellness nennen – Schwimmkurse, Turnen in Form eigener Veranstaltung oder als Zwischeneinlagen bei langen sitzenden Veranstaltungen, Schminkkurse und Modeschauen an Bäuerinnentagen durchgeführt. Besonderen Zuspruch fanden Vorträge von Ärzten, da wiederum von Frauenärzten. So mancher Problemfall konnte dadurch noch im Anfangsstadium festgestellt und dann erfolgreich behandelt werden. Gastvortragende vom Roten Kreuz, Vorträge über Kneippanwendung, Homöopathie und andere heilende und vorbeugende Methoden waren immer wieder gefragt.

Zahlreiche Fahrten in die Oper oder zu Theateraufführungen, Besichtigung des Opernhauses in Graz, Fahrten zum Adventsingen in Salzburg usw. waren für so manche Bäuerin ein Höhepunkt und eine Abwechslung im Alltag.

Die Kursteilnehmerinnen sind langes Sitzen nicht gewohnt. Um Körper und Geist aufzufrischen, legt die Kursleiterin eine kurze Gymnastikpause im Freien ein.

Der Strukturwandel und die Motorisierung beeinträchtigten die nachbarschaftlichen und sonstigen gesellschaftlichen Beziehungen. War früher die Landbevölkerung überwiegend bäuerlich, wurde der Anteil bäuerlicher Bewohner immer geringer, was sich auch in unterschiedlichen Interessen der Bevölkerung auswirkte. Der sonntägliche Kirchgang bot früher die Gelegenheit zur Konversation mit den Nachbarn. Nun fuhr man, wenn überhaupt, mit dem Auto zur Kirche. Den Einkauf besorgte der Mann, der ohnehin im Lagerhaus oder in einem Amt zu tun hatte. Die Bäuerin fühlte sich isoliert, wenn die Kinder außer Haus waren auch vereinsamt. Hier setzten Initiativen von Hauswirtschaftsberaterinnen ein. Es wurde mit organisierten Besuchen von bäuerlichen Betrieben begonnen: Eine Bäuerin lud die anderen an einem bestimmten Tag zu sich ein. Bei diesem Treffen lud eine andere für das nächste Treffen zu sich ein und so setzte sich dieser Besuchsreigen fort – eine Einrichtung der Beraterin, die zu einem fixen gesellschaftlichen Bestandteil wurde. In einem anderen Bezirk besuchten die Familien andere Familien. Im oberen Ennstal führten Bäuerinnen den alten Brauch des „Hoagaschtlns" – ein zwangloses Besuchen – wieder ein.

Dem Beispiel der Beraterinnen folgte dann die Betriebswirtschaft mit der Aktion „Bauern besuchen Bauern", allerdings zum Zwecke einer Problemerfassung ohne Amtscharakter. Solche und ähnliche Beispiele wirkten sich insgesamt sehr positiv auf das Leben auf dem Lande aus, es bedurfte nur immer der Initiative einer oder einiger Personen. Zum Thema „zwischenmenschliche Beziehungen" sind auch die von Hauswirtschaftsberaterinnen organisierten Vorträge zu erwähnen, die sich auf Partnerschaft, Generationenprobleme, Suchtgift etc. beziehen. In einem Bezirk kam der Vortrag zum Thema „Die Kunst, Egoist zu sein" besonders gut an. Gerade Frauen neigen oft dazu, für die anderen da zu sein und für sich selbst zurückzustecken. Dies wird von der Familie als selbstverständlich gesehen, und meist wird die bereits erfolgte Überforderung der Mutter oder Gattin gar nicht wahrgenommen, denn diese lehnt sich gegen die Bürde nicht auf. Das Gewohnte zu verrichten empfindet sie als weniger anstrengend und belastend, als sich gegen die Forderungen der Angehörigen zu wehren.

Problemlösung durch neue Managementmethode (MSE)

Ein wesentlicher Ansatz zum Management der Beratungskräfte in den Bezirken, Probleme in einer Gruppe mit den Teilnehmern zu lösen, war die Ausbildung von Beratungskräften in den 80er-Jahren nach der MSE-Methode (Miteinander systematisch entscheiden), die in den Berichten meist unter verschiedenen Bezeichnungen erwähnt ist. Was in dieser Zeit begann, sollte in der nächsten Ära grundlegend für alle Projektplanungen sein. Beraterinnen, die diese Ausbildung absolvierten, wurden als Management-Experten auch über die bisherigen hauswirtschaftlichen Bereiche hinaus zur Entscheidungsfindung einer Gruppe eingesetzt, was sich Image fördernd für die Beraterin auswirkte. Z. B. moderierten in dieser Methode ausgebildete Beraterinnen Funktionärsschulungen und Tagungen in Gruppen, z. B. Fütterung der Muttersauen.

Die Beratungs- und Kurstätigkeit der Hauswirtschaftsberatung der Landwirtschaftskammer ist in ihrer Effizienz trotz informeller Evaluierung nicht vollkommen und objektiv messbar, nicht in Zahlen auszudrücken, doch ohne sie wäre der Aufbau der Landwirtschaft in der Nachkriegsphase sicher nicht so erfolgreich verlaufen, wie man durch Vergleiche mit Ländern ohne solche Beratungseinrichtung feststellen kann. Dies mögen Zweifler am Sinn der Finanzierung des Beratungswesens, den Beihilfen und zinsverbilligten Krediten und Darlehen durch Bund und Land für die Bauern bedenken.

Bildungs- und Beratungsauftrag für die Landwirtschaft – Aufgabenbereiche in den achtziger und neunziger Jahren

Sowohl in den Lehrplänen der landwirtschaftlich-hauswirtschaftlichen Schulen als auch in den Bildungsangeboten der bisherigen „Abteilung Hauswirtschaft" und der Bezirkskammern, die nun im LFI[77] zusammengefasst sind, spiegeln sich die Bildungstendenzen für die bäuerliche Bevölkerung, erweitert um den nichtbäuerlichen Schülerinnenbestand in den Fachschulen, wider. Lebenslanges Lernen wird als notwendig erkannt. Die Wirtschaft stellt Anforderungen an die Bildung. Bildung für den Markt – „Anpassungsbildung" – sei zu wenig, warnen Wissenschaftler. Die Menschen brauchen Bildung, um sich selbst zu verwirklichen, um kritisch mit der gesellschaftlichen Situation umzugehen und um auch selbst mitgestalten zu können. Anpassungsbildung allein macht Menschen zu Marionetten, ermöglicht ihnen nicht, selbstbestimmte Persönlichkeiten zu werden.[78]

In der Erwachsenenbildung wird der Ruf nach Professionalität lauter. Aber speziell ehrenamtlich Tätigen, meist Idealisten, fehlt es nach Meinung von Bildungsexperten an geeigneter Ausbildung. Aber gerade die geistige Mobilisierung durch Ideenfindung in Arbeitskreisen innerhalb kleiner Regionen und Gemeinden lässt für die ländliche Bevölkerung eine an regionale Verhältnisse und Bedürfnisse abgestimmte Bildungskultur erwarten. Sie fördert das Bewusstsein und die Entfaltung regionaler

---

77 Landwirtschaftliches Fortbildungsinstitut.
78 Heinzinger Gertraud, Gemeinwesenorientierte Erwachsenenbildung als Motor für die Entwicklung ländlicher Räume und Gemeinden. Konsequenzen für die Weiterbildungspraxis der Zukunft. Diplomarbeit, Graz 2000, S. 34ff.

Identität. Kooperation und Bildungs-Netzwerke unter professioneller Führung (Management) werden als Voraussetzung für Innovationen gesehen.[79] Den Menschen soll bewusst werden, dass sie zusätzlich zur beruflichen Ausbildung ein spezielles Potenzial an Fähigkeiten besitzen, über besondere Neigungen verfügen und sie diese erkennen sollen. Der Selbstbestimmte (Gebildete) baut sich seinen Bildungsplan nach den vorhandenen Möglichkeiten selbst. Das Wissen um persönliche Fähigkeiten, Eignungen und Neigungen wird als Lern- und Erziehungsziel in den Fachschulen angestrebt, damit den Absolventen und Absolventinnen die Berufswahl und der Einstieg in das Berufsleben erleichtert werden. Dies ist auch ein Ziel in der bäuerlichen Erwachsenenbildung und Bäuerinnenarbeit, wie aus einem Tagungsprotokoll hervorgeht. Einer der wesentlichsten Beratungsgrundsätze war: Man soll die (in diesem Fall bäuerlichen) Menschen dazu befähigen, dass sie sich selber helfen können, also Hilfe zur Selbsthilfe leisten. (Vgl. Beratungsziele S. 60) – Beraten heißt Entscheidungshilfen geben.

In diesem Sinne strebten Beraterinnen in ihrem Wirken die Selbständigkeit und Selbstsicherheit der Bäuerinnen an. Sie sollten befähigt sein, Ideen für ihren Betrieb und Haushalt, ihre Umgebung zu entwickeln und Wege zu finden, diese zu realisieren. Natürlich kam es oft vor, dass bei gutem Gelingen eines Vorhabens der Beratungsklient dies als seine Idee ausgibt, während er sich bei Fehlentscheidungen auf die Beratungskraft ausredet.

Die Hauswirtschaftsberatung im Wandel
Diese Zeit ist durch einschneidende Veränderungen im System der Beratung gekennzeichnet. In den 80er-Jahren galt anfangs noch das bundeseinheitliche Schwerpunktthema der Hauswirtschaftsberatung, „Bewusste Haushaltsführung", Fragen der Energie im Zusammenhang mit Wohnbauberatung und Umweltschutz.

In der zweiten Hälfte dieses Dezenniums wurden diese Aufgaben reduziert bzw. eingestellt, eine Fülle neuer Aufgaben in der Beratung und Erwachsenenbildung ergab sich: Durchführung von vermehrten Förderungsangelegenheiten unter Berücksichtigung optimaler Nutzung von Förderungsmöglichkeiten, Qualitätsverbesserungen, Erschließung von Einkommenskombinationen, Erstellen von Unternehmenskonzepten u. a. m. Die bisherige Abgrenzung zwischen den Aufgaben hauswirtschaftlicher und betriebswirtschaftlicher Beratung war nun fließend, verschwand schließlich weitgehend. Beraterinnen hatten sich aufgrund der wirtschaftlichen Verflechtungen auch um die Entwicklungen im regionalen Umfeld zu kümmern.

---

79 Heinzinger, Gemeinwesenorientierte Erwachsenenbildung, S. 8off., 88, 90.

Andere Ziele, andere Bezeichnung der zuständigen Abteilung

Die bisherige Abteilung „Hauswirtschaft", dann Abteilung für „Hauswirtschaft und Familie" wird zur Abteilung für „Ernährung und Erwerbskombination" (EE), was dem Zeitgeist besser entspricht. Galten seit den Anfängen hauswirtschaftlicher Bildung als Hauptgruppen „Hauswirtschaft" (mit den Untergruppen Ernährung, Haushaltungskunde usw.), „Landwirtschaft" und „Allgemeinbildung", so wurde nun die Hauptgruppe „Hauswirtschaft" rudimentär in ihrem Rang der bisherigen Untergruppe „Ernährung" unterstellt. Bereits in den 70er-Jahren wurde bei internationalen Diskussionen von Hauswirtschaftsgelehrten die Frage aufgeworfen, ob die Bezeichnung „Hauswirtschaft" („Home Economics") noch dem aktuellen Kontext entspräche. Zunehmende soziale Faktoren sollten mehr Beachtung finden und der Haushalt nicht mehr als „geschlossene Hauswirtschaft", sondern in seinen Beziehungen zu Umwelt und Gesellschaft gesehen werden.[80] Dem Begriff „Hauswirtschaft" fehle es, so argumentieren letztlich maßgebliche Entscheidungsträger, aber auch gelernte und praktizierende „Hauswirtschaftlerinnen", an Attraktivität. Imageträchtig sei, was Einkommen bringt und die (materielle?) Lebensqualität hebt. Nur, was versteht man im Einzelfall unter Lebensqualität? Ist es das „schöne" Haus? Die Urlaubsreise in ferne Länder? Ist es das Leitbild Lebensstandard in der jeweiligen Zeit, der jeweiligen Gegend, sich das eine oder andere leisten zu können? Zeit für sich selbst, ein „Tratscherl" über den Gartenzaun? Oder Befriedigung in seinem Beruf (als Bäuerin?) zu finden und harmonisches Zusammenleben innerhalb der Familie und des sozialen Umfeldes? Ist die Hauswirtschaft „nur" als reproduktiv zu betrachten? Oder ...?

Doch zurück in die späten 80er-Jahre mit dem gleitenden Übergang von der Hauswirtschaftsberatung von einst zur neuen Zeit, dem Ende der „Hauswirtschafts"-Beratung:

Nach wie vor waren Kurzkurse gefragt, die von den Beraterinnen, Spezialistinnen, aber auch zunehmend von Bäuerinnen gehalten wurden. Die meisten von den Beraterinnen gehaltenen Veranstaltungen erfolgten zum Thema „Urlaub am Bauernhof". Für den Buschenschank veranlasste das neue Buschenschank- und das neue Lebensmittelgesetz zu aktuellen Vorträgen und Kursen. In beiden Fachbereichen wurden Kostenkalkulationen, Wirtschaftlichkeitsrechnungen und Investitions- und Finanzierungsplanungen durchgeführt. Außer wirtschaftlichen, Ernährungs- und Gesundheitsthemen gab es Veranstaltungen kultureller Inhalte, wie „Erhaltung bäuerlicher Tradition" oder Trachtennähkurse gemeinsam mit St. Martin, Wohnraumgestaltung u. a. m.

In der zweiten Hälfte der 80er-Jahre wurde die Ernährung mit Qualitäts- und Gesundheitsfragen, wohl auch als Voraussetzung für eine erfolgreiche Direktvermark-

---

80 Richards, Irmtraud, in: Bulletin des Internationalen Verbandes für Hauswirtschaft, 8/77, S. 6f.

tung, zum Schwerpunktthema. Marketing wurde mehr und mehr Aufgabe der Beraterinnen. Die noch bis Ende der 80er-Jahre, Anfang der 90er-Jahre geführte spezielle hauswirtschaftliche Wohnbauberatung wird reduziert, Planungsaufgaben für Innenräume und Räume für Erwerbszwecke (Fremdenverkehr, Direktvermarktung) schließlich von einem Spezialisten (Innenarchitekt) in der Abteilung wahrgenommen. Bauherrenschulungen (Wohnbaukurse), die nach den Kriterien der bisherigen Kursleiterinnen gehalten wurden, liefen aus, denn vorgesehene Termine wurden vonseiten der Kammerpresse, sehr zum Ärger der Bezirksgeschäftsführer, nicht mehr in der Terminvorschau des LFI berücksichtigt. Die Aufgaben der außerschulischen Berufsausbildung wie Meisterinnenausbildung, ferner die Betreuung der Bäuerinnenorganisationen und die Förderungsaufgaben von hauswirtschaftlichen Maßnahmen wurden bis in die späten 80er-Jahre wie bisher fortgeführt. Letztere wurden besonders im Zusammenhang mit EU-Förderungen zu einem bürokratischen Kraftakt für die Allgemeinberaterinnen.

In den 90er-Jahren kam es für verschiedene Maßnahmen zur Gründung von Vereinen und Verbänden, die vor allem die Qualitätsverbesserung und Vermarktung von Produkten fördern sollten bis hin zu Qualitätsrichtlinien und Zertifikatslehrgängen. Für die Gewährung von Förderungen wurde der Nachweis einer erforderlichen Ausbildung und Schulung zur Bedingung, was u. a. bewirkte, dass nun so mancher Bauer oder Fachschüler eine bisher nur dem weiblichen Geschlecht zugeordnete „hauswirtschaftliche" Ausbildung absolvierte.

Hauptaufgabe der (Haus-)Wirtschaftsberatung wurde die Förderung des Erwerbseinkommens. Anfangs beruhten Maßnahmen im Rahmen der Beratung auf der Suche nach Lösungen, Verbesserung der Qualität, Entwicklung von Ideen und Durchführungsstrategien durch die zuständige Referentin. Nun werden die einzelnen Sparten professionell geleitet. Heute wird die Beratung in Allgemeinberatung und Fachberatung eingeteilt. Eine Fachberaterin hat mehrere Bezirke zu betreuen.

Beratung und Bildung in der Praxis seit 1945

Beratungserlebnisse

Wer kann sich heute noch vorstellen, wie in einer unbeschreiblich schwierigen Zeit unmittelbar nach dem Krieg die Hauswirtschaftsberatung arbeiten konnte? Es war dem eisernen Willen, den vielen Erfahrungen mit der bäuerlichen Bevölkerung und der Zähigkeit im Kampf um die nötigen Beratungskräfte und Mittel der Leiterin der Abteilung Hauswirtschaft, Lisbeth Kalin, zu verdanken, dass es den Umständen entsprechend erstaunlich gut gelang, die Beratung aufzubauen. Eine Beraterin dieser Beratungs-„Frühzeit" erinnert sich an ihre Tätigkeit unmittelbar nach dem Krieg:

Bericht über den Beginn der HW-Beratung

* Mit Frau Kalin fuhr ich per Bahn nach Voitsberg. Es war im August 1945. Meine Haupttätigkeit war vor allem die Kurstätigkeit für Bauernmädchen. Die Nachfrage und Begeisterung war damals sehr groß. Es meldeten sich meistens 15 Mädchen. Die Bedingungen zur Abhaltung der Kurse waren primitiv und anstrengend.

* Zwei Kurse hielt ich in Kainach in der Gaststube eines alten Gasthauses. Diese Tätigkeit gehört zu meinen schönsten Erinnerungen. Die Kurse dauerten mindestens zwei Tage/Woche. Schlafen durfte ich im Auszugsstüberl der lieben, intelligenten, alten Gastwirtin, die mich immer mit angewärmten Hausschuhen sehnsuchtsvoll erwartete, um ein Gespräch zu führen.

* Einen Kurs hielt ich in Geistthal in einer unbewohnten Hube eines Bauernhauses. Dahin führte ein steiler Aufstieg. Es war auch im Haus sehr kalt – es herrschte damals große Kälte. In meiner nächtlichen Unterkunft gaben sich Ratten ein Stelldichein. Trotzdem kochten wir und nähten bei jedem Kurs Dirndlkleider nach meinen berechneten Schnitten.

* Unterwald: Mit der Bahn um sechs Uhr nach Krottendorf, danach mit Rucksack durch das eisige Tal – 1 1/2 Stunden – in die Nähe der Schule Unterwald. Damals war ich schon verheiratet und erwartete mein erstes Kind. Frau Dr. Bayer besuchte mich dort oben, und ihr erstes Wort bei meinem Anblick war, ob ich närrisch sei. Trotzdem hatte ich dort einen gelungenen Kurs, und der Schuldirektor machte einige Male Rechnen mit den Mädchen. Außerdem hatte ich einen guten Kontakt zu den Bäuerinnen, wobei ich nicht unbedingt als Lehrende, sondern auch als Lernende einen guten Ruf erwarb. Mein Chef sagte, ich soll mein Licht nicht unter den Scheffel stellen – also war ich scheinbar doch zu bescheiden.

Große Freude machte mir zu meinem Abschied das Zeugnis, unterschrieben vom damaligen Personalchef Dr. Piffl.   G. S., geb. P.

Die Wirtschaftsberatung litt natürlich sehr unter den Wirren des Kriegsendes. Der Großteil der im Reichsnährstand angeschafften Beratungsmittel und Geräte ging verloren. Doch diese Beratungseinrichtung war eine zwingend notwendige Maßnahme der Kammer für die Bäuerinnenkurse und bäuerlichen Haushalte. Für den Auftrag, den die Landwirtschaftskammer für die städtische Bevölkerung zu erfüllen hatte, nämlich die Ernährung zu sichern, waren hauswirtschaftlich gut geführte bäuerliche Betriebe unverzichtbar. Daher war die Hauswirtschaftsberatung von den maßgeblichen Persönlichkeiten in der Regierung und in den Landwirtschaftskammern als notwendig akzeptiert und nach Maßgabe der verfügbaren Mittel auch finanziell gefördert worden. Nach und nach wurde der Stand der Beraterinnen mit Hilfe der Marshallplan-Mittel[81] aufgestockt. 1945 konnte Lisbeth Kalin ein paar Beraterinnen auftreiben, 1946 dürften zehn Beraterinnen angestellt gewesen sein, um 1947 war bereits jede Bezirkskammer mit einer Hauswirtschaftsberaterin besetzt. Diese kamen auf die Höfe oder zu den Kursorten mit öffentlichen Verkehrsmitteln, mit dem Rad, in den 50er-Jahren mit einem Dienst-Motorroller, vielfach aber auch zu Fuß:

> *„Die Einzelberatungen auf den Höfen benötigten eine geschickte Koordination der Fahr-, Fuß- und Radroute. Manchmal waren uns die Abkürzungswege geläufiger als der Verlauf der Bundes- oder Landesstraßen."*[82]

Die Zeit nach dem Krieg war für die Beratung sehr schwer, denn es fehlte an allem, besonders in den kriegsgeschädigten Gebieten. Auf Landes- und Bezirksebene wurde dennoch mit viel Idealismus und Engagement im Rahmen der Hauswirtschaftsberatung auch das Kurswesen auf- und ausgebaut. Musterhausgärten wurden gefördert, anfangs durch Beratung, Samen- und Pflanzenbeschaffung, dann auch durch Geräteaktionen.[83] Die Mustergarten-Bäuerinnen wurden verpflichtet, neben den allgemein bekannten Gemüsearten auch bestimmte „neue" anzubauen.

Bäuerinnen und Bauern sollten motiviert werden, trotz größter Schwierigkeiten in der Mittelbeschaffung ihren Betrieb und Haushalt beispielhaft zu gestalten und zu führen. Beispielsbetriebe waren meist auch Lehrhöfe, die berechtigt waren, Lehrlinge auszubilden. Die Auswahl solcher Betriebe hatte die Leiterin der Abteilung Hauswirtschaft mit der Hauswirtschaftsberaterin zu treffen.

Eine der Hauptaufgaben war die Beschaffung von Geräten. Dazu mussten Kontakte mit Erzeugerfirmen aufgenommen werden, um geeignete Geräte zu bekommen, die den dringendst notwendigen Bedarf decken sollten. Benötigt wurden vorrangig zweietagige Backöfen, Dosen und Dosendeckel; Dosenverschlussmaschinen, Wurstfüllmaschinen und Süßmostglocken konnten leihweise von den Hauswirtschaftsberaterinnen an den Bezirkskammern den bäuerlichen Betrieben zur Verfügung gestellt werden. Sie wurden aus Förderungsmitteln von der Landeskammer zu diesem Zweck angeschafft. Die Bereitung von Süßmost war in den 40er- und 50er-Jahren noch nicht überall üblich und wurde im Hinblick auf die Gesundheit durch zahlreiche Süßmostkurse der Beraterinnen forciert.

---

81 Ab der Mitte des Jahres 1948 ein amerikanisches Hilfswerk, das neben direkten Produktionsförderungen die Aufstockung der Dienststellen für Beratungskräfte ermöglichte, in: Otto Holzinger, 25 Jahre Landeskammer für Land- und Forstwirtschaft Steiermark, Graz 1954, S. 169-172.
82 Doppelhofer Linde, Die Situation der Bäuerinnen, S. 21.
83 TB 1945 und 1946, S. 226.

Hauswirtschaftsberaterinnen hatten mitunter einen weiten Weg zu Fuß zurückzulegen. Neben der Einzelberatung auf einem Hof wurden auch für kleinere Gruppen praktische Kurse gewünscht. Mit der Süßmostglocke oder dem Dampfentsafter im Rucksack zogen sie von der Bushaltestelle oder vom Bahnhof zu den gewünschten Kursstätten, Bauernhöfen, die oft erst nach längerem Fußmarsch erreichbar waren. Da konnte es schon vorkommen, dass sie nach getaner Arbeit den letzten Bus oder Zug nicht mehr erreichten und sie am Kursort in sehr primitiven Verhältnissen nächtigen mussten.

Im Jahre 1948 konnte mit Hilfe der Mittel aus dem Marshallplan allgemein der Förderungsdienst der Kammer weiter aus- bzw. aufgebaut werden. So wurden für die Landwirtschaft fünf Pflanzenbauleiter in den Regionen eingesetzt, denen auch Beratungstechniker zugeteilt wurden. Sie unterstanden dem Referat Bildung und Aufklärung, nunmehr eine eigenständige Abteilung, und hatten ihren Dienstsitz großteils nicht in der Bezirkskammer, sondern an anderen Orten im Bezirk.[84]

Im Jahre 1949 wurden 31 Betriebsberater angestellt. Der Stand der Hauswirtschaftsberaterinnen wurde in diesem Jahr auf 19 aufgestockt. Ihre Aufgaben wurden immer umfangreicher und vielfältiger. Die Arbeit in der Beratung wurde mit straffer Hand geführt – Frau Fachinspektor, spätere Frau Schulrat Kalin, besuchte gerne und oft die Beraterinnen bei ihren Beratungen und Kursen. Dabei musste auch sie bedingt durch die schlechten Verkehrsverhältnisse in einfachen Gast- oder Bauernhäusern übernachten. Eine Begebenheit so einer Nächtigung in einem Bauernhaus im Jahre 1948 verrät eine Beraterin der damaligen Zeit:

Die Geschichte von einer seltsamen Nacht im Bezirk Fürstenfeld anno 1948
So hört mich an, ihr lieben Schwestern,
mir scheint es so als wär es gestern,
da kam Frau Schulrat zu uns gezogen,
um zu lehren, zu prüfen, vielleicht auch zu loben.

Mit viel Gepäck, wenig Proviant,
war sie in Fürstenfeld gelandet,
doch ruhte sie da nicht allzu lange,
den Hainersdorfern galt ihr Gedanke.

Tagsüber sie die Hauswirtschaft interessierte,
bis dann am Abend Peinliches passierte,
denn als vorbei der anstrengende Tag,

---

84 TB 1948, S. 17f.

zu Ende schien die Müh' und Plag',
wollt Frau Schulrat sich begeben in ein weiches Kissen,
doch war ein entsprechend Lager zu vermissen.

So war ein Notquartier gefunden –
bei einem Bauern für nächtliche Stunden.
Zwar war es hart, doch zur Not war es gut,
es kostete zwar einigen Mut,
zu schlafen in einem Zweibettzimmer,
wo nicht vorauszusehn war, was geschehen könnt' immer!

Beherzt wie Frau Schulrat allezeit, gabs wenig Gedanken,
und möge die ganze Welt auch wanken,
verscheucht sie zu Bett die letzten Bedenken
und ließ sich in göttlichen Schlaf versenken.

Als nun naht die mitternächtliche Stund',
Scheints so als tät sich was kund,
ganz behaart und rauh fühlt sich in der Näh' ein Ding,
welches nebenan liegt und nach Atem ringt.

Was dies wohl könnt sein, doch nicht ein Gespenst?
Eine wackere Frau ist darob nicht beängst,
für den Schlaf reicht zwar nicht mehr der Seele Frieden,
drum wird gewacht im Bette hienieden.

Die Zeit scheint dabei endlos zu sein,
doch fügt man sich in sein Schicksal hinein,
bis der erste Morgenstrahl sich wagt in den Raum.
Und siehe da, man glaubt es ja kaum,
da schlummert ein alt ehrwürdiger Greis im zweiten Bett,
mit wallendem Bart, so friedlich und nett.

Jetzt wartet Frau Schulrat, daß er sich erhebe,
ankleide und von dannen gehe.
Doch leider, der Mann tat nichts dergleichen,
auch war es nicht möglich, ihn zu verscheuchen,
bis endlich dann nach dieser Nervenprobe,
er aufsucht seine Garderobe.

Nun aber rasch vom Bett heraus,
das Haar gekämmt, zum Frühstücksschmaus.
Vergessen dieses Abenteuer,
zur Arbeit frisch, vom Schlaf erneuert!

Solch Dinge kann ein Mensch erleben,
drum will ich einen Rat euch geben,
prüft, wenn auf Außendienst ihr geht,
wie's mit den Nächtigungsmöglichkeiten steht.
Und diese Geschicht', ist sie auch teilweis frei erdacht,
sie lehrt euch alle, gebet acht!
(Erzählt von Zita Berghofer, gereimt von Johanna Bayer.)

Im Außendienst trugen sich so manche Dinge zu, wenn man auf öffentliche Verkehrsmittel angewiesen war. So passierte es zwei Beraterinnen, die nach Kursende am Abend, rasch aufgeräumt und eingepackt, in Richtung Heimat rasten – doch der Anschluss-Bus war weg, und sie mussten sich in der Fremde um ein Quartier umschauen:

Rotlicht
Zwei Beraterinnen hatten einen Kurs zu halten, der, weil viele Fragen der Kursteilnehmerinnen und Kurs-Nacharbeit, sich bis in den späteren Abend erstreckte. Da es zu dieser Zeit außer „Puchrollerln" keine Fahrzeuge für Beraterinnen gab, waren die beiden auf öffentliche Verkehrsmittel angewiesen. Ihre Route führte damals von ihrem Kursort nur über Graz zu ihrem Wohnort.
Als sie am „Verkehrsknotenpunkt" Griesplatz ankamen, um in ihren Bus Richtung heimwärts umzusteigen, war der letzte aber bereits weg. Sie standen da – mit Sack und Pack – in der Nacht. Also mussten sie hier übernachten. Sie nahmen im nächstgelegenen Hotel ein Zimmer – ahnungslos!
Müde und erschöpft von der Tagesarbeit schliefen sie also gleich ein. Plötzlich trommelte es an ihrer Tür und eine Männerstimme brüllte: „Aufmachen! Sittenpolizei!" Unsere zwei braven Beraterinnen vom Lande waren nicht wenig verdutzt. Das Verhör währte allerdings nicht allzu lange. Ihr großes Glück: Sie konnten sich ausweisen und hätten weiterschlafen dürfen, doch die Aufregung wirkte nach.

Der Weg zum Kursort oder Beratungshof und zurück sowie Kurse und Vortragsnachmittage im Winter waren oft mit gravierenden Strapazen verbunden:
Ein vier bis sechs Kilometer langer Weg, zugeschneit und zugeweht, war von der Beraterin zu Fuß, oft bis zum Bauch im Schnee einsinkend, mit allem Gepäck – die Holzkiste mit dem Diaprojektor, die schweren, in Glas gerahmten Dias, Broschüren

usw. – zum Kursort zu bewältigen. Damals gab es im Winter kaum beheizte Gästezimmer. Am nächsten Tag hatte sie den beschwerlichen Weg bis zur Busstation zurückzugehen um im ungeheizten Bus zur Dienststelle zurückzukehren. Damals waren weder Busse noch Eisenbahnwaggons im Winter beheizt. D. S.

Viele Beraterinnen dieser Zeit wurden wahre Meisterinnen im Improvisieren. Die Kolleginnen in Gegenden mit überwiegend dörflicher Struktur hatten es wesentlich leichter, als jene in Gebieten mit Streusiedlung. Wie es war, wenn etwas für den Kurs fehlte, berichtet eine Beraterin:

„Die Ausstattung für einen länger dauernden Kurs, der ein- bis zwei Mal je Woche stattfand, wie Herd, diverse Gefäße, mitunter Brennstoff u. a. m., mußte oft mit einem Ochsen- oder Pferdegespann zum Kursort transportiert werden. Am Ende eines Kurstages wurde mit den Teilnehmerinnen das Programm für den nächsten Tag besprochen. Der Speisezettel für das praktische Kochen richtete sich auch danach, was die Kursteilnehmerinnen an Lebensmitteln mitbringen konnten. Vergaß die eine oder andere auf etwas oder fehlte sie sogar am nächsten Kurstag, mußte improvisiert werden, denn in entlegenen Gebieten gab es kein Kaufhaus."[85]

Die Beratung im Außendienst war oft nicht nur mit körperlichen Strapazen, sondern auch mit witterungsbedingten Unannehmlichkeiten verbunden. Auch sonderbare Überraschungen wurden erlebt. Beraterinnen erzählen:

Pelz und Moonboots
Einst fuhr ein netter Architekt in Begleitung einer netten Beraterin in den Außendienst ins Bergland. Es war an einem bitterkalten Wintertag. Es schneite, die Straßen waren eisig. Weil es so kalt war, führte die Beraterin den neuen Pelz und ihre Moonboots aus. Den Pelz hatte sie kürzlich ererbt, sie hatte nun endlich Anlass, diesen auch zu tragen. Als das Duo aber mit dem Auto eine steile Bergstraße zu einem entlegenen Bergbauerndorf erklimmen wollte, drehten die Räder plötzlich durch. In ihrer Verzweiflung schaufelten die beiden mit den Händen Schotter unter die Räder – allein es war zwecklos! Plötzlich hatte der Architekt eine zündende Idee: er öffnete den Kofferraum und bat die Beraterin (denn er war höflich), sich dort hineinzuhocken. Und siehe da: Idee und Räder griffen plötzlich!
Er donnerte mit seiner kostbaren Fracht im Kofferraum den Berg hinauf, durchs Dorf hindurch – ängstlich nach hinten spähend, ob sein Passagier wohl noch vorhanden sei. So kamen sie beim Bergbauern an, glücklich, es geschafft zu haben.
Die Beraterin war froh, für die Oberbekleidung den Pelz und die Moonboots, eine ungewöhnliche Kombination, gewählt zu haben. Ansonsten wäre sie erfroren. H. F.

---

85 Interview mit Linde Doppelhofer, ehemalige Hauswirtschaftsberaterin, am 10. 12. 2002. Auch anderen Beraterinnen ging es so oder ähnlich.

"Loamlettn" oder die Überfuhr
Eine Beraterin konnte und konnte einst nicht und nicht über die Straße kommen, denn sie steckte bis zu den Waden im Lehm! Sie arbeitete sich mühselig heraus, schnappte sich ohne zu fragen beim nächsten Hof ein Brett, schaffte damit die „Überfuhr" über die Straße und erwischte noch rechtzeitig den letzten Autobus mit Anschlußmöglichkeit nach Hause.
Sie muß furchterregend ausgesehen haben, denn die Businsassen rückten demonstrativ von ihr ab und deren Augen sprachen Bände. L. D.

Erlebnisse in einem obersteirischen Bezirk waren von Freundlichkeit und Gastfreundschaft begleitet. Bereits im zweiten Winterhalbjahr als Beraterin erfuhr sie, was es heißt, im Winter in diesem Gebiet unterwegs zu sein! Diese Erfahrungen hinterließen tiefe Eindrücke:

Bäuerinnenkurs beim Michlbauern
Im zweiten Dienstwinter in diesem Bezirk hielt ich zwei Bäuerinnenkurse, einen in St. Ruprecht, wo ich sehr nett bei vlg. Großmoar untergebracht war, den anderen in der Allgäu, ein Seitental von St. Ruprecht. Wieder fand jeder Kurs an zwei zusammenhängenden Tagen statt. In der Allgäu fand der Kurs bei vlg. Michlbauer, dem größten Bauern in dieser Gegend, statt. Das Haus war ganz nach dem alten Schlag. Mein Bett stand in einer Dachkammer, wo die Giebelseite nur lose verschalt war und man durch die Spalten ins Freie sehen konnte. Bevor ich schlafen ging, wurde dieser Raum voll aufgeheizt. Es war heiß wie in einer Sauna. Doch noch vor Mitternacht fror ich so erbärmlich, dass ich alles, was ich an Kleidung mit hatte, anzog, herrschten um diese Zeit doch Temperaturen unter −25 °C. In der Früh konnte ich mich in der dunklen Küche in einer kleinen Waschschüssel, der „Lavour", waschen. Zum Kurs ging ich frühmorgens in St. Ruprecht weg, bepackt mit der Kiste mit Diaprojektor, den Schachteln mit den glasgerahmten und dementsprechend schweren Dias und meinen notwendigen Utensilien, die sechs Kilometer zu Fuß von St. Ruprecht zu vlg. Michlbauern. Manchmal hatte ich das Glück, von einem Bauern, der mit seinem Traktor zu seiner Zuhube in die hintere Allgäu unterwegs war, mitgenommen zu werden. Da saß ich dann auf dem Sitz hinter dem Fahrer – ein wahrer Schleudersitz! Bis zu meinem Ziel wurde ich gehörig durchgebeutelt.
Für den Weg vom Michlbauern zum Zug, Haltestelle St. Ruprecht, ein offener Bretterverschlag, borgten mir die „Michlbauerischen" Schi – Holzbretter ohne Stahlkanten, nur mit einer Lederriemenschlaufe als Bindung. Da hinein führte ich meine Füße, die in Pelzschuhen steckten. Von einem Halt, einer Führung, war keine Rede, doch ich balancierte mich so recht und schlecht den langen Grabenweg hinaus.
Dann kam das lange Warten auf die Murtalbahn. Der Zug der Schmalspurbahn

von Tamsweg nach Unzmarkt hatte oft bis zu 3/4 Stunden Verspätung. In diesem Jahr war der Winter besonders arg – warten bei 26 Grad minus. Wenn dann endlich das Licht (nur ein Scheinwerfer) der Bahn um die Kurve bog, kam ein Gefühl einer Erlösung hoch. Da empfand ich es gar nicht so schlimm, daß der Zug unbeheizt war.   *D. S.*

Als die Motorisierung der Beratungskräfte einsetzte, die Bezirkskammer verfügte ja nur über einen Dienstwagen, Marke Opel, der dem Kammersekretär vorbehalten war, gab es Dienst-Puchroller, wer einen wollte. Oft musste während der Fahrt angehalten werden – auch bei strömendem Regen – weil der Roller nicht mehr wollte. Es waren wieder einmal die Zündkerzen zu putzen, dann ging es wieder weiter – bis zum nächsten Zündkerzenstreik.

Manchmal bot sich eine Mitfahrmöglichkeit in einem Auto an:

Nach einem Sommerkurs bot ein Kursteilnehmer der Beraterin stolz an, diese mit seinem „Wagen" zur nächsten Haltestelle zu bringen. Die Beraterin nahm das Angebot geschmeichelt an und wartete auf den „Wagen". Ein abenteuerlich aussehendes flugzeugähnliches Gefährt, ein Kabinenroller, wie sie heute weiß, welches den Eindruck erweckte, jeden Augenblick von der Erde abheben zu können, kam an. Der Deckel ging auf. Die Beraterin wurde bühnenreif gebeten, hinter dem „Piloten" Platz zu nehmen, und ab gings zur nächsten Haltestelle. Die arme Beraterin wurde von einem inneren Lachkrampf geschüttelt. Unter einem „Wagen" hatte sie sich etwas ganz anderes vorgestellt, auf ein derart lustiges Gefährt war sie keineswegs gefaßt gewesen. Sie wollte den netten Herrn keinesfalls beleidigen. Sie konnte sich gerade noch beherrschen. Als sie beim Zug ankam und wieder höflichst mit Handkuß aus dem witzigen Ding geleitet und verabschiedet wurde, sah sie in die amüsierten Gesichter der wartenden Leute. Jetzt war der drohende Lachkrampf nicht mehr aufzuhalten. Sie fegte um die Hausecke und konnte endlich lachen, lachen, lachen! Sie lacht noch heute herzlich, wenn sie an diese komisch-nette Begebenheit und ihre hochgeschraubten Erwartungen in punkto „Wagen" denkt.   *L. D.*

Wenn man als Beraterin mehrere Jahre mit dem Puchwagen unterwegs war, erkannten die Leute schon von weitem an der Farbe des Fahrzeuges, wer da kommt. So ein Pucherl hatte wenig Gewicht im Vergleich zu einem Volkswagen. Da konnte leicht so mancher Schabernak damit getrieben werden:

Einmal, es war eine sonntägliche Jahreshauptversammlung der Landjugend in der Bezirkshauptstadt bei einem Gasthof, als ich nach dem offiziellen Teil wegfahren wollte, aber – wo war denn nur mein Auto?

Endlich entdeckte ich es: Es stand engst eingeschlichtet zwischen einem Traktor mit Anhänger und einer Dreschmaschine in der Maschinenhalle des Gassenwirtes.

In dieser Gegend gehörte so mancher Schabernak zur Faschingszeit. Nach einigem Obulus waren die „Täter" bereit, so wie sie das Fahrzeug in diese Lücke hineingeklemmt hatten, wieder herauszuheben. Wenn man so manche Gepflogenheiten in diesem Gebiet kannte, wußte man, daß solche Späße nicht boshaft gemeint waren und auch nur bei Leuten gemacht wurden, die man mochte.

D. S.

Ein Pucherl! Doch zum Lachen, wenn man selbst einen Mercedes fährt:
Einmal wurde die Beraterin zu einer Beratung an einem der ohnehin seltenen freien Sonntage „veranlaßt":

Der Michlbauer in der Allgäu rief eines Tages im Frühsommer an, ich müsse am Sonntag zu ihm kommen wegen einer Umbauberatung, denn an diesem Tag käme der Tischler. Ich hatte etwas anderes vor und lehnte ab. Doch ein Michlbauer gibt sich nicht geschlagen. Er meinte, wenn sie etwas falsch machen würden, hätte ich die Schuld, weil ich nicht beraten hätte. Er war hartnäckig.

So fuhr ich denn an dem besagten Sonntag in die Allgäu, mit leichtem Grimm über den verlorenen Sonntag-Vormittag, um zur angegebenen Zeit am Hof zu sein. Ich war dort – aber nicht der Bauer und auch nicht der Tischler. Wütend setzte ich mich ins Auto und fuhr Richtung heim. Auf halbem Weg im Graben begegnete mir der Michlbauer mit seinem dicken Mercedes. Ich erklärte ihm, daß ich heimfahren würde, denn ich war schon auf dem Hof, aber er war nicht da. Er müsse mich hinauslassen. Der Weg war nämlich einspurig und hatte nur wenige Ausweichen. Dieses Mannsbild, ein Hüne von Gestalt, hob mit einem tiefen Lacher mit einer Hand mein Pucherl vorne auf, als sei es nur ein Spielzeug, drehte es um die Achse und die Schnauze schaute wieder taleinwärts. Die Umbauplanung fand statt, mein Groll war einem befriedigenden Erfolgserlebnis gewichen. Beim Michlbauer gab es dann endlich behagliche Wohnverhältnisse.

D. S.

Dass Frauen ein Auto chauffieren, war in den 60er-Jahren noch etwas Seltenes:
Ein Hofbesuch mit dem Auto im Jahre 1960.

Die Beraterin fährt mit dem Puch-Auto in den Hof. Zwei kleine Mädchen umkreisen das Auto mit großen Augen und schreien: „Mama, Mama, kimm scho, schau, a Weibadi is kemm' mit an Auto!"

Die Mutter: „Seids still, des is die Beraterin." Die Kinder schreien weiter: „Papa, Papa! A Weibadi is kemm' mit an Auto". Na ja, die Kinder sahen zuvor noch nie eine Frau ein Auto fahren …! Heute lenken die damaligen Mädchen selbstverständlich selbst ihre Autos. Damals wurde in dieser Gegend jede fremde Frau als „Weibadi" bezeichnet.

M. W.

Links: Mit dem Dienst-Puchroller im Außendienst. Auf dem Gepäckträger hatte nur die Beratungstasche Platz. Lisl Pickert, um 1953.
Rechts: Mit der Ausstattung der Beratung mit audiovisuellen Demonstrationsmitteln war das Auto unverzichtbares Transportmittel, und die körperlichen Strapazen aufgrund des Transportes vom Auto in den Versammlungsraum und zurück nahmen zu (1982).

Meist war das Auto, ein VW-Käfer, mit den Demonstrationsmitteln angefüllt. Das Auto der Beraterin war also voll mit Material für den Kurs oder Vortrag. Musste noch eine Kollegin mitfahren, war kein Platz mehr für die Projektionsleinwand. Dann musste man sich im Kursraum mit einem Tischtuch, das an der Wand befestigt wurde, behelfen.

Übernachtungen hatten es damals so in sich. Man wusste nie, mit wem man den Raum bewohnte:

„Die Bettstatt" oder „Begegnung im Finstern" oder „Gleiches Ziel".

Eine arme kleine Maus und eine arme kleine Beraterin hatten einst an einem bitterkalten Wintertag das gleiche Ziel: einen warmen Platz zum Schlafen zu finden. Beide fanden den Platz mühsam und umständlich. Die arme kleine Maus fand nach Irrwegen über den Dachboden, die Dachbodenstiege und nach kräftigem Durchbeißen des Holzfußbodens ins Strohbett.

Die arme kleine Beraterin hingegen, müde nach einem anstrengenden ganztägigen Kurs hatte auch allerhand durchzustehen, um endlich ins Bett zu kommen. Zuerst mußte sie im einzigen beheizten Raum des Landgasthofes, der Küche, warten, bis alle Gäste und der Wirt gegangen waren. Dann konnte sie sich endlich ausziehen, in Pyjama und Trainingsanzug schlüpfen und im Dauerlauf durch einen lan-

gen Gang, durch den eiskalten Tanzsaal ins dahinter liegende noch kältere Kabinett laufen. Dort stand in eine Ecke gerückt die heiß ersehnte Liegestatt – das Strohbett! Rasch schlüpfte sie unter Decken und Tuchent.

Kaum war sie eingeschlafen, wurlte etwas über ihren Bauch. Sie dachte schlaftrunken: „Das wird doch keine Maus sein!" Blitzschnell griff sie zu und hatte im selben Moment das arme quietschende Mäuslein in der Hand. Vor Schreck ließ sie es gleich los, es entwich, froh, noch einmal davongekommen zu sein. Im gleichen Augenblick dachte die Geschockte an ihren Lehrer, der einmal erzählte, daß sich beim Menschen in Schrecksituationen die Haare aufstellen. Kaum gedacht, schon war es geschehen! Wie bei einer automatischen Kettenreaktion stellten sich, sie konnte es deutlich spüren, die Haare auf. Beginnend im Nacken, über das Grandschipperl bis hin zur Stirn. Ein paar Minuten später schalt sie sich selbst eine dumme Gans und beschloß, wegen einer kleinen Maus, die genauso wie sie selbst Wärme, Geborgenheit und Schlaf suchte, nicht hysterisch zu werden. Es gelang ihr tatsächlich wieder einzuschlafen. Es war die einzige Möglichkeit, mit der Situation fertig zu werden! Dieses Bett war das einzige weit und breit, und man kann nicht drei Tage hintereinander ohne Schlaf Kurs halten.

L. D.

Schwierig war es für Beraterinnen, die in einen Bezirk versetzt wurden, wo ihr der lokale Dialekt oder überhaupt die Sprache der Bevölkerung unbekannt war. So ging es einer Beraterin aus der Oststeiermark, die in der Südweststeiermark zu arbeiten hatte, wo auf manchen Höfen an der Landesgrenze slowenisch die Muttersprache war und nur gebrochen deutsch gesprochen wurde. Niemand dolmetschte, völlig verunsichert musste die junge Beraterin weiterziehen.

Dass der regionale Dialekt in bestimmten Gebieten schwer oder nicht verstanden wurde, passierte mehreren Beraterinnen, die aus der Stadt oder aus anderen Regionen stammten.

Episoden am Beginn meiner Beraterinnentätigkeit:
Es war ganz am Beginn meiner etwas kurzen „Karriere" als Hauswirtschaftsberaterin im Bezirk Voitsberg. Am 1. September begann ich an der Bezirkskammer Voitsberg zu arbeiten. Meine Vorgängerin war aber leider längere Zeit in Krankenstand. Am Beginn des Sommers war das Exkursionsprogramm für die Bäuerinnen für September festgelegt worden. Also war eine meiner ersten Aufgaben die Führung einiger dieser Exkursionen. In aller Früh bestieg ich in Voitsberg den gecharterten Bus, und die Fahrt ging nach Hirschegg, wo die ersten Teilnehmerinnen zusteigen sollten. Als dann wirklich die ersten Frauen hinter mir im Bus saßen und sich unterhielten, mußte ich mit größtem Entsetzen feststellen, daß ich kein Wort dieser Unterhaltung verstehen konnte.

Als gebürtige Oststeirerin, die 6 Jahre lang unter niederösterreichischem „Dialekteinfluß" stand, machte mir dieser weststeirische Dialekt die größten Probleme, und ich war nach diesem Arbeitstag am Boden zerstört. Wie sollte ich die gestellten Aufgaben bewältigen, wenn ich nicht einmal die Leute verstehen konnte?

Gott sei Dank hat sich aber bald herausgestellt, daß nicht alle Voitsberger solch einen ausgeprägten Dialekt sprechen, und ich hatte die kurze Zeit, die ich in diesem Bezirk verbrachte, weniger Verständigungsschwierigkeiten. M. S.

Einer Beraterin bereitete der „Kalk" Kopfzerbrechen:

Die schriftliche Aufgabe anläßlich des Ortsentscheides hieß: Kohlgemüse. Es wurde gefragt, was zum Kohlgemüse gehört. Die Antwort einer Teilnehmerin lautete: Kalk, Kraut und Kinderkalk. Die Beraterin studierte sehr lange – was sollte das denn sein? Dann kommts – aha, Kohl heißt Kolch, Kölch – die Beraterin spricht vielleicht schlecht, denn zum Kalk sagt man auch Kolch, in der Schriftsprache wohl „Kalk" – und bei dem „Kinderkalk" handelt es sich um den Chinakohl. M. W.

Beraterinnenstand und Arbeitsschwerpunkte von 1945–1985[86]

Jahr	Beraterinnen	Abteilungsleiter (AL) Referentin (Ref.) Kursleiter (Kursl.) Schreibkraft/Sekr. (SK) Verrechnungskraft (VK)	Bemerkungen
1945/46	ca. 10	AL + 1 SK	Beraterinnen wurden nach und nach, soweit verfügbar, angestellt. Materialbeschaffung. Aufbau der Lehrlingsausbildung.
1947		AL + 1 SK	Hilfsaktionen für die kriegsgeschädigten Betriebe. Gerätebeschaffung. Förder. Gemüsebau u. Vorratsw. Kurse für Bäuerinnen 25tägig. Einzelberat., Lehrlingsbetreuung, Spinn-/Webkurse.
1948	16	AL + 1 Ref. + 1 SK	Beginn Referat Haushaltstechnik. Beschluss Förderungsdienst erweitern. Haushaltsführung. Kleintierhaltung. Hausgarten. Elektrifizierung. Haushaltstechnik, Lehrlinge und -prüfungen. Webkurse.
1949	19	AL + 1 Ref. + 1 SK	Führung d. ländl. Haushalts, Vorratsw., Kleintierhalt., Beispielsbetriebe ausstatten, Haushaltstechnik, Arbeitserleichterung im Haushalt, hausw. Kurse f. Bäuerinnen u. Mädchen, Mitarbeit in Fortbildungsschulen, Lehrlingsbetreuung.

86 TB von 1950/51 bis 1985.

1950/51	19	AL + 1 Ref. (Studienr. USA) 1 Kursl. + 1 SK	Schwerpunkt Lehrlingsbetr., Fachkurse; Ernährungskurse. Landjugendbetr. Verstärkte Förderung des Landarbeiter-Dienstwohnungsbau – ERP-Mitteln. Raiffeisenhof ist Bildungsstätte. Fleischverwertungskurse. Erhebung haushaltstechn. Ausstatt. der bäuerl. Haushalte. Diasserien, Ausstellungen.
1952/53	26 + 5 über Winter	AL + 1 Ref. + 1 Kursl. + SK	w. o.; Mitarbeit in den Fortbildungsschulen, Musterhausgärten, Gemeinschaftsanlagen. Koch-, Nähkurse, Vorträge auch in Männerkursen, Rot-Kreuz-Kurse. Gästebeherbergung. Ernährungserhebung. Schaffleischkurse. Gerätevorführ. Lehrlingswesen, Landjugend, Lehrmittel.
1954/55	22 / 26	AL + 2 Ref. + 1 Kursl. + SK	w. o. Aufbaugebieten (Umstellungsgeb.). Erstmals Landesmittel zur Förder. v. Dorfwaschanl. u. Gemeinschaftswasserversorgung. Aus ERP-Mitteln „Haus d. Bäuerin". Ab 1955 Gemeinschaftsgefrieranlagen. HW-Beirat 5 Bäuerinnen. Beratungsstützpunkte. Musterhausgärten.
1956/57	27	AL + 2 Ref. + 1 Kursl. + SK	w. o.; Einfrierkurse und -beratung; Landjugend- und Lehrlingsbetreuung,16 „Häuser d. Bäuerin". Tiefgefrierkurse. Gemeinschaftswasch- u. Backanlagen. Kammerfachkurse. Lehrmittel Gesundheit, Haushaltstechnik, Küchenmodell, Fortbildungsschulen, Lehrlingswesen, -prüfungen.
1958/59	30	AL + 1 Ref. + 1 Kursl. + SK	w. o. Ab 1958 hausw. Meisterinnenausbildung. Landjugend-Mitarbeiterinnenschulungen. Hw-Beirat 7 Mitgl. Vorarbeit für Mutterhilfswerk.
1960/61	37	AL + 1 Ref. + 1 Kursl. + SK	AL-Wechsel; Gründung Mutterhilfswerk. Von 48-Std.-Woche zur 45-Std.Woche. Förd. u. Beratung Umstellungsgebiete, Förderung u. Beratung Haushaltstechnik, Beginn d. Beratung u. Förd. „Urlaub am Bauernhof", Versuche mit Direktvermarktung (Ab-Hof-Verkauf). Lehrfahrten. HW-Beirat 9 Mitgl.
1962	39	AL + 1 Ref. + 1 Kursl. + SK + VK	Gründung des „Hausw. Beirates" in den Bezirken; Ortsbäuerinnen. Wohnhausbauboom. Weniger Interesse an Gefrieranlagen, zunehmend Einzeltruhen.
1964/65	42	w. o.	Verstärkte Beratung in Umstellungsgeb., Fremdenverkehr, Umstellungsberatung, Haushaltstechnik – AIK-HW, Beratungsmethodik. Lehr- und Beratungsmittel. Erntekindergärten. Gründung Fremdenverkehrsausschuss der LK, Förderungen.

1966/67	45, davon 30 in Umstellungsgebieten	w. o.	w. o. Broschüre Urlaub am Bauernhof 1. Aufl., weiterhin Kammerfach- u. Bäuerinnenkurse, kurzfristige Kurse, Unterricht an lw. Berufsschulen. Seminaristinnenpraxis. Heimlehre, Lehrlingsschulungen, Meisterinnenprüfungen. Erhebungen Mitarbeit d. Bäuerin i. Betrieb.
1968/69	42 / 40	AL + 2 Ref. + 1 Kursl. + 2 SK + 1 VK	w. o. Haushaltsanalyseseminar i. Deutschl., Beratung b. Wohnbauforschungsprojekt, Bauboom. Ab 1968 Bundeswohnbauförderung.
1970	40	w. o.	Schwerpunkt hw. Wohnbauberatung, haustechn. Berat., Versuch mit Bauherrenschulung, Wohnungsverbesserungsgesetz ab 1. 1. 1970. Beginn Spezialkurse UaB., Beratungsbroschüre Wohnen u. Bauen, Beginn hausw. Kostenrechnen. Berufsschulgesetz. Sozialökonom. Beratung. Arbeitskette Wäschepflege.
1971	36	w. o.	w. o. Mittel vom Bund für die Beratung gekürzt. Fremdenverkehr, Einfrieren v. Fertigspeisen, Forts. Fleischverwertungskurse, Kurse Wohnen und Bauen, Unfallverhütung i. Haus u. Hof, Landjugend-Mitarbeiterinnenschulungen, Leistungswettkämpfe. Landfrauenerholung. Fremdenverkehr, Invest. u. Finanzierungsplanung, Wirtschaftlichkeitsrechnung. Schwimmkurse. Diaserien.
1972	34	w. o.	1971/72 Beginn der Teilspezialisierung der Hausw.-Beratung, Einführung von fachlichen Arbeitskreisen der Beraterinnen.
1973	34	w. o.	Zunehmende Wohnbauberatung, Bauherrenschulungen (Wohnbau).
1974	33	w. o.	w. o.
1976	33	w. o.	w. o., sozialökonomische Beratung.
1977	32	w. o.	Schwankende Zahl der Beraterinnen aufgrund Mutterschaftsurlaube. AL-Wechsel.
1980	32	w. o.	Errichten von Bauernmärkten in den Bezirksstädten.
1981	k. A.	w. o.	w. o.
1982	k. A.	w. o.	w. o.
1983	k. A.	AL + 2 Ref. + 2 SK + 1 VK	AL-Wechsel.
1984	31	AL + 2 Ref. + 2 SK + 1 VK	Referate in der Abt.: Wohnen und Bauen, Technik u. Energie im Haushalt, Urlaub am Bauernhof, Haushaltsführung u. hausw. Betriebsw., Gesundheit u. Ernährung, außerschul. Berufsausbild.
1985			20% der Arbeit der Beraterinnen entfallen auf Wohnen u. Bauen.

Die steirischen Beraterinnen bei einer Vorführung von Geräten einer Firma (um 1954). Vorne Mitte Schulrat Kalin.

Personelle Besetzung der Abteilung Hauswirtschaft

Die Abteilung Hauswirtschaft war mit der Abteilungsleiterin und zwei ständigen Referentinnen besetzt. Nach der Pensionierung der Fachkraft für Fleischverwertung, Annemarie Prettenthaler, wurde ihre Stelle mit Kräften besetzt, die einschlägige Kurse in den Wintermonaten hielten. Mit dem Wechsel der Abteilungsleiterin im Jahre 1977 erfolgte auch eine neue Einteilung der Referate. Der bäuerliche Fremdenverkehr war bisher zweigeteilt: Die Geschäftsführung des Landesverbandes „Urlaub am Bauernhof" lag bei Dipl.-Ing. Ludmilla Weihs, die fachlichen Aufgaben bei der Referentin für Wohnbauberatung, Haushaltstechnik, hauswirtschaftliche Betriebswirtschaft, Organisatorin und Leiterin der Meisterinnenausbildung, Ing. Schafhuber. Diese sah in der Zusammenlegung beider Aufgabenbereiche des Fremdenverkehrs in eine Hand mehr Vorteile für die Bewältigung der Aufgaben für diesen bäuerlichen Erwerbszweig. Es kam somit zur Bestellung einer Fremdenverkehrsreferentin für die fachlichen und organisatorischen Aufgaben, die gleichzeitig Geschäftsführerin des Landesvereins Urlaub am Bauernhof war. Mit dieser Regelung wurde der Grundstein für die später sehr professionelle Leitung und Arbeit dieses Referates mit mehreren Mitarbeiterinnen der Referentin gelegt. Für die Büroarbeit stand der Abteilungsleiterin vorerst eine Schreibkraft (Sekretärin) zur Verfügung, dann auch eine für die Referentin. Mit zunehmenden Förderungsangelegenheiten wurde der Abteilung Hauswirtschaft eine Verrechnungskraft zugeteilt, bis in den 80er-Jahren die Verrechnung in eine andere Abteilung verlegt wurde.

Im Sinne einer Geschichtsschreibung sind die Biografien der einstigen Leiterinnen der Abteilung Hauswirtschaft von Interesse und zu berücksichtigen: Schulrat Lisbeth Kalin, Dir. Dr. Dipl.-Ing. Bayer und Dir. Dipl.-Ing. Ludmilla Weihs.

Biografie der Abteilungsleiterin Lisbeth Kalin[87]

Lisbeth Kalin wurde am 23. 2. 1894 in Graz geboren und starb am 28. 4. 1974 in Graz. Ihr Vater war Ernährungswissenschaftler und Direktor einer Abteilung bei der Fa. Reininghaus. Die Ausbildung zur Landwirtschaftlichen Lehrerin absolvierte sie in Otterbach. 1919 legte sie die Staatsprüfung für das „Lehramt an landwirtschaftlichen Haushaltungsschulen" ab. Von Josef Steinberger wurde sie nach St. Martin, also in den Landesdienst, geholt. In der Zwischenkriegszeit war sie als Wanderlehrerin tätig. Im Jahre 1936 leitete sie im Auftrag der Landwirtschaftskammer die Haushaltungsschule Tannhof bei Mariatrost. Im „Dritten Reich" wurde sie der Abteilung II B der Landesbauernschaft Südmark (Kärnten und Steiermark) zugeteilt. Nach der Teilung der Südmark im Jahre 1943 wurde ihr die Leitung der Abteilung II B des Reichsnährstandes, Gau Steiermark, übertragen. Nach der Neugründung der Landeskammer für Land- und Forstwirtschaft Steiermark im Jahre 1945 wurde sie Leiterin der in der Kammer neu eingeführten Abteilung Hauswirtschaft. Ihre Berufstitel waren „Fachlehrerin", dann „Fachinspektorin" und schließlich „Schulrat".

Lisbeth Kalin war sehr energisch und temperamentvoll. Trotz harter Schale hatte sie ein gutes, verständnisvolles Herz auch für die privaten Probleme der Mitarbeiterinnen; sie half wo es ihr möglich war. Sie hat sich besonders für die entsprechende Anerkennung der Ausbildung und Leistung der Hauswirtschaftsberaterinnen („meine Fachlehrerinnen") eingesetzt, von denen sie auch eine große Einsatzbereitschaft forderte.

Ihr besonderes Interesse galt der Ausbildung der Bauernmädchen und solchen, die einen Beruf in der ländlichen Hauswirtschaft anstrebten. Sie traf die Auswahl der Lehrbetriebe, die den Richtlinien für eine fundierte Ausbildung der Lehrlinge entsprachen und organisierte die Betreuung der Lehrlinge durch die Beraterinnen. (Für

---

87 Landwirtschaftliche Mitteilungen Nr. 1/2, 15. Jänner 1960, S. 5. – Mitteilung Dipl.-Ing. Ludmilla Weihs.

die landwirtschaftlichen Lehrlinge waren den Bezirkskammern eigene Sozialbetreuer zugeteilt). Die Beraterinnen führten Lehrlingsschulungen und Gehilfenprüfungen durch. Die Leiterin der Abteilung Hauswirtschaft hatte bei den Prüfungen den Vorsitz inne.

Trotz ihrer oft als forsch empfundenen Wirkung verstand sie es, nervöse, ängstliche Prüflinge aufzumuntern:

Ich hatte solche Angst vor der Hauswirtschaftsprüfung, meine Nervosität war offensichtlich. Da trat Frau Schulrat an mich heran und sprach beruhigend auf mich ein. Und gleich ging es mir viel besser ...! C. H.

Ein besonderes Anliegen war ihr die Einführung der Meisterinnenausbildung und -prüfung in der ländlichen Hauswirtschaft über die Fachschule und Gehilfenprüfung hinausgehend, das Ziel sollte der Meisterbrief sein.

Sehr treffend ist ihre Leistung für die Beratung und Berufsausbildung, ihr „Kampf" für die Beratung mit dem Kammeramtsdirektor sowie ihr temperamentvolles Wesen, in freundlichem Stil von ihrer Nachfolgerin Dr. Bayer dargestellt:

„Nein – d i e s e Männer!"[88]

Nach der Neukonstituierung der Kammer begann Frau Fachlehrer, später Fachinspektor und schließlich Schulrat Kalin mit dem Aufbau der Abteilung Hauswirtschaft. Mit einer kleinen Zahl von Beraterinnen führte sie die Ausbildung zu Gehilfinnen der ländlichen Hauswirtschaft durch, und im Jahre 1958 wurde mit den Meisterprüfungen in der Hauswirtschaft begonnen. Heute zählen nahezu 600 Meisterinnen zur Elite der Landfrauen. Viele sind aus dem Bund der Steirischen Landjugend hervorgegangen. Die Zahl der Beraterinnen stieg von Jahr zu Jahr bis zu 45 Fachlehrerinnen, die, beginnend mit einfachen Kursen, durch stete Schulung den Anforderungen und Erkenntnissen des großen Wandels auf allen Gebieten weitergebildet wurden und der Rationalisierung und Technisierung der landwirtschaftlichen Haushalte zum Durchbruch verhalfen.

Verhältnismäßig oft suchte Frau Schulrat Kalin den Kammeramtsdirektor auf. Wenn sie in die Abteilung zurückkehrte, sahen wir schon an ihrem Gesichtsausdruck, ob sie Erfolg oder Mißerfolg hatte.

Feier anlässlich des 60. Geburtstages von Frau Schulrat Kalin. Kammeramtsdirektor HR Dr. Otto Holzinger hält die Laudatio. Links der Kammerpräsident Josef Wallner.

---

88 Landwirtschaftliche Mitteilung, Holzinger-Ausgabe v. 31. 12. 1973, S. 14.

Sie war voller Schwung und Temperament, was sich im Schließen der Türen äußerte. Oft kam sie strahlend, manchmal auch mit Tränen in den Augen oder zorngeladen von diversen Unterredungen, und ihr Spruch „Nein – diese Männer!" war des Öfteren zu hören.
Dieser Ausspruch bezog sich aber keinesfalls – das muß hier ausdrücklich festgehalten werden – immer nur, sondern gelegentlich auf den Kammeramtsdirektor. Die Frau Schulrat war eine Wegbegleiterin des Herrn Hofrat durch 12 Jahre.

Bayer

Biografie der Abteilungsleiterin Dr. Johanna Bayer

Johanna Bayer, geborene Scholz, kam am 23. 1. 1915 in Berlin zur Welt. Ihre Großeltern hatten ein Rittergut in Schlesien. Ihr Vater war Professor an der Technischen Lehranstalt in Mödling. Sie besuchte als einziges Mädchen das Knabengymnasium in Mödling, wo sie auch maturierte. Anschließend absolvierte sie das Studium der Landwirtschaft an der Hochschule für Bodenkultur. Als Diplomingenieurin dissertierte sie im Fachgebiet Milchwirtschaft und promovierte 1937 zum Doktor der Landwirtschaft. Kurzzeitig war sie in der Molkerei Kapfenberg beschäftigt und kam dann als Referentin in die Landesbauernschaft Südmark, und zwar in die Abteilung I, „Der Mensch", Unterabteilung C – zuständig für „Die Landfrau". Sie verfasste zahlreiche Artikel und Schriften. 1942 heiratete sie Ing. Gottfried Bayer, übersiedelte in diesem Jahr mit ihrem Mann nach Marburg und widmete sich die nächsten Jahre der Familie. Der Ehe entsprangen drei Söhne. Nach dem Krieg erlebte sie eine sehr schwere Zeit, bis sie 1948 in das Aufbringungsamt aufgenommen wurde und danach in der Abteilung Hauswirtschaft als Referent die Sparte „Haushaltstechnik" aufbaute. Mit der Gründung des Bundes Steirischer Landjugend war sie kurzzeitig Landjugendreferentin. 1950 kam sie auf Einladung der amerikanischen Vertretung des Marshallplanes in die USA (North Carolina) und lernte dort die Arbeit des 4H-Clubs und die landwirtschaftlichen Verhältnisse kennen. Dann wirkte sie auch beratend in der FAO in Rom und in einigen Außenstellen, z. B. in Ägypten. 1954 wurde sie Abgeordnete zum Bundesrat und 1957 zum Nationalrat.

Als Referentin für Haushaltstechnik verfasste sie zahlreiche Fachartikel und Broschüren. In dieser Zeit gab das Bundesministerium für Land- und Forstwirtschaft in Zusammenarbeit mit den Landwirtschaftskammern die von Dr. Bayer verfasste Broschüre „Moderne Küchenmöbel" mit Entwürfen und Zeichnungen der Architektin Traude Weber-Patat als Grundlage für die Beraterinnen und Tischler heraus. Mit der

Modellküche im Maßstab 1:20.

gleichen Absicht verfasste die Referentin mit Entwürfen und Zeichnungen der Innenarchitektin die ebenfalls vom Landwirtschaftsministerium herausgegebene Broschüre „Bäuerliches Wohnen. Praktisch und schön!".

Als Beratungs- und Planungsbehelf dienten die von ihr in Zusammenarbeit mit der Innenarchitektin Traude Weber-Patat entworfene Modellküche mit verstellbaren Wänden und einem größeren Sortiment an Möbeln, die ebenfalls jede Bezirkskammer erhielt. Auch färbige, maßstabgerechte Mustermöbel aus Karton sollten ein praktischer Behelf für Beraterinnen und bäuerliche Familie bei der Einrichtungsplanung sein. Dr. Bayer entwarf Schautafeln zum Thema „Wie kann sich die Bäuerin die Arbeit erleichtern?", „Die Küche im Bauernhaus" und „Der Vorratsraum im Bauernhaus".[89] Das von ihr entworfene Anschauungsmaterial wie Rolltafeln, Flanellbilder und in Zusammenarbeit mit renommierten Fotografen erstellten Diaserien erhielt jede Bezirkskammer. Die Herstellung der Beratungsmittel wurde vom Bundesministerium großzügig bezuschusst. Nach 1970 wurde der Zuschuss drastisch eingeschränkt.

Als Referentin setzte sich Dr. Bayer für Maßnahmen zur Arbeitserleichterung im Haushalt einschließlich der von den Frauen zu verrichtenden Hofarbeiten ein.

Sie wurde ab 1954 Politikerin. Als solche stand ihr weniger Zeit für die hauswirtschaftlich-fachliche Arbeit zur Verfügung. Dafür konnte sie in ihrer politischen Funktion bedeutende soziale Errungenschaften für die Bäuerinnen bewirken. 1960 wurde sie Leiterin der Abteilung Hauswirtschaft. Dr. Bayer engagierte sich sehr für die Weiterbildung der Beraterinnen und sorgte für genügend Beraterinnen, um den qualitativen und quantitativen Anforderungen an die Hauswirtschaftsberatung nachkommen zu können. Ebenso setzte sie sich für die sozialen Belange der bäuerlichen Familien ein wie Familienhilfe – Steirisches Mutterhilfswerk, Erntekindergärten, Erholungsurlaube.

Als Politikerin und in Zusammenarbeit mit der Standesvertretung der Bäuerinnen leistete sie Vorarbeit für die Einführung der Bauernkrankenkasse, Bauernpension und Kinderbeihilfe, deren Ausbezahlung an die Mütter selbst (damals noch ohne Erfolg) sowie für die Bäuerinnenpension. Sie legte 1976 das Nationalratsmandat zurück und ging 1977 in Pension. Es wurden ihr von der Landeskammer der Direktor-

---

89 TB 1945/46, S. 106.

titel und die Silberne Kammermedaille und vom Bund das Große Goldene Ehrenzeichen der Republik Österreich verliehen.

Dr. Bayer bewirkte durch ihr Auftreten scheue Verehrung bei Bäuerinnen und Beraterinnen und distanzierten Respekt. Sie konnte ausgelassen bei abteilungsinternen kleinen Feiern und bei Betriebsausflügen sein, die fast immer zu Badeseen oder Meeresstränden führten. So fürsorglich sie sich erwies, hatte eine Beraterin persönliche Probleme, so unnahbar konnte sie sich in dienstlichen Angelegenheiten zeigen, wenn sie eine „Untergebene", die ihr gegenüber zu sitzen hatte, lange Zeit mit ihrem eisernen Schweigen auf die Folter spannte. Dieses Verhalten sollte wohl den Eindruck einer Erhabenheit über die Dinge vermitteln, konnte aber vielleicht doch nur irgendein Manko kaschieren. So setzte sie gerne den Spruch „Hättest du geschwiegen, wärst du ein Philosoph geblieben" in die Praxis um. Nachfolgerin als Leiterin der Abteilung Hauswirtschaft wurde ihre bisherige Stellvertreterin, Dipl.-Ing. Ludmilla Weihs.

Biografie der Abteilungsleiterin Dipl.-Ing. Ludmilla Weihs

Ludmilla Weihs wurde am 25. 9. 1922 in Irdning geboren und besuchte die Hauptschule in Goisern bei den Kreuzschwestern, wo sie im angeschlossenen Internat wohnte.

Ihre Ausbildung zur Landwirtschaftslehrerin absolvierte sie nach den damaligen Richtlinien: Zwei Jahre Hausarbeitslehre am Hof der Großmutter, Abschluss mit der Hausarbeitsprüfung; ein Jahr Hauswirtschaftslehre am Hof der Großmutter, dazwischen 1/2 Jahr Reichsarbeitsdienst (RAD) in Schönberg bei Lebring, anschließend ein Jahr Fremdlehre auf einem Betrieb im Innviertel. Es folgte ein Jahr Unterklasse an der Landfrauenschule Grabnerhof, dazwischen legte sie die Hauswirtschaftsprüfung ab. Dann setzte sie ihre Ausbildung in Deutschland fort. Dort gab es die Hauptschule nicht, deshalb musste zur Erlangung der niederen Reife ein Aufbaukurs (Allgemeinbildung) absolviert werden. Ludmilla Weihs besuchte diesen Kurs freiwillig und aus Interesse. Sie hatte ja in Österreich bereits die Hauptschule absolviert. Die Oberklasse der Landfrauenschule absolvierte sie in Kaagen im Sudetenland. Die Abschlussprüfung der Oberklasse war die Staatsprüfung im landwirtschaftlichen Hauswerk. Danach erfolgte die zweisemestrige pädagogische Ausbildung im Staatsinstitut für den landwirtschaftlichen Unterricht in München-Pasing vom April 1944 bis März 1945. Als Voraussetzung für die Lehrbefähigungsprüfung (Juli 1946) schrieb Österreich nun den Besuch eines zweimonatigen ideologischen Umschulungskurses am Winklhof in Oberalm vor. Erste Dienstverwendung war 1946/47 als Landwirtschaftslehrerin an der Hotelfachschule Pichl an der Enns. Von Oktober 1947 bis Ende März 1948 war sie als Kursleiterin an der Bezirkskammer für Land- und Forstwirtschaft Liezen tätig. Von April bis September 1948 war sie stellvertretende Beraterin für die Bezirke Bruck/M., Leoben und Mürzzuschlag. Im Oktober 1948 legte Ludmilla Weihs die Fachreifeprüfung für die Hochschule (heute Universität) der Bodenkultur ab. Von 1948 bis Juli 1952 studierte sie dort Landwirtschaft. Zwischendurch unterrichtete sie an landwirtschaftlichen Berufsschulen für Mädchen in Niederösterreich. Die 3. Staatsprüfung legte sie im Juli 1952 ab und graduierte zum Diplomingenieur. Danach war sie an der landwirtschaftlichen Hauswirtschaftsschule Altgrottenhof und vom November 1952 bis Mai 1954 als Lehrerin an der Bauerntöchterschule Stein – Zweigstelle St. Martin tätig. Von Mai 1954 bis Oktober 1955 unterrichtete sie an der Haushaltungsschule in Feistritz/Kammersberg. Dann wurde sie von der Landeskammer für Land- und Forstwirtschaft angestellt und war von 15. Oktober 1955 bis 1. Juli 1957 Hauswirtschaftsberaterin im Bezirk Feldbach. Nun wurde sie von der Leiterin der Abteilung Hauswirtschaft in die Landeskammer berufen. Ab diesem Zeitpunkt bis zur Pensionierung von Schulrat Kalin war sie Referentin. Mit der Berufung von Dr. Bayer zur Abteilungsleiterin 1960 wurde Dipl.-Ing. Weihs zur stellvertretenden Abteilungsleiterin, nach der Pensionierung Dr. Bayers 1977 zur Abteilungsleiterin bestellt. Im Juli 1983 ging sie in Pension und Maria Leßlhumer, Beraterin an der Bezirksbauernkammer Ried im Innkreis, wurde ihre Nachfolgerin.

Ludmilla Weihs' Hauptaufgabe als Referentin war das Erstellen von Lernunterlagen für Hauswirtschaftslehrlinge, das Ausarbeiten des Ausbildungsplanes zur Gehilfin und Meisterin der ländlichen Hauswirtschaft, der Prüfungsordnung der Hauswirtschafts-Meisterprüfung und das Organisieren der Prüfung. Sie hatte die angestellten Beraterinnen in den Bezirkskammern, die ihr Probejahr absolvierten, in ihre Aufgaben einzuführen, wenn dies nicht durch eine Beraterin mit Lehrbefähigungsprüfung möglich war. Ferner hielt sie Kurse und Vorträge besonders bei männlichen Kammerfachkursen. Es sollte dabei die Anerkennung der Hauswirtschaft den Männern bewusst gemacht werden, doch die Männer kamen nicht, sondern schickten ihre Frauen. Danach wurden die Themen umgetauscht und die hauswirtschaftlichen zwischen die Männerthemen eingeschoben. Die Vortragsthemen bei Bäuerinnen bezogen sich auf die Fachgebiete Ernährung, Vorratswirtschaft und sozialer Bereich sowie außerlandwirtschaftliche Berufsausbildung (sozioökonomische Beratung). Sie verfasste Broschüren für Lehrlinge und Berufsschülerinnen, die Erstauflage der Broschüre Urlaub am Bauernhof, veröffentlichte zahlreiche Fachartikel für landwirtschaftliche Zeitschriften und lieferte Beiträge im Rundfunk. Vortragsunterlagen für Beraterinnen wurden von ihr ausgearbeitet. Von 1972 bis 1977 war sie Geschäftsführerin des Landesvereins Urlaub am Bauernhof, von 1977 bis 1983 Geschäftsführerin des Hauswirtschaftlichen Beirates der Landeskammer. Vom 1. April bis 30. Juni 1983 führte sie ihre Nachfolgerin in ihre Aufgaben als Abteilungsleiterin ein und trat mit 1. Juli 1983 in den Ruhestand. Dipl.-Ing. Ludmilla Weihs wurde der Direktortitel der Landeskammer und u. a. das Große Ehrenzeichen des Landes Steiermark verliehen.

Eine Beraterin schreibt an ihre Vorgängerin und spätere Chefin:
Gemeinschaftsanlagen
Als ich im Jahre 1957 das Pädagogium beendet hatte, war ich natürlich sehr neugierig, welchem Bezirk ich zugeteilt werden würde – es war dies der Bezirk Feldbach. Dort wurde eine Stelle frei, da eine der beiden Beraterinnen in die Landeskammer abberufen wurde, es war dies Dipl.-Ing. Ludmilla Weihs. Sie wurde schon sehr früh als „Chefin" vorbereitet. Sie hatte ja schon sehr viel Erfahrung gesammelt – viele Gemeinschaftsanlagen (Tiefkühlanlagen, Gemeinschaftswaschanlagen, usw.) wurden gebaut. Dir, liebe Ludmilla, ging es wie allen Beraterinnen, daß man mit der ersten Dienststelle sehr verbunden ist. Die Frauen der Pfarre Feldbach haben Dich sehr vermisst. R. S.

Gerne denkt eine ehemalige Landjugendreferentin an ihren Kontakt mit Dipl.-Ing. Weihs zurück:
Sehr geehrte, liebe Frau Dipl.-Ing. Weihs,
ich denke gerne zurück an meinen Kammerdienst, der schließlich schon 35 Jahre zurückliegt, und immer wieder kommen mir viele schöne Erlebnisse in den Sinn. Im „Raiffeisenhof" war nicht nur unsere Landjugend daheim. Ich konnte dort viele Schulungen bzw. Beratertagungen erleben. Gerne erinnere ich mich dabei an die Begegnungen mit Ihnen, an Ihre aufbauenden und überzeugenden Worte z. B. bei den Meisterinnenprüfungen, bei denen ich in der Kommission mitwirken durfte. Interessant waren die Kartoffeltests bzw. Kartoffelverkostungen. Seit damals ist die wunderbar geformte, geschmacklich einwandfrei bekömmliche „Knolle" in unserer Küche nicht mehr wegzudenken. Ihre M. D.-W., geb. M.

Kurse für Bäuerinnen und Mädchen – Beratungsschwerpunkte[90]

Mitarbeit der Hauswirtschaftsberaterinnen an den Fortbildungsschulen

Das Interesse der weiblichen bäuerlichen Jugend an Kursen und Vorträgen war nach dem Krieg besonders groß. Aufgrund des Mangels an Beraterinnen konnte bei weitem nicht all ihren Wünschen entsprochen werden, wohl aber bot St. Martin bereits ab Herbst 1945 Fortbildungskurse an. An diesen Kursen hielten Fachkräfte der Be-

---

90   Über die fachlichen Inhalte siehe Kapitel Hauswirtschaftsberatung im Wandel, S. 69.

zirkskammern eine Reihe von Vorträgen. Für die hauswirtschaftlichen Beratungskräfte war die Mitwirkung an den Fortbildungskursen auch aus strategischen Gründen bedeutsam. Sie pflegten auf diese Weise den Kontakt zu den Schülerinnen, die zum Großteil Bäuerinnen wurden, bzw. zu deren Eltern.[91] In dieser Zeit wurden besonders gute Kontakte zwischen den Fortbildungsschulen, deren Fachinspektorin, Schulrat Elfriede Temm, und der Hauswirtschaftsberatung gepflegt. Auch in den folgenden Jahren unterrichteten die Beraterinnen in den Fortbildungsschulen von St. Martin vorwiegend landwirtschaftlich-fachliche Themen.

Übersicht über die Mitarbeit an den hauswirtschaftlichen Fortbildungsschulen des Volksbildungswerkes St. Martin im Winterhalbjahr 1949/50:[92]

Geflügelzucht und Kleintierhaltung
Schweinezucht und Schweinehaltung
Kälberaufzucht
Milchwirtschaft, Milchbehandlung und Milchverarbeitung
Gemüsebau und Gemüseverwertung
Schädlingsbekämpfung
Ernährungslehre
Haus- und Vorratsschädlinge
Obstverwertung und Süßmosterei
Vorratswirtschaft, Schlachtung, Verwertung der Schlachtprodukte, Eindosen
Haushaltungskunde
Gesundheitslehre
Krankenpflege
Arbeitserleichterungen im Haushalt[93]

Gab es in einem Gebiet keine Möglichkeit, eine Fortbildungsschule zu besuchen, kam es vor, dass die für dieses Gebiet zuständige Beraterin Kurse ähnlich dem Lehrplan einer Fortbildungsschule für 14- bis 16-jährige Mädchen über den ganzen Winter hielt.

Nur wenige Mädchen meist von größeren Höfen durften die landwirtschaftliche Haushaltungsschule besuchen. Den übrigen blieb dieser Weg aus finanziellen Gründen versagt. Daher war die Nachfrage nach Winterkursen sehr groß. Ich entschloß mich, 2 Kurse zu je 3 Tagen pro Woche an verschiedenen entlegenen Kursorten bis Ostern zu führen. Ich erreichte diese Kursorte mit dem Fahrrad oder mit dem LKW der Molkerei. Mit dem Bus stimmten die Zeiten nicht überein. Es war auch nicht einfach, in den verschiedenen Orten ein geeignetes Lokal – 2 Räume, z. B. Bauernstube und Küche oder Gasthaus oder die Küche des Pfarrhofes zu be-

---

91 TB 1945/46, S. 227ff.
92 TB 1949, S. 363.
93 TB 1952/53, S. 324.

kommen. Das nötige Inventar – Herd und Nähmaschine – konnte nur per Pferdefuhrwerk transportiert werden. Wenn alles vorbereitet war, sorgte ich für genügend Holz und Kohle, damit die Räume angenehm warm waren. Pro Kurs nahm ich 16 Mädchen. Viele hatten einen weiten Schulweg, schlechte Schuhe und kamen pünktlich bei jedem Wetter. Es fehlte nie eine Kursteilnehmerin. Die Mädchen mußten die Lebensmittel für den Kochunterricht mitbringen. Schwierigkeiten ergaben sich beim Fleisch: 17 Portionen war von den Eltern schwer zu bekommen. Not machte erfinderisch. Einmal stand ich vor einem kaum lösbaren Rätsel. Eine Schülerin brachte ein großes Fleischpaket mit. Mein Herz schlug höher: Heute gibt es genug Fleisch. Freudig packte ich aus. Da waren 17 kleine Tierkörper mit langen dünnen Schwänzen! „Was ist das?" Es waren 17 nackte Eichhörnchen. Rasch wurden die Schwänze entfernt. Was sollte ich tun? Ich überlegte bis zur Kochbesprechung und erfand ein neues Rezept: Steirisches Eichhörnchen in Rahmsoße. Die gütige Wirtin borgte mir Sauerrahm. Kein Mädchen wunderte sich über dieses Essen. Es schmeckte ihnen – und alle wurden satt. Jeder Tag war eine Herausforderung, ich wollte und mußte mein Lehrziel erreichen. Auf das Können der Grundrezepte legte ich großen Wert. Die Mädchen übten und übten ... Die zweite Gruppe hatte währenddessen genäht, die Erzeugnisse wurden am Ende ausgestellt. Die Ausstellungen am Kursende fanden an Sonntagen statt, sie wurden liebevoll dekoriert. Die Tische wurden festlich gedeckt. Meine unermüdlichen Mädchen hatten so viele Mehlspeisen gebacken, daß ein Teil verkauft wurde. Der Erlös diente zur Finanzierung der Lehrfahrt. Heute kann sich niemand vorstellen, daß ich aus Verzweiflung lernte, die alten Langschiff- und Rundschiffmaschinen zu reparieren. W. S.

Mit zunehmender Mitarbeit der Hauswirtschaftsberaterinnen in den immer weiter ausgebauten Fortbildungsschulen von St. Martin ging die Zahl der in den Wintermonaten stattfindenden Kammerfachkurse zurück.[94] Der Unterricht der Beraterinnen an den Fortbildungsschulen, dann Berufsschulen, blieb bis zur Einführung der Verleihung des Gehilfenbriefes an Fachschulabsolventinnen ohne Lehre aufrecht.[95]

Landjugendbetreuung[96]
Die Betreuung der weiblichen Landjugend war besonders nach dem Krieg eine der schönsten und erfreulichsten Aufgaben der Beraterinnen, die stark fachlich ausgerichtet war und vor allem im dörflichen Bereich kulturell wirkte. In den 50er-Jahren begannen die Mitarbeiterinnenschulungen, an denen die Leiterinnen der Ortsgrup-

---

94 TB 1949, S. 361.
95 Dipl.-Ing. Ludmilla Weihs verfaßte hiefür einen Unterrichtsbehelf „Wir lernen Landwirtschaft".
96 Siehe auch S. 136.

pen und deren Stellvertreterinnen teilnahmen. Diese eintägigen Veranstaltungen wurden gerne besucht und das unter schwierigen verkehrsmäßigen Umständen. Damals besaßen nur wenige Bauern ein Auto, oft mussten weite Wege zu Fuß zurückgelegt werden, aber die Mädchen kamen auch bei schlechtestem Wetter.

Die Landjugendarbeit war für die Hauswirtschaftsberatung eine Investition in die künftige Bäuerinnenarbeit. Viele gute Kontakte zu den Bäuerinnen wurden durch die erfolgreiche Landjugendarbeit gelegt. Eine Bäuerin berichtet:

Schon in jungen Jahren durfte ich durch die Arbeit in der Landjugend Kontakte mit der Bezirkskammer pflegen. Ich denke an die Zeit, als wir durch gezielte Einführung auf den Landesentscheid der Landjugend in Hauswirtschaft vorbereitet wurden. Der Erfolg dieser Arbeit war ein 3. Platz meiner Freundin und ich wurde Landessiegerin. Bei den Vorbereitungen für den Bundesentscheid konnte ich wieder auf die Hilfe unserer Beraterinnen, speziell Frau Linde Doppelhofer, bauen. Sie nahm sich die Zeit, mit mir Themen zu bearbeiten, die mir nicht so geläufig waren. Ich denke an den Kräutergarten und die vielen Käsesorten, über die ich mich intensiver informieren mußte. Der 3. Platz auf Bundesebene war für mich und die Beraterinnen eine große Freude und ein sehr guter Erfolg. Für mich war es gut zu wissen, daß ich mich bei offenen Fragen immer an die Bezirkskammer Weiz, Abteilung Hauswirtschaft, richten konnte. E. U.

Eine Beraterin erinnert sich an die Lernbegierde der Mädchen:

Ich hatte Glück – die Gründung der Landjugend in allen Gemeinden entwickelte sich gut, sie begeisterte die Jugend. Die Jugend übernahm gerne und engagiert die meisten Aufgaben zur Fortbildung bis zur Veranstaltung von Festen und Bällen. Die Lernbegierde nahm beständig zu, man wollte lernen, lernen und wieder lernen. Viele Aufgaben wurden gestellt und gerne erfüllt. Freilich bedeutete dies für die Beraterin die Kontrolle der Arbeiten im ganzen Bezirk. W. S.

Die reine „Mädchenarbeit" in der Landjugend gibt es seit den 70er-Jahren fast nicht mehr. Über die Landjugendarbeit fand so manche Beraterin „ihren" Bauern.

Die Landessiegerin des Landjugendwettbewerbs um 1955 erhält vom Kammeramtsdirektor Dr. Holzinger als Siegerprämie einen Dampfentsafter. Im Hintergrund Dr. Bayer, daneben Ministerialrätin Guglmaier.

Webkurse – Von der Selbstherstellung zum Zukauf von Textilien

Die Selbstversorgung mit Textilien wurde nach und nach durch Umtausch von Rohware in Fertigware ersetzt. 1947/48 plädierte noch die Leiterin der Abteilung Hauswirtschaft, Lisbeth Kalin für mehr Web- und Spinnkurse:

> *Der Webunterricht ist für die bäuerliche Jugend von besonderer Bedeutung. Deshalb hat die Landeskammer diesen Unterricht auch finanziell unterstützt.*
>
> Lisbeth Kalin

Im Oktober 1945 wurde im Stift Rein bei Gratwein eine Webschule eröffnet. In der Steiermark fanden 1945/46 und 1946/47 26 Webkurse statt, obwohl es bereits Umtauschmöglichkeiten von Flachs und Wolle gegen fertige Stoffe gab. Man schätzte eben das Selbsterzeugte. 1947 und 1948 fanden neun Kurse mit je sechswöchiger Dauer statt. Verarbeitet wurde das von den Kursteilnehmerinnen mitgebrachte Material zu Bett- und Küchenwäsche und zur Ausstattung für Räume.[97] 1949 war die Webschule über Winter ständig in Betrieb. Im Sommer fanden hier Kurse für Handarbeitslehrerinnen statt. Anfang 1950/51 wurde die Webschule in die Bäuerliche Standesschule Raiffeisenhof verlegt[98] und war in den folgenden Jahren im Winter voll besetzt. Vereinzelt gab es auch an anderen Orten Webkurse. In der Webschule am Raiffeisenhof wurden auch Kursleiterinnen ausgebildet.

> *Webkurs im Stift Rein im Frühjahr 1948.*
>
> *Wieder einmal waren alle Lehrerinnen eingeladen, nach Stift Rein zu kommen, um einmal die Kunst des Webens praktisch zu erlernen. Das Stift Rein ist ein wunderbarer Bau und liegt in herrlicher Umgebung.*
>
> *Eine Kursteilnehmerin nach der anderen kam mit Sack und Pack an. Man war gespannt, was man alles wieder lernen konnte. Alles war gut vorbereitet, der Webraum, nur der Schlafraum war noch nicht ganz friedensmäßig. Spartanisch die Betten, im Oberstock sehr luftig, und da wir damals noch jung und schön waren, war der Aufstieg, um das müde Haupt zur Ruhe zu legen, noch nicht beschwerlich. Im Unterstock rieselte zeitweilig in der Finsternis allerlei herunter. Und nun der Verschönerungsraum – der war einmalig komfortabel: ein einziges Holzschaff stand zur Reinigung für alle zur Verfügung. Man kann sich denken, daß es hier einige Schwierigkeiten gab und eine planmäßige Wascheinteilung getroffen werden mußte.*
>
> *Den ganzen Tag durch drei Wochen waren wir fleißig am Weben und durften uns den Stoff für Dirndlröcke und Blusen weben, was unsere Begeisterung zur Sache vergrößerte. Ob der schweren Webearbeit war der Hunger groß, und man leistete*

---

97 TB 1945/46, S. 229.
98 TB 1950/51, S. 383.

sich zusätzlich allerlei, weil man uns anfangs sagte, daß wir die Verpflegung nicht zu bezahlen brauchten. Natürlich fuhr man auch so weit als möglich nach Graz ins Theater. Gegen Ende des Kurses eröffnete uns Frau Fachinspektor Kalin, daß wir nun doch die Verpflegung selbst zahlen müssen. Alle waren darob platt und es blieb uns fast die Luft weg! Man hatte sich ja verausgabt, und nach Bezahlung des Essens waren alle stier! Der Kummer war groß. Frl. Frank machte sich gleich auf die Beine, wollte nach Hause fahren um Geld zu tanken, mußte sich aber beim Schalterbeamten 30 g pumpen, da ihre Habe nicht mehr größer war. Frl. Brüll borgte sich in Graz von einem zufällig getroffenen Bekannten Geld, weil sie ansonsten auch nicht mehr heimgekommen wäre. Den anderen Kolleginnen ging es nicht besser, alle waren bankrott! So endete der Webkurs im schönen Stift Rein.

(Aus der Gedenkbroschüre anlässlich des 60. Geburtstages von SR Kalin.)

Die Nachfrage nach Webkursen ging allmählich zurück, denn der Arbeitskräftemangel zwang zur leichteren Beschaffung von Textilien. 1955/56 wurde die Webschule vorläufig wegen Platzmangels, dann auf Dauer geschlossen. Als in den 50er-Jahren die landwirtschaftlichen Hauswirtschaftsschulen das Handweben in ihren Lehrplan einführten, war für die Kammer eine Wiederaufnahme von Webkursen nicht mehr relevant. Die Bäuerinnen tauschten ihren Flachs in der Flachsröste Friesach in Kärnten gegen Leinen- und Baumwolltextilien und die Schafwolle bei verschiedenen Lodenwalken und Lodenwebereien, z. B. Leichtfried in Möbersdorf, Bezirk Judenburg, gegen Wollstoffe und Strickware um. Heute weben wieder so manche Frauen aus Gestaltungslust.

Kammerfachkurse, Bäuerinnenkurse

Ab 1950/51 führte die Landeskammer so genannte 25- bis 30-tägige Kammerfachkurse für Bauernmädchen und Landarbeiterinnen ein, die gebietsweise auch von Bäuerinnen besucht wurden. 1950/51 fanden in der Steiermark 127 Kammerfachkurse statt. Von den Teilnehmerinnen waren zehn Prozent Landarbeiterinnen. Den Kurs besuchten durchwegs Teilnehmerinnen aus Klein- u. Mittelbetrieben, die sich aus Mangel an Zeit und Geld den Besuch einer Internatsschule nicht leisten konnten.

Die ab 1954/55 eingeführten Bäuerinnenkurse dauerten 20 bis 25 Tage, später 16 bis 20 Tage pro Winter, in der Regel ein bis zwei Tage pro Woche, an denen alle Altersstufen, auch über 50-Jährige, teilnahmen. Die Leiterin der Abteilung Hauswirtschaft, Schulrat Kalin, erwähnte im Tätigkeitsbericht der Kammer[99], dass sich der Wunsch nach Bäuerinnenkursen von Jahr zu Jahr verstärkte, aber die Kurszahl durch die Zahl der Beraterinnen begrenzt sei.

---

99 TB 1956/57, S. 466f.

Geschichte der landwirtschaftlich-hauswirtschaftlichen Beratung in der Steiermark

Praktische Kurse mit Gerätevorführungen waren bei den Bäuerinnen sehr beliebt (um 1950).

Aufmerksame Kursteilnehmerinnen (um 1950).

1956/57 wurden noch 82 Kammerfachkurse für Mädchen und Bäuerinnen gehalten, die von insgesamt 1000 Teilnehmerinnen besucht wurden.

Der Bedarf nach hauswirtschaftlicher Beratung und nach Weiterbildungskursen nahm ständig zu. Nach der Aufbauarbeit in der Nachkriegszeit kam es zur Konsolidierung bisheriger Anfänge der Hauswirtschaftsberatung, neue Beratungsstrategien setzten ein. Es bestand reges Interesse an fachlichen Informationen, darüber hinaus schätzten die Frauen die Zusammenkünfte wegen der Gelegenheit zu Gesprächen, zum Erfahrungsaustausch, oder auch nur, um einmal von daheim wegzukommen. Die Berichtszahlen über Kurse und Teilnehmerinnen sind auch unter diesem Gesichtspunkt zu betrachten. Das Schwergewicht der Kurse lag in den 60er-Jahren wie zuvor auf Kammerfachkursen, Bäuerinnenkursen, vereinzelt im Sommer und Herbst Dampfentsaften und Süßmosten. Kurse über richtiges Einfrieren, Geflügelschlachten und Marktfertigmachen sowie Nähkurse für Kinderkleidung und Trachten, Kurse über Direktvermarktung, Kalte Platten und andere Küchenspezialitäten, Elektrokochen, Rinderschlachtkurse, Verwertung von Milch und Milchprodukten sowie Fremdenverkehrskurse für Vermieter waren in den 60er-Jahren aktuell. Bäuerinnenkurse sollten auch dazu beitragen, Produktions-Überschüsse des Betriebes abbauen zu helfen. Ab Mitte der 60er-Jahren wurden Vorträge und Kurse neben den oben angeführten zu den Schwerpunkten „Richtig haushalten mit Geld", Verbrauchszahlen im bäuerlichen Haushalt, Führung des Haushaltsbuches, Dienste der Geldinstitute, Werbung und Reklame, richtiges Einkaufen, verschiedene Zahlungsmöglichkeiten, Taschengeld als Erziehungsmittel gehalten.

Die Hauswirtschaftsberatung führte die praktischen Kurse mit theoretischen Einführungen für Bäuerinnen und Bauernmädchen sowie Dienstnehmerinnen durch. Über Wunsch der Bäuerinnen wurden weitere, auf den bäuerlichen Haushalt ausgerichtete Spezialkurse eingeführt. Kurse über praktisches Kochen waren immer begehrt. Dass dabei so manche Überraschung passierte, mag die einstige Beraterin noch heute erheitern:

Praktischer Mehlspeisbackkurs in einer Bauernküche Ende der 60er-Jahre.

Alle Teilnehmerinnen rühren, kneten Teige, sind eifrigst bei der Arbeit. Die Beraterin hilft, gibt Tipps, schaut in den Becher, schaut noch einmal und noch einmal.

Beraterin: „Was ist denn da drinnen? Was haben Sie denn da hineingegeben?"

Bäuerin: „Alles genau nach Rezept".

Die Angabe lautete: 2 ganze Eier und 10 dag Zucker mit dem Mixer schaumig schlagen.

Beraterin: „Ganze Eier schon, aber doch nicht mit der Schale!"

Bäuerin: „Auch nicht mit dem Mixer?"   C. K.

Angeblich sei es tatsächlich in den USA üblich, die Eier mit der Schale zu vermixen – bei uns jedoch nicht.

Die Hauswirtschaftsberaterinnen hielten Kurse auch in Gebieten, wo die bäuerliche Bevölkerung kaum zu Veranstaltungen in die Bezirkshauptstadt oder in einen größeren Ort kommen konnte und wollte. Als in einem Ort die Ortsbäuerin ein Auto besaß, lud sie andere Bäuerinnen zur Mitfahrt ein.

Sehr oft fanden diese Kurse in sehr behelfsmäßigen Räumlichkeiten statt, wohin die notwendigen Gerätschaften auf oft schlechten Wegen von einem Ochsen- oder Pferdegespann transportiert werden mussten. Besser war es, wenn der Kurs in einem Pfarrhof oder bei einem Bauern stattfinden konnte. Über diese Zeit wissen Beraterinnen, die in dieser Zeit Aufbauarbeit leisteten, viel zu berichten:

In den 50er-Jahren wurden von den hauswirtschaftlichen Beraterinnen Kammerfachkurse in verschiedenen Ortschaften, in Pfarrhäusern, Schulen, aber auch in Bauernhäusern abgehalten. Da noch fast keine Hauswirtschaftsschule bestand, wurden die Kurse von Jung und Alt gut besucht – so auch in Hohenau bei Dechantskirchen. Die Gegenstände für die Kurse, z. B. die Nähmaschine und Geschirrkiste wurden mit der Bahn nach Dechantskirchen und mit einem Ochsengespann nach Hohenau gebracht. Da uns nichts anderes zur Verfügung stand, mußte der Kurs in einem Kellerstöckl mit winzigen Fenstern, ohne elektrisches Licht und ohne Wasseranschluß abgehalten werden.

Ich blieb die ganze Woche oben in dem Kellerstöckl und schlief sogar dort, wobei ich nachts wach wurde, da es sehr viele Mäuse gab. In der Nähe wurde mir ein schöner, lichter Raum angeboten und ich wollte samt Geschirrkiste und Nähmaschine übersiedeln, jedoch als ich am Sonntag Abend zu Fuß den Berg hinauf stieg, sah ich schon von weitem, daß die kleinen Fenster herausgerissen und zu meinem Entsetzen durch große ersetzt waren. Auch war eine provisorische Wasserleitung mit Kunststoffrohren zum Haus gelegt worden und die Mäuse hatte man über das Wochenende gefangen oder vertrieben.

So brachte ich es nicht über das Herz, auszuziehen, wo sich der Bauer soviel Mühe gegeben hat, damit ich ja dort bleibe, und deshalb blieb ich auch.

Der Abschied nach 24 Tagen wurde ausgiebig mit den Bäuerinnen und Bauern der ganzen Umgebung gefeiert. M. W.

„Missionsversuche für Hauswirtschaft" – Kammerfachkurse für Männer, Hauswirtschaft in Landwirtschaftsschulen

Der Strukturwandel der 50er-Jahre bedeutete für die Bäuerin Mehrarbeit im Betrieb durch den Arbeitskräfteschwund, ohne von ihren Aufgaben für Familie und Haushalt entlastet worden zu sein. Vielfach mangelte es am Verständnis des Mannes für die Probleme der Frau, sodass es häufig zur Arbeitsüberlastung der Bäuerinnen mit gesundheitlichen Folgeschäden kam. Um mehr Verständnis der Bauern für die Möglichkeiten einer Arbeitsentlastung der Frauen zu wecken, waren die Beraterinnen beauftragt, in den Kammerfachkursen für die Männer Vorträge zu diesem Thema zu halten. So hielt die Referentin der Abteilung Hauswirtschaft, Dipl.-Ing. Ludmilla Weihs, bestens vorbereitete Vorträge über „Hauswirtschaftsberatung und Ausbildung", „Gesundheit als Voraussetzung für den Betriebserfolg" bei den Teilnehmern dieser Kammerfachkurse, doch das Interesse der Herren an solchen Themen ließ zu wünschen übrig. Mit Tricks konnte manchmal erreicht werden, dass zumindest ein Teil der Kursbesucher im Vortragsraum sitzen blieb und sich das Referat anhörte.[100] Viel Mühe für wenig Akzeptanz – ein hauswirtschaftliches Schicksal?

Als 1972 der Hauswirtschaftsunterricht in den landwirtschaftlichen Burschenschulen verpflichtend eingeführt wurde, gab es an manchen Schulen heftigen Widerstand gegen diesen Gegenstand. Es hing sehr viel von der Einstellung des Direktors und des Lehrkörpers der Schule ab, ob von den Schülern offen gegen diesen Unterricht protestiert oder ob die hauswirtschaftliche Lehrkraft mit ihrem Unterrichtsstoff akzeptiert wurde. Besonders gut kam in diesen Schulen das Thema Wohnbau an, denn so mancher Schüler wollte daheim die bauliche und wohnliche Situation verbessern. Die Akzeptanz des hauswirtschaftlichen Unterrichts an der „Burschenschule" besserte sich oft durch den Direktorwechsel. Nach ein bis zwei Jahrzehnten änderte sich die Situation. Durch die Spezialisierung und Professionalisierung der Direktvermarktung besucht der eine oder andere Bauernsohn eine ehemals „nur" hauswirtschaftliche Fachschule, jetzt Fachschule für Ernährung und Landwirtschaft oder die fünfjährige Höhere Lehranstalt für Ernährung und Landwirtschaft.

Vorträge und Kurzkurse für Bäuerinnen
In dem Berichtszeitraum von 1960 bis 1980 fanden viele kurzfristige Kurse mit hoher Teilnehmerinnenzahl statt, in denen Gartenprodukte bestmöglich verwertet, aus frisch gepresstem Apfelsaft Süßmost bereitet und die Milch zu qualitativ hochwertigen Milchprodukten verarbeitet wurden. Die Kurzkurse bestanden meist aus praktischen Vorführungen und dauerten ein bis zwei Tage. Kurse über Eindosen und Fleischverwertung (Lammfleischkurse) wurden wieder aufgenommen.

Bäuerinnen waren sehr wissbegierig, aber auch gesellig. Bäuerinnenversammlungen mit Vorträgen zu aktuellen Themen wurden gerne besucht. Sie kamen nicht immer nur, um das Gehörte in die Tat umzusetzen, sondern die Versammlung bot den Ersatz oder die Nachfolge dörflichen Treffens:

---

100 Mitteilung von Dipl.-Ing. Ludmilla Weihs – ein Bericht aus eigener Erfahrung.

Bäuerinnenvortragsreihe
1978 – Zur allgemeinen großen Freude stieß man in Radkersburg auf Thermalwasser. Ein Aufschwung der Region im Fremdenverkehr – heute sagt man Tourismus – war zu erwarten. Chancen für die kleinstrukturierten bäuerlichen Betriebe zur Einkommensverbesserung – heute Erwerbskombination genannt – galt es zu nutzen. Die Bäuerinnen mussten informiert und mit der Möglichkeit vertraut gemacht werden. In den Monaten Jänner bis März fanden wöchentlich an einem Nachmittag Vorträge zu verschiedenen Themen statt. Und einmal ein Vortrag zum Thema: „Gästebeherbergung am bäuerlichen Betrieb".
Gespräch mit einer Bäuerin: „Ihr wollt eventuell auch mit Urlaub am Bauernhof beginnen?"
Bäuerin: „Nein, mit dem Fremdenverkehr werden wir uns nicht beschäftigen, wir haben uns ja bereits auf Schweinehaltung spezialisiert – ich bin gekommen – weil, na ja – früher sind wir im Dorf im Winter zum Federnschleißen zusammengekommen, und jetzt gehen wir halt zum Bäuerinnenkurs."
Die tollen Kursbesuchszahlen, selten unter 150, oft um die 500 Teilnehmerinnen waren somit nicht nur den interessanten Themen und dem Bildungswillen der Bäuerinnen zuzuschreiben. C. K.

Federnschleißen (1950).

Den Bäuerinnen tat es gut, einmal in der Woche von der Arbeit daheim entlastet zu sein, mit den anderen Frauen Erfahrungen auszutauschen und neue Anregungen zu empfangen.

Die Bäuerinnen wurden in vielen Kursen für die technische Ausstattung im Haushalt wie auch in der Vorratshaltung geschult. Arbeits- und Zeitabläufe wurden genau erklärt, Berechnungen über die Rentabilität angestellt. Uns Bäuerinnen rauchten manchmal regelrecht die Köpfe. G. D.

Teil 1: Landwirtschaftliche Hauswirtschaftsberatung in der Steiermark (1945–1995)

Haushaltstechnik und Arbeitserleichterung – ein Beratungsschwerpunkt

Bauern waren immer schon technisch begabte Menschen, mussten sie doch so manche Arbeitsgeräte selbst herstellen oder zumindest reparieren, wenn es an Bargeld für Dienstleistungen mangelte. Um die Wende vom 19. zum 20. Jahrhundert wurde in vielen Bauernhäusern die offene Feuerstätte in der Küche gegen einen Sparherd getauscht. Danach gab es Verbesserungen durch die Technik im Bauernhaus nur in wenigen Fällen.

In den 20er-Jahren errichteten vereinzelt technisch interessierte Bauern ein eigenes Elektrizitätswerk, wenn die Voraussetzungen gegeben waren wie ein Bach mit entsprechender Leistung. Der Gleichstrom lieferte Energie für die Beleuchtung. Die Vorteile der Nutzung technischer Errungenschaften für den Haushalt wurden erst allmählich erkannt. Investitionen im Haushalt kamen in der Reihenfolge meist erst nach dem Betrieb, es fehlte an Wissen und an Geld für die Anschaffung von Geräten und Maschinen. Auch hatten Investitionen im Betrieb dann den Vorrang, wenn sich dadurch das Einkommen zugunsten der Familie erhöhte.

Mit dem neu errichteten Referat für Haushaltstechnik in der Abteilung Hauswirtschaft im Jahre 1948, das als Referentin Dr. Johanna Bayer übernahm, wurde der Bereich „Technik im Haushalt" einer der Beratungs- und Förderungsschwerpunkte in der Nachkriegszeit.

Oben: Seit den 70er-Jahren konnten anspruchsvolle Beratungsklienten auch professionell erstellte Pläne für ihr Bau- und Einrichtungsvorhaben von einer spezialisierten Beraterin erhalten (1975).

Links: Die Futterküche soll umgebaut werden. Der Bauer hilft der Beraterin Herta Uhl beim Ausmessen des Raumes zwecks Anfertigung einer Einrichtungs-Skizze (50er-Jahre).

Die Beratung in den Umstellungsgebieten („Die Drei im Jeep")

Die lange Tradition der Heranzucht von Ochsen als eine der Haupteinnahmequellen nordoststeirischer Bauern fand 1953 durch die Mechanisierung der Betriebe in den Zuckerrübengebieten (bisher potentielle Käufer von Zugochsen) ein jähes Ende. Eine Katastrophe schien sich anzubahnen. Eine Lösung wollte, ja musste man finden, und zwar Aufbau durch Umstellung der Wirtschaft. Die Aufbauarbeit in den betroffenen Gebieten erfolgte mit intensivem Einsatz der Förderungskräfte der Kammer in allen Bereichen eines landwirtschaftlichen Betriebes. Sie erfolgte in enger Zusammenarbeit der Hauswirtschaftsberaterin mit dem Betriebsberater und dem Forstberater („Die Drei im Jeep"). Es wurden Gemeinschaften gegründet, und die Beratung zielte auf eine Steigerung des Einkommens jedes Mitgliedes ab. Der Haushalt wurde nicht nur als Reproduktions-, sondern als Produktionsstätte des Betriebes gesehen. Die Palette an Maßnahmen war groß, die Auswahl wurde nach den Gegenden mit ihren Besonderheiten getroffen. In Berggebieten wurde z. B. die Einrichtung und Ausstattung für die Beherbergung von Gästen und deren Verköstigung oder die Milchwirtschaft, Sonderkulturen, Geflügelmast u. a. m. gefördert. Nach der ersten Umstellungsgemeinschaft „Vorau" wurden weitere Umstellungsgebiete geschaffen, zuerst im Bergland, dann auch im Grenzland. Berater und Beraterinnen wurden vom Umstellungs-Referenten regelmäßig zu Besprechungen zusammengerufen und auftretende Schwierigkeiten und deren Behebung sowie neue Beratungsschwerpunkte und die Verwendung der zweckgebundenen Förderungsmittel behandelt. Das Umstellungsgebiet „Grenzland" war anders zu betreuen als Umstellungsgebiete der Obersteiermark.[101] Die Bauernschaft war an der Gründung von Umstellungsgemeinschaften in zunehmendem Maße interessiert, sodass 1986 bereits 44 Umstellungsregionen mit 10.500 Betrieben bestanden. Die meisten bestehen als selbständige Vereine weiter. Dass die Hauswirtschaftsberaterin aus der Gründungszeit nicht vergessen ist, beweisen die Einladungen zu Bestandsjubiläen.

Wie ich die Umstellungsaktion erlebte
Als ich im Juli 1957 von der Bezirkskammer Feldbach in die Landeskammer versetzt wurde, bekam ich im Haus von Dr. Kohlfürst ein Untermietzimmer. Er erzählte mir den Anlaß, wie es zur „Umstellung" in manchen Gebieten der Steiermark kam. Es waren zwei erfolglose Ochsenmärkte auf der Sommeralm und in Fischbach, die der Kammeramtsdirektor Dr. Holzinger und er besuchten. Der Verkauf der Ochsen war für die Bauern der nordöstlichen Steiermark das einzige Jahreseinkommen. An diesen Märkten wurden nun fast keine Tiere verkauft. Zugochsen wurden von den niederösterreichischen Zuckerrübenbauern aufgrund der Umstellung auf Traktoren nicht mehr gebraucht. Viehhändler kauften in der Obersteiermark (Obdach) Ter-

---
101 TB 1958/59, S. 182f.

zen, die sie mästeten und an Fleischhauer verkauften. Es wurde Dr. Holzinger und Dr. Kohlfürst klar, daß die Wirtschaftsweise geändert werden muß. Diese Geschichte von Fischbach und Sommeralm wurde bei jeder Gründung einer Umstellungsgemeinschaft erwähnt. Es wurde den Bauern die Umstellung der nun unrentablen Ochsenhaltung auf die erfolgreichere Milchviehwirtschaft empfohlen, und dies machte auch die Umstellung der Rinderrasse vom Murbodnerrind auf das Fleckvieh mit höherer Milchleistung notwendig. Erstes Umstellungsgebiet war Vorau und Dipl.-Ing. Reichert erster Umstellungsberater.[102] Mit ihm im Team arbeiteten der Forstberater und die Hauswirtschaftsberaterin zusammen. Zäh erkämpfte Dr. Holzinger in Wien die nötigen Geldmittel zur Anschaffung der Zuchtrinder, Düngemittel, Wasserversorgung, Hofzufahrtswege, usw. Es wurden weitere Umstellungsgebiete in den Bergregionen ausgewählt und Umstellungsgemeinschaften (UG) gegründet.

Es war notwendig, die Hofstellen und die Hauswirtschaft zu verbessern, vor allem durch den Bau von Wasserversorgung und Technisierung des Haushaltes zwecks Arbeitserleichterung und Ausbau von Gästezimmern – es war der Beginn des geförderten „Urlaubs am Bauernhof".

Durch die Versammlungen der Umstellungsgemeinschaft (UG) konnte die zuständige Beraterin einer größeren Anzahl von Bauern und Bäuerinnen die Möglichkeiten der Verbesserung der Hauswirtschaft näher bringen und dann durch die Einzelberatung am Hof die Möglichkeiten zur Verbesserung mit den Bauersleuten zusammen planen.

Für die Gründung einer Umstellungsgemeinschaft wurden die Bauern des vorgesehenen Gebietes zu einer Informationsversammlung eingeladen. Ich durfte an einer solchen Veranstaltung erstmals mit Frau Schulrat Kalin in St. Anna ob Schwanberg teilnehmen und bei der Gründung des UG Herzogberg im Bezirk Voitsberg. Es waren dies für mich unvergessliche Erlebnisse. Besonderen Eindruck machten die Besuchermassen, vornehmlich Männer, die Gespräche miteinander, ihre Begrüßungen und Erwartungen. Viele interessierte Menschen, die in den Gasträumen kaum Platz fanden. Das alles war für mich wie ein Volksfest. Wenn dann der Umstellungsreferent die Gründe und die Notwendigkeit einer UG und deren Vorteile erläuterte, gab es nur aufmerksames Zuhören. Nach dem Referat aber wurden viele Fragen gestellt, Überlegungen und Bedenken ausgesprochen, auch manches Mißtrauen, aber überall kam es bei solchen Informationsveranstaltungen gleich zur Zustimmung für den Umstellungs-Betrieb und die UG.

Ludmilla Weihs

---

102 Reichert schrieb seine Berater-Erfahrungen u. a. mit der Umstellungsaktion in Vorau im Buch „Der Bauer ohne Knecht" nieder.

Aktionen

Wie schon unter der Leitung von Schulrat Kalin als auch unter Dr. Bayers Regie fanden eine Reihe von Aktionen statt, die die Beraterinnen wahrzunehmen und durchzuführen hatten.

Elektro-Beispielshöfe

In der Nachkriegszeit, manchmal erst Anfang der 60er-Jahre, erfolgte in vielen steirischen Gebieten die Elektrifizierung durch größere Elektroversorgungsunternehmen (EVU). Auf Initiative des Österreichischen Kuratoriums für Landwirtschaft (ÖKL) und des Verbandes der E-Werke Österreichs (VEÖ) wurden in der Steiermark in Zusammenarbeit mit der STEWEAG Elektro-Beispielsbetriebe gefördert: Bauernhöfe, die den Haushalt und Betrieb vorwiegend mit Elektrogeräten ausstatteten, erhielten Begünstigungen beim Gerätekauf, sie waren Elektro-Beispielshöfe. Diese waren verpflichtet, Strommessungen zwecks Verbrauchsdaten durchführen zu lassen und Exkursionen ihren Betrieb zu zeigen. Gefördert wurden Elektroherde, Warmwasser-Nachtstromspeicher, Kartoffeldämpfer für Nachtstrom u. a. m.

Für die Bäuerin stellte die STEWEAG auch Elektroherde für Schulungszwecke zur Verfügung.

Gemeinschaftswaschanlagen

Eine der frühesten Aktionen war die Errichtung von Gemeinschaftswaschanlagen in Gebieten mit überwiegend dörflicher Siedlung.[103] Sie wurden mit Landes- bzw. Bundesmitteln gefördert. Meist wurde eine solche Anlage in einem Wirtschaftsgebäude eines Bauernhofes errichtet und nach einem von der Gemeinschaft ausgearbeiteten Terminplan von den Mitgliedern der Gemeinschaft benutzt. Als die Haushaltswaschmaschinen kleiner, komfortabler und billiger wurden, kauften die Bauern solche, und die Waschgemeinschaften wurden aufgelöst.

Besonders viele Gemeinschaftswaschanlagen wurden in der ersten Hälfte der 50er-Jahre im Bezirk Feldbach errichtet, als Dipl.-Ing. Ludmilla Weihs in diesem Bezirk Beraterin war. Sie nutzte jede Gelegenheit, um die Bäuerinnen und Bauern von den Vorteilen dieser Gemeinschaften zu informieren:

Als Beraterin in der Bezirkskammer Feldbach wurde ich von Frau Kalin und Dr. Bayer besonders gelobt wegen der Errichtung der vielen Gemeinschaftsanlagen. Waschmaschinen als Einzelgeräte, also Haushaltsmaschinen, konnten wegen des

---

103 Vgl. S. 93, Biografie Ludmilla Weihs.

meist fehlenden Fließwassers nicht aufgestellt werden. Die Gemeinschaftsanlagen wurden aus Bundesmitteln gut bezuschusst. Die meisten dieser Anlagen wurden während meiner Beratungszeit in Feldbach im Pfarrgebiet Feldbach errichtet. Dort fand in jedem Dorf, das zur Pfarre gehörte, einmal im Monat ein Frauenabend statt, bei dem ein Frauenseelsorger über religiöse Themen sprach und eine Referentin – das war ich als Beraterin – die Aufgaben der Katholischen Frauenbewegung und Planungen für eine gute Frauenarbeit erörterte. Es wurde viel diskutiert. Diese Abende waren immer gut besucht. Ich erledigte die vorgegebenen Themen und die gestellte Aufgabe kurz und benutzte die meiste mögliche Zeit, über Gemeinschaftswaschanlagen und ihre Vorteile zu sprechen, um die Frauen von deren wirtschaftlichen und arbeitsmäßigen Vorteilen zu überzeugen. So viele Frauen konnte ich sonst nicht auf einmal informieren. Diese Möglichkeit war sonst nur bei Kammerkursen gegeben, die über das ganze Beratungsgebiet verteilt waren. Wenn es auch zunächst schwer war, die Frauen von diesen Einrichtungen zu überzeugen und von den Männern die Zustimmung zu bekommen, waren schließlich alle Frauen glücklich über die fast mühelose und wirkungsvolle Reinigung der Wäsche.

L. W.

In den Einzelhofsiedlungen konnten sich aufgrund der Entfernungen Gemeinschaftswaschanlagen nicht durchsetzen.

Gemeinschaftsbacköfen in Dörfern wurden ebenfalls gefördert. In Kumpitz bei Fohnsdorf wurde im Jahre 1953 eine Gemeinschaftsanlage mit einem Elektro-Brotbackofen und einer Brotknetmaschine errichtet, an der sich vorwiegend größere Betriebe beteiligten. Bis 1958 wurden vorwiegend in der Oststeiermark weitere Brotbackanlagen bezuschusst.[104] Allgemein blieb ein größerer Erfolg dieser Aktion aus. In der Steiermark setzten sie sich nicht durch, da diese Methode des Brotbackens nicht der Tradition entsprach.

Landeshauptmann Josef Krainer besichtigt eine mit ERP-Mitteln eingerichtete Gemeinschaftswaschanlage im Bezirk Feldbach. Links vorne Dr. Johanna Bayer.

---

104 Stöckler, Die Beratungs- und Bildungsarbeit, S. 194ff.

Gefrieranlagen – der große Hit der späten 50er-Jahre

In der zweiten Hälfte der 50er-Jahre wurden die meisten Gemeinschafts-Gefrieranlagen in der Steiermark errichtet. Die Kammer förderte diese Einrichtungen mit Beratung und Planung durch die Bauabteilung, Beratung und Einführungskurse durch die Hauswirtschaftsberatung und durch Beihilfen zur Errichtung solcher Anlagen.

Gemeinschaftsgefrieranlagen waren in den USA bereits in den 30er-Jahren bekannt. In Europa waren auf diesem Gebiet die skandinavischen Länder Vorreiter. In Dänemark hatten sich 1952 bereits rund 61 % der Landhaushalte an Gemeinschaftsgefrieranlagen beteiligt.[105] Bald danach führte Deutschland Tiefgefriergemeinschaften ein, 1955 auch Österreich. Nach vorangehenden Studien der Bauabteilung der steirischen Landwirtschaftskammer wurden 1955 in der Steiermark die ersten fünf Anlagen mit „großzügiger Hilfe aus ERP-Mitteln"[106] errichtet und noch im gleichen Berichtsjahr weitere zwölf. Ende 1957 gab es in der Steiermark bereits 255 Gemeinschaftsgefrieranlagen.

Eine heftige Diskussion um die Bauart der Gemeinschaftsanlage wurde zwischen der Bauabteilung, die diese Anlagen plante und verrechnete, und der Abteilung Hauswirtschaft geführt. Die Kammerarchitekten forcierten aus Kostengründen die Kaltraumanlagen[107], die 20–50 % billiger kamen, die Hauswirtschaft aus gesundheitlichen Gründen die Warmraumanlagen. Die erwähnten Kaltraumanlagen waren wesentlich robuster und hielten länger als die Warmraumanlagen. Trotz Sperre der ERP-Mittel 1959 für solche Anlagen wurden 1958/59 weitere 433 Gemeinschaftsanlagen errichtet.[108] Besonders bewährten sich diese Einrichtungen bei Notschlachtungen.[109]

Vorkühlen, das richtige Einfrieren, Vorbereiten der Ware, richtige Verpackung, Beschriftung der einzelnen Pakete, Vorfrieren und richtiges Lagern mussten allerdings erst gelernt werden. Einfrierkurse wurden notwendig, sodass eine eigene Kraft hiefür eingestellt wurde. Die Nachfrage nach diesen Kursen überstieg bald ihre Kapazität, so dass auch Beraterinnen Einfrierkurse halten mussten. 1958 fanden 285 Einfrierkurse mit 10.628 Teilnehmern, 1959 169 Kurse mit 4.937 Teilnehmern statt.[110]

Die Nachfrage nach Gemeinschaftsgefrieranlagen ließ bereits 1962/63 stark nach, da einerseits ein gewisser Sättigungsgrad eintrat, andererseits machte sich die Tendenz zur bequemeren Einzeltruhe bemerkbar. Im Jahr 1960 wurden immer noch 124 Kurse mit 3894 Teilnehmern und 1961 94 Kurse mit 2303 Teilnehmern durchgeführt.

---

105 TB 1956/57, S. 139.
106 TB 1954/55, S. 8.
107 Kaltraumanlagen: Temperatur des gesamten Raumes –18° C; Warmraumanlagen: Fächertemperatur mindestens –18° C.
108 TB 1958/59 S. 134f.
109 TB 1956/57 der Bauabteilung über Erfolge, auch dank der Hauswirtschaft. – TB 1956/57, 149 Tiefgefrier-Kurse mit 8127 TN. – Tab. Geförderte Gemeinschaftsanlagen TB 1956/57, S. 143.
110 Ebd., S. 180.

1963 wurden nur noch Aufklärungsversammlungen über das Tiefkühlwesen gehalten. Die losen Tiefkühlgemeinschaften wurden nach und nach in Vereine umgewandelt.

Ein Fach in einer Kaltraumanlage (ca. 200–250 Liter Fassungsraum) kostete 1960 rund 4600 Schilling, in einer Warmraumanlage (220 Liter) rund 5000 Schilling. Eine Bäuerin in einer obersteirischen Gemeinde mit dörflicher Siedlung bedauerte, dass hier keine Tiefgefriergemeinschaft zustande kam. Sie kauften daraufhin bereits 1956 eine Haushalts-Gefriertruhe:

> *Es war die erste Gefriertruhe weit und breit. Sie kostete damals 17.000 Schilling. Für ein Kalb bekamen wir zu dieser Zeit öS 1.025,–, für ein 24-kg-Ferkel öS 300,–*   C. H.

Zu Beginn des Einfrierens von Vorräten gab es natürlich in der Praxis einige Erlebnisse, so wird Folgendes erzählt:

> *Die tüchtigen Vertreter von Haushalts-Gefriertruhen fanden bald heraus, daß mit Bauern in entlegenen Gebieten Geschäfte gemacht werden können. Sie redeten ihnen über die Vorteile der Gefriertruhe die Ohren voll, und so mancher Leichtgläubige kaufte ein Gerät – doch ohne Stromanschluss wollte das Ding nicht kühlen (der Betrieb verfügte noch über keinen elektrischen Strom).*   D. S.

Es ist heute unvorstellbar, aber zu Beginn der Gefriertechnik waren – ohne Einführung in die Einfrierpraxis – Fehler keine Seltenheit. Meist wurde falsches Verpackungsmaterial verwendet.

Keine Neuheit wurde von der bäuerlichen Bevölkerung so schnell angenommen wie die der Gefrierkonservierung. Kein Wunder, denn schmackhaftes Essen hat einen besonderen Stellenwert. „Grünes" Fleisch (Frischfleisch) war nun keine Seltenheit mehr und konnte je nach Ansprüchen der Verpflegspersonen mehrmals in der Woche auf den Tisch kommen. Die Gefrierkonservierung trug zu einer gesünderen Ernährung bei, führte jedoch zu einem relativ hohen Fleischverzehr je Person und Jahr. Erst gegen Ende der 80er-, Anfang der 90er-Jahren war es gesundheitsbewussten Hausfrauen möglich, aus gesundheitlichen Gründen und ohne Imageverlust die Fleischportionen kleiner zu halten.

Mit der Einführung des Tiefgefrierens wurden neue Wege der Beratung auf dem Gebiet der Vorratshaltung eingeleitet. Eine Spezialistin für Fleischverarbeitung, Annemarie Prettenthaler, hielt bereits vor 1957 Fleischverwertungskurse, speziell Geflügelschlachtkurse, ab dieser Zeit Fleischverarbeitungs- und Einfrierkurse. In diesem Jahr fanden in der Steiermark 149 Tiefgefrierkurse mit 8127 Teilnehmern, Männer und Frauen, statt.

Fleischverwertungskurs mit Annemarie Prettenthaler. Die Fleischstücke werden sachgerecht für das Einfrieren vorbereitet (um 1956, o.) und danach richtig verpackt (u.).

Die Methode des richtigen Einfrierens verbreitete sich so rasch, wenn auch so mancher Anfang für die Beraterinnen, besonders in entlegenen Gebieten, schwer war, Bauern und Bäuerinnen von diesen Vorteilen zu überzeugen:

In St. Johann in der Haide wollten wir die 1. Tiefgefrieranlage zu Stande bringen. So zogen meine Kollegin, Rosa Lohnegger, verheiratete Schrammel, und ich von Haus zu Haus und wurden nicht sehr liebevoll empfangen. Die hauswirtschaftliche Beratung war in den Anfangsstadien und noch nicht überall bekannt. So wurden wir von vielen als Vertreterinnen einer Firma verkannt und sehr oft vor die Haustüre verwiesen.

Wir setzten uns auf einen Straßenrandstein und feuerten uns gegenseitig an, gingen weiter von Haus zu Haus. Letztendlich gelang es uns durch ein Schreiben der Bezirkskammer, die Leute zu einer Fahrt in den Nachbarbezirk Weiz zu bewegen. So konnten wir dann an Ort und Stelle eine Tiefgefrieranlage besichtigen und die Bauern von deren Vorteilen überzeugen. M. W.

Mit dem Einfrieren war die traditionelle Konservierungsmethode durch Räuchern des Fleisches nicht aufgehoben, der Geschmackskonservatismus erweist sich als nachhaltig. Nun wurde allerdings auch die Räucherware eingefroren, dadurch war sie vor Schädlingen sicher und der Gewichtsverlust geringer. Während die von den Hauswirtschaftsberaterinnen durchgeführten Einfrierkurse bis in die 60er-Jahre die

Kaltraumanlage, Fächer unterschiedlicher Größe (l.). Genormte Fächer einer Warmraumanlage (220 l, um 1956, r.).

größte Nachfrage befriedigt hatten, werden die Fleischverwertungskurse bis zur Gegenwart fortgesetzt.

Gemeinschaftsgefrieranlagen wurden meist in den 70er-Jahren aufgelassen. Manche Besitzer eines oder mehrerer Fächer benutzten noch längere Zeit den Verarbeitungs- und Kühlraum der Anlage für den Eigenbedarf. Mit der kontrollierten Direktvermarktung wurden Spezialräume nach strengen Kriterien vorgeschrieben, die diese alten Anlagen nicht mehr erfüllen können.

Immer wieder Fleischverwertungskurse – erster Ansatz zur Direktvermarktung

Diese Kurse sollten bewirken, dass statt des vielfach traditionellen Schwarzräucherns von Fleischwaren mit ihren gesundheitlichen Nachteilen, wo noch dazu oft ohne Rücksicht auf die einzelnen Muskelpartien des Fleisches, sondern kreuz und quer zur Muskelfaser in Stücke gehackt wurde, ein goldfärbiges, appetitliches Produkt hergestellt wird. In erster Linie fand die hier gelernte Methode der Fleischverwertung für den Hausgebrauch und weniger für die Vermarktung Anwendung. Vorschläge, Nichtbäuerliche zu diesen Kursen einzuladen, wie bereits in Niederösterreich praktiziert, ein Chance für die kostenlose Werbung bei Konsumenten für bäuerliche Produkte, wurden damals in der Steiermark von der Interessenvertretung der Bauern abgelehnt.

Alleine die Kurse über Tiefgefrieren einschließlich Schweinzerteilen und Verpacken hatten großen Zuspruch: 1958 nahmen an 32 Fleischverwertungskursen 379 Interessierte teil, 1959 wurden bereits 130 Kurse vor 1836 Teilnehmern gehalten. 1960 fanden 214 Fleischverwertungskurse mit 6929 Teilnehmern statt. Diese zweitägigen Spezialkurse wurden von der bäuerlichen Bevölkerung weiterhin gewünscht. Die Herstellung von Rohdauerwaren (ohne Gefriertechnik) wurde später wieder praktiziert. 1960 nahmen in 14 Kursen insgesamt 780 Frauen und Mädchen an Fleischverwertungskursen, 1961 an 23 Kurse 775 Interessierte teil.

Ab 1958/59 verbreitete in der Steiermark der Schweizer Markus Huber eine Schweizer Trockenbeizmethode durch die Zusammenarbeit mit der Abteilung Hauswirtschaft über mehrere Jahre. Nach einigen Einführungskursen durch seinen Schweizer Kursleiter Hunziker übernahmen steirische Kursleiter, gelernte Fleischhauer, diese Kurstätigkeit im Lande im Auftrag und unter Organisation von Herrn Huber bzw. der Landwirtschaftskammer, Abteilung Hauswirtschaft. Die Spezialistin für Fleischverwertung in der Abteilung Hauswirtschaft, Annemarie Prettenthaler, übernahm die Schweizer Methode der Trockenbeize und führte sie in ihre Fleischverwertungskurse ein. Das für diese Methode verwendete Konservierungssalz „Concil" wurde wiederholt Gegenstand der Prüfung durch die Lebensmittel-Versuchs- und Prüfanstalt. Es gab nie einen Grund zur Beanstandung.

Fleischverwertungskurse nach „Schweizer Art"

Im Jahre 1958 „entdeckte" Markus Huber, ein Schweizer Geschäftsmann in Fleischverwertungs-Sachen, die Steiermark, machte sich in Wörschach sesshaft, denn dieser Ort sei der geografische Mittelpunkt (?), heiratete eine Bankfachfrau und führte über seinen Mitarbeiter Hunziker Kurse über Fleischzerteilen und Trockenbeize ein. Er suchte sofort den Kontakt zur Abteilung Hauswirtschaft der steirischen Landwirtschaftskammer, was ihm keineswegs von Nachteil war. Unzählige Kurse wurden von den Nachfolgern Hunzikers, aber besonders von Anni Prettenthaler gehalten.

Herr Hunziker demonstriert den Hauswirtschaftsberaterinnen der Steiermark die „Schweizer" Methode der Fleischverwertung (um 1957).

Die bisher in den meisten Regionen der Steiermark übliche Nassbeize von Fleisch wurde nun seltener angewandt, aber nie ganz aufgegeben. Prettenthaler bereitete mit ihren Kursteilnehmern besondere Spezialitäten, die schließlich auch für die Direktvermarktung hergestellt wurden. Ihr Wissen und ihre Erfahrung gab sie auch in der von ihr verfassten Broschüre über Fleischverarbeitung mit Rezepten weiter.[111]

Kurse über Schlachten und Marktfertigmachen von Geflügel wurden von Annemarie Prettenthaler bald nach dem Krieg begonnen und bis Ende der 60er-Jahre von ihr durchgeführt. Nach der Pensionierung von Anni Prettenthaler führte kurze Zeit eine Meisterin der ländlichen Hauswirtschaft, Cäcilia Schönthaler, Fleischverwertungskurse durch. Von Herrn Huber wurden mehrere Kursleiter beschäftigt. Nach Schönthaler wurde vorerst der gelernte Fleischhauer Marcel Kropf von der Landwirtschaftskammer eingesetzt.

Ab Mitte der 80er-Jahre führte er ausschließlich in Eigenregie Fleischverwertungskurse durch. Wurden bisher vorwiegend nur Schweine verarbeitet, fanden unter ihm auch Rinderschlacht- und Verarbeitungskurse statt. Einen Vorschlag für Rinderschlachtkurse, vor allem Verarbeitungkurse für Rindfleisch, brachte eine Bezirksbäuerin anlässlich einer Beiratssitzung zu einer Zeit ein, was dazumal für leitende Persönlichkeiten noch nicht spruchreif war. Der weitblickende Hinweis wurde aber sehr bald als wichtig bestätigt. Erwähnenswert sind ebenfalls die Schafffleischkurse, vorerst in der gesamten Steiermark, dann speziell in den obersteirischen Bezirken.

---

[111] Gute Fleischspezialitäten. Hg. Kammer für Land- und Forstwirtschaft in Steiermark, Hamerlinggasse 3, Abt. Hauswirtschaft. Für den Inhalt verantwortlich: Annemarie Prettenthaler. 2. Aufl., o. J.

Nachbarschaftshilfe beim Marktfertigmachen von Geflügel in den frühen 50er-Jahren.

In Fleischverwertungskursen werden das sachgerechte Zerteilen des Schlachtgutes und die Herstellung von Spezialitäten vermittelt.

Teil 1: Landwirtschaftliche Hauswirtschaftsberatung in der Steiermark (1945–1995)

Die „Chefin", Frau Schulrat Kalin, überprüft sachkundig die Qualität der Produkte eines Fleischverwertungskurses (um 1957).

Musterhausgarten und Blumenschmuck

Nach dem Zweiten Weltkrieg betreute die Abteilung Hauswirtschaft mit ihren Beraterinnen die Sparte „Hausgarten". Fachlich bestand eine enge Zusammenarbeit mit der Abteilung Gartenbau. Die Erzeugnisse des Hausgartens sollten vor allem zur gesunden Ernährung beitragen. Um den Arbeitsaufwand für die Gartenarbeit zu verringern und die Arbeit zu erleichtern, wurde die Aktion „Musterhausgarten" eingeführt. Mit Beihilfen zur Anschaffung zweckmäßiger Gartengeräte und Sämereien wurden solche Objekte seit den 50er-Jahren gefördert. Zahlreiche Vorführungen von diversen arbeitssparenden Gartengeräten wurden durchgeführt. Die Bäuerin eines Musterhausgartens war verpflichtet, auch „neue" Gemüsearten zu kultivieren wie Schwarzwurzeln, Pastinak, Mangold, Sprossenkohl usw.

Mit dem Schrumpfen der Zahl an Verpflegspersonen und aus Gründen mangelnder Zeit wurden die Hausgärten nach und nach kleiner. Für viele Frauen bedeutet aber auch heute noch der Garten nicht nur Arbeit, sondern ist Bedürfnis, Hobby, Erholung vom Stress, einfach Freude am Wachsen, Gedeihen und Ernten.

Mein Garten wurde von der Bezirksbauernkammer durch die Beraterin, Ing. Schaffer, zum Mustergarten erklärt, davon gab es im Bezirk nur drei. Wir bekamen einige moderne Gartengeräte, Schläuche und einigen Samen gratis. Dafür mußten wir Bäuerinnen und die Landjugend den Garten besichtigen lassen und ihn für Kurse überlassen. Vom Ministerium aus Wien kam eine Jury zur Gartenbesichtigung. Es war im Frühjahr, und da noch nicht sehr viele Blumen wuchsen oder gar blühten, kaufte ich wegen des hohen Besuches mehrere blühende Salvien und setzte sie auf beiden Seiten des Gartenweges ein. Für den nächsten Nachmittag war die Kommission aus Wien und aus Graz angesagt, doch am Vormittag kam meine kleine Tochter Vroni strahlend, in den kleinen Händen all die blühenden Salvien haltend, zu mir ins Haus. „Weil ich dich lieb hab', Mutti!", offenbarte sie mir. Die Freude an der lieben Geste war doch größer als der Ärger wegen des verlorenen „schönen" Gartens.
C. H.

Nach dem Auslaufen der Aktion war es noch längere Zeit Aufgabe der Hauswirtschaftsberaterinnen, auf dem Gebiet des Hausgartens und zunehmend gebietsweise über den Blumenschmuck Beratungen durchzuführen. Die Blumenschmuckwettbewerbe waren und sind noch heute ein großer Ansporn für zahlreiche Bewerber, viel Zeit und Geld zu investieren zur „Verschönerung" von Hausfassaden und Vorgärten. Sie sind auch als Werbeträger für den Tourismus zu sehen.

Teil 1: Landwirtschaftliche Hauswirtschaftsberatung in der Steiermark (1945–1995)

Musterhausgarten bei Hafellner in Proleb (um 1960).

Bäuerinnen bei einer Vorführung der modernen Gartengeräte (um 1955).

Die Beraterin weist die Landjugendmädchen in das Schneiden der Ribiselsträucher ein (um 1950).

Das „Haus der Bäuerin"

Musterhaushalte, vom Bund finanziert, als Beispiel, an denen sich Bäuerinnen und Bauern vor Investitionen im eigenen Betrieb und Haushalt orientieren konnten, erschienen den verantwortlichen Ministerialräten im Landwirtschafts- und Finanzministerium nicht Erfolg versprechend. Die Idee mit dem „Haus der Bäuerin" wurde geboren. Finanziert wurde diese Einrichtung zur Gänze vom Bund aus ERP-Mitteln. Man wollte nicht in eine Bauernküche eine Musterausstattung investieren, da dies nur Neid hervorrufen würde[112], sondern in einem neutralen Gebäude eine Lehrküche mit Essplatz und einen Näh- und Vortragsraum einbauen. Diese Räume und deren Ausstattung wurden in jedem Bezirk eingerichtet. Hier fanden nun diverse hauswirtschaftliche Kurse statt, der Vortragsraum diente auch anderen Kammerveranstaltungen. Über diese Aktion konnten in der Steiermark 16 „Häuser der Bäuerin" eingerichtet und nach längerer Benützungszeit wieder erneuert und modernisiert werden. Darüber hinaus richtete die Landeskammer in vielen Gemeinden Beratungsstützpunkte ein. Sie wurden vom Land, von den Gemeinden und Schulen, oft in Pfarrheimen und Schulen errichtet und für Bäuerinnenkurse benutzt.

Diese Einrichtungen wurden in der Vergangenheit geschildert, doch gibt es sie großteils noch heute, wenn auch keine Mittel aus dem ERP-Topf für weitere Investitionen verfügbar sind. Sie dienen, sofern sie sich in den Bezirkskammern befinden, heute offiziell als „Sozialraum" und Raum für kleine Sitzungen.

Küche im „Haus der Bäuerin" am Raiffeisenhof um 1960.

---

112 Sektionschef Prof. ÖR DI Dr. R. Leopold, Agrarförderung im Wandel der Zeit. Wien 1978, S. 39.

Lehrberuf „Hauswirtschaft"

Mit der gesetzlichen Absicherung der Berufsausbildung in der ländlichen Hauswirtschaft wurde die Bedeutung des Haushaltes und der Haushaltsführung für die Familie und Gesellschaft auch von der Politik unterstrichen. Wie in allen Bildungsbereichen unterliegt auch die hauswirtschaftliche Bildung einem Wandel, der durch allgemeine gesellschaftliche, wirtschaftliche und kulturelle Entwicklungen und Bewertungen bestimmt wird. Ihre ursprüngliche Aufgabe als außerschulische Aus- und Weiterbildung hat durch den gesetzlich eingeführten erleichterten Zugang zum Gehilfenbrief für Fachschulabsolventen an Bedeutung verloren. Derzeit ist man bestrebt, Hauswirtschaft als einen Bereich zu betrachten, deren Aufgaben weitgehend durch außerhäusliche Dienstleistungen entlastet wird. Dies hat eine Abkehr von überlieferten Ausbildungsstrukturen, Ausbildungsinhalten und -methoden zur Folge. Mit dem Aufgabenbereich der Berufsausbildung in der ländlichen Hauswirtschaft war in der Landeskammer Steiermark über eine lange Zeit neben anderen Aufgaben Dipl.-Ing. Ludmilla Weihs betraut.

Hauswirtschaftslehre

Nach dem Zweiten Weltkrieg wurde die Berufsausbildung in der Landwirtschaft und im ländlichen Haushalt wieder aufgenommen. Die Lehre der ländlichen Hauswirtschaft wurde, mit einigen formalen Änderungen gegenüber der Lehrlingsausbildung im „Dritten Reich", vorerst nur auf anerkannten Lehrhöfen, später ein Jahr als Heimlehrling, geleistet. Viele von den anerkannten Lehrhöfen waren meist schon in der NS-Zeit Lehrbetriebe. Allerdings gab es nach dem Krieg bald mehr Lehrhöfe als Lehrlinge, und dabei hatten größere Betriebe gewöhnlich mehrere Lehrlinge zur gleichen Zeit.

Die meisten „Lehrfrauen" entsprachen den fachlichen Anforderungen; ausschlaggebend für die Anerkennung war außer der Tüchtigkeit der Bäuerin manchmal aber auch nur die Funktion des Mannes in der Öffentlichkeit – dies war jedoch nicht die Regel. Es war gesetzlich verpönt, doch praktisch kam es vereinzelt vor, dass Lehrbetriebe den Haushaltslehrling vorwiegend nur zu Hilfsarbeiten im Betrieb einteilten und Mädchen womöglich auch noch vom Lehrherrn sittlich belästigt wurden. Schwarze Schafe gab es ab und zu auch hier. Für die kontrollierende Beraterin war es oft sehr schwer oder unmöglich, solche Begebenheiten zu eruieren und wenn, in solchen Fällen zu reklamieren. Welche weibliche Beratungskraft legt sich schon gerne (allenfalls) mit einem Kammerfunktionär an.

Haushaltslehrlinge, die auf einem fachlich und menschlich gut geführten Lehrbetrieb ihre Lehre absolvieren konnten, körperlich nicht überfordert wurden, Familienanschluss hatten, waren ihrer Lehrfrau auch nach der Lehre noch dankbar verbunden, einige blieben sogar freiwillig noch ein Jahr länger auf diesem Lehrbetrieb.

Die Bezirkskammer war der Meinung, daß ich als Lehrfrau geeignet sei. Ich hatte Hauswirtschaftslehrlinge aus verschiedenen Gebieten. Ein Mädchen trat ihre Lehre bei mir mit einer Puppe an …! Es war noch ein ganzes Kind, das noch einer mütterlichen Fürsorge bedurfte. Ihre Lieblingsbeschäftigung war, mit den Kindern zu spielen, worüber ich auch froh war. Mit den meisten Lehrlingen gab es ein gutes Verhältnis, manche blieben uns noch lange nach der Lehre verbunden. C. H.

Für das weibliche Lehrlingswesen in der Landeskammer war in erster Instanz die Leiterin der Abteilung Hauswirtschaft zuständig, die Beraterinnen für die Betreuung der Lehrlinge und Lehrhöfe. 1945/46 waren auf 144 Lehrstellen 91 Hauswirtschaftslehrlinge. Von diesen stammten 71 % aus der Landwirtschaft und 29 % von Eltern mit anderen Berufen.[113] Es wurde um Lehrlinge aus nichtlandwirtschaftlichen Familien geworben. Der Eintritt in die Lehre erfolgte ab dem vollendeten 14. Lebensjahr bzw. nach dem Schulaustritt und dauert zwei Jahre. Nach Einführung der Heimlehre musste mindestens ein Jahr davon auf einem Fremd-Lehrhof absolviert werden, wenn der elterliche Betrieb nicht als Lehrbetrieb anerkannt war.

Nach Abschluss eines Lehrvertrages galten die ersten acht Wochen als Probezeit, nach der allenfalls der Vertrag wieder gelöst werden konnte. Die Lehrfrauen wurden besonders darauf aufmerksam gemacht, dass Lehrherren und Lehrfrauen die Aufgabe eines Lehrbetriebes erkennen und anerkennen und den Lehrling nicht als Ersatz für eine Arbeitskraft sehen sollten.[114] Der Lehrling sollte eine Fortbildungsschule und auch andere fachliche Kurse der Kammer besuchen können. Nach Abschluss der Lehre sollte es dem Lehrling möglich gemacht werden, eine hauswirtschaftliche Fachschule zu besuchen.

Im Jahre 1949 wurde in der Landeskammer die Abteilung „Landwirtschaftliche Bildung und Aufklärung" nach dem Landesgesetz vom 8. 6. 1949 – Ausführungsgesetz zum Bundesgesetz vom 2. 6. 1948 – eingeführt.[115] Sie hatte nun die administrativen Aufgaben der Lehrlingsausbildung wahrzunehmen[116], die fachlich-organisatorischen Angelegenheiten der Hauswirtschaftslehrlinge blieben bei der Abteilung Hauswirtschaft. Lehrfahrten für die Lehrlinge und für die Teilnehmer der Kammerfachkurse wurden von der landwirtschaftlichen Haushaltsberaterin durchgeführt.[117]

---

113 TB 1949, S. 361.
114 Ebd., S. 107.
115 Gemäß § 105, Abs. (2) der Steiermärkischen Landarbeitsordnung, Ausführungsgesetz zum Bundesgesetz vom 2. Juni 1948; Konstituierung am 17. Mai 1950, in: TB 1947, S. 211 und 1952/53, S. 140.
116 TB 1949, S. 208f.
117 TB 1947, S. 361f.
118 LGBl Nr. 46/1949.

Im § 105 der Steiermärkischen Landarbeitsordnung (1949)[118] wurde der Landeskammer für Land- und Forstwirtschaft die Errichtung und Führung einer Land- und Forstwirtschaftlichen Lehrlings- und Fachausbildungsstelle vorgeschrieben, deren Geschäfte von einem paritätischen Beirat und einer Geschäftsführung zu erledigen waren. Die Konstituierung des ersten Beirates fand am 17. 5. 1951 statt. Nunmehr war eine gelenkte Berufsausbildung der auf dem Lande tätigen Jugend möglich. Erstmals fanden 1954/55 internatsmäßige Schulungen für Hauswirtschaftslehrlinge zu je sechs Tagen pro Jahr gemäß der Steiermärkischen land- und forstwirtschaftlichen Berufsausbildungsordnung § 10 statt. 1954 nahmen 431 Hauswirtschaftslehrlinge, 1954/55 564 Lehrlinge an diesen Schulungen teil.[119]

Die Aufgabe der Hauswirtschaftsberaterin war für die ordnungsgemäße Ausstellung der Lehrverträge zu sorgen und die Lehrlinge während ihrer Lehrzeit auf dem Lehrhof aufzusuchen und nach dem Rechten zu sehen. Sie hatten die Lehrlingsschulungen zu organisieren und durchzuführen sowie die Vorbereitung und organisatorische Durchführung der hauswirtschaftlichen Gehilfenprüfung im zuständigen Bezirk zu treffen. Als Prüferinnen wirkten neben den Beraterinnen besonders tüchtige Bäuerinnen, meist selbst Lehrfrauen; Prüfungsvorsitzende war meist die Leiterin der Abteilung Hauswirtschaft oder deren Stellvertreterin. Die Prüfungen fanden in der Regel auf einem anerkannten Lehrbetrieb statt.

Im Jahre 1947 waren 91 Hauswirtschaftslehrlinge gemeldet, 1958 legten von 299 gemeldeten 151 Lehrlinge und 24 Bewerberinnen nach § 11[120] die Gehilfenprüfung ab. 1959 waren 534 Lehrlinge gemeldet, davon wurden 235 nach der Lehrzeit und 59 Bewerberinnen nach §11 in insgesamt 53 Prüfungen geprüft. Da mit August 1957 die Übergangsfristen zur land- und forstwirtschaftlichen Berufsausbildungsordnung abgelaufen waren, wurden im Jahre 1958 noch die anhängigen Verfahren zu Ende geführt. Nach dem endgültigen Abschluss dieser Verfahren konnten durch die Landeskammer Berufstitel vergeben werden, und zwar an 35 „ländliche Wirtschafterinnen" (Meisterinnen) und neun „ländliche Hauswirtschaftsgehilfinnen".[121]

Bis 1967 galt die bisherige Ausbildungsordnung für die land- und forstwirtschaftlichen Berufe inklusive ländliche Hauswirtschaft mit zwei Jahren Lehrzeit, Besuch von Kammerfachkursen, Fortbildungsschulen und verpflichtend die Lehrlingsschulung sowie die Ablegung der Gehilfinnenprüfung. Ab 1964 entfiel die Zulassung zur Gehilfinnenprüfung nach § 11 der Berufsausbildungsordnung (Mindestalter 18 Jahre und mindestens vier Jahre Praxis in der Landwirtschaft).

---

119 TB 1954/55, S. 159.
120 Nach § 11, Übergangsbestimmungen der Berufsausbildungsordnung, konnten Kandidatinnen, die das 18. Lebensjahr vollendet und eine vierjährige Praxis in der Landwirtschaft nachweisen konnten, die Gehilfinnenprüfung ablegen.
121 Die Übergangsbestimmungen zur Verleihung von Berufstitel in der Land- und Forstwirtschaft sind im August 1957 abgelaufen.

Daten zur Lehrlingsausbildung:
- 1945/46 – 91 Hauswirtschaftslehrlinge und 144 Lehrstellen ohne gesetzliche Grundlage.
- 1947 – 91 gemeldete Hauswirtschaftslehrlinge.
- 1949 – Einführung der Lehrlings- und Fachausbildungsstelle des Landes, zuständig in der Landeskammer, Abt. Bildung und Aufklärung gemäß Stmk. Landarbeitsordnung (LAO) § 105, Abs. 2 – konstituierende Sitzung 17. 5. 1950.[122]
- 1952 beschloss der Nationalrat das Bundesgesetz betreffend die Grundsätze für die Berufsausbildung der Arbeiter in der Land- und Forstwirtschaft – BGBl. 177/1952. Dem schließt sich das Steiermärkische Landesgesetz vom Mai 1954 (LGBl. 32/1954) an. Dies erweitert den Aufgabenkreis der Lehrlings- und Fachausbildungsstelle.
- Berufsschulpflicht besteht seit 1962 für Bauernkinder, die nach ihrer Pflichtschulentlassung in keiner anderen Berufsausbildung stehen.[123]
- 1967 – Novelle zur Stmk. Landarbeitsordnung und des Stmk. land- und forstwirtschaftlichen Berufsausbildungsgesetzes vom 15. 12. 1967 – rd. 85 % der Hauswirtschaftslehrlinge sind in Heimlehre.
- Nach dem Berufsausbildungsgesetz, Ausführungsgesetz des Landes Steiermark vom 15. 12. 1967, wurde die Lehrzeit auf drei Jahre angehoben.

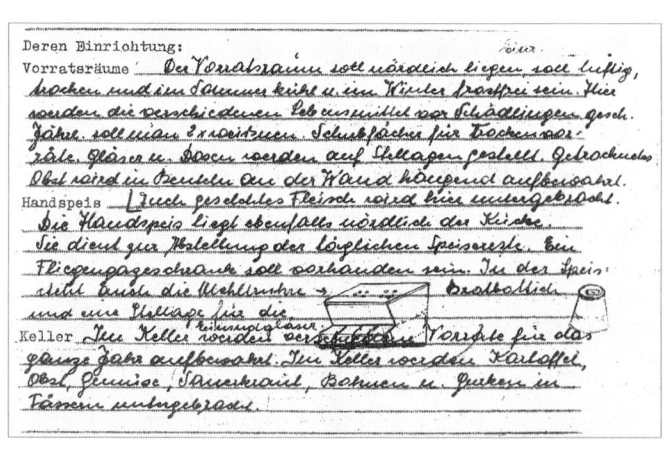

Links: Der Haushaltslehrling hatte außer einem Tagebuch auch ein Arbeitsheft zu führen. In diesem waren betriebliche Daten des Lehrhofes und bestimmte Arbeiten zu beschreiben. Sehr aufschlussreich ist die Beschreibung der Arbeits- und Wohnräume, Arbeitsgeräte und Maschinen, Rezepte, besondere Vorkommnisse wie Brauchtum, Alltagsleben u. a. m.
Rechts: Ausschnitt aus dem Arbeitsheft des Hauswirtschaftslehrlings Christine Moisi 1947/48.

---

122 TB 1950/51, S. 196f.
123 TB 1968/69, S. 156.
124 TB 1968/69, S. 147.
125 TB 1968/69, S. 165.

- Berufsschulgesetz 1968: Nach diesem Schulgesetz sind alle hauptberuflich in der Land- und Forstwirtschaft tätigen Jugendlichen bis zum vollendeten 18. Lebensjahr berufsschulpflichtig, wobei das Land Steiermark Träger des Schulwesens ist.[124]

Nach diesem Gesetz ist die Lehre mit Ablegung der Gehilfenprüfung nicht mehr nötig, wenn der Lehrling eine landwirtschaftliche Fachschule, Fachrichtung Hauswirtschaft, besucht.[125] Dies führte zu gravierendem Rückgang im Lehrlingswesen.

Anerkannte Lehrbetriebe für Lehrlinge der ländlichen Hauswirtschaft waren großteils aufgrund der Betriebsgrößen in der Obersteiermark gelegen. Betriebe in der übrigen Steiermark waren meist kleiner. Sie zeichneten sich dann als Lehrbetrieb aus, wenn sie überragend gut geführt waren. Mit der Zulassung zur Heimlehre stieg allerdings die Zahl der Heimlehrbetriebe stark an. Der Lehrling musste ein Arbeitstagebuch führen, das sowohl von der Lehrfrau als auch von der Wirtschaftsberaterin zu kontrollieren war.

Lehrbetriebe[126]

Bezirk	1963 Fremdlehrbetriebe	1969 Provisorisch anerkannte Betriebe	Heimlehrbetriebe
Bruck	6	6	16
Deutschlandsberg	4	5	62
Feldbach	3	11	13
Fürstenfeld	2	6	22
Graz-Umgeb.	7	10	30
Hartberg	6	5	103
Judenburg	14	15	17
Knittelfeld	6	6	11
Leibnitz	6	5	54
Leoben	14	14	4
Liezen	38	46	70
Murau	33	43	51
Mürzzuschlag	9	12	7
Radkersburg	2	4	?
Voitsberg	3	1	10
Weiz	6	8	51

Lehrlingsstatistik 1960–1963

Jahr	Lehrlinge gesamt	davon Heimlehre	nach § 11	Gehilfenbriefe	Zahl der Prüfungen
1960	385	162	62	258	59
1961	216	52	51	210	41
1962	582	173	41	172	42
1963	750	353	47	132	31

126 Auswertung der Daten in den Tätigkeitsberichten der Lehrlings- und Fachausbildungsstelle.

Lehrlingsstatistik 1964–1980

Jahr	Lehrlinge gesamt	Gehilfenbriefe gesamt	davon nach § 10	nach § 17	Zahl der Prüfungen	Bemerkungen
1964	712	244	?		30	
1965	612	241			28	
1966	621	242			34	19 Lehrlingsschulungen. 159 Fremdlehrbetriebe
1967	455	478			42	
1968	658	66	7	8	11	
1969	595	51	29	8	5	197 Fremdlehrbetriebe, 505 Heimlehrbetriebe
1970	715	106	99		3	Gesetzlich vorgeschrieben 3 Jahre Lehrzeit
1971	739	94			3	
1972	625	125	81		3	
1973	501	125	81		2	Ab nun 1–2 Lehrlingsschulungen (nur Raiffeisenhof)
1974	283	103	64		2	88 % d. Lehrverträge im elterlichen Betrieb
1975	183	95	57		2	
1976	105	99	62	2	1	
1977	54	47	23	2	1	
1978	43	43	31	2	1	
1979	?	?	?	?	?	
1980	36	44	34	4	-	

Im Jahr 1980 gab es noch drei Lehranzeigen und drei Lehrverträge. Eine Gehilfenprüfung war für Fachschulabsolventinnen nicht mehr erforderlich; der Gehilfenbrief konnte nun von den Absolventinnen bei der Lehrlings- und Fachausbildungsstelle der Landeskammer für Land- und Forstwirtschaft angefordert werden. Diese Änderung hatte zur Folge, dass die Berufsausbildung über die Lehre in der Praxis in kurzer Zeit zurückging und die Lehre schließlich vorwiegend bzw. nur noch von „Schulverweigerern" absolviert wurde.[127] Von dieser Entwicklung sind auch die Lehrlingsschulungen betroffen. Wurden sie früher in den Bezirken durchgeführt, finden diese mit der Änderung der Prüfungsordnung für Lehrlinge nur noch zentral, und zwar am Raiffeisenhof, einmal pro Jahr bzw. jedes zweite Jahr statt. Die einst so wichtige Aufgabe der Beraterinnen, Lehrhöfe und Lehrlinge zu betreuen, gibt es nicht mehr.

---

127 Mitteilung des Leiters der Lehrlings- und Fachausbildungsstelle.

Auf größeren Lehrhöfen gab es mehrere Lehrlinge. Hier führt die Lehrfrau Zeiler, vlg. Schirlhof, Kurzheim, die Lehrlinge in die Handhabung von Küchenmaschinen ein.

Es ist kein Meister vom Himmel gefallen – Ausbildung zur Meisterin der ländlichen Hauswirtschaft

Im Jahre 1957 führte die Lehrlings- und Fachausbildungsstelle die Ausbildung zum Landwirtschaftsmeister ein, 1958 veranstaltete die Abteilung Hauswirtschaft insgesamt vier Vorbereitungslehrgänge für die Prüfung zur Meisterin der ländlichen Hauswirtschaft (Wirtschafterinnenprüfung). Diese Lehrgänge dauerten jeweils vier Wochen, an denen in diesem Jahr 40 Kandidatinnen teilnahmen. Im Jahre 1958 bestanden sechs und im Jahre 1959 18 Frauen die Prüfung. Sie erhielten die Berufsbezeichnung „Meisterin der ländlichen Hauswirtschaft (geprüfte Wirtschafterin)".[128] Meisterinnenprüfungen fanden jeweils im Frühjahr und im Herbst statt. Mit der Aufgabe, den Lehrplan für die Meisterkurse auszuarbeiten und die Kurse zu organisieren und zu leiten wurde die Referentin in der Abteilung Hauswirtschaft der Landwirtschaftskammer, Dipl.-Ing. Ludmilla Weihs, betraut. Sie leitete die Meisterinnenkurse bis 1972 und war nach Dr. Bayer Vorsitzende der Prüfungskommission. Von 1972 bis

---

128 TB 1958 und 1959, S. 185.

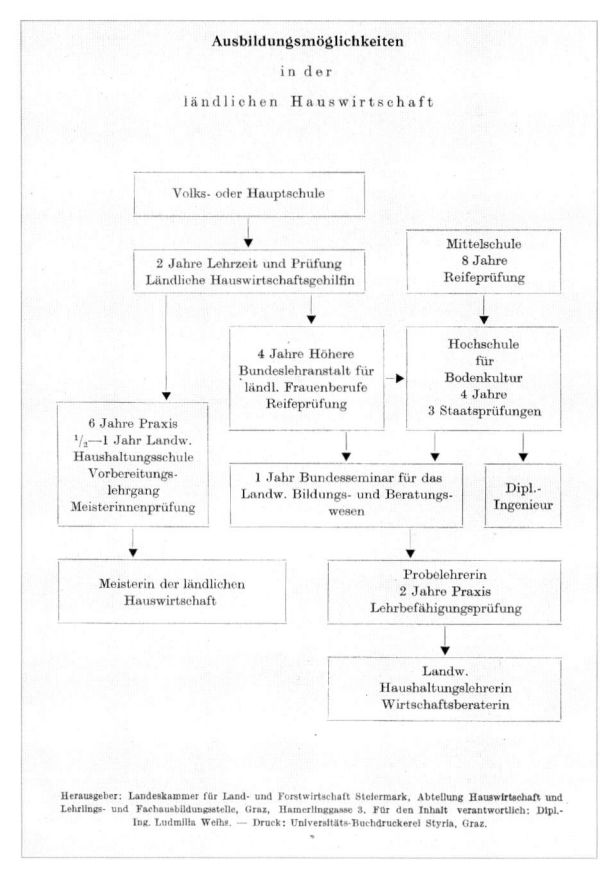

Ausbildungsplan in der ländlichen Hauswirtschaft, erstellt ca. 1962.

1986 oblag die Organisation und Leitung der Meisterinnenkurse und schließlich auch der Vorsitz bei den Meisterprüfungen bei Ing. Schafhuber. Danach übernahm die Leiterin der Abteilung, Maria Leßlhumer (Ende der 80er-, Anfang 90er-Jahre Magistra und Doktor der Erziehungswissenschaften) den Vorsitz.

Von 1958 bis 1960 hatten 47 Kandidatinnen die Meisterinnenprüfung abgelegt. Meisterinnenkurse wurden in diesem Zeitabschnitt in jährlich zwei Gruppen zu je vier zusammenhängenden Wochen durchgeführt, die allgemeinen und ein Teil der landwirtschaftlichen Fächer fanden gemeinsam mit den Landwirtschafts-Meisterkandidaten statt. Die Kandidatinnen hatten bis 1972 das Haushaltsbuch zu führen, eine Hausarbeit und im Rahmen der Schlussprüfung eine Klausurarbeit zu verfassen. Die theoretischen Prüfungen wurden in den Fächern, die gemeinsam mit den männlichen Meisteranwärtern unterrichtet wurden, noch während der Kurszeit abgelegt, die der hauswirtschaftlichen Gegenstände im Rahmen der dreitägigen Schlussprüfung. Den größten Umfang der Prüfungen machten die praktischen Arbeiten aus, zu denen der Kandidatin zwei Lehrlinge zur Unterweisung zur Verfügung gestellt wurden. Beurteilt wurde neben dem praktischen Können die methodische Einführung der Lehrlinge und die Arbeitsorganisation. Die praktische Prüfung umfasste die Fachbereiche Kochen und Vorratshaltung, Haus- und Wäschepflege, Servieren, Nähen, Gartenbau und Blumenpflege, Säuglingspflege (mit Babypuppe) und Erste Hilfe. Während der drei Tage war auch eine Klausurarbeit zu schreiben.

---

129 Ausbildungskonzept nach D. Schafhuber.

Die Arbeitssituation im eigenen Haushalt und Betrieb wird anhand der laufenden Aufzeichnungen schließlich auch grafisch dargestellt, um der Familie daheim das Ergebnis anschaulich zu vermitteln. Für die vielen Rechenaufgaben gab es damals nur Taschenrechner. Die ersten wurden von der Kammer für die Meisterinnenkurse angeschafft – dies war ein Novum in dieser Zeit (1973).

1970 wurden Vorschläge zur Aktualisierung des Ausbildungsplanes eingeholt. Ein Vorschlag hatte u. a. die Einführung der Haushaltsanalyse, deren Auswertung und das Ergebnis als Grundlage für das Hausarbeitsthema zum Inhalt.[129] Dieser Vorschlag fand die Zustimmung des Entscheidungskomitees. Die Einführung der Haushaltsanalyse in die Ausbildung zur Meisterin mit den Erhebungen im eigenen Betrieb bzw. Haushalt über ein Wirtschaftsjahr erforderte eine geänderte Organisation der Ausbildung. Die Kurse wurden in drei, dann in vier Kursabschnitte (heute „Module") verteilt auf 1 1/4 Jahre, eingeteilt. Im ersten, einwöchigen Kurs zu Jahresbeginn erfolgte die Einführung in das Haushaltsbuch und die Arbeitsaufwandsermittlung der weiblichen Arbeitskräfte in Haushalt und Betrieb. Nach einem vollen Wirtschaftsjahr wurden die Aufzeichnungen ausgewertet und die Haushalts- und Betriebsabschlüsse (Haushaltsüberschlag) erstellt. Anfangs standen weiterhin nur insgesamt vier Wochen Ausbildungszeit zur Verfügung, doch musste die Kurszeit auf sechs, dann sieben Wochen erweitert werden.

Die Einführung der Haushaltsanalyse in die Meisterinnenausbildung bedurfte einer gewissenhaften Vorbereitung, da in der Steiermark noch keine Erfahrung mit dieser Methode im Kurssystem für Meisterkandidatinnen vorlag. Die Kursleiterin führte ein Jahr zuvor auf mehreren bäuerlichen Betrieben unterschiedlicher Struktur und in

Meisterinnenkurs – Auswertung der Haushaltsanalyse (1980).

verschiedenen Gebieten praktisch Haushaltsanalysen durch. Dadurch war es leichter möglich, über die theoretischen Grundlagen hinaus, regionale und strukturelle Unterschiede der Betriebe berücksichtigen zu können bei der Begleitung der Kandidatinnen bei ihren Erhebungen der vielfältigen Situationen. Theoretische, auf Kennzahlen aufgebaute Modelle allein sagen zu wenig über die tatsächliche Situation aus. Aufgrund der nun gesammelten Erfahrung wurde ein Durchführungskonzept für die Lehrplangestaltung und den Unterricht im Meisterinnenkurs entwickelt. Es konnte schon der erste Jahrgang nach dem neuen Modell trotz hoher Teilnehmerzahl planmäßig und erfolgreich durchgeführt werden.

Im praktischen Unterricht wurde die Methode der Arbeitsunterweisung nach REFA[130] eingeführt. Sie dient der effizienten Vermittlung von Arbeitstechniken an Haushaltsmitglieder oder Mitarbeiter. Neue wissenschaftliche Erkenntnisse und Methoden auf dem Gebiet des Haushalts, z. B. der „Organisatorische Rahmenplan" flossen in die Vermittlung für Praktiker ein. Im betriebswirtschaftlichen Bereich wurde die damals entwickelte neue Methode der Investitions- und Finanzierungsplanung in den Lehrplan aufgenommen. Mit dieser und einer erprobten Methode der Kostenrechnung im Haushalt wurden die Kosten der Technik im Haushalt, die Kosten für die Selbstherstellung und den Zukauf von Produkten im Vergleich, die Wirtschaftlichkeit der Einkommensbereiche Urlaub am Bauernhof, Buschenschank und Direktvermarktung ermittelt. Die neue Organisation und die inhaltliche Gestaltung des Lehrplanes in der Meisterinnenausbildung berücksichtigten neue Erkenntnisse und Me-

---

130 REFA – als Reichsausschuss für Arbeitszeitermittlung gegründet, seit 1974 REFA – Verband für Arbeitsstudien und Betriebsorganisation e. V.

Die erste mündliche Meisterinnenprüfung wurde von einer Kommission abgenommen (1958).

Praktische Kochprüfung in den 60er-Jahren. Die Meisterkandidatin hat den Lehrling in die Arbeiten einzuführen (1960).

Die Meisterkandidatinnen werden in die hauswirtschaftliche Betriebswirtschaft eingeführt (70er-Jahre).

Praktischer Unterricht im Meisterinnenkurs: Arbeitsunterweisung nach REFA – Herrenhemdenbügeln (1977).

thoden auf dem Gebiet der wissenschaftlichen Durchleuchtung des Haushaltes und der Hauswirtschaft. Das Ziel war, der Kandidatin zu ermöglichen, die eigene Situation in Haushalt und Betrieb (Aufwandszahlen) zu erfassen und mit den Ergebnissen anderer Haushalte und den Richtwerten (Bedarfszahlen) zu vergleichen und so selbständig und möglichst objektiv das eigene Ergebnis zu beurteilen. In den meisten Fällen zeigte das Ergebnis einer über ein Jahr geführten Haushaltsanalyse ein Problem des Betriebes, entweder auf dem Gebiet der Geldwirtschaft, der Arbeitswirtschaft oder beiden, auf. Das Hausarbeitsthema wählte die Kandidatin in Absprache mit der Kursleiterin aufgrund des Analyseergebnisses.

Im Meisterinnenkurs am Raiffeisenhof wirkte in den 70er-Jahren einige Male Anna Wallner vom Bundesseminar, Dipl.-Ing. und Professorin, mit. Sie konnte Erfahrungen mit Haushaltsanalysen der Meisterkandidatinnen sammeln und behob allfällige Fehler in den Auswertungen der Aufzeichnungen (1975).

Ein Großteil der Meisteranwärterinnen konnte ihre Planung auch realisieren. KandidatInnen, für die kein Familienhaushalt zur Analyse verfügbar war, da sie in einem Großhaushalt arbeiteten, erhielten eine spezielle Einführung in die Erhebung der Ist-Situation und die Planungsmethoden eines Großhaushaltes. Auf die Anwendung der in den Kursabschnitten erworbenen Kenntnisse über Haushaltsorganisation und Haushaltsplanung unter Berücksichtigung der betrieblichen und familiären Gegebenheiten wurde speziell in den Hausarbeiten der Prüfungskandidatinnen besonderer Wert gelegt. Es sollte jede Meisterin motiviert und befähigt sein, bei veränderter Situation die bestmögliche organisatorische und wirtschaftliche Lösung unter Berücksichtigung der Bedürfnisse der Haushaltsmitglieder sicher und richtig zu ermitteln. Sie sollte einen realistisch durchführbaren Plan zur Verbesserung der Situation ausarbeiten.

Volle Konzentration bei der schriftlichen Meisterprüfung (1984).

Der theoretische Unterricht umfasste alle Bereiche der Hauswirtschaft inklusive Haushaltsführung und Ernährung, die Landwirtschaft, ferner Rechtskunde, Steuer, Marktwirtschaft u. a. m. Der Unterricht im Meisterinnenkurs baute auf den Fachschul-Lehrstoff auf.

Statistik der Meisterinnenkurse und -prüfungen von 1960 bis 1990[131]

Jahr	Zahl der Vorbereitungskurse	Zahl der Kandidatinnen	Zahl der bestandenen Prüfungen	Bemerkungen
1957		6	6	Laut Statistik der LFA
1958		10		w. o.
1959		16		w. o.
1960	2	21	19	Jährlich 2–4 Gruppen zu je 4 Wochen, Kurse teilweise gemeinsam mit Landwirtschaftsmeister
1961		29	27	
1962	2	23	23	w. o.
1963	2	29	29	w. o.
1964	2	29	29	w. o.
1965	2	37	25	w. o.
1966	2	33	26	w. o.
1967	2	36	35	w. o.
1968	2	34	34	w. o.
1969	2	39	35	w. o.
1970	2	40	45	Bis 1970 4-wöch. Kurse. Die genaue Zahl der abgelegten Prüfungen kann nicht mehr sicher festgestellt werden, da die Meisterinnenakten dieser Periode nach 1986 vernichtet wurden
1971	2	64*	45	Neuorganis. mit Haushaltsanalyse
1972	3	18	18	4 Woch., 3 Kursabschnitte. Umstellung auf Haushaltsanalyse
1973	3	33	32	Mit Haushaltsanalyse. 4 Wochen, 3 Kursabschnitte
1974	3	27	21	w. o.
1975	3	21	21	5 Wochen, 3 Kursabschnitte.
1976	3	19	19	7 Wochen, 3 Kursabschnitte.
1977	3	24	24	7 Wochen, 3 Kursabschnitte.
1978	3	30	22	w. o.
1979	3	20	20	w. o.
1980	3	28	28	w. o.
1981	3	22	22	w. o.
1982	3	18	18	w. o.
1983	3	16	16	w. o.
1984	3	18	18	w. o.
1985	4	23	23	8 Wochen Ausbild., 4 Abschnitte
1986	4	32	32	Ab Herbst Maria Leßlhumer neue Kursleit. u. Vorsitzende der Prüfung
1987	?	21	21	Laut Statistik der LFA
1988	?	28	28	1 1/2 Jahre Ausbildungsdauer
1989	5	18	18	2 Jahre Ausbildungsdauer
1990	?	?	1	Laut Statistik der LFA

* Durch die Umstellung der Ausbildung auf Haushaltsanalyse wurden von der Lehrlings- und Fachausbildungsstelle die Zahl der Prüfungsanwärterinnen nach der alten Version und jene mit der Ausbildung nach der neuen Version im selben Jahr beginnenden Kandidatinnen addiert.

131 Aus Tätigkeitsberichten der Lehrlings- und Fachausbildungsstelle.

Exkursion im Rahmen der Meisterinnenausbildung zu Bauernhöfen unterschiedlicher Betriebsarten (1980).

Strukturell bedingt verringerte sich auch die Zahl der Meister-Anwärterinnen insgesamt, doch absolvierten vor allem Hofübernehmerinnen und Bäuerinnen von Spezialbetrieben zusätzlich noch die Ausbildung in einer anderen Sparte, z. B. im Obstbau oder in der Landwirtschaft. Ein Teil der Meisterinnen ist Hofübernehmerin und künftige Betriebsführerin – in der Steiermark auffallend häufig.

Die Aufgabe der Kammer liegt derzeit in der außerschulischen Berufsausbildung bei der Ausbildung von Meisterinnen der ländlichen Hauswirtschaft. In der zweiten Hälfte der achtziger Jahre und ersten Hälfte der neunziger Jahre wurden die Kurseinteilung und die Lehrpläne zur Meisterinnenausbildung einige Male geändert. Nun erleichtern auch EDV-Programme die Durchführung der Buchhaltung. In den letzten Jahren wurde die schulungsmäßige Ausbildung zur Meisterin der ländlichen Hauswirtschaft in der Steiermark auch den anderen Bundesländern angeboten. Da die Zahl der Anwärterinnen ständig sinkt, beginnt ein neuer Meisterkurs in der Steiermark erst jedes zweite Jahr. In den letzten Jahren absolvierten 12–16 Teilnehmerinnen den Meisterinnenkurs. Die Ausbildung erfolgt in zwei Modulen, wovon jede Teilnehmerin ein Modul absolvieren muss, aber auch beide absolvieren kann, wovon der Großteil Gebrauch macht.[132]

---

132 Telefon. Interview mit Ing. Eva Lipp, Vorsitzende der Meisterinnenausbildung, am 1. 3. 2004.

Landjugend

Im Jahre 1949 wurde der „Bund Steirischer Landjugend" gegründet. Die bäuerliche Jugend sollte in Ortsgruppen fachlich und kulturell aktiv sein, das Gemeinschaftsleben pflegen und durch spezielle Aufgaben und Wettkämpfe ihre Tüchtigkeit beweisen können. Als „Modell" für diese Organisation stand bei der Gründung der „4-H-Club"[133] in den USA Pate. Die Beraterinnen in den Bezirken betreuten die weibliche Landjugend. Zu Beginn der 50er-Jahre kam es zu Gründungen von Ortsgruppen. In Mitarbeiterinnenschulungen hatten die Leiterinnen der Ortsgruppen und ihre Stellvertreterinnen Gelegenheit, allgemeinbildende Vorträge zu besuchen, z. B. klassische oder Volksmusik zu hören, zu singen, Anregungen zu diversen Gemeinschaftsarbeiten in der Ortsgruppe zu erhalten, sich fachlich weiterzubilden usw. Der Bildungshunger war unter den Mädchen enorm. Der Großteil der intelligenten Bauernmädchen hatte damals keine Chance, eine Mittelschule oder sonstige höhere Schule zu besuchen. Sie waren besonders wissbegierig – zur Freude der Beraterinnen.

Als Mitglieder der Landjugend verrichteten die Mädchen Einzelaufgaben, die von der Beraterin nach Punkten bewertet werden mussten. Die Punktezahl war eine der Grundlagen zur Erreichung des Landjugend-Abzeichens in Bronze; an besonders rührige Mitglieder wurde diese Nadel auch in Silber verliehen. Jede Ortsgruppe leistete auch eine Gemeinschaftsarbeit – heute würde man von „Projekten" sprechen. Ein Mal im Jahr traten die Mädchen zu einem Wettbewerb in ihrer Ortsgruppe an. Die Beraterin gab die Aufgaben vor. Die Besten wurden zum Bezirksentscheid eingeladen, und die Siegerinnen dieses Bewerbes durften zum Landesentscheid antreten. Jede Ortsgruppe hielt jährlich ihre Jahreshauptversammlung ab, wozu auch die Beratungskräfte des Bezirkes geladen waren. In Bezirken mit vielen Ortsgruppen, z. B. im Bezirk Murau in der zweiten Hälfte der 50er-Jahre, war die Beraterin vom Herbst bis zum Frühjahr an vielen Sonntagen im Dienst.

Als das LFI gegründet wurde, wurden strukturelle Änderungen der Betreuung durch Beratungskräfte vorgenommen. Eine Beratungskraft des Bezirkes, ob männlich oder weiblich, wurde mit der Betreuung der Landjugend beauftragt.

---

133 4 H-Club: „Head, Heart, Hands, Home".

Die Fachbereiche der Hauswirtschaftsberatung

Rationalisierung des Haushalts und Verbesserung der Wohnsituation

Mit dem neuen Referat für Haushaltstechnik in der Abteilung Hauswirtschaft der Landeskammer kamen die umfangreichen, aktuellen Themen „Rationalisierung der Hausarbeit" und „Technik im Haushalt" ab 1949 in den Kurskalender. In der Einzelberatung und bei Kursen wurde besonderes Gewicht auf die Haushaltstechnik, Arbeitserleichterungen und die Schädlingsbekämpfung gelegt. Eine Rationalisierung des Haushaltes beginnt im Kopf. Arbeitsplanung und Arbeitseinteilung waren Themen in Kurzkursen und bei Bäuerinnenversammlungen. Für bauliche und technische Verbesserungen im Bauernhaus wurden Anträge auf finanzielle Hilfen gestellt. Die Erhebung und Weiterleitung der Anträge auf dem Gebiet des Beihilfen- und Kreditvergabewesens für Investitionen im Haus und der Wasserversorgung eines Betriebes lagen in den Händen der Hauswirtschaftsberaterinnen. In den 50er-Jahren bekamen viele Bauern erst eine Wasserleitung. Fließwasser im Haus war der erste Schritt zur Verbesserung der häuslichen Situation. Danach wurden Verbesserungen von Anlagen und entsprechende Abwasserentsorgung im Zusammenhang mit der Errichtung von Sanitärräumen gefördert. So manche Gebiete waren noch zu elektrifizieren. Mit Beihilfen und Agrarinvestitionskrediten für den Haushalt konnten Haushaltsmaschinen und -geräte angeschafft werden.

Für die Hauswirtschaftsberaterinnen erwies sich nun als eine der wichtigsten Maßnahmen die Beratung und Bearbeitung der Förderungsansuchen. Es gab Beihilfen vom Land für förderungswürdige Betriebe. Nach Fertigstellung der Wasserleitung und Installation musste jede Anlage von der Beraterin auf ihre richtige Ausführung besichtigt werden (Bauabnahme).

Bei der Durchführung von Förderungserhebungen staunte so manche Beraterin:
Die Errichtung von Wasserleitungen und der Einbau von Sanitäranlagen (Bad und WC) boomten in den 70er- und 80er-Jahren. Es war eine der Aufgaben als Hauswirtschaftsberaterin, die Erhebungen durchzuführen. Viele Bauernhäuser wurden aufgesucht, Erlebnisse und Eindrücke gesammelt. Ein mir unvergessenes Erlebnis sei geschildert:
Anläßlich einer Erhebung betreffend Errichtung von Bad und WC wurde diese Investition richtlinienmäß auch besichtigt. Bad und WC befanden sich in einem Raum, und in der WC-Muschel prangte ein herrlicher Asparagus! C. K.

Es gab für die Beraterin genügend Aufgaben: Hofbesuche bis zu den entlegenen Höfen waren dringend nötig. Die Landjugend wurde immer einflußreicher, setzte viele neue Ideen in Haus und Hof um. Sie hatte es oft sehr schwer. In den nicht un-

terkellerten nassen Bauernhäusern war viel zu tun. Zögerlich begann die Trockenlegung der Wände, hie und da wurde eine Wasserpumpe eingebaut, Hauswasserleitungen wurden errichtet und später wurde ein Badezimmer und WC im Haus installiert. Die Küchenmöbel wurden dem Arbeitsablauf entsprechend umgestellt. Die Elektrifizierung der Höfe ermöglichte den Antrieb von Geräten und Maschinen, in den Häusern und Ställen wurde es hell. M. W.

Ausstellungen, von Beraterinnen mit Kursteilnehmerinnen gestaltet, regen die Besucher zum Nachdenken an. Hier wird gerade das Fadendiagramm betrachtet – eine Gegenüberstellung der Arbeitswege in der Ist-Situation mit denen der geplanten Kücheneinrichtung.

Ein stets aktuelles Thema war (und ist immer noch) die Küchenplanung. Neben den bereits erwähnten Planungshilfen wurde in der Praxis häufig das Fadendiagramm angewendet. Den Frauen wurden damit die Arbeitswege bei jeder Mahlzeitzubereitung in ihrer Küche demonstriert – eine überzeugende Methode.

Bei Küchenplanungen kam es öfters zu Meinungsverschiedenheiten: Die Gewohnheit ist ein schwer zu überbietendes Faktum. So manche technische Arbeitshilfe verlangt eine bestimmte Anwendungstechnik, die erst eingeübt werden muss. Wer eine Wohnküche gewohnt ist, die sich bewährt hat, wird bei der Neugestaltung wieder diese Form wählen. Oftmals wurde von Nichtbäuerlichen die Form der Arbeitsküche im Bauernhaus kritisiert. Für die Hauswirtschaftsberatung war nicht die ideologische Auseinandersetzung mit der Küchenform maßgebend, sondern die räumliche Voraussetzung für einen möglichst störungsfreien Arbeitsablauf im Arbeitsbereich einer Küche bei gleichzeitiger Kontaktmöglichkeit mit den Familienmitgliedern. Wichtig war und ist, dass die Familie konkrete Wünsche zur Art der Küche, ob Wohnküche oder Arbeitsküche, äußert. Eine bevorzugte Lösung war innerhalb eines Raumes die funktionelle Trennung des Arbeitsbereiches Kochen zum Wohnbereich durch einen Küchenschrank, wobei der Hör- und Sichtkontakt zum Sitzplatz gewährleistet sein musste.

In Kursen und Vorführungen wurden die bestmögliche Handhabung und Anwendung von Haushaltsgeräten gezeigt. Wie tief die Gewohnheit sitzt, zeigt das Beispiel des Arbeitens im Sitzen. Es wurde gelehrt, länger dauernde Arbeiten im Sitzen zu verrichten, z. B. Bügeln, was kaum praktiziert wurde. Bei Küchenplanungen wird auf einen Arbeitsplatz für das Sitzend-Arbeiten geachtet, doch meist wird dieses Tischerl nur als Essplatz für später heimkehrende Schulkinder oder als Jausenplatz genutzt. Der Grund, weshalb nicht sitzend gearbeitet wird, ist oft die falsche Höhe der Arbeitsfläche. Vielfach lassen sich arbeitssparende Maßnahmen billig errichten, wenn bei Änderungsvorhaben in Arbeitsräumen vorher gründlich geplant wird.

Arbeitsplatz „Vorbereiten" mit einem Arbeitstisch zum Sitzend-Arbeiten. Die hinteren Tischbeine sind mit Rollen versehen, um ihn leicht an andere Stellen transportieren zu können. (Um 1957).

Auf ergonomisch angepasste Einrichtung legten die Beraterinnen bei ihren Planungen großen Wert: auf die Arbeitshöhe der Kücheneinrichtung je nach Größe der Bäuerin, die Anordnung viel benutzter Geräte in günstiger Griffhöhe usw. Probleme gab es allerdings bei der Arbeitsplatzhöhe im Falle eines Wechsels der Personen unterschiedlicher Körpergröße.

Ausstellungen

Als eine der attraktivsten Vermittlungen guter Beispiele und Nachweise praktischen Könnens sind die Ausstellungen zu erwähnen. Wenn am Kursende oder nach einer Schaffensperiode die Dinge zur Schau gestellt werden, wird das Interesse oft auch bei

Näh- und Handarbeitsausstellung einer Landjugendgruppe (um 1960).

den Männern geweckt. In den 50er- und 60er-Jahren waren die Beraterinnen die Initiatorinnen und Gestalterinnen solcher Leistungsdemonstrationen von Bäuerinnen. Doch alsbald fanden sie Bäuerinnen, die diese Aufgaben übernahmen und die Beraterin wirkte bei Ausstellungsvorbereitung und -gestaltung beratend mit. Erwähnenswert sind die vielen Ausstellungen, die die Hauswirtschaftsberaterinnen mit der Landjugend gestalteten.

Der Vorschlag der damaligen Referentin, Dipl.-Ing. Weihs, diese handwerklich schönen Dinge, die vor allem in den Wintermonaten hergestellt wurden, auch für den Verkauf herzustellen, kam nicht an, die Zeit war dafür noch nicht reif. In den letzten Jahrzehnten findet man solche Verkaufsausstellungen allerorts.

Eine Episode aus meiner Beratungszeit:
Erste Steirische Selchfleischspezialitäten-Ausstellung im Grenzlandhof in Frutten bei der Familie Ulrich.
Der Leiterin der Selchfleischspezialitätenkurse in der Steiermark, Frau Annemarie Prettenthaler, hatten es die Bäuerinnen aus dem Bereich St. Anna am Aigen sehr angetan. Die Idee, die von den Bäuerinnen nach dem Kurs erzeugten Schweine-

fleischproduktspezialitäten im Rahmen einer Ausstellung einem breiten Publikum zu präsentieren, wurde bei einem Glas Wein mit Jause nach einem Kurs bei Ulrichs geboren.

Es war Neuland für die Beraterinnen der Bezirkskammer Feldbach (Uhl, Kogler, Bregar), eine große Ausstellung zu organisieren und durchzuführen, zu der sich das „Fernsehen" ansagte. Die Sendung fand großen Anklang – ein Erfolg für Bäuerinnen, Hauswirtschaftsberatung und Landwirtschaftskammer. Bald wurden in fast allen Bezirken solche Ausstellungen durchgeführt.   M. S.

Bundeseinheitliche Schwerpunktprogramme

Ein Beratungsschwerpunkt, der vom Ministerium in Absprache mit den Leiterinnen der Hauswirtschaftsabteilungen in Österreich festgelegt wurde, war ab 1967 die Thematik der Arbeitswirtschaft wie Arbeitserleichterung im Haushalt, Arbeitsplanung und -Einteilung, Arbeitsplatzgestaltung, Ordnungseinrichtungen, Arbeitsräume, Arbeitsmethodik. Ende der 60er-Jahre und 1970 lag der Beratungsschwerpunkt auf „Arbeitskette Wäsche- und Kleiderpflege", Einfrieren von Fertigspeisen u. a. Weitere Schwerpunktprogramme waren z. B. 1972/73 „Gesunde Ernährung unter Berücksichtigung der Arbeits- und Geldwirtschaft". Die Beraterinnen hielten in den Bezirken Vorträge und Kurse zu diesen Themen (siehe Tabelle Weiterbildung der Beraterinnen auf Bundesebene, S. 38ff.). Zu Zeiten starker Besetzung der Bezirkskammern mit Hauswirtschaftsberaterinnen fanden Schulungen auf Bundesebene zu zwei verschiedenen Terminen statt. Somit war eine zentralistisch gesteuerte Durchführung der von Wien festgelegten Themen gewährleistet.

Schwerpunktprogramme auf Landesebene

Als in der Steiermark der Bedarf an Kammerfachkursen und zwei- bis dreiwöchigen Bäuerinnenkursen gedeckt war und immer mehr Bäuerinnen bereits Absolventinnen einer hauswirtschaftlichen Fachschule waren, wurden vermehrt Kurzkurse gewünscht und angeboten. 1970/71 wurden die Kurse über Gästebeherbergung intensiviert. Gästebeherbergung, Direktvermarktung, Aus- und Aufbau von Buschenschänken und besonders die hauswirtschaftliche Wohnbauberatung[134] wurden Schwerpunkte der Hauswirtschaftsberatung.

Kurzkurse wurden je nach Wunsch in den Bezirken weiterhin von den Beraterinnen gehalten. Kurse zur „Handwerklichen Selbsthilfe", Vorträge zur Unfallverhütung, Buschenschankkurse, Vorträge über Haushaltstechnik, Wäsche- und Bekleidungs-

---

134 Vergleich Statistik über Neubauten bäuerlicher Wohnhäuser, S. 159.

pflege wurden von den Bäuerinnen besucht.¹³⁵ Ende der 70er-Jahre kam als Vortrags- und Kursschwerpunkt „Bewusste Haushaltsführung" österreichweit dazu. Immer mehr ging die Hauswirtschaftsberatung von der Massen- zur Gruppenberatung über. Spezialkurse lösten das Kurssystem der 60er-Jahre ab.

Technik im Haushalt und Energiefragen

Das Referat für Haushaltstechnik wurde, wie erwähnt, 1949 neu errichtet und mit Dr. Johanna Bayer als Referentin besetzt. Sie setzte neue Akzente in der Beratung und Schulung auf dem Gebiet der Arbeitserleichterung durch Planung, zweckmäßige Einrichtung und Technisierung des Haushalts. Das Referat war in den 60er-Jahren unbesetzt bis zum Herbst 1968, dann übernahm Dorothea Schafhuber diese Aufgabe. Sie brachte Erfahrungen als Beraterin (1956–1962) und erweitertes technisches Wissen als Lehrkraft an der Höheren Bundeslehranstalt Sitzenberg mit. Ihr Anliegen war, auch die hauswirtschaftliche Wohnbauberatung mit dem Fach Haushaltstechnik zusammen zu betreuen, da eines das andere ergänzte bzw. dessen bedurfte. Dadurch war eine bestmögliche Koordination von Wohnen und Technik angestrebt.

Mit dem Ausbau der Stromversorgung auf dem Lande war das größte Elektro-Versorgungsunternehmen der Steiermark, die STEWEAG, an potentiellen Stromabnehmern im bäuerlichen Bereich interessiert. Bauern, die sich für die Anschaffung von Elektrogeräten für den Betrieb und den Haushalt interessierten, konnten „Elektro-Beispielshöfe" (s. S. 107) werden. Sie kamen in den Genuss von Preisnachlässen beim Kauf von Elektrogeräten. Die praktische Werbung führten die Elektro-Haushaltsberaterinnen der STEWEAG durch. Die gute fachliche Zusammenarbeit zwischen der landwirtschaftlichen Haushaltsberatung und den Haushaltsberaterinnen der Elektro-Versorgungsunternehmen währte jahrzehntelang und befruchtete die fachliche und beratungsdidaktische Arbeit auf beiden Seiten.

Für Betriebe, wo keine Druckwasserleitung möglich war, vor allem in der Ebene, war der elektrische Strom Voraussetzung, um Fließwasser aus dem Brunnen mit Hilfe einer elektrischen Pumpe zu bekommen. Die Förderung einer Fließwasseranlage setzte einwandfreies Wasser voraus, es musste auf seinen Keimgehalt untersucht werden. Die Beraterinnen in den Flachlandgebieten waren mit völlig verschmutzten Brunnen konfrontiert. Beihilfen gab es aber erst nach deren Reinigung, die von Fachkräften durchzuführen war.

Die Vorschriften wurden strenger, das Abwasser durfte nicht mehr ungeklärt in den nächsten Bach oder auf den Grund geleitet werden. Kläranlagen mit Sickergruben, dann nur noch Senkgruben wurden zur Bedingung. Bekam ein Besitzer vorge-

---

135 TB 1972/73, Graz 1974, S. 137.

schrieben, seine Abwässer in ein Kanalsystem zu leiten, war eine Vorklärung durch eine Dreikammer-Klärgrube unerlässlich.

Mit Strom und Fließwasser begann die weitere technische Ausstattung des Hauses. Beratungen über Druckschiffherde, Heizschlangen und Warmwasserboiler bzw. -speicher, ebenfalls mit Hilfe von Förderungsmitteln errichtet, nahmen zu. Die alten, meist gemauerten Herde wurden in vielen Haushalten durch moderne ersetzt. Gleichzeitig wurden in Bäuerinnenversammlungen und Kursen für die damalige Zeit moderne Haushaltsgeräte vorgeführt, und da gab es natürlich immer etwas Neues. Darüber wurden die Bäuerinnen auch in Fachartikeln u. a. in den Landwirtschaftlichen Mitteilungen informiert. Zu Bäuerinnenversammlungen wurden die Elektrohaushaltsberaterinnen der STEWEAG eingeladen, die diese Geräte vorführten.

Der technisch angestrebte Standard wirkte sich auch auf die Küchenberatung und -planung aus. Es musste für die Geräte der entsprechende Platz vorgesehen werden. Doch die Technik allein war nicht Aufgabe der Hauswirtschaftsberatung. Im Vordergrund stand die Arbeitserleichterung und Arbeitszeitersparnis in Haushalt und Betrieb. Dr. Bayers Buch „Hausarbeit leicht gemacht" war in den 50er-Jahren ein wichtiger Wegweiser hiefür.

Gemeinschaftsanlagen sollten Anschaffungskosten niedrig halten, doch mit dem größeren Marktangebot z. B. an Waschmaschinen wurden diese allmählich erschwinglicher. Bereits in der Zeit des Reichsnährstandes kamen transportable Waschanlagen zum Einsatz. Sie bestanden aus einer Maschine mit Kugeltrommel und einer Wäschezentrifuge.[136] Nach dem Krieg setzte allmählich wieder die Technisierung des Haushaltes ein. Die Beratung wurde im Hinblick auf Qualitätsunterschiede, z. B. bei Waschmaschinen, beansprucht. Vertreter von „Pulsatorwaschmaschinen" waren in den 50er-Jahren zahlreich unterwegs, bäuerlichen Betrieben besonders in Streusiedlungen ihre Maschinen zu verkaufen. Doch Trommelwaschmaschinen eignen sich für den bäuerlichen Haushalt besser, diese wurden daher von den Beraterinnen empfohlen. Kam es zu Begegnung mit Vertretern, waren scharfe Diskussionen die Folge. Heute wundert man sich vielleicht, dass dies einmal ein „heißes" Thema war.

Gerade die technischen Arbeitserleichterungen den Bäuerinnen bekannt zu machen, war eine der Aufgaben der Haushaltsberatung. Die Wäschepflege konnte wesentlich durch die Waschmaschine und mit Hilfe des elektrischen Bügeleisens, in größeren Betrieben mit der Bügelmaschine, erleichtert werden. Das maschinelle Waschen wurde einfacher, dadurch wurde öfters und mehr Wäsche gewaschen, der Berg an Bügelwäsche wuchs. Erst mit dem Aufkommen von pflegeleichten Textilien verringerte sich die Zeit für das Bügeln.

Mit den höheren Ansprüchen an die Wohnqualität, vor allem an die Hygiene im

---

136 Bericht von Erna Lechner, 1939 Beraterin in den Bezirken Mureck und Leibnitz.

Zusammenhang mit Urlaub am Bauernhof, Direktvermarktung und Buschenschank wurden Heizanlagen und die Sanitärausstattung z. T. gefördert.

Die Technisierung in der Landwirtschaft hatte allgemein Vorrang. Zum Teil kam sie auch den Bäuerinnen entgegen. So war es üblich, dass die Schweine von den Frauen gefüttert wurden. Die dafür verwendeten Kartoffeln wurden im Futterdämpfer, in kleinen Betrieben im Häfen auf dem Herd gekocht. Die Einführung der Kartoffeldämpfanlagen brachte vor allem größeren Betrieben eine enorme Zeitersparnis, da das tägliche Kochen wegfiel. Außerdem konnten Lagerverluste vermieden werden. Die gedämpften Kartoffeln wurden in Kartoffelsilos, frostsicher eingebaut in der

Elektro-Futterdämpfer (um 1955).

Die Kartoffeln aus dem holzbeheizten Dämpfer werden durch einen Muser getrieben (um 1955).

Futterküche oder im Erdboden versenkt, „eingetreten". Kartoffeldämpfanlagen wurden bereits in der NS-Zeit eingeführt und nach dem Krieg von den Umstellungsgemeinschaften wieder in Betrieb genommen. Als die Landwirtschaft weniger Kartoffeln und mehr Getreide anbaute, wurden die meisten Anlagen demontiert bzw. als Ersatzteillager für verschiedenes im landtechnischen Bereich benutzt. Als arbeitssparende Alternative kamen besonders in Elektro-Beispielsbetrieben mit billigerem Nachtstrom betriebene Kartoffeldämpfer in Einsatz.

Verbesserungen im Haushalt mit Hilfe der Technik setzte bereits in den 50er-Jahren ein. Im Verhältnis zur Technisierung in der vom Österreichischen Statistischen Zentralamt – Agrarstatistik durchgeführten Maschinenzählung verfügte die Steiermark über

1962		1966	
Waschmaschinen	26.017	Waschmaschinen	32.209
E-Herde	4.725	E-Herde und kombinierte Herde	8.243
E-Warmwasserspeicher	2.355	E-Warmwasserspeicher	4.262
Kühlschränke	6.800	Kühlschränke	13.955
Gefriergeräte	8.674	Gefriergeräte (ohne Gemeinsch. Anlage)	14.646
E-Futterdämpfer	645	E-Futterdämpfer	703

Mehr als ein Fünftel aller bäuerlichen Wohngebäude war in den frühen 60er-Jahren ohne Fließwasser. Zentralheizungen wurden auch in bäuerlichen Haushalten z. T. von Holz- auf Ölheizung umgestellt. Ausgelöst durch die Energiekrise 1973 wurde wieder die Holzheizung forciert und durch technische Innovationen der Heizkessel für Holz mit hohem Wirkungsgrad deutlich verbessert. Die Nutzung der Sonnenenergie wurde aktuell. Viele Bauern nutzten auch die in den angebotenen Kursen für den Selbstbau von Sonnenkollektoren gewonnenen Kenntnisse und Fertigkeiten für den Eigenbau solcher Anlagen.[137]

Mit Strom und Fließwasser begann die weitere technische Ausstattung des Hauses. Beratungen über Druckschiffherde, Heizschlangen und Warmwasserboiler bzw. -speicher, ebenfalls mit Hilfe von Förderungsmitteln errichtet, nahmen zu. Die alten, meist gemauerten Herde wurden in vielen Haushalten durch moderne ersetzt. Über Neuigkeiten auf dem Haushaltsgerätesektor wurden die Bäuerinnen durch Beratung, Vorträge und Fachartikel in landwirtschaftlichen Zeitungen und Zeitschriften infor-

---

137 Schafhuber Dorothea, Geschichte der Bäuerinnen und bäuerlichen Lebensverhältnisse. Manuskript zum Buch „Die Grüne Mark", Graz 2004.

miert. Gerne führten die Elektrohaushaltsberaterinnen der STEWEAG in Bäuerinnenkursen und bei Vorträgen diverse Geräte vor.

Die Beratung über Haustechnik und Haushaltstechnik, speziell das Vermitteln von Entscheidungshilfen vor dem Kauf eines Haushaltsgerätes wurde von der Hauswirtschaftsberatung ab der zweiten Hälfte des 20. Jahrhunderts laufend beansprucht. Eine stets aktualisierte Marktübersicht von Haushaltsgeräten[138], die speziell für die bäuerlichen Betriebe geeignet waren, sollte allen Beraterinnen die Einzelberatungen erleichtern und die Referentin entlasten.[139] Strukturell wäre dafür die Anwendung der EDV ideal gewesen, doch für den damaligen Entwicklungsstand der Software war diese Aufgabe noch zu umfangreich. Anlass, diese Marktübersicht zusammenzustellen, waren die häufigen Beratungswünsche, die meist telefonisch an die Referentin herangetragen wurden. Sie erreichte durch diese jährlich aktualisierte Aufstellung einen schnellen Zugriff während des Beratungsgespräches zu den erforderlichen Daten. In der Folge diente die Aktualisierung der Markterhebung zur Einführung junger, nachfolgender Referentinnen in die fachliche Materie der hauswirtschaftlichen Gerätetechnik. Einige Beraterinnen setzten dieses Hilfsmittel auch tatsächlich in der Beratung ein.

In den 80er-Jahren war die Ausstattung des Haushalts im Bauernhaus mit modernen technischen Geräten im Allgemeinen gut bis sehr gut. Den größten Energiebedarf im Haus hat die Heizanlage. Zum Großteil werden die Wohngebäude über eine Zentralheizung erwärmt, zusätzlich kommt in vielen Fällen in die Stube wieder ein Kachelofen, manchmal kombiniert mit einer Kochstelle. Kachelöfen wurden noch in den 70er-Jahren abgetragen, seit der Energiekrise 1973 wieder neue errichtet und wegen ihrer angenehmen Wärme und ihrer attraktiven Außengestaltung immer beliebter. Heute werden sie oft größer gebaut, sodass schon von einer „Kachelofen-Landschaft" gesprochen werden kann.[140] Der Kachelofen mit den quadratischen oder rechteckigen Kacheln wird in vielen Fällen von modischen, unregelmäßigen Keramikplatten abgelöst.

Der Stückholz-Zentralheizungsofen wurde technisch mit einem sehr hohen Wirkungsgrad entwickelt und weist einen vergleichsweise geringen Arbeitszeitbedarf für seinen Betrieb auf. Noch komfortabler kann die Holz-Zentralheizung mit Hackgut betrieben werden. Hackschnitzel-Heizanlagen werden im Einzelfall und oft im kommunalen Bereich errichtet. Holz ist nach wie vor der hauptsächliche Energieträger im Bauernhaus für die Raumheizung und die Warmwasserbereitung im Winter.

---

138 Markterhebung Haushaltsgeräte. Hg. Landeskammer für Land- und Forstwirtschaft, Abteilung Hauswirtschaft. 1. Aufl. 1982. Aufbau der Struktur und Geräteübersicht von D. Schafhuber.
139 Die Neuerstellung und Evidenzhaltung der aktuellen Unterlagen war zeitlich im Arbeitsplan der Referentin nur in den Sommermonaten möglich.
140 DI Suppantschitsch, Architekt der Landwirtschaftskammer.

Die Warmwasserbereitung in der heizfreien Zeit erfolgt oft mit elektrischem Warmwasserspeicher. Aber schon seit den 80er-Jahren nutzen Bauern die Sonnenenergie.

Der Bauer mit Viehhaltung hat noch andere Möglichkeiten: In letzter Zeit wurden mehrere Biogasanlagen geplant bzw. gebaut.

Hauswirtschaftsberaterinnen arbeiten im Arbeitskreis „Energie" speziell zu den Themen Heizung und Warmwasserbereitung engagiert mit.

Beratungsbereich Wohnen und Wohnbau

Beratungsinhalte, Beratungsmittel in den 50er-Jahren

Die Hauswirtschaftsberatung wurde im Allgemeinen als zuständig für den Bereich Küche gesehen. Küchenberatungen wurden vor allem mit der Einleitung des Fließwassers und der Anschaffung eines neuen Herdes aktuell. Beispiele von Kücheneinrichtungen, wie sie bereits in Schriften der NS-Zeit publiziert wurden, dienten auch nach dem Krieg als Vorlagen. Mit der von Dr. Johanna Bayer und Arch. Dipl.-Ing. Traute Weber-Patat verfassten Broschüre „Moderne Küchenmöbel"[141] gab es erstmals einen für die Zeit um die Mitte der 50er-Jahre modernen Beratungsbehelf, der auch für Tischlereibetriebe gedacht war. Für Selbstplaner gab es eine Anleitung mit Möbelmustern aus Karton, wovon jeder Funktionsbereich eine eigene Farbe erhielt, im Maßstab 1:10, die auf einen vorbereiteten Grundriss gleichen Maßstabes aneinander gereiht und beliebig verändert werden konnten. Zeigten die ersten Beratungsmittel noch vorwiegend Wohnküchen mit großräumiger Arbeitsgrundfläche und oft kleinem Essplatzwinkel, änderten sich ab den 70er-Jahren die Küchenfläche und deren Maßverhältnis besonders bei Neubauten zugunsten rationellen Arbeitsablaufes und größerem Bewegungsraum für den Wohnteil. Die Beispiele in der erwähnten Broschüre zeigen bereits eine durch die Möbelstellung funktionelle Trennung von Arbeits- und Sitzbereich, offenbar eine Anlehnung an die damals in Entwicklung befindliche deutsche Küchennorm, deren Begriffe „Arbeitszentren" hier übernommen wurden: Kochzentrum, Vorbereitungszentrum, Abwaschzentrum.

Bemerkenswert sind für diese Zeit Schränke für Einbaugeräte wie für Backrohr, Einbaukochmulde sowie Dunstabzugshaube. Ein eigener Wirtschaftsraum neben der Küche wird in einem Beispiel angedeutet.

Die Beraterinnen wurden in den 50er-Jahren verstärkt in die Haushaltstechnik und in geringerem Maße in die Wohnbauberatung eingeführt. Als Beratungsbehelf

---

141 Bayer Johanna – Weber-Patat Traute, Moderne Küchenmöbel. Hg. Bundesministerium f. Land- und Forstwirtschaft, Wien, o. J. (um 1955).

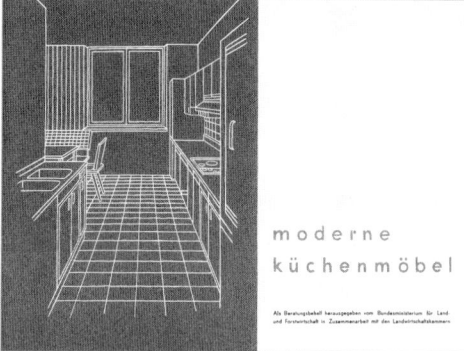

Die ersten Beratungsbroschüren mit Bundesförderung nach dem Krieg.

Ausstellung einer modernen Küche der 50er-Jahre.

für die Wohnraumgestaltung stellte Johanna Bayer mit Traute Weber-Patat eine Broschüre im Auftrag des Bundesministeriums für Land- und Forstwirtschaft her: Bäuerliches Wohnen – praktisch und schön.[142] Die Fotos wurden in den landwirtschaftlichen Hauswirtschaftsschulen Grabnerhof und Alt-Grottenhof aufgenommen. Die Möbel waren von Architekten entworfen worden und weisen eine Tendenz zur Moderne auf.

Die Wohnbauberatung in den Jahrzehnten nach Kriegsende blieb trotz der erwähnten Beratungsunterlagen Dr. Bayers noch ein unterentwickeltes Fachgebiet, geht man von den Voraussetzungen aus, die die Entwicklung auf dem Materialsektor mit sich brachte. Vorschriften der Bauabteilung aus den späten 40er-Jahren hinsichtlich Raumbedarf und Raumgrößen waren bald überholt. Sie bezogen sich auf die damals bescheidenen Finanzen der Bauern. Sie sollten sich durch das Bauen nicht zu sehr verschulden. Auf der Seite der Bauplaner und Baumeister blieben Funktionsabläufe im Haus noch weitgehend unbeachtet. Nur die „moderne" Küche setzte sich relativ rasch durch, schneller als in nichtlandwirtschaftlichen Haushalten – eine Auswirkung der landwirtschaftlichen Hauswirtschaftsberatung.

In den 40er- und 50er-Jahren war vor allem die Mauerfeuchtigkeit ein Problem, das sich auf die Gesundheit der Bewohner negativ auswirkte. Als pflegeleichte Fuß-

---

142 Ebd., Bäuerliches Wohnen, praktisch und schön. Hg. Bundesministerium f. Land- u. Forstwirtschaft, Wien, o. J. (um 1955).

bodenbeläge kamen die Holzsteinböden, dann die Kunststoffbeläge auf. Es wurde in der Praxis zuwenig auf die Hinterlüftung der Bauteile aus Holz geachtet. Die Folge war die Verbreitung des Echten Hausschwammes, der auch durch das Mauerwerk drang. Holzfußböden, die mit einem Belag abgedeckt oder deren Oberfläche mit Versiegelungslack versehen wurde, auch Möbel gingen in kurzer Zeit kaputt. Die Beraterin musste mit Adressen von Firmen, die sich auf die Schwammbekämpfung spezialisiert hatten, helfen. Sie musste auch Tipps geben, wie der schwarze Schimmel in der Küche entfernt werden konnte. Der Maler tötete diesen Pilz durch Aufspritzen einer giftigen Substanz, ohne die Ursache zu beheben. Diese lag aber in der ständigen Dampfentwicklung durch den Wasser- oder Futterhäfen auf dem Herd. In der Rauchküche zog der Wasserdampf mit dem Rauch ins Freie ab, mit dem Sparherd blieb er im Raum und kondensierte an den kalten Mauerstellen.

Erfahrungsaustausch der Beraterin mit der Bäuerin über Blumenschmuck (1975).

Die Beraterin war auch angehalten, bei ihren Beratungen auf pflegeleichte Materialien und Konstruktionen Wert zu legen. Doch tat es weh zu sehen, wie so mancher Bauer Möbel von handwerklich guter Qualität in den Keller stellte oder überhaupt weggab. In so mancher Küche oder Stube stand nun ein Tisch mit Kunstoffbeschichtung auf Spanplatten. Die Oberfläche von Küchenschränken aus Kunststoff wurde ein- oder mehrfärbig gewählt. Die bunte Küche mit verschiedenfärbigen Frontplatten der Schränke wurde in der zweiten Hälfte der 50er-Jahre auch von der Hauswirtschaftsberatung bevorzugt geplant. Das Möbelstück, das an den Feuerungsherd angeschlossen wurde, zeigte alsbald Spuren der Hitzeeinwirkung bis Verkohlung. Dunstabzugshauben kamen auf. Vielfach wurden sie über dem Herd ohne ausreichenden Abstand angebracht und verursachten mitunter einen Küchenbrand. Spanplatten bilden seit dieser Zeit bis heute das häufigste Möbelgerüst. Lange Zeit wurden in den Fabriken die Holzspäne mit Phenolharz gebunden. Schließlich wurde in Österreich Phenolharz als Bindemittel von Spanplatten verboten, doch billige Möbel aus ausländischer Fabrikation enthielten vielfach Spanplatten mit Phenol. Menschen erkrankten, denn Möbel aus diesem Material geben giftige Dämpfe ab. Schwer oder nicht waren jene bäuerlichen Familien zu überzeugen, die sich modisch einrichten wollten und ihre bisherigen Bauernmöbel billig einem Altwarenhändler verkauften. So mancher Städter zwängte damals einen bemalten oder sogar geschnitzten Bauernkasten in seine Stadtwohnung.

Bauboom und hauswirtschaftliche Wohnbauberatung ab den 60er-Jahren
In der zweiten Hälfte der 60er- und vor allem in den 70er-Jahren setzte ein Wohnhaus-Bauboom ein. In den 70er-Jahren wurde die hauswirtschaftliche Wohnbauberatung einer der Beratungsschwerpunkte der Hauswirtschaftsberaterinnen.

Die Bauplaner erhielten Planungsaufträge noch und noch, Vorbilder für Wohngebäude waren Abbildungen in Journalen und der so genannte „alpenländische Baustil", der auch von so manchem maßgeblichen Bauplanungsverantwortlichen vertreten wurde. Die Hauswirtschaftsabteilung und die Bauabteilung orientierten sich damals hinsichtlich Grundrisslösungen und der Raumgliederung an Beispielen deutscher Aussiedlerhöfe. Die Förderungsvorschriften für den Wohnungsbau erschwerten familiengerechte und Arbeitswege sparende Grundrisslösungen. Z. B. durfte nach den Richtlinien der Bundeswohnbauförderung keine Verbindungstür zwischen der Wohnung des Betriebsführers und des Altenteiles sein. Das Baugewerbe, vor allem das Zimmereigewerbe, war völlig auf den Tiroler Baustil eingestellt. Die Mode diktierte auch die Innenausstattung und Einrichtung. Bauphysikalische Mängel beeinträchtigten die Wohnqualität des Hauses, da oft die billigsten Baustoffe gewählt und die Anforderung an die Ver- bzw. Bearbeitung neuerer noch nicht berücksichtigt wurde. Das Wohlgefühl im Wohnhaus und die Energiebilanz ließen zu wünschen übrig. Es kam zu Kältebrücken im Bauwerk und somit zur Kondenswasserbildung speziell in den gegen Norden und Osten gelegenen Räumen und im Mauerwerk. Diese verursachte wiederum Mauerschimmel, da die Raumlüftung zu wenig bei der Planung und beim Bauen oder Umbauen berücksichtigt wurde. Entwicklungen auf dem haushaltstechnischen Gebiet und Forschungsergebnisse zu Raumbedarf, Funktionsabläufen und Arbeitsplatzgestaltung waren vielen Bauplanern unbekannt oder wurden von ihnen ignoriert. Bei der Wohnbauberatung und Bauplanung ging es vorerst nur darum, Räume zu schaffen. Die Impulse, die von der Beraterin ausgingen, veranlassten schließlich auch den einen oder anderen Bauplaner, sich Gedanken über die Anpassung an den Bedarf und die Bedürfnisse der Bauherrschaften zu machen. Gestaltungsfragen waren vornehmlich Angelegenheit der Hauswirtschaftsberatung.

Für die hauswirtschaftliche Wohnbauberatung ergab sich das Problem, dass sie für die Beratung und Planung hinsichtlich Einrichtung der Räume vielfach erst bei Fertigstellung des Rohbaues ersucht wurde oder gar erst wenn das Haus schlüsselfertig dastand. Aufgrund unzulänglicher Grundrisslösungen, ungünstiger Raumzuordnung und fehlender Stell- bzw. Bewegungsflächen war meist keine optimale Lösung, dem Bedarf entsprechend, möglich.

Andererseits wurde die Wohnbaureferentin durch eine Überzahl an Beratungswünschen überfordert. Ihre Vorschläge wurden oft in der Praxis nicht umgesetzt. Sie waren inhaltlich bis dahin in dem betreffenden Gebiet wohl noch unbekannt. Was neu ist, ist auch den Bauprofessionisten unbekannt, auch dem Futtermittelhändler und so fort. Diese sind gebietsbekannt und fühlen sich als „Berater" auch in Wohnbaufragen. Etwas Neues birgt immer die Gefahr in sich, dass dies von der Gesellschaft, den Nachbarn, nicht akzeptiert wird. Die Sorge, „was werden wohl die Leute sagen" trug damals noch sehr zur Entscheidung bei. Andererseits war die Ausarbeitung eines Verbesserungsvorschlages eine unentschädigte Arbeit der Referentin oder Beraterin am Wochenende. Es war mitunter sehr schwer, Bauplaner von zweckmäßigeren Lösungen in ihrem Plan zu überzeugen – man kann sich doch nicht von einer Frau, die noch dazu keine Architektin ist, etwas sagen lassen. Auch konnten die meisten Bauherren zum Zeitpunkt der Planung den vom Bauplaner erstellten Plan nicht lesen. Vielfach verstanden Bauherrschaften die Vorschläge der Hauswirtschaftsberaterin aufgrund ihres fachlichen Vokabulars nicht, es fehlte ihnen das nötige Grundwissen. Zu dieser Zeit nahm aber auch die Überschuldung der bäuerlichen Betriebe zu, die zu einem Gutteil aufgrund überzogener Bauansprüche und -kosten zustande kam. Gewöhnlich wurden keine Kostenvoranschläge eingeholt und keine Finanzierungsplanung erstellt. Darüber hinaus war die Baumode für viele Bauwillige richtungsweisend. Mit einem Beratungsgespräch allein konnte jemand, der sich bereits auf ein modisches oder prestigeträchtiges Beispiel gedanklich festgefahren hatte, von einer für ihn vernünftigeren Lösung nicht überzeugt werden.

Diesen Problemen entgegenzuwirken war die Hauswirtschaftsberatung durch die Einführung der Bauherrenschulungen als Vorbereitung auf das Planen bemüht.

Nach einer Analyse der Wohnsituation speziell in Neubauten in den Jahren 1969 und 1970 und den Erfahrungen aufgrund zahlreicher Einzelberatungen und Planungen von Arbeits- und Wohnräumen entwickelte die Wohnbaureferentin um 1970 ein neues Wohnbau-Beratungsmodell für die Hauswirtschaftsberatung. Von der Kammerhierarchie aus gesehen war es also ein Konzept „von unten", denn dafür gab es keinen Auftrag, wohl aber Duldung „von oben".

Dabei ging es auch um Fragen der Beratungsakzeptanz durch die Bauherrschaften. Kenntnisse der Beratungsdidaktik und -methodik waren gefragt, Möglichkeiten der Zeiteinsparung bei Wohnbauberatungen bei gleichzeitiger Anhebung der Beratungseffizienz, um Verbesserung der Zusammenarbeit mit Bauplanern und Bauprofessionisten zu finden. Ebenso musste nach Unterlagen für Bauwillige gesucht werden.

Aufgrund der steten Kritik der Architektenkammer an der Bauplanung der Landwirtschaftskammer spitzte sich die Diskussion um den Baustil eines Bauernhauses immer mehr zu. Besonders wurden Bürgermeister als erste Bauinstanz kritisiert. Diese wiederum forderten Unterlagen von der Architektenseite, wie man es richtig machen solle, die sie vorerst nicht bekamen. Erst als beispielhaft anerkannte Bauten existierten, publizierten Institute, Kuratorien usw. Beispiellösungen. So mancher Beispielsbau gelang der Bauherrschaft aufgrund des Besuches eines Wohnbaukurses. Auch in der Bauabteilung kam es vorerst unter dem Architekten DI Tritthart zu einem Umdenken. Kam es zur Zusammenarbeit mit freischaffenden Architekten, z. B. anlässlich eines Projektes, lernten in einigen Fällen beide Partner – Architekt und Beraterin – voneinander.

Die Wohngebäude wurden außen und innen zunehmend gefälliger geplant. Es konnten sich jedoch auch immer mehr Bauherren das Bauen ohne Bundeswohnbauförderung leisten und brauchten daher die einschränkenden Wohnbauförderungsrichtlinien des Bundes nicht zu berücksichtigen.

Um die vielfältigen Probleme um das Planen und Bauen von Bauernhäusern zu mindern, waren außer der fachlichen Qualifikation – wie erwähnt – entsprechende Beratungsmethodik und Beratungsdidaktik von der Beratung gefordert. Hauswirtschaftsberaterinnen, die Mitglieder des Arbeitskreises „Wohnberatung" waren, erhielten in mehreren Etappen eine Zusatzausbildung in Raumgestaltung und Planzeichnen durch einen WIFI-Lehrer, aufgeteilt in einwöchige Kurse. Darüber hinaus wurden sie in Arbeitskreissitzungen über Neuheiten informiert; vorteilhaft war der Erfahrungsaustausch unter den Beraterinnen. Durch professionelle Darstellung der Vorschläge in Grundriss und Aufriss, in Einzelfällen auch in Perspektive, wird der Vorschlag der Beraterin unvergleichlich besser angenommen, besonders auch bei Professionisten und manchen Bauplanern, als wenn nur einige Skizzen auf Millimeterpapier vorgelegt werden.

Planungsbeispiele

Der Plan, eine effiziente Beratungsmethode zu erarbeiten und diese zu realisieren setzte eine konkrete Zielsetzung der Bauherrenschulung voraus:

• Die Bauinteressierten anzuregen, vor der Planung den eigenen Bedarf in der Familie zu ermitteln und diesen für den Planer klar zu formulieren. In Gesprächen vor einem Planungsauftrag an einen Bauplaner hilft die Beraterin den Bauwerbern, die Anforderungen an den geplanten Bau und die persönlichen Bedürfnisse zu ermitteln, denn in der Praxis zeigte es sich, dass oft ein Planungsauftrag erteilt wurde, ohne genau zu wissen, was man selbst wollte. „Der Architekt wird es wohl wissen, was für uns das Richtige ist" war keine seltene Annahme.

• Den Bauwilligen sollen grundsätzliche Kenntnisse über günstige Maßverhältnisse der Räume zwecks bestmöglicher Einrichtung vermittelt werden, sie sollen sich der Funktionsabläufe in ihrem künftigen Haus bewusst werden und den Bedarf an Stell- und Bewegungsflächen berücksichtigen.

• Die Bauherrschaften sollen sich mehr Sicherheit im Gespräch mit den Professionisten durch Kenntnisse auch auf dem haustechnischen Bereich erwerben. Letztere empfehlen gerne, was für sie geschäftlich relevant, aber nicht unbedingt das Beste für den Bauherrn ist.

• Voraussetzung für diese Sicherheit des Bauherrn ist, den Plan richtig lesen und somit bewerten zu können.

• Durch wohldurchdachte Planung soll eine optimale Lösung gefunden wer-

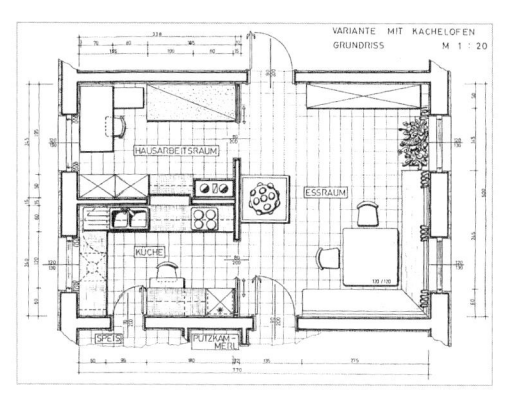

Die ÖNormen „Küche" und „Hausarbeitsraum" lassen viele Varianten zu.

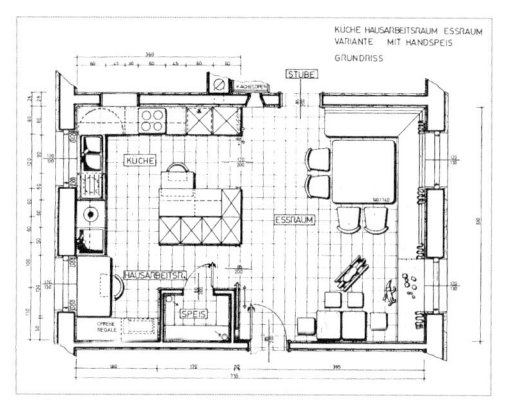

Beispiel funktioneller Lösung des Aufenthaltsbereichs der Familie und der hauswirtschaftlichen Arbeitsplätze (1984).

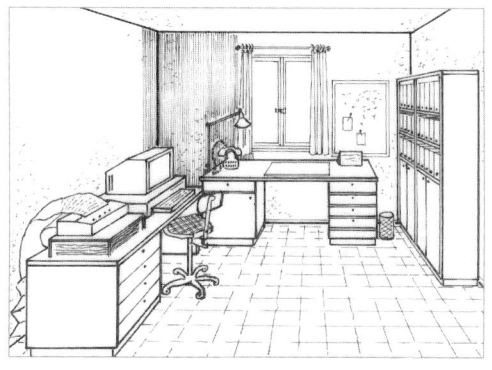

Plan für ein Büro in einem Bauernhaus, perspektivische Darstellung (1992).

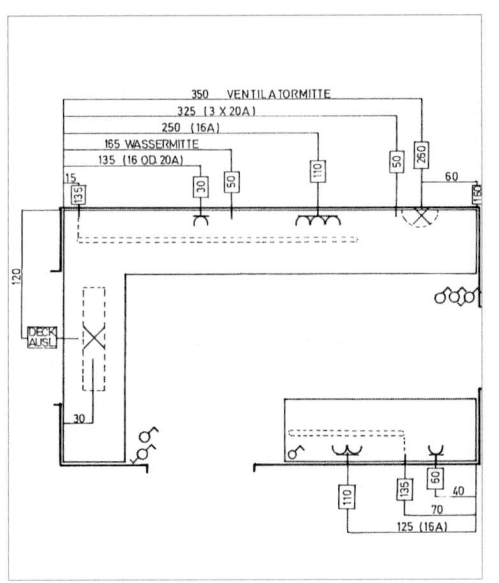

Beispiel eines Installationsplanes für eine unterbrochene U-Küche (1984).

Beispiele einer wirkungsvollen Dauerlüftung einer innen liegenden (fensterlosen) Speisekammer. Beispiel eines Beratungsblattes für den Wohnbaukurs (1978).

den, die auch eine Anpassung an voraussichtlich veränderliche Verhältnisse ohne gravierende Mehrkosten zulassen.
Als Hilfe für Planungsvorhaben wurde ein Formular für die Bedarfsermittlung erstellt, das der Bauherrschaft zumindest als Grundlage für Überlegungen und als Planungsgrundlage für den Bauplaner dienen sollte, was allerdings nur von wenigen beansprucht wurde, da anlässlich des Beratungsgespräches mit dem Planer das Abfragen der Bauherren nach Art und Anzahl der gewünschten Räume schneller vor sich ging, als sich mit Detailfragen zu befassen.

Wohnbaukurse – Bauherrenschulung

Um die Gegebenheiten auf dem bäuerlichen Wohnbausektor in den verschiedenen Regionen der Steiermark kennen zu lernen und sie zu bewerten, besuchte 1969/1970 die Wohnbaureferentin zusammen mit einer Architektin diverse bäuerliche Betriebe mit neu errichtetem Wohnhaus. Dabei war nicht nur der Baustil und das realisierte Raumprogramm mit seinen funktionellen Vorteilen und Mängeln, sondern auch der Zufriedenheitsgrad der Bewohner mit dem neuen Gebäude sowie bauliche Mängel oder positive Besonderheiten Gegenstand der Besichtigung und Befragung. Um diese Zeit waren Objekte über Auftrag der Forschungsgesellschaft für den Wohnbau in Planung oder in Bau. Die Diskussion der Architekten bezog sich in dieser Zeit vorwiegend auf den Baustil, Individualplanung oder Typenpläne, mit den Hauswirtschaftlerinnen vorwiegend auf das zeitgemäße Raumprogramm, die Raumzuordnung und optimale Funktionsabläufe. Damals waren Erfordernisse wie Stellflächen- und Bewegungsflächenbedarf den meisten Bauplanern unbekannt oder sie ignorierten sie.

Die Wohnbaureferentin analysierte die Besichtigungsergebnisse und holte Lehrmeinungen der Architekten ein. Erfahrungen mit der von ihr durchgeführten Einzelberatung und deren Zeitaufwand waren Anlass zu den ihr damals verfügbaren einfachen Methoden der Situationsanalyse. Es zeigte sich, dass die Baumode ein dominierendes Faktum ist und neue, praktischere Beispiele im Rahmen von ohnehin zeitaufwändigen Einzelberatungen nur bei sehr aufgeschlossenen Bauherrschaften Anklang fanden. Ferner ist ein Gutteil der Beratungsinhalte bei jedem einzelnen Beratungsfall vorzubringen. Auch lassen sich Bauherren lieber von ihresgleichen oder dem regional zuständigen Baumeister und Baustoffhändler überzeugen als von einer ihnen bis dahin vielleicht fremden Person, noch dazu von einer Frau. Das war ein Motiv für die Entwicklung des Modells zur Schulung bauwilliger Bauern und Bäuerinnen als Vorbereitung auf das Planen und Bauen ihres Hauses. Der Kurs war also speziell nur für solche vorgesehen, die tatsächlich einen Wohnbau vorhatten. Um jegliche Schablonenhaftigkeit der Gebäude trotz Berücksichtigung einschlägiger Baunormen als Orientierungshilfe zu vermeiden, die bestmögliche Lösung für den speziellen Bedarf der jeweiligen Familie zu suchen, war begleitend zum Kurs die Einzelberatung erforderlich. Daher musste die Zahl der am Kurs teilnehmenden Bauherrschaften (Betriebe) begrenzt werden, eine damals ungewöhnliche Maßnahme in der Beratungsarbeit. Von Vorteil für die Bauwilligen erwies sich die Teilnahme von zwei Vertretern einer Familie: Mann und Frau oder ein Elternteil und der künftige Hofübernehmer bzw. die Hofübernehmerin. Der Besuch des Vorbereitungskurses für Bauwerber war damals kostenlos.

Diese Wohnbau-Beratungsmethode unterschied sich deutlich von den in den 50er-Jahren erstellten Beratungsmitteln, bei denen es sich um die Ausarbeitung eines Musterbeispiels handelte. Die Methode der 70er-Jahre basierte auch auf Normen und Merkblättern, doch wurde großer Wert auf individuelle Lösung in den einzelnen Fällen gelegt. Dies förderte die Kreativität der einzelnen Bauherrschaften, wobei Baufehler aufgrund deren besserer Information weitgehend vermieden werden konnten. Nicht mehr nur eine Vorlage, ein einheitliches Schema, sondern eine Vielfalt an Lösungen war das Ziel.

Um sich sinnvoll über divergierende Empfehlungen aus der Baubranche auseinander zu setzen, wurden für diese Kurse Fachleute verschiedener Branchen als Referenten eingesetzt und die widersprüchlichen Meinungen dieser Experten unter der Leitung der Kursleiterin diskutiert. Ihr fiel neben Informationen über den funktionellen Teil, die baulichen Voraussetzungen für gesundes und behagliches Wohnen

Teil 1: Landwirtschaftliche Hauswirtschaftsberatung in der Steiermark (1945–1995)

Der Wohnbaukurs aus Hartberg auf Exkursion. Bauer und Bäuerin informieren über ihre Bauerfahrungen, auch der Altbauer ist stolz auf den gelungenen Bau (um 1980).

Das Ehepaar Kappel informiert die Kursteilnehmer über seine Überlegungen zum Bau, die Bauplanung und Durchführung (1974).

usw. die Aufgabe der Koordinierung der Informationen verschiedener Referenten zu. Deshalb war es wichtig, dass die Kursleiterin jeden Kurstag selbst leitete. Die nach drei erfolgreichen Testkursen von je vier Tagen im Winter 1971/72 in drei verschiedenen Gebieten der Steiermark erfolgte Evaluierung ergab, dass der Kurs auf sechs Tage ausgedehnt werden musste. Besonders wichtig waren die in den Kursablauf eingeplanten Besichtigungen von gut gelösten Neu- und Umbauten, die anfangs noch spärlich vorhanden waren, nach einigen Jahren aber kein Problem mehr ergaben. Die Besichtigungsziele wurden sorgfältig ausgewählt, die Führungen von den Hauseigentümern selbst durchgeführt, sodass sich konstruktive Diskussionen unter den Bauern und Bäuerinnen ergaben. Bei dieser Gelegenheit teilte der Besitzer seine Bau-Erfahrungen mit, was wesentlich zur Akzeptanz des im Kurs Gelernten beitrug. Lag ein solcher Betrieb in der Nähe des Kursortes, konnte ein theoretischer Teil direkt innerhalb des realisierten Objektes durchgeführt werden – also Praxisnähe pur.

Ein- und zweitägige Aufbaukurse nach einem sechstägigen Grundkurs – dies entspricht dem heutigen System mit „Modulen" – wurden über Wunsch der Kursteilnehmer gehalten. Nach jeder Kursperiode wurde evaluiert, um den Kursinhalt und die methodisch-didaktische Gestaltung, falls erforderlich, für die nächste Kurssaison zu aktualisieren.[143]

Kursleiterinnen waren neben der Wohnbaureferentin jene Mitglieder des Arbeitskreises „Wohnbauberatung", die sich speziell auf die Leitung dieser anspruchsvollen Kursart vorbereiteten.

Eine Bedarfsermittlung als Grundlage für die Planung sollte eine gedankliche Vorwegnahme des Wohnens und danach der Durchführung des Bauvorhabens sein. Daher wurde das „Wohnen" im Titel des Fachbuches „Wohnen und Bauen", ein Nachschlagewerk für Kursteilnehmer und andere Bauinteressierte und als Schulbuch für die Höheren Bundeslehranstalten für Land- und Hauswirtschaft approbiert, vor das „Bauen" gesetzt[144], wenn auch der praktische Vollzug gerade umgekehrt verläuft. Vielfach wurde während des Bauens geändert oder die Beraterin beauftragt, die Einrichtungsplanung im Rohbau oder fertigen Gebäude vorzunehmen. Das Buch sollte auch dem Planer hinsichtlich der Funktionen und Funktionsabläufe, Bedarf an Stell- und Bewegungsflächen im Wohnhaus mit einer Reihe von Richtwerten als eine Grundlage

---

143 Schafhuber Dorothea, Wohnhausplanung und hauswirtschaftliche Beratung. Überlegungen zur Wertung der Beratung und Verbesserung der Wirksamkeit, in: Der Förderungsdienst. Zeitschrift für Lehr- und Beratungskräfte, hgg. vom Bundesministerium für Land- und Forstwirtschaft. 22. Jg., Mai 1974, Heft 5, S. 150–156.
144 Landeskammer für Land- und Forstwirtschaft Steiermark, Abt. Hauswirtschaft, Wohnen und Bauen. Hauswirtschaftliche Planungsgrundlagen für den Wohnbau (brosch.), verf. v. Dora Schafhuber. 1. Aufl. und 2. Aufl. 1971. – Dora Schafhuber, „Wohnen und Bauen" u. a., Graz 1975 1. Aufl. – Dora Schafhuber – Linde Doppelhofer, Wohnen und Bauen. Praxisbuch Landwirtschaftliches Bauen. Graz 1985. – Dies., Aufl. 1987. – Dies., Aufl. 1993. Das Praxisbuch wurde seit der 1. Auflage auch als Schulbuch in den Höheren Lehranstalten für Hauswirtschaft (heute Land- und Ernährungswirtschaft) verwendet und diente als Grundlage für die Wohnungskunde in den Schulbüchern „Haushaltskunde" für landwirtschaftliche Hauswirtschaftsschulen in Österreich.

seiner Planung dienen. So konnte festgestellt werden, dass so mancher freischaffende Architekt dieses Buch als Nachschlagewerk für seine Mitarbeiter im Planungsbüro aufliegen hatte. So manche Bauherrschaften überraschten die mit dem Umbau bzw. der Sanierung des Hauses beschäftigten Professionisten mit ihrem Wissen. Sie schlugen gerne in diesem Buch nach:

Als wir umbauten, gab ich den Bauleuten einige fachliche Anweisungen. Sie wunderten sich, woher ich diese Fachkenntnisse hätte. Ich erklärte ihnen, daß ich immer wieder in dem Buch „Wohnen und Bauen" nachschlage und die für diese Umbaumaßnahmen wichtigen Informationen finde.

C. H.

Das Buch als Nachschlagewerk, auch für Professionisten, wurde des Öfteren von Bauherrschaften erwähnt.

Ein Gemeindebauernobmann bedankte sich bei der Landeskammer für den Wohnbaukurs im Bezirk Hartberg (siehe Abb. oben):

Der Schreiber des Briefes meinte, dass der Besuch eines Wohnbaukurses verpflichtend sein solle für alle, die eine Wohnbauförderung bekommen.

Bauherren, die sich vom Plan ein Modell im Maßstab 1:20 bauten, sahen das reale Produkt in verkleinerter Form und konnten noch allfällige Korrekturen ohne zusätzliche Kosten anbringen. In der Praxis zeigte es sich, dass sich während der Bauphase die Baufachleute, Zimmerer und Maurer eher am Modell als am Plan orientierten.

Anhand der Ergebnisse der Betriebszählungen[145] zum Punkt „Bauzustand" konnte geschätzt werden, wie viele Bauvorhaben sich in den nächsten Jahren ergeben würden bzw. welche bereits vorgenommen wurden. Um die 90er-Jahre gab es keine Bauherrenschulung der Abteilung Hauswirtschaft (Wohnbaukurse) mehr. Förderungsmittel für Baumaßnahmen werden nach wie vor beansprucht. Die Förderung für den Landarbeiterdienstwohnungsbau ist 1983 ausgelaufen.

Situation der bäuerlichen Wohngebäude laut Betriebszählung vom 1. 6. 1970:

Landwirtschaftliche Betriebe gesamt	72.708	
Wohngebäude	70.267	100,00 %
Zustand der Wohngebäude gut	29.650	42,20 %
reparaturbedürftig	31.558	44,91 %
baufällig	9.064	12,90 %
Neu-/Umbau in den nächsten 5 Jahren beabsichtigt	19.971	
Betriebe mit nur Kaltwasserversorgung	41.543	59,00 %
mit Kalt- und Warmwasser	18.483	26,30 %
mit Zentralheizung	9.425	13,41 %
mit Bad	24.865	35,38 %
mit Wasserklosett	21.752	30,96 %
Betriebe mit Fremdenzimmer	3.947	5,61 %
Zahl der Fremdenzimmer	15.668	
Betriebe mit elektrischem Strom	68.353	
ohne Strom	4.355	
Betriebe ohne Zufahrtsweg		12 %

Situation der bäuerlichen Wohngebäude laut Betriebszählung vom 1. 6. 1980:

Landw. Betriebe mit Wohngebäuden	63.082
Anzahl der Wohngebäude	69.438
davon bewohnt	66.064
Betriebe mit Fremdenzimmern	4.421
Anzahl der Fremdenzimmer	21.517
Baujahr der Hauptwohngebäude vor 1880	24.790
1880–1918	8.473
1919–1944	3.713
1945–1960	9.989
1961–1970	7.545
Nach 1970	8.572
Bauzustand gut	39.798
reparaturbedürftig	19.142
baufällig	4.142
Ausstattung der Hauptwohngebäude	
mit kaltem und warmem Fließwasser	38.355
nur mit kaltem Fließwasser	22.339
ohne Fließwasser	2.338
mit Zentralheizung	28.874
mit Bad	42.002
mit Wasserklosett	40.331

145 Statistisches Zentralamt, Betriebszählung 1970 und 1980.

Obwohl nur etwa bei fünf bis sieben Prozent der Betriebe, die laut Betriebszählungsergebnisse Baumaßnahmen vorhatten, die Besitzer einen oder mehrere Wohnbaukurse absolvierten, war die Bewusstseinsbildung durch die Beispielswirkung der neuen oder neu umgebauten Wohngebäude der Kursabsolventen im Umfeld auch bei anderen Bauherrschaften beachtlich.

Bemerkenswert war der Erfolg in der Wohnbauberatung in jenen Bezirken, wo die zuständige Beraterin für eine entsprechende Information und Organisation solcher „Wohnbaukurse" sorgte wie z. B. im Bezirk Weiz. Hier arbeiteten alle drei Beraterinnen aktiv im Kurs mit und informierten über den Sommer ihre Beratungsklienten über die geplanten Wohnbaukurse im kommenden Winterhalbjahr, die von Linde Doppelhofer, nach ihrer Pensionierung von Hedwig Fischer geleitet wurden. Maria Waldhauser übernahm speziell den technischen Teil. In den ersten Jahren mussten aufgrund des regen Interesses der Bauwerber im Bezirk Weiz sogar drei Kurse je Saison gehalten werden.

Die Kontakte zwischen Kursteilnehmern und Kursleiterin hielten meist jahrelang an, da oft nach vorläufig kleineren Umbauten oder Änderungen später neu gebaut wurde.

Rückmeldungen von Beratungsklienten freuen natürlich die Beraterin, die die Bauherrenfamilie bei der Planung und z. T. bei der Einrichtung und Gestaltung betreute:

1989 war es soweit, daß mein Mann und ich beschlossen, für unsere Großfamilie ein neues Haus zu bauen.

Und wieder war es die Abteilung Hauswirtschaft, der wir sehr vieles zu verdanken haben. Wir besuchten den Wohnbaukurs der Bezirkskammer Weiz. Anschließend planten wir zwei Jahre. Unsere Ansprechpartner für die Planung waren im speziellen Architekt Ing. Breininger und unsere Hauswirtschaftsberaterin Linde Doppelhofer. Bei offenen Fragen waren beide bereit, uns zu informieren. Durch die lange Planungszeit und die praktischen Hinweise der Beraterin ist es uns gelungen, unsere Wünsche und Bedürfnisse gut in den Hausbau einfließen zu lassen. Wir fühlen uns sehr wohl in unserem Haus und würden nur Kleinigkeiten ändern. Nur nebenbei erwähnt erhielten wir 1993 den Bauförderungspreis der Landeskammer für Land- und Forstwirtschaft. E. U.

Die damalige Beraterin im Bezirk Murau, Wiltrud Steinberger, organisierte durch einige Jahre jährlich zwei Wohnbaukurse im Bezirk. Einige dieser Kursteilnehmer erhielten nach einigen Jahren für erfolgte und gut gelungene Umbauten den Förderungspreis der Landeskammer für gutes Bauen.

Die Vielseitigkeit der hauswirtschaftlichen Beratung belastete natürlich die Fachkräfte. Ein Wohnbaukurs, sollte er effizient verlaufen, war anspruchsvoll. Da es jedoch in der Regel nicht nur beim Kurs allein blieb, sondern die „geschulten" Bauwerber auch hinsichtlich Beratung immer anspruchsvoller wurden, wurden die Beraterinnen auch nach dem Kurs beansprucht. Da kam es schon vor, dass aus diesem Grund eine Beraterin eines Bezirkes, die nicht über die zusätzliche Ausbildung im Arbeitskreis Wohnberatung verfügte, keinen Wohnbaukurs im Bezirk organisierte.

Das Haus Unger in Bezirk Weiz, das 1993 mit dem Förderungspreis der Landeskammer für gutes Bauen ausgezeichnet wurde.

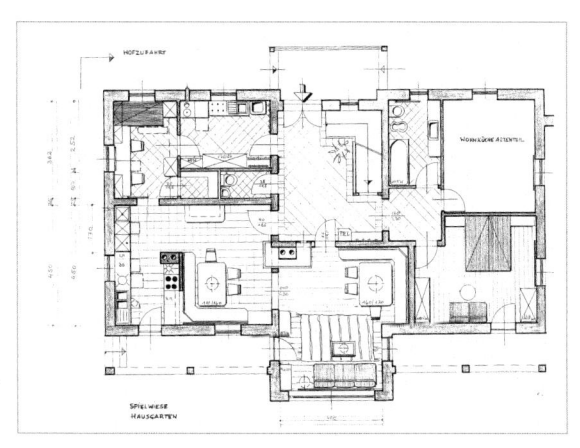

Der Bauboom der vorigen Ära wies durchschnittlich 952 Neubauten pro Jahr auf. Derzeit zählen vor allem Altbausanierungen und Um-, Zu- und Ausbauten älterer Wohngebäude neben Planungen für Wirtschaftsgebäude zu den Beratungs- und Planungsaufgaben der Architekten der Bauabteilung in der Landwirtschaftskammer. Früher fuhr meist die für das betreffende Gebiet zuständige Beraterin mit dem Bauberater zu den Höfen, die um eine Bauberatung ersuchten. Der Architekt erhielt noch auf der Hinfahrt wichtige Informationen zum Beratungsfall. Auch das Auffinden der betreffenden Höfe war somit kein Problem, denn die Beraterin kannte das Gelände und die Verkehrswege. Bei der Besprechung mit der Bauherrschaft konnte die Beraterin ihre Empfehlungen zur Grundrisslösung hinsichtlich Funktionsablauf, Bedarf an Stell- und Bewegungsflächen sowie physiologische und psychologische Bedingungen in die Diskussion begründend einbringen. Heute findet kaum noch ein gemeinsamer Besuch des Architekten mit der regional zuständigen Beraterin beim Auftraggeber statt.[146] Die einst effiziente Zusammenarbeit gibt es kaum noch, wird vielfach bedauert.

Grundriss mit Einrichtungsplan des Hauses Unger. Entwurf von Linde Doppelhofer. Wünsche der Bauherrschaft und die Ideen der Beraterin wurden hier realisiert.

---

146   Dipl.-Ing. Suppantschitsch, Bauabteilung, im Interview 2004.

„Ihr habt leicht reden – sagt mir, wie ich das bezahlen soll?" – Einführung in die Investitions- und Finanzierungsplanung

Diese Bemerkung eines Teilnehmers eines Wohnbaukurses der Hauswirtschaftsberatung Anfang der 70er-Jahre war ein Beispiel, dass Bauern Beratungskräften gegenüber gerne einen Mangel an Finanzierungsfähigkeit vermitteln, andererseits aber öfters die verfügbaren Mittel bedenkenlos durch Investitionen, vor allem wenn sie auch prestigeträchtig sind, überzogen werden. Die erwähnte Aussage machte deutlich, dass die Investitions- und Finanzierungsplanung bei allen Investitionsvorhaben ein fixer Kurs- und Beratungsinhalt sein muss. Vor allem bei einer der größten Investitionen im Leben eines Betriebsführers, dem Wohnhausbau, früher als Wertschöpfung eines Arbeitslebens gesehen, darf diese Maßnahme nicht fehlen. Nach der von der Wohnbaureferentin in Wohnbaukursen erprobten Methode führten schließlich die Betriebsberater die Investitions- und Finanzierungsplanung in den Bauherrenschulungen durch. Weiters wurde die Investitions- und Finanzierungsrechnung von einigen Hauswirtschaftsberaterinnen selbst bzw. in Zusammenarbeit mit den Betriebswirtschaftlern bei verschiedenen Maßnahmen durchgeführt wie bei Beratungen und Planungen für die Gästebeherbergung, den Buschenschankkalkulationen und in der Direktvermarktung.

Betriebseinkommen des Haushalts

Direktvermarktung

Es ist noch nicht lange her, dass die Bäuerin für ein so genanntes „Körberlgeld" sorgte, um Bedürfnisse für die Haushaltsmitglieder decken zu können. „Sommerfrischler" brachten Geld in so manche Bauernhöfe in der Obersteiermark. Buschenschänken waren kurzzeitig geöffnet, so lange eben der Weinvorrat reichte. Die Jause bestand aus Erzeugnissen, wie sie der Bauer selbst genoss: Brot, Verhackert, Geselchtes. Andernorts wurden Überschussprodukte wie z. B. Butter, Brot, Eier und Geselchtes den Geschäften, Gaststätten und Bürgersfrauen angeboten. War ein Bauer ohne Geld und hatte dringende Zahlungen zu erledigen, wandte er sich an die Bäuerin, die ihm vielleicht aus der Not helfen konnte. Der umgekehrte Fall kam seltener vor.

Der Weg vom Verkauf von Überschussprodukten zur erfolgreichen Direktvermarktung in der zweiten Hälfte des 20. Jahrhunderts war nicht leicht. Nur die traditionellen Bauernmärkte in Graz mit einer einzigartigen Sortenvielfalt wurden zunehmend beliebter, vereinzelt entstanden neue in den Grazer Randbezirken und auch in anderen Städten und Märkten. Schwieriger war der Absatz in Gebieten ohne größere Ballungszentren. Erst als entsprechende Beratungen, Schulungen und Förderungen, gebunden an gesetzliche Vorschriften, verstärkt eingesetzt wurden und die

Bauern und Bäuerinnen darüber hinaus eigene Initiativen entwickelten, das Qualitätsdenken sowohl bei den Erzeugern als auch bei den Konsumenten zunahm, konnte die Direktvermarktung als ein erfolgreicher, einträglicher Betriebszweig professionell betrieben werden. Dabei zeigten sich unterschiedliche regionale Entwicklungen.

Die Direktvermarktung wurde von der Beratung schon länger forciert. Ansätze in den 50er-Jahren hiezu waren vielversprechend, doch kam diese Aktion nicht zu einem erfolgreichen Durchbruch. Vielleicht war die Zeit dafür noch nicht reif; für die Nachfrage der Konsumenten nach Produkten direkt vom Bauern fehlte die mediale und politische Unterstützung. Auch waren die Bauern noch nicht auf eigene Initiativen des Marketings eingestellt, denn die Genossenschaft bestimmte den Verkauf. Vielleicht hätte man von der Kammerführung und der Abteilung Hauswirtschaft aus diese Entwicklung in Zusammenarbeit mit anderen Abteilungen und Institutionen, und zwar durch mehr Betreuung der Aktion, forcieren können. Doch die Bauern und Bäuerinnen bewiesen in den letzten Jahrzehnten neben Interesse für spezielle fachliche Weiterbildung Mut zu neuen Wegen und Kreativität.

Schon in der zweiten Hälfte der 50er-Jahre und besonders in den 60er-Jahren stellte die Kursleiterin der Abteilung Hauswirtschaft, Anna Prettenthaler, im Rahmen ihrer Fleischverwertungskurse neben Selchspeck die besonders schmackhafte „Speckroulade", den „Judenburger Silberschinken", den „Murauer Schinken", „Čelodič", eine Spezialität aus dem nordwestlichen Slowenien, u. a. m. her, Spezialitäten, die für den Verkauf (Direktvermarktung) an Sommerfrischler, Reisende und über die Aktion „Vom Erzeuger zum Verbraucher"[147] bestens geeignet waren – zumindest gewesen wären. Nur in Einzelfällen kam es anfangs zum Verkauf von landwirtschaftlichen Produkten ab Hof an Privatkunden, obwohl auch die Direktvermarktung einer der Schwerpunkte der Hauswirtschaftsberatung in den 60er-Jahren war. Die Abteilung Hauswirtschaft ließ für interessierte Bauern einheitlich gestaltete Plakate herstellen, die diese in der Nähe von Straßen aufstellen hätten können, doch hiefür fehlte es an Interesse vonseiten der Bauern. In den 70er-Jahren wurde die Beratung in dieser Sparte vorerst im Rahmen des Referates „Urlaub am Bauernhof" betrieben.

Ab den 80er-Jahren entwickelte sich die Direktvermarktung zu einem durchaus professionellen Betriebszweig und wird von Fachkräften der Kammer erfolgreich betreut. Beraterinnen initiierten und betreuten in Zusammenarbeit mit kommunalen Gremien und auch so mancher Landwirtschaftsschule Bauernmärkte. Die Neugründung eines Bauernmarktes nach qualitativen Grundsätzen bewährte sich, wie Beispiele in Gleisdorf, Deutschlandsberg, Radkersburg u. a. m. zeigen. Die Marktfahrer so

---

147 Die Aktion „Vom Erzeuger zum Verbraucher" sollte den Absatz bäuerlicher Produkte fördern. Von der Landeskammer wurden den interessierten Bauern Plakate zur Verfügung gestellt, in die die angebotenen Produkte vermerkt und in Straßennähe aufgestellt werden sollten.

Links: Ein den Vorschriften der 80er-Jahre entsprechend eingerichteter Fleischverarbeitungsraum im Bezirk Weiz. Rechts: Verkaufsraum eines Obstbauern an der Apfelstraße (1991).

mancher bereits etablierter Märkte benötigten etwas länger, um den qualitativen Ansprüchen gerecht zu werden. Eine Ausnahme stellten allerdings die traditionellen Bauernmärkte in Graz dar, die für ein reichhaltiges Angebot bekannt waren und sind.

Inzwischen werden Managementmethoden auf diesem Sektor, z. B. mit einheitlichem Logo der Direktvermarkter, aus vermarktungsstrategischen Gründen bundeseinheitlich praktiziert. Für Direktvermarkter wurde die Broschüre „Die bäuerliche Direktvermarktung" mit Beispielen von Investitions- und Finanzierungsplanung sowie Wirtschaftlichkeitsrechnungen von der Landwirtschaftskammer und die Broschüre „Verkaufsräume für die bäuerliche Direktvermarktung" vom Landwirtschaftsministerium aufgelegt. Das ÖKL erstellte Baumerkblätter für Verarbeitungsräume, die die gesetzlichen Anforderungen, die immer wieder verschärft wurden, enthielten. Die erste Ausgabe wurde von der steirischen Beraterin Linde Doppelhofer, die zweite aktualisierte Auflage von Doppelhofer und dem Innenarchitekten in der Abteilung, Ing. Manfred Eder, gestaltet. Nach dem Motto „Gemeinsam sind wir stärker" kommt es zu weiteren Vereinsbildungen. Eine Direktvermarkter-Markenpolitik verfolgt der Verein „Gutes vom Bauernhof" seit den 90er-Jahren. Geschäftsführerin ist Grete Reichsthaler.

Aufgrund der Entwicklung in der Landwirtschaft und auf dem Markt kam es zu den erwähnten Vereinsgründungen, um die Vermarktung, den Vertrieb auf einem Bauernmarkt, in Bauernläden oder Ab-Hof-Verkauf einzelner Betriebe zu professionalisieren.

Die Beraterin der Bezirkskammer Deutschlandsberg, Uta Höbel, wurde beauftragt, für das Koralmgebiet „etwas zur Direktvermarktung mit Produkten der Region auf die Füße zu stellen".[148] Kontakte mit regional und kommunal maßgeblichen Per-

---

148 Telefonisches Interview mit Uta Höbel am 31.3.2003.

Bauernmarkt am Kaiser-Josef-Platz in Graz, 1987. Bemerkenswert ist u. a. das reiche Apfelsortiment, das auf Grazer Bauernmärkten angeboten wird.

sonen, Sammeln von Ideen, Vorschläge von Interessierten in der Region führten zu erfolgreichen Lösungen. Für das Kunsthandwerk wurde ein Ausstellungs- und Verkaufsraum in Rassach errichtet, für Interessierte im Koralmgebiet ein Verein gegründet, dem Bauern, Gewerbetreibende und andere Interessenten angehören.

Die Direktvermarktung fand nach dem hier festgesetzten geschichtlichen Zeitrahmen durch neue Formen der Beratung ihre Fortsetzung. In der Abteilung Ernährung und Erwerbskombination wirken Produktqualitätsarbeitskreise zur Ausbildung und Beratung für Direktvermarkter. Veranstaltungen wie Regionalmarketing dienen der Konsumenteninformation ebenso wie die Projekte Stadt-Land-Feste, die Prämierungen von bäuerlichen Produkten verschiedener Art, Schule am Bauernhof u. a. Die Ausbildung der Direktvermarkter in Zertifikatslehrgängen wie auch andere sind von der EU gefördert.

Broschüre des Bundesministeriums, verfasst von Linde Doppelhofer und Co.

Beginn des geförderten Betriebszweiges „Urlaub am Bauernhof"

Gästebeherbergung auf Bauernhöfen war in der ersten Hälfte des 20. Jahrhunderts in der Steiermark keineswegs neu. Wie bereits berichtet, waren vor allem Bauern in der

Obersteiermark schon früher mit dem Tourismus konfrontiert. Doch als eine von der öffentlichen Hand zu fördernde Einkommensnische wurde die bäuerliche Gästebeherbergung erst in den 50er-Jahren aktuell. Über Betreiben des Beherbergungsgewerbes legte der Bundesgerichtshof gesetzlich die Abgrenzung zwischen gewerblicher und nichtgewerblicher Gästebeherbergung und Verköstigung fest:

Eine vergleichsweise geringe Zahl im Voraus bestimmter Personen, die verköstigt werden.

Die Verköstigung darf nicht über den Rahmen „eines häuslichen Tisches" hinausgehen, also dürfen nur Speisen verabreicht werden, die vorher mit dem Gast abgesprochen werden.

Für die Mahlzeiten darf kein gasthausgleiches Lokal eingerichtet werden.

Es dürfen keine gasthausüblichen Getränke auf eigene Rechnung verabreicht werden.

Zur Bedienung dürfen nur die dem regelmäßigen Hausstande des Kostgebers angehörigen Personen Verwendung finden.[149]

Über die Umstellungsgemeinschaften im Oberland wurde der Trend zum Ausbau von Gästezimmern verstärkt. In diesen Zeitabschnitt fällt der Beginn der Fachkurse über den „Bäuerlichen Fremdenverkehr". Sie waren integriert in die Beratungsarbeit der neu gegründeten Umstellungsgemeinschaften. Aber nicht nur hier, auch in der übrigen Steiermark waren Vorträge und Kurse zu diesem Thema gefragt. Schwerpunkte der Kurse und Beratungen waren die Einrichtung der Gästezimmer und der Aufenthaltsräume, Preiskalkulationen des Frühstück und weiterer Mahlzeiten, Hinweise über den richtigen Umgang mit dem Gast und gesetzliche Bestimmungen. Es zeichnete sich alsbald ab, dass die Gästebeherbergung und Verpflegung eine zukunftsweisende Alternative zur Einkommensbeschaffung über den Haushalt speziell in den Umstellungsgebieten der Obersteiermark und der nördlichen Oststeiermark sein könnte.

Als Probleme wurden in den 50er-Jahren erkannt:
- Die Vermieter kalkulierten meist nicht richtig, der Aufwand überstieg das Einkommen.
- In vielen Fällen fehlte es bei der Familie der Vermieter an der nötigen Einsicht, dass die Bäuerin mit diesen zusätzlichen Aufgaben überfordert ist, wenn sie nicht von betrieblicher Arbeit entlastet wird. Nicht selten führte die Arbeitsüberlastung durch die Gästebeherbergung zu gesundheitlichen Schäden der Bäuerinnen. Die Beraterinnen hatten da viel Überzeugungsarbeit sowohl bei den Frauen, die sich zu viel zumuteten, als auch bei den Männern, denen es an nötigem Verständnis fehlte, zu leisten.

---

149 TB 1952 und 1953, S. 32f.

- Nicht alle Haushaltsmitglieder verhalten sich den Gästen gegenüber so, wie sich Gäste dies wünschen. Auch wenn nur ein Mitglied der Hausgemeinschaft seinen Unmut über die Gäste diesen zu verstehen gibt, werden diese kein weiteres Mal diesen Hof besuchen.

Ab Mitte der 50er-Jahre wurde die Gästebeherbergung zu einem wichtigen Betriebszweig für bäuerliche Betriebe, vornehmlich in entlegenen Orten und Gebieten, die landschaftlich den Erwartungen der Urlauber entsprachen. Für diese Sparte bedurfte es meist kostenaufwändiger Investitionen, die in vielen Fällen nur mit Hilfe von Förderungen durchgeführt werden konnten. Die Hauswirtschaftsberatung hatte, teilweise zusammen mit dem Bauberater, die Räume und Einrichtung so zu planen, dass sie den Förderungsrichtlinien, den Erwartungen der Gäste und der Wirtschaftlichkeit dieses Betriebszweiges entsprachen: Also schulen und beraten, damit die Vermieter erfolgreich bilanzierten. 1963 wurden die ersten Fremdenverkehrskurse veranstaltet. In der Folge konnten die Bauern und Bäuerinnen in den Wintermonaten eine Reihe von Kursen besuchen, die, je nach Bedarf der Interessenten bzw. Angebot vonseiten der Kammer, z. B. ab den 70er-Jahren als dreitägige Schulungen und ergänzende Aufbaukurse oder in ein bis drei Kurstagen nach Themenschwerpunkten stattfanden. Die Kurse waren freiwillig, kostenlos und nicht an die Förderungen gebunden.

Im Jahre 1966 wurde eine Förderung für Fremdenzimmer als zinsverbilligter Kredit (AIK[150]) von sechs Betrieben beantragt und S 159.000,– ausbezahlt. Ab 1968 wurden speziell in den Umstellungsgebieten Beihilfen für Investitionen im bäuerlichen Fremdenverkehr gewährt.

1965 wurde der Fremdenverkehrsausschuss der Landeskammer gegründet. Die Geschäftsführung oblag der Leiterin der Abteilung Hauswirtschaft. 1967 wurde von Dipl.-Ing. Ludmilla Weihs in Zusammenarbeit mit dem Landesfremdenverkehrsamt ein Adressenverzeichnis der bäuerlichen Vermieter erstellt. Die Höfe der Bauern, die eine Einschaltung beantragten, wurden auf ihre Qualität überprüft. Es wurden 1500 Betriebe aufgenommen. Gute Fremdenverkehrsbetriebe erhielten ab 1970 eine Plakette aus Keramik „Von der Landeskammer für Land- und Forstwirtschaft empfohlener Hof". Die Broschüre für Vermieter mit Beiträgen über Voraussetzungen für diesen Betriebszweig, Service, Raumbedarf, Kosten für Frühstück, rechtliche und steuerliche Bestimmungen, erstellt um 1965 von Dipl.-Ing. Weihs, wurde 1972[151] von der damaligen Vorsitzenden des Arbeitskreises Fremdenverkehr und in weiteren Auflagen von der jeweiligen Fremdenverkehrsreferentin aktualisiert. Ab dieser Zeit wurden Grundrisslösungen für Gästezimmer und Ferienwohnungen sowie Kostenkalkulationen

---

150 Agrarinvestitionskredit.
151 Der Urlaubsgast am Bauernhof, Landeskammer für Land- und Forstwirtschaft, Abteilung Hauswirtschaft (Hg.), verschiedene Autoren, Graz, 1972.

mit Arbeitsbedarfszahlen, Investitions- und Finanzierungsplanung in diese Broschüre aufgenommen.

Der Landesverein (später Landesverband) „Urlaub am Bauernhof" wurde 1972 gegründet. Die Geschäftsführung wurde Dipl.-Ing. Ludmilla Weihs übertragen. In diesem Jahr traten 70 Mitglieder dem Verein bei, 1975 waren es bereits 841. Die begünstigte Einkaufsmöglichkeit im Metromarkt für Mitglieder des Landesvereins wirkte sich aus.

Eine Spezialistengruppe auf Bundesebene, bestehend aus Fachreferentinnen einiger Bundesländer unter Leitung von Dipl.-Ing. Nora Matzinger vom Bundesseminar für das landwirtschaftliche Bildungswesen Wien-Ober-St. Veit, arbeitete mit großem Elan und fachlicher Kompetenz an Unterlagen, Richtwerten und Beispielen zum Thema „Urlaub am Bauernhof"[152], war doch der Erfolg dieses Betriebszweiges durch ein ausgewogenes Preis-Leistungsverhältnis, dem entsprechenden Umgang mit dem Gast und entsprechend ausgestatteten Gästeräumen verbunden. Der meist hohe Aufwand für bauliche Maßnahmen, Investitionen in die Ausstattung und Einrichtung der Wohn-, Schlaf- und Sanitärräume, der Aufenthaltsplätze für Gäste im Freien sowie der Arbeitsaufwand für die Betreuung der Gäste sollte sich lohnen. Der steirische Weg der Fachberatung über den bäuerlichen Fremdenverkehr wurde auch von anderen Bundesländern mit Interesse wahrgenommen und die Fachreferentin auch zu Vorträgen außerhalb der Steiermark eingeladen.

Das Kurswesen zum Thema Gästebeherbergung und -verköstigung, Wirtschaftlichkeitsrechnungen, Preiskalkulationen, Ausstattung und Einrichtung, Arbeitsaufwand und -bedarf, Finanzierung, Schriftverkehr, Umsatz- und Mehrwertsteuerberechnung, Rechtsfragen wurde intensiviert. Nach allen Kursen fand wie bei den Wohnbaukursen eine Evaluierung statt, um die Themeninhalte und die Kursgestaltung stets zu aktualisieren.

1977 fand eine große Fremdenverkehrsausstellung auf der Grazer Messe unter der Planung und Organisation der bis dahin zuständigen Fachreferentin für Fremdenverkehr, verbunden mit mehreren Sonderschauen, statt. Die in diesem Rahmen von der Abteilung Hauswirtschaft angebotene Beratung durch die jeweils Dienst habenden Mitglieder des Beraterinnen-Arbeitskreises „Fremdenverkehr" wurde von zahlreichen interessierten Vermietern beansprucht. Mitglieder des Arbeitskreises Fremdenverkehr waren nach einem Einsatzplan beratend auf der Messe tätig. Nach der Messe übernahm die Beraterin Wiltrud Steinberger sowohl das Fachreferat Fremden-

---

152 Geisler Gunde, Matzinger Nora, Schafhuber Dora, Der Urlaubsgast auf dem Bauernhof. Hg. Österreichisches Kuratorium für Landtechnik, Wien 1974; – Geisler Gunde, Vermieter werden ist nicht schwer – Vermieter sein dagegen sehr, in: Praktische Landtechnik, Nr. 5, Mai 1974, S. 180 (20) – 182 (22). – Geisler Gunde, Matzinger Nora, Schafhuber Dora, Nebenerwerb oder Hobby, in: Praktische Landtechnik, Nr. 8, August 1974, S. 282 (18) – 285 (21).

verkehr von Ing. Schafhuber als auch die Geschäftsführung des Landesvereins „Urlaub am Bauernhof" von Dipl.-Ing. Weihs. Endlich kam das Fach in eine Hand, eine Fachkraft wurde zur Gänze für diese Sparte bestellt, ohne mit anderen Aufgaben belastet zu sein. 1979 wies der Landesverband 1530 Mitglieder auf. Auf Wiltrud Steinberger folgten Dorli Sand, dann Sieglinde Steinwender als Fremdenverkehrsreferentinnen. Letztere wurde für eine großartig gestaltete Ausstellung auf der Grazer Messe mit einem Preis von der Wirtschaftskammer belohnt. Danach wechselten einige Referentinnen, bis Mag. Astrid Schoberer diese Aufgabe übernahm.

In den 80er-Jahren wurden Beratungen und Kurse zu diesem Nebenerwerb von den Beraterinnen in den Bezirkskammern, hauptsächlich jedoch von der Fremdenverkehrsreferentin in der Abteilung „Hauswirtschaft" durchgeführt. Dann wurde für die Geschäftsführung des Landesvereins der „Urlaub am Bauernhof" mit den Marketing- und Werbe-Angelegenheiten vordringlicher. Hauptaufgabe der Geschäftsführerin des Landesvereins waren neben laufenden Kontakten mit dem Vorstand organisatorische Aufgaben des Vereins, Entwicklung und Durchführung von Marketingstrategien, Pressearbeit, Erstellen des Kataloges der Betriebe mit Urlaub am Bauernhof sowie Broschüren. Kurse für Vermieter halten die Beraterinnen. In der zweiten Hälfte der 90er-Jahre wurden Zertifikatslehrgänge für bäuerliche Vermieter eingeführt.

„Die Jause sperrt den Keller auf" – Buschenschankberatung

Die Hauswirtschaftsberaterin, Tochter eines Weinbauern, drängte sich den Weinbauberatern zur Mitarbeit in der Weinbauberatung auf, als sie feststellte, daß diese die Jause lediglich als Lockmittel für den Besuch eines Buschenschankes bewerteten. Deren Interesse lag weniger auf einer kostendeckenden Preisgestaltung für die gute Jause, verdient soll am verkauften Wein werden. Die Initiative der Beraterin, die Jause richtig zu kalkulieren, wurde anfangs zögerlich, doch dann selbstverständlich von den Herren akzeptiert. C. K.

Die bisher gepflogenen Vertriebsmöglichkeiten, z. B. Flaschenschankvertrieb über Private in Ballungszentren, brachten keinen befriedigenden Erfolg.[153] Doch bald setzte sich das betriebswirtschaftliche Denken auch bei der Jause durch, und die Buschenschankjausen wurden kalkuliert. So mancher Buschenschänker konnte damals nicht den räumlichen und qualitativen Ansprüchen der Besucher gerecht werden. Oft wurde die Jause zu einem Preis unter den Gestehungskosten verkauft. Die Arbeit der Jausenbereitung und die Bedienung der Gäste oblag der Bäuerin und wurde von den Weinbauern als selbstverständlich betrachtet. Dem dafür erforderlichen Arbeitsauf-

---

153 Interview Ing. Wilhelm Sattler, Gamlitz, 5. 11. 1989.

wand für diesen Betriebszweig, weil im Haushalt verrichtet, wurde kaum Beachtung geschenkt. Andererseits war eine entsprechende Qualität im Buschenschank auch ein Anliegen der Weinbauberatung. Es kam zu einer engeren Zusammenarbeit zwischen Weinbauberatern und Hauswirtschaftsberaterinnen in den südsteirischen Bezirken. Das neue Buschenschank- und Lebensmittelgesetz erforderte ein verstärktes Angebot an Buschenschankkursen in den Weingebieten.

Das steirische Buschenschankgesetz schreibt genau vor, welche Speisen und Getränke im (nichtgewerblichen) Buschenschank verkauft werden dürfen. Verboten sind alle warmen Speisen. Zu Beginn der 70er-Jahre war einer der Schwerpunkte der Beraterinnen-Weiterbildung auf Bundes- und Landesebene die Einführung in das Kostenrechnen und in die Investitions- und Finanzierungsplanung. Jahre zuvor wurden die Beraterinnen von der damaligen Referentin für Fremdenverkehr in die Buschenschankkalkulationen eingeführt, und es wurden in der Gruppe Richtwerte erarbeitet.[154] Wie bei Investitionen im Fremdenverkehr wurden Beispiele mit Kalkulationsunterlagen über Kapitalbedarf, Richtwerten für die Nutzungsdauer der Investitionen, Instandhaltungskosten, Kosten-, Deckungsbeitrags- und Wirtschaftlicheitsrechnung sowie Richtwerte für die Arbeitsaufwandsermittlung erstellt. Mit dem Weinbau vertraut, führte die Hauswirtschaftsberaterin in Radkersburg, Christel Kortschak, Tochter eines Weinbauern und Weinbauberaters, Kostenrechnungen in den Buschenschankkursen ein. Sie arbeitete Beispiele vereinfachter Berechnungen aus, die sie nicht nur in ihren Kursen, sondern auch außerhalb ihres Bezirkes einsetzte bzw. ihren Kolleginnen in den Weinbauregionen zur Verfügung stellte. Die Kalkulationsmethoden bezogen sich auf Investitionskosten und die Berechnungen der Kosten von Buschenschankjausen und wurden jährlich aktualisiert. Erfahrungs-

Erste Buschenschankbroschüre der Landeskammer Steiermark unter Mitarbeit einer Reihe von Fachkräften, für den Inhalt verantwortlich: Dipl.-Ing. Ludmilla Weihs (1981).

---

154 Buschenschankbroschüre, hgg. von der Abt. Hauswirtschaft in Zusammenarbeit mit der Rechtsabteilung. – Rundschreiben vom 21. 5. 1974 von Dr. Bayer an Bezirkskammern in den Weingebieten mit beigefügten Buschenschank-Kalkulationsunterlagen, zusammengestellt von FOI Schafhuber in Zusammenarbeit mit Beraterinnen.

Buschenschank in der Südsteiermark (um 1986).

werte waren hilfreich. So wurde ermittelt, dass im Durchschnitt der Aufwand für Jause und Getränk und der Erlös daraus zu je 50 % dem Wein und der Jause zugerechnet werden können. Problematisch erwiesen sich anfangs die Baumaßnahmen in den Buschenschankbetrieben. Buschenschankräume waren laut, Wände und Decken der Räume reflektierten den Schall. Die Akustik wurde von den Gästen als unangenehm bis sehr störend empfunden. Die neue Einrichtung entsprach vielfach der von den Tischlern vertretenen Mode „rustikaler" Art. Die Arbeitsräume waren oft unzweckmäßig, nicht den Funktionsabläufen des Buschenschankbetriebes entsprechend eingerichtet. Beratungen zur Einrichtung wurden meist zu spät angefordert oder nicht realisiert. Erst um die Mitte der 70er-Jahre setzte vor allem unter den jüngeren Frauen und Männern die Forderung nach bestmöglicher arbeitswirtschaftlicher Lösung im Arbeitsbereich und Verständnis für eine behagliche Atmosphäre in den Buschenschankräumen ein.

Der Buschenschank begann in den Weinbaugebieten zu florieren. Nach und nach entstanden speziell im oststeirischen Raum auch Mostbuschenschänken, die sich allgemeiner Beliebtheit erfreuen. Die Nachfrage nach Gästezimmern in den Weinbaugebieten nahm zu. Diesem Trend entsprechen zunehmend Betriebe in der südlichen Steiermark, sofern sie über die erforderlichen Arbeitskräfte verfügen. Auch hier zeigte sich ein Trend zu Ferienwohnungen. Die Professionalisierung des Nebenerwerbs „Urlaub am Bauernhof" setzte sich schließlich auch in den Buschenschankregionen durch.[155]

---

155 Interviews mit SI Ing. Sieglinde Rothschedl, Geschäftsführerin von 1984–1988 am 11. 3. 2003 und der derzeitigen Geschäftsführerin Mag. Astrid Schoberer am 15. 1. 2003.

Sozialaufgaben der Hauswirtschaftsberatung

Beginn der Familienhilfe – Beraterinnen sorgten für notwendigen Einsatz im Bezirk[156]

Als die von der Caritas und mit großen Engagement von Dr. Bayer gegründete Arbeitsgemeinschaft „Steirisches Mutterhilfswerk – Familienhilfe" durch den Einsatz geschulter Familienhelferinnen bei Notfällen in Familien, in diesem Fall in bäuerlichen Haushalten, zu wirken begann, waren auch die Beraterinnen gefordert, indem sie Problemfälle in ihrem Bezirk zwecks Einsatzes einer Familienhelferin an die Einsatzzentrale der Caritas in Graz meldeten. Zumindest einmal während des Einsatzes der Familienhelferin sollte diese auf dem Betrieb besucht werden, um sich über die Situation im betreffenden Haushalt zu informieren. Diese Umsicht der Beraterin war wichtig, wie ein Beispiel aus der Praxis zeigt:

> *Die Beraterin wurde auf eine Notsituation aufmerksam gemacht und beantragte umgehend den Einsatz einer Familienhelferin bei der Caritas in Graz. Doch die zuständige Pfarre meldete den Bedarf einer Helferin ab, weil der Fragebogen, der per Post der betroffenen Bäuerin zugestellt wurde, nicht zeitgerecht wieder im Pfarramt einlangte. Die Bäuerin war Witwe, die im Wochenbett lag. Ihr Mann starb kurz vor der Entbindung. Das älteste Kind, ein elfjähriger Bub, mußte alle Arbeit in Haus und Stall verrichten. Er kam daher nicht in den Ort, um den Fragebogen abzugeben. Zum Glück war die Familienhelferin in Graz bereits angereist, bevor die Ablehnung durch das Pfarramt bei der Caritas einlangte. Die Beraterin, die von der Absage durch die Pfarre nichts wußte, machte sich an einem der nächsten Tage auf den über zwei Stunden weiten Fußweg zu dem Bergbauernhof. Nach Aussage der Bäuerin wollte diese sich bereits aus Verzweiflung das Leben nehmen, doch davor rettete sie die Familienhelferin, die rechtzeitig zu ihr kam. Die Beraterin konnte einige Hilfsaktionen vor allem von den Wirtschaftsbetrieben der zuständigen Pfarre für diese schwer getroffene Frau in die Wege leiten. Der Vater der Familienhelferin, ein Bauer in der Nachbargemeinde, erntete für die Bäuerin die Kartoffeln und half auch sonst – kostenlos.*
>
> D. S.

1960 waren sieben, ab Juni 1960 nach zweimonatiger Ausbildung 28, ab November 1960 33 Familienhelferinnen ausgebildet. Insgesamt kam es 1960 zu 506 Einsätzen in bäuerlichen Familien. Stationär waren in den Pfarren 16 Familienhelferinnen tätig.

---

156 Die Entwicklung des Steirischen Mutterhilfswerkes – Familienhilfe, in: 60 Jahre Caritas, Jahresbericht d. Steir. Caritas 83/84. Familienhilfe i.d. Stmk., S. 64ff., 81f.

Familienhelferinnen und Einsätze von 1961–1976[157]

Jahr	Familienhelferinnen	Einsätze
1961	33	476
1963	55	794
1966	76	387
1970	20	231
1973	44	280
1976	56	296

Außer den mobilen standen auch stationäre, in einzelnen Pfarren angestellte Familienhelferinnen zur Verfügung, die meist sehr schnell am Einsatzort sein konnten.

Gebietsweise gab es die Betriebshilfe auch für Bäuerinnen, eine Haushaltshilfe, die über den Maschinenring organisiert und abgerechnet wurde. In den betroffenen Bezirken war die Beraterin mit der Kontrolle und einer damit verbundenen bürokratischen Bearbeitung befasst.

Beraterinnen engagierten sich im Sozialbereich. Die Jugendarbeitslosigkeit in den 70er-Jahren stellte sie oft vor schier unlösbare Probleme. Sie waren in stetem Kontakt mit der Arbeitsmarktverwaltung.

Kur, Erholungswochen, Meeraufenthalt

Die Frauen zu Kuraufenthalten zu bewegen, war oft vergebliche Mühe vonseiten der Beraterinnen, denn sie blieben daheim, um zu arbeiten – sie fühlten sich unentbehrlich – und der Mann ging auf Kur. Als Bäuerin auf „Urlaub" zu gehen war noch lange gesellschaftlich wenig toleriert. Auch in dieser Hinsicht war der Grund: „Was sich wohl die Leute denken werden."

Erholungs- und Bildungsurlaub für Bäuerinnen wurden von der Katholischen Frauenbewegung 1954 durch das Steirische Müttererholungswerk „Mütter auf Ferien" gegründet. Sie führte für Bäuerinnen dreiwöchige Erholungsturnusse in den Wintermonaten durch. Die 1966 gegründete Bauernkrankenkasse übernahm nun 80 Prozent der Gesamtkosten der Erholungsaufenthalte der Bäuerinnen.[158] Im Jahre 1970 startete die Erholungsaktion „Landfrauen ans Meer" mit dem Standort Crikvenica in Kroatien. Dies war eine Initiative der Landwirtschaftskammer, Abteilung Hauswirtschaft in Zusammenwirken mit der Bauernkrankenkasse.

Für Bauernkinder gab es ebenfalls Meeraufenthalte. Diese wurden von den Hauswirtschaftsberaterinnen, auch im Zusammenwirken mit Bäuerinnen, organisiert.[159]

---

157 Diverse Tätigkeitsberichte der Landeskammer.
158 Stöckler Franziska, Die Beratungs- und Bildungsarbeit, S. 234ff.
159 TB 1970/71, S. 159.

Ich übernahm einmal als Bezirksbäuerin die Verantwortung für die Erholungsaktion „Bauernkinder ans Meer". 44 Kinder waren der Obhut junger Mädchen anvertraut, und ich bat meinen Mann, mit mir in Crikvenica einmal Nachschau zu halten. Er war nicht abgeneigt, und wir fuhren nach Jugoslawien. Es war alles in bester Ordnung, und als die Kinder mit ihren „Tanten" nach zwei Wochen heimkamen, kaufte ich den Mädchen kleine Kreuzerln in Silber, ein heimlicher Dank an unseren Herrgott. C. H.

Im Raiffeisenhof begannen die Erholungswochen für Bäuerinnen im Jahre 1971, ab 1974 liefen sie als Aktion „Bildungsurlaub für Landfrauen", ab 1975 als „Bäuerinnenerholung" in Zusammenarbeit der Abteilung Hauswirtschaft der Landeskammer, der Sozialversicherungsanstalt der Bauern, der Bezirkshauptmannschaft, dem Bildungshaus der Landwirtschaftskammer, dem Raiffeisenhof und der Katholischen Frauenbewegung.[160] Schließlich organisierte die Frauenbewegung Erholungswochen am Grabnerhof und in der Fachschule Stein bei Fehring.

Leider nahmen und nehmen an den Erholungsurlauben wenige oder keine Bäuerinnen mittleren Alters teil, denen Erholung Not täte, sondern vorwiegend Frauen ab 70. L. W.

In Gebieten mit Streulage der Höfe machte sich zunehmend das Gefühl der Vereinsamung bei so mancher Bäuerin bemerkbar. Dem versuchte man mit Erfolg durch die Organisation von Bäuerinnen-Treffen und Wanderungen entgegenzuwirken. Im Bezirk Mürzzuschlag organisierte die Beraterin Rita Wolf solche Veranstaltungen, wobei man jedes Mal zu einem anderen Hof wanderte.

Fällt eine Bäuerin als Arbeitskraft aus, wirkt sich dies meist sehr problematisch aus. Das Steirische Mutterhilfswerk mit dem Sitz in der Caritas Steiermark bildet Familienhelferinnen aus, die bei Notsituationen für Haushalt und Familie eingesetzt werden, aber nicht im Betrieb. In letzter Zeit werden diese immer weniger von bäuerlichen Familien angefordert. An ihrer Stelle werden über die Organisation der Maschinenringe Betriebshelferinnen angefordert, die auch betriebliche Tätigkeiten ausüben dürfen. Nach einem von der Hauswirtschaftsberaterin Hedwig Fischer entwickelten Modell wird über den Maschinenring die Nachbarschaftshilfe von Bäuerin zu Bäuerin organisiert.

---

160 TB 1974/75, S. 104.

Der erste Hauswirtschaftliche Beirat der steirischen Landeskammer (1964).

Bäuerinnenorganisation

Bäuerinnen hatten erstmals in der Zeit des „Dritten Reiches" eine Standesvertretung. Die Organisationshierarchie führte über Ortsbäuerin, Kreisbäuerin, Landesbäuerin. Nach dem Zweiten Weltkrieg wurden zwar bald die Bauernvertreter (Ortsbauernführer, Gemeindebauernobmänner) gewählt, doch eine Standesvertretung für die Bäuerinnen war vorerst nicht vorgesehen.

Im Jahre 1954 wurde der Hauswirtschaftliche Beirat der Landeskammer gegründet.[161] Dieser setzte sich vorerst laut Tätigkeitsbericht der Kammer aus fünf Bäuerinnen zusammen:

Bei der steigenden Bedeutung, die der Hauswirtschaft im Bereiche des bäuerlichen Familienbetriebes zukommt, war es auch angezeigt, innerhalb der Kammer einen Hauswirtschaftsbeirat zu schaffen, der sich aus fünf Bäuerinnen zusammensetzt. Bei der konstituierenden Sitzung wurde als Vorsitzende Frau Emma Kaltenegger, vlg. Kirchenbäuerin, Allerheiligen bei Fohnsdorf, gewählt.[162]

---

161 Stöckler Franziska, Die Beratungs- und Bildungsarbeit der steirischen Landeskammer, S. 151.
162 TB 1954/55, S. 9.

Die Zahl der Beirätinnen wurde nach und nach auf acht aufgestockt. Jede war für mehr als einen Bezirk zuständig. Der Wunsch nach einer Einführung von Ortsbäuerinnen wurde von der Beraterinnenseite an die damalige Vorsitzende, Emma Kaltenegger, vorgetragen. Diese könnten über regionale Wünsche und Probleme der Bäuerinnen besser informiert werden und umgekehrt, die Ortsbäuerin könnte auch Informationen an die Bäuerinnen in der Gemeinde weitervermitteln.

Die Vorsitzende Emma Kaltenegger brachte diesen Vorschlag in der Landeskammer vor, dem stattgegeben wurde. So kam es zwischen Ende 1961 bis Anfang 1963 in allen Bezirkskammern zur Bestellung der Bezirksbäuerin und ihrer Stellvertreterinnen. Nur im Bezirk Murau wurde bereits auf Ortsebene eine Urwahl durchgeführt. Die gewählten Ortsbäuerinnen wählten ihre Vertreterinnen auf der Ebene der Gerichtsbezirke (siehe Zitat). Im Rahmen der konstituierenden Sitzung am 26. März 1962 wählten diese die Bezirksbäuerin mit ihren Stellvertreterinnen. Die Bezirksbäuerin und ihre Stellvertreterinnen wurden also nicht bestellt wie in den übrigen Bezirken.

Hauswirtschaftliche Bezirksbeiräte
Murau

Auf Grund eines Beschlusses der Vollversammlung der Bezirkskammer Murau wurden am 26. März 1962 in Niederwölz die in den vergangenen Versammlungen gewählten Bäuerinnen für die einzelnen Gemeinden zur Konstituierung des Hauswirtschaftlichen Beirates eingeladen. Kammerobmann Bundesrat Bischof konnte 32 Gemeindebäuerinnen, die Hauswirtschaftsberaterinnen Schafhuber, Fahringer und Sattler und insbesondere Frau NR Dr. Bayer und die Vorsitzende des Hauswirtschaftlichen Beirates der Landeskammer, Frau Emma Kaltenegger begrüßen. Frau NR. Dr. Bayer gab einen umfassenden Überblick über das Aufgabengebiet der Bäuerinnen als Mitarbeiterin in der Landwirtschaft, im Haushalt sowie als Hüterin der familiären Ordnung. Zum großen Bedauern der Bäuerinnen wurde auch bekanntgegeben, daß Fachlehrerin Dorothea Schafhuber aus dem Dienst der Landeskammer ausscheiden wird, um als Fachlehrerin an der Höheren Frauenberufsschule (!) Sitzenberg tätig zu werden. Frau Emma Kaltenegger [...] konnte mitteilen, daß bereits sehr viele fruchtbringende Anträge zur Entlastung der Bäuerin, zur Marktsicherung der am Bauernhof anfallenden Produkte und zur Arbeitserleichterung eingebracht wurden und vielfach auch verwirklicht werden konnten.
In den Hauswirtschaftlichen Beirat wurden gewählt: Als Vorsitzende Frau Agnes Bischof, vlg. Sandler, Reiming, Post Niederwölz; als Vertreterin Frau Fachlehrerin Annemarie Hartleb, St. Georgen bei Neumarkt, und Frau Helga Jessner, vlg. Hof-

bauer, Baierdorf, Post Schöder. Als Vertreterinnen für den Bezirk Murau wurden weiters gewählt: Frau Katharina Hofer, vlg. Anthofer, St. Ruprecht o. M. (Gerichtsbezirk Murau); Frau Käthe Stütz, Niederwölz (Gerichtsbezirk Oberwölz); Frau Priska Kalcher, vlf. Moar zu Lessach, St. Blasen, Post Mariahof (Gerichtsbezirk Neumarkt). In der anschließenden Debatte wurden Anträge für die Sicherung des Eierabsatzes eingebracht, Fragen des Arbeitskräftemangels und der Berufsausbildung, der nicht immer landwirtschaftsfreundlichen Berufsberatung erörtert und die von der Landeskammer angeregte Aktion „Vom Erzeuger zum Verbraucher" besprochen.

Aus: Landwirtschaftliche Mitteilungen, 15. Mai 1962, S. 6.

In den übrigen Bezirken erfolgte die Wahl der Ortsbäuerinnen, die zu Schulungen eingeladen wurden, nach 1963.[163] Nach der Bauernkammerwahl im November 1964 wurde der bisherige Beirat der Landeskammer mit Ende des Jahres aufgelöst und im Frühjahr 1965 neu konstituiert. Zur Vorsitzenden wurde wiederum Emma Kaltenegger, zu ihrer Stellvertreterin Maria Stangl aus Tobis (Weststeiermark) gewählt. Im Jahre 1971 wurde erstmals eine Frau, und zwar Maria Stangl, zur Landeskammerrätin erkoren. Ebenfalls wurde in die neu gegründete Bauernkrankenversicherung eine Bezirksbeirätin von der Landeskammer in die Landesstelle der Bauernversicherung entsandt, um dort die Interessen der Bäuerinnen, z. B. Meeraufenthalte, zu vertreten.

Die Betreuung der Ortsbäuerin und die Organisation der Sitzungen oblag der Beraterin. Die Einführung der Standesvertretung der Bäuerinnen von der Landesbäuerin bis zu den Ortsbäuerinnen wäre an sich nach dem Krieg bereits fällig gewesen. Vielleicht zögerte man diese Einrichtung auch deshalb hinaus, um nicht den Anschein einer Kopie der NS-Organisation zu erwecken. Derzeit übernehmen Orts- und Bezirksbäuerinnen organisatorische Aufgaben, die früher nur die Beraterinnen erfüllten. Diese stehen ihnen in diesen Angelegenheiten weiterhin beratend zur Verfügung. Wirtschaftsberaterinnen sind meist mit Förderungsangelegenheiten befasst und haben kurz- oder mittelfristig anberaumte Projekte durchzuführen.

---

163 Schriftlicher Bericht von Dipl.-Ing. Ludmilla Weihs.

Zusammenfassung

Die landwirtschaftlich-hauswirtschaftliche Beratung hat ihre Wurzeln im schulischen Ausbildungswesen. Mit der Gründung von Ausbildungsanstalten für Lehrerinnen wurden Fachkräfte für die ländlichen Haushaltungsschulen herangebildet. In der Zwischenkriegszeit wurden eine, zeitweise eine zweite Fachlehrerin, die beim Volksbildungswerk St. Martin angestellt waren, der Landes-Landwirtschaftskammer als Wanderlehrerinnen zur Verfügung gestellt.

Ihre Aufgaben bezogen sich auf Kurse für Bäuerinnen und Landarbeiterinnen, besonders auf dem Gebiet der Vorratswirtschaft und dem Weben. Das Ziel war, die Haushaltsausgaben durch weitgehende Selbstversorgung so gering wie möglich zu halten. Dies war in der Zeit gravierender Absatzprobleme für landwirtschaftliche Erzeugnisse ein Gebot der Stunde. Die Aktion „Eindosen" von frischen Vorräten wurde durch staatliche Bezuschussung von Eindosmaschinen und Dosen gefördert. Begleitend wurde in den Kursen auch auf Sauberkeit und gesunde Lebensweise geachtet und wirtschaftliche Aspekte der Haushaltsführung eingeflochten. Die Wanderlehrerinnen unternahmen mit ihren Kursteilnehmerinnen auch Besichtigungen von beispielhaft geführten Bauernhöfen.

Mit dem Anschluss Österreichs an das Deutsche Reich wurden das deutsche System der Bildung und Beratung in der Landwirtschaft sowie die Bäuerinnenorganisation eingeführt. Die Ausbildung von landwirtschaftlichen Fachlehrerinnen wurde nach und nach dem deutschen Muster angeglichen. Hinzu kam die Einführung der Berufsausbildung in der ländlichen Hauswirtschaft in einem mehrstufigen Aufbau.

Jede Kreisbauernschaft wurde mit einer Wirtschaftsberaterin besetzt, die unmittelbar dem Kreisbauernführer bzw. dem Kreisstabsleiter[164], im Weiteren der für die Abteilung II H der Landesbauernschaft (Hauswirtschaft) zuständigen Leiterin unterstellt war.

Schwerpunkte der Beratung waren „Kampf dem Verderb", d. h. Vermeiden von schlechter Verarbeitung und Lagerung von Vorräten, Rationalisierung der Hausarbeit durch Technisierung und zweckmäßige Einrichtung, ferner Schaffung besserer Wohnverhältnisse, z. B. Umbau von Rauchküchen und Rauchstuben zu Sparherdküchen sowie Förderung von Landarbeiterdienstwohnungen. Gemeinschaftsanlagen wie Gemeinschaftswaschanlagen, auch transportable, und Dorfbackstuben sollten bei gleichzeitiger Arbeitserleichterung Kosten sparen. Kriegsbedingt konnten nicht alle geplanten Vorhaben realisiert werden.

---

164 Entspricht dem heutigen Bezirkskammersekretär.

Nach dem Krieg wurde nach der Neugründung der Landwirtschaftskammer mit der Abteilung Hauswirtschaft über Initiative und Organisation der Leiterin Lisbeth Kalin bereits 1945 mit der Arbeit der Hauswirtschaftsberatung begonnen. Primäre Aufgabe war die Beschaffung von Geräten und Durchführung von Bäuerinnenkursen. Beraterinnen unterrichteten in den Fortbildungsschulen, betreuten die Hauswirtschaftslehrlinge und Lehrhöfe. Sie förderten die weibliche Landjugend und organisierten Wettbewerbe. Mit Bäuerinnen, Lehrlingen und der Landjugend unternahmen sie Exkursionen. Die Förderungsaktionen (ERP-Mittel) mit der Bearbeitung der Förderungsansuchen und Bauabnahmen sowie die damit verbundenen Einzelberatungen nahmen zu. Aktionen in Verbindung mit Förderungsmitteln wie Gemeinschaftsanlagen, Elektro-Beispielshöfe, Haus der Bäuerin, Musterhausgärten kurbelten die Akzeptanz neuer Mittel und Methoden durch die Bauernschaft an, Fleischverwertungskurse haben immer noch Saison. Dem Erwerbseinkommen durch den Haushalt kommt immer größere Bedeutung zu: Urlaub am Bauernhof, Direktvermarktung und Buschenschankbetrieb.

Beraterinnen sahen sich dienstrechtlich gegenüber den männlichen Kollegen, die keine zusätzliche pädagogische Ausbildung erfuhren, benachteiligt. Dies wirkte sich sowohl in der Gehaltseinstufung aus als auch hinsichtlich des Berufstitels Ingenieur. Erst in letzter Zeit kam es zur Gleichstellung in der pädagogischen Ausbildung und bezüglich der Titelverleihung.

Die Anforderungen an die Landwirtschaft stiegen, so auch an die Bäuerinnen, die unter Arbeitsüberlastung litten. Technik im Haushalt und Arbeitserleichterung wurden Beratungsschwerpunkte ab Ende der 40er-Jahre. In den 60er-Jahren setzte ein Bauboom ein, dem fachlich-methodisch erst in den 70er-Jahren zum Teil von hauswirtschaftlicher Seite entsprochen werden konnte. Dies und der Wandel der Haushaltsstrukturen, neue Materialien, zunehmende Aufgabenvielfalt der Beraterinnen und steigende Ansprüche an das Wohnen und die Lebensgestaltung bedingten immer mehr Weiterbildung der Beraterinnen und eine Reorganisation der Hauswirtschaftsberatung mit der Einführung der Teilspezialisierung und fachlicher Arbeitskreise. Zu den bisherigen hauswirtschaftlichen und sozialökonomischen Aufgaben der Beraterinnen kam der Bereich Energie und Umwelt hinzu.

Der Aufbauarbeit für die Hauswirtschaftsberatung folgte Ende der 80er-Jahre eine Umorganisierung und damit verbundene Umschichtung der Schwerpunkte. Die bisherigen Arbeitskreise der Beraterinnen wurden aufgelöst, die Wohnbauberatung reduziert. Dieser Wandel bedingte auch geänderte Bezeichnungen für die einstige Abteilung Hauswirtschaft. Die Hauswirtschaftsberatung im ursprünglichen Sinn, nämlich Beratung in allen Fragen einer bäuerlichen Familie im wirtschaftlichen, sozialen und kulturellen Bereich wurde durch professionelle Spezialberatung abgelöst. Geändert hat sich auch das Anforderungsprofil an die Beratungskräfte. Das Bildungsniveau der Bauernschaft und die Spezialisierung der Betriebe sind gestiegen, das Internet wird als Informationsquelle genutzt, und die bäuerlichen Lebensverhältnisse gleichen sich zunehmend nichtbäuerlichen Mustern an.

Der Beitritt Österreichs zur Europäischen Union brachte für die bäuerliche Familie und die Interessenvertretung einschneidende Änderungen. Die Produktpreise sanken. Dafür wurden den Landwirten Ausgleichszahlungen gewährt, um welche anfänglich bürokratisch recht aufwändig angesucht werden musste.

Die Interessenvertretung mit allen Angestellten und vornehmlich die Beratung waren gefordert. Alle bisherigen Aufgaben der Beratung wurden zurückgestellt, um den Bauern bei der Bewältigung dieser nicht unerheblichen bürokratischen Hürde bei der Erstellung und Einreichung der Mehrfachanträge (MFA) zu helfen.

Es musste jedes bewirtschaftete Grundstück angeführt werden, kleinere Parzellen wurden zu Feldstücken vereint, jedes Feld erhielt eine Bezeichnung, die Kulturart wurde angegeben usw. Genauigkeit war oberstes Gebot. Öffentliche Gelder waren nun ein Teil des Betriebseinkommens. Ein kontrollierter Anspruchsnachweis war zur Erlangung der Ausgleichszahlung erforderlich. Die Beraterinnen mussten mitarbeiten – nicht immer zur Freude der Fachvorgesetzten, aber zum Wohle der Bauern.

Teil 2

Beiträge zur Kulturgeschichte des Wohnbaus und der Technik im Haushalt

Teil 2: Beiträge zur Kulturgeschichte des Wohnbaus und der Technik im Haushalt

Vorbemerkung

Wohnbau und Technik im Haushalt waren im Zeitabschnitt von 1945 bis 1995 Aufgabenbereiche, mit denen die Hauswirtschaftsberatung befasst und gefordert war. Allein im Rahmen von Förderungen baulicher und technischer Vorhaben entfielen auf sie die Aufgaben der Bestandsaufnahme, Beratung, in vielen Fällen der Planung und bei Fertigstellung einer zu fördernden Maßnahme die Bauabnahme. Die Aufträge wurden vorrangig nach wirtschaftlichen Gesichtspunkten und nach dem jeweiligen Bedarf der betreffenden Betriebe sowie im Rahmen der Vorgaben durch Zentralstellen erteilt. Je nach Interesse der Beraterinnen wurden dabei die kulturellen Belange der Bauernhäuser in den verschiedenen Regionen mehr oder weniger berücksichtigt, doch waren sie um geschmackvolle Einrichtung und Raumgestaltung in den bäuerlichen Wohngebäuden bemüht. Als Beratungsmittel für gute Beispiele dienten Exkursionen, Dias und Fotos, die anfangs noch in landwirtschaftlichen Hauswirtschaftsschulen aufgenommen wurden, nach und nach aber auch in Bauernhäusern. Meist fehlte es den Beraterinnen an Kenntnissen über die Entwicklung des Wohnhauses seit dem 19. Jahrhundert. Relikte aus dieser Zeit gab es noch nach dem Zweiten Weltkrieg, doch waren sie meist nur Gegenstand einer geplanten Modernisierung. Als der Verlust zahlreicher kulturell wertvoller Gebäude auf Bauernhöfen das Gewissen von Architekten, Bildungsbeauftragten und Verantwortlichen von Institutionen wachrüttelte, wurden Initiativen gesetzt. Die Beraterinnen wurden damit nur am Rande konfrontiert, wenn sie sich nicht selbst in das Geschehen einbrachten. Anders verlief es bei der Technik im Haushalt. Hier war sehr oft vor einem Gerätekauf die Hauswirtschaftsberaterin erste Ansprechpartnerin bäuerlicher Ratsuchender. In vielen Fällen wurden Kontakte zu Technikern von Geräteherstellern gepflegt. Die rasante Entwicklung auf dem Gerätemarkt macht leicht vergessen, welchen Wert so manche Anschaffung in der Frühzeit der Technisierung des Haushaltes für den einzelnen Betrieb bedeutete. Wohnen und Technik sind eng miteinander verflochten. Sie bedingen einander. Aus kulturwissenschaftlicher Sicht regt die Entwicklung in diesen Bereichen zu einer Gesamtschau an. Ein Streifzug durch die Geschichte bäuerlichen Wohnens und des Technikgebrauches mit einer Rückschau auf frühere Jahrhunderte und dem zeitlichen Schwerpunkt der 50 Jahre Hauswirtschaftsberatung nach dem Zweiten Weltkrieg möge interessierte Leser anregen, sich daran zu erinnern, wie es früher war.

Zur Kulturgeschichte des bäuerlichen Wohnbaus

Situation und Wandel bäuerlichen Wohnbaus und bäuerlichen Wohnens[165]

Heute vermitteln uns Freilichtmuseen die Baukultur auf dem Lande der früheren Jahrhunderte, vereinzelt gab es noch vor einigen Jahrzehnten Gehöfte mit überlieferten Bauformen. Die meisten sind inzwischen verfallen, dem Erdboden gleich gemacht, z. T. durch Neubauten ersetzt. Manche Besitzer bauten ein neues Wohnhaus und nutzten das alte als Abstellraum oder mit den alten Arbeitsgeräten als Museum; so mancher renovierte es sachkundig und gebrauchte es als sein Altenteil.

Das Verständnis für traditionelle Bauformen vermisste man besonders zur Zeit des Baubooms, dann folgte eine Zeit der Rückbesinnung auf kulturelle Werte der Gebäude. Da schlug das Pendel manchmal in das Gegenteil aus, nämlich zur Erhaltung aller alten Gebäude, auch solcher von minderer Bauqualität. Ein Missverständnis lag im Bestreben, das Alte bei Neubauten zu kopieren, ohne den Wandel durch geänderten Raumbedarf und neue Materialien in Betracht zu ziehen. Wirtschaftlicher Wandel, Bauvorschriften, Einfluss durch Journale, Bauplaner und Bauhandwerker, steigende Wohnansprüche und neue Baustoffe fanden ihren Niederschlag in neuen Bauformen, vielfach größerem Bauvolumen und mehr oder weniger funktionell durchdachter Raumzuordnung.

Bauernhöfe mit ihren Wohngebäuden wurden bereits im 19. und Anfang des 20. Jahrhunderts Gegenstand von Forschungen, deren Ergebnisse in zahlreichen Fachbeiträgen und in Mappen mit grafischen Darstellungen überliefert sind.[166] Auf dieser Grundlage bauten dann Architekten ihre weiterführenden Überlegungen auf, wenn sie Kenndaten für den aktuellen Raumbedarf und zeitgemäße Anforderungen eines Bauernhauses erstellten.

In der zweiten Hälfte des 20. Jahrhunderts waren es die Architekten der Bauabteilung der Landwirtschaftskammer und die Hauswirtschaftsberaterinnen, die von

---

165 Mit Auszügen aus dem Manuskript zu den bäuerlichen Lebensverhältnissen, verfasst von Dorothea Schafhuber, welches der Landeskammer für Land- und Forstwirtschaft für das Buch „Die Grüne Mark" zur Verfügung gestellt und z.T. darin aufgenommen wurde. Graz 2004.

166 Das Bauernhaus in Österreich-Ungarn und in seinen Grenzgebieten, hgg. vom Österr. Ingenieur- und Architektenverein, Wien – Dresden 1906. – Rudolf Meringer, Das deutsche Haus und sein Hausrat, Leipzig 1906. (Er war Professor in Graz.) – Viktor v. Geramb, Das Bauernhaus in Steiermark, in: ZHVSt 9, Jg. 1911. – Viktor von Geramb, Die Kulturgeschichte der Rauchstuben. Ein Beitrag zur Hausforschung, in: Wörter und Sachen 9, Heidelberg 1924. – J. R. Bünker, Dorffluren und Bauernhäuser in der Gegend von Murau (Obersteiermark), in: Mitteilungen der Anthropologischen Gesellschaft in Wien, Bd. XLIII. Wien 1913, S. 1–74. – Romuald Pramberger, Volkskunde, handgeschriebener Foliantenband Nr. 23, Wohnhäuser, S. 137–413. – Anton Dachler, Texttafeln I–VI, in: Das Bauernhaus in Österreich-Ungarn und in seinen Grenzgebieten, hgg. vom Österreichischen Ingenieur- und Architekten-Verein, Dresden 1906, im Anhang ohne Seitenangabe.

bäuerlichen Familien zur Planung und Beratung gerufen wurden. Doch diese waren und sind stets mit traditionellen baulichen und räumlichen Gegebenheiten konfrontiert, die verbessert werden sollten. Seltener wurden freischaffende Architekten, häufiger jedoch Baumeister oder Bauzeichner mit der Planung eines Bauernhauses beauftragt. Zur Zeit des Baubooms wurde auf die gewachsene Baukultur wenig Rücksicht genommen, denn zum einen galt ein aufgemotzter salzburger-tirolerischer Baustil als Vorbild, zum anderen vertraten freischaffende Architekten die Version: „Der moderne Bauer braucht ein modernes Haus." So war es anlässlich der ersten Bauernhaus-Forschungsprojekte 1968/1969 von Protagonisten neuer Architektur zu hören. Aufgrund der Förderungen für Neubauten und der Modewelle wurden zu oft Häuser mit guter Bausubstanz durch Neubauten ersetzt. Bei Neubauten waren die Wohnbau-Förderungsbestimmungen bei Grundrisslösungen zu berücksichtigen, was sich für den speziellen Bedarf einer Familie oft als funktionell nachteilig auswirkte.

Erst als es Förderungen für Altbausanierungen gab, wurden für Umbauten und Sanierungen bestehender Gebäude durch Forschungen neue Wege eingeschlagen. Bei Planungen von Um- und Ausbauten sowie Sanierungsplanungen besann man

„Generationenwechsel" beim Wohnhaus eines Bauernhofes im Donnersbachtal (1977).

Das alte Wohnhaus in Stanz im typischen Baustil des Hanggeländes im Mürztal wird durch einen (fast) einheitlichen Baustil abgelöst (1974).

sich auf traditionelle Gehöft- und Hausformen und ihre dekorativen Details.[167] Daneben wurden neue (moderne) Formen entwickelt, die dem bestehenden Altbau als Stil-Gegensatz angefügt wurden. Der so genannte „Kontrastbau" war und ist noch heute „in", d. h. völlig neue Stilelemente werden in das traditionelle Hofgefüge eingegliedert. Architekten, die sich auch forschungsmäßig mit der Kulturgeschichte des Bauernhauses und des bäuerlichen Gehöftes befassten[168], bezogen ihr Wissen über traditionelle Bauformen von Bauforschungen des 19. und frühen 20. Jahrhunderts. Erhebungen und Analysen der Situation des Bauernhauses nach dem Zweiten Weltkrieg im Zusammenhang mit dem Strukturwandel in der Landwirtschaft bestätigen neue wohn- und arbeitsfunktionelle Anforderungen an das neue oder umgebaute Wohnhaus, wie sie von der Hauswirtschaftsberatung in der Steiermark zu Beginn der 70er-Jahre bereits formuliert und vertreten wurden.[169]

---

167 Spielhofer Herrad und Dieter, Planungs- und Bewertungsgrundlagen für Wohnhäuser, Teil I: Grundlagen und Analysen (unter Verwendung hauswirtschaftlicher Unterlagen), Wien 1975, Teil II–IV: Richtlinien - Bewertungsrahmen – Beispielsplanungen, Wien 1977. – Spielhofer Herrad, In alten Bauernhäusern leben! Sanierungs- und Umbaubeispiele. Hg. Forschungsgesellschaft für Wohnen, Bauen und Planen, Monographie 29. Graz 1980.
168 Zu erwähnen ist hier vor allem Dipl.-Ing. Herrad Spielhofer.
169 Schafhuber Dorothea, Zusammenstellung von Abmessungen und Flächenbedarf für Arbeitsplätze und sanitäre Anlagen als Planungshilfen. – Dies., Wohnen und Bauen, 1. und 2. Auflage als Broschüre 1971. Weitere Auflagen im Stocker Verlag, ab 1985 ist Linde Doppelhofer Mitautorin.

Bauernhof und Bauernhaus vor dem Ersten Weltkrieg

Hof- und Hausformen – Forschungsgegenstand und Entwicklung

Von den von Ende des 19. und Anfang des 20. Jahrhunderts erfolgten Hausforschungen wurden eine Reihe von Forschungsergebnissen und Bauaufnahmen in Fachartikeln und in Mappen mit grafischen Darstellungen der Hof- und Hausformen sowie Grundrissen der Wohngebäude publiziert. P. Romuald Pramberger verdanken wir eine grundlegende und umfassende Detailbeschreibung der Wohn- und Wirtschaftsgebäude im Raum St. Lambrecht, Neumarkt und oberes Murtal zu Beginn des 20. Jahrhunderts.[170] J. R. Bünker erkundete im Auftrag des Ausschusses der Wiener Anthropologischen Gesellschaft Dorffluren und Bauernhäuser in der Nähe von Murau (Lutzmannsdorf, St. Georgen, St. Lorenzen, Bodendorf, Kaindorf, Pichl). Viktor von Geramb erforschte u. a. auf dem Gebiet des Bauernhauses speziell Gestalt und Verbreitung von Rauchstuben. Anton Dachler stellte die verschiedenen Grundrissformen der Bauernhäuser von Österreich-Ungarn zusammen.

Die Steiermark weist eine Vielfalt an traditionellen Gehöft- und Hausformen auf, deren Entwicklung von der Lage und wirtschaftlichen Situation des Hofes, den vorhandenen Baumaterialien, z. T. von den Bauvorschriften und vom Stil der Bauprofessionisten bestimmt wurde. In der Obersteiermark herrschte der Haufen- und Paarhof vor, im Süden sind Streckhöfe, im Osten Drei- und Vierseit- bzw. Vierkanthöfe überlieferte Hofformen. Das so genannte „Erzherzog-Johann-Haus"[171], eine Entwicklung des 19. Jahrhunderts, mit oder ohne Portikus, weist bereits bürgerliche Einflüsse auf. In der Hügellandschaft der südlichen Steiermark wurden die Hofgebäude oft auf dem Geländekamm angelegt, da die Hänge aufgrund ihrer geologischen Beschaffenheit einer Rutschungsgefahr ausgesetzt sind. Die ursprünglich sehr schmalen, eingeschoßigen Häuser wurden Ende des 19. Jahrhunderts, zum Teil erst im 20. Jahrhundert durch gemauerte Neubauten ersetzt.[172]

In der Weststeiermark wurde, ursprünglich zweigiebelig, der „Wiederkehr", also der dritte Giebel mit dem Essgangl oder als Kachelstube zum charakteristischen architektonischen Detail des Wohnhauses dieses Gebietes. Hier erfolgte die Umstellung von der Rauchstube auf die rauchfreie Küche früher als in der Oststeiermark. Die älteren Häuser dieses Typs zeichnen sich durch ein auffallend steiles Dach aus, ein Baumerkmal, das auch bei älteren Bauernhäusern und Stadeln im Bezirk Knittelfeld vorkommt.

---

170 Pramberger Romuald, Volkskunde. Handgeschriebener Foliantenband Nr. 23, Wohnhäuser S. 137–413.
171 Bauernhäuser mit breiterer Giebelseite und einem mehr oder minder ausgeprägten gemauerten „Portikus", in der Funktion ähnlich dem weststeirischen „Essgangl", jedoch oftmals mit schönen Säulen.
172 Ein anschauliches Beispiel liefert ein Foto von F. Ferk aus der Gegend um Gamlitz um 1889. Eine Kopie aus dem Ferk-Archiv des StLA befindet sich im Privatarchiv der Verfasserin. Siehe S. 189 unten.

Zur Kulturgeschichte des bäuerlichen Wohnbaus

Bauernhof auf einem Geländekamm in der Gegend von Gamlitz (1990).

Rauchstubenhaus eines kleinen Bauerngutes auf dem Perchauer Sattel im Jahre 1960.

Weststeirische Bauernhäuser mit Wiederkehr (um 1970, l.). Gefühlvoll saniertes weststeirisches Bauernhaus (1990, r.).

Rauchstubenhaus in der Gegend um Anger, Bez. Weiz, das als Museum erhalten wird. Es zeigt typische Merkmale der Wohnhäuser im nördlichen oststeirischen Bergland (1992, l.). Bauernhaus mit Vollwalmdach in Dürnstein (1979, r.).

Bürgerliche Einflüsse sind in dieser Zeit sowohl bei der Fassadengestaltung als auch bei Grundrisslösungen festzustellen, da seit der zweiten Hälfte des 19. Jahrhunderts vielfach Bauernhäuser von Baumeistern geplant wurden und nicht, wie zuvor, von den Bauern selbst nach traditionellem Wissen und Können und dem Bedarf entsprechend.

Von Kärnten herauf über den Perchauer Sattel murabwärts stehen behäbige zweigeschoßige Bauernhäuser mit Vollwalmdach.

Um die Wende vom 19. zum 20. Jahrhundert wurde im oberen Ennstal (Schladming, Ramsau) der hier typisch gewesene salzburger-tirolerische Baustil mit flach geneigtem Legschindeldach mit zunehmendem Fremdenverkehr, z. T. noch vor dem Ersten Weltkrieg, immer mehr durch Häuser mit Steildach – mit und ohne Schopf – verdrängt. Das Schopfwalmdach war sowohl in der Obersteiermark als auch in der Oststeiermark verbreitet. In der Obersteiermark sind die Bauernhäuser größer, meist zweigeschoßig und vorwiegend aus Holz und Stein gebaut. Im Unterland herrschten

Zur Kulturgeschichte des bäuerlichen Wohnbaus

Altes Bauernhaus aus Perlsdorf, dessen Mauern aus gestampftem Lehm bestehen (1986, l.). Ursprüngliche Hausform der Südoststeiermark: Holzblockbau mit Lehmverputz und Strohdach (Pfarrsdorf 1985, r.).

Ende des 19. Jahrhunderts wurden in der Südsteiermark diese Bauernhäuser durch einen Neubau ersetzt (1882). Foto StLA, A. Ehrenhausen, Sch. 10, H. 46, Materialien von Prof. Franz Ferk.

ebenerdige Bauten vor. In lehmreichen Gebieten wie in der südöstlichen Steiermark wurden neben anderen so genannte „gsatzte" Häuser[173], Wände aus Stampflehm, errichtet. Lehm erweist sich als idealer Temperaturregler, er speichert die Wärme und verhindert in der heißen Jahreszeit das Aufheizen der Räume durch die Sonnenbestrahlung.

Im Übrigen herrschten hier Blockbauten vor, deren Wände außen mit einem Gemisch aus Lehm, Strohhäcksel und Kuhmist bedeckt wurden. Die Dächer waren mit Stroh, im getreidearmen Oberland mit Holz gedeckt.

Vom Ende des 19. bis zur ersten Hälfte des 20. Jahrhunderts lösten geschlossene Feuerstätten die offenen ab. Mit der laut 1. Steirischer Bauordnung von 1857 vorgeschriebenen Errichtung eines gemauerten Rauchabzuges wurde vorerst der Funkenhut über den offenen Feuerstätten weggelassen. Durch den Sog des Rauchfanges entwichen mit dem Rauch die heißen Funken und entzündeten nicht selten das Strohdach. Besonders schlimm war es im Brandfalle bei Vierseit- und Vierkanthöfen der Oststeiermark, wo alle Ausgänge in den Hof mündeten und von da nur ein Tor ins Freie führte, somit Fluchtwege fehlten.[174]

---

173 Lehm wird mit Strohhäcksel und Kuhmist vermischt, die Masse für die Wände zwischen Bretterverschalungen gefüllt und festgestampft.
174 Fischer Rosa, Oststeirisches Bauernleben. 1908, S. 8f. Die Autorin berichtet über üble Folgen relativ häufiger Brandfälle.

Neubauten wurden in dieser Zeit aus gebrannten Ziegeln errichtet. Das Hartdach aus gebrannten Ziegeln verbreitete sich vor allem in Strohdach-Gebieten noch im 19. Jahrhundert, also früher als in waldreichen Gegenden, wo das Bretter- oder Schindeldach speziell in Streusiedlungen noch lange erhalten blieb.

Bauliche Besonderheiten

Im Ausseergebiet gab es schon seit der zweiten Hälfte des 19. Jahrhunderts „Sommerfrischler". Die Bauern vermieteten diesen ihr Haus und zogen sich selbst in ein Nebengebäude, das Sommerhaus oder die Sommerküche, zurück und schliefen während dieser Zeit im Dachboden oder in der Scheune. Die Gäste kamen mit Dienstpersonal und verpflegten sich selbst.[175] Ein bemerkenswertes Detail des Salzkammerguthauses ist das „Brückl", ein Vorbau, der vom Eingangsbereich auf der Traufseite bis ins Obergeschoß reicht. Durch die Verglasung ist ein guter Ausblick und Wärme durch die Sonnenstrahlen gewährleistet; es bietet Schutz vor Wind und Wetter – ein beliebter Aufenthaltsraum.

Im oberen Ennstal steht heute noch bei vielen Gehöften ein „Söllhäusl". Es diente als Ausgedingehaus oder für Inwohner, heute manchmal als Ferienwohnung.

Söllhäusl in Pruggern als Ferienwohnung (1992).

In der südsteirischen Weingegend gibt es die Winzerhäuser. Meist verfügten die Winzer („Weinzerl"), Bedienstete eines Weinbauern, die mit ihrer Familie den Weingarten bearbeiteten, auch über einen kleinen Stall und etwas Grund. Seit es diesen Berufsstand nicht mehr gibt, wurden diese Winzerhäuser, falls sie erhalten wurden, zu Wochenendhäusern umgebaut.

Das Kellerstöckl war ein Nebengebäude eines Hofes mit Obst- und Weinbau. Es diente auch als Wohnung für Inwohner, arme Leute oder Dienstboten.

Kellerstöckl in Pichling bei Stainz (1986).

---

175 Interview Juliane Siegl, Sarstein, 2. 3. 1987.

Rauchstuben und Rauchküchen

Alte Wohnhäuser mit offenen Feuerstätten sind in ihrem gesamten Raumkonzept zu sehen. Die Rauchstube, ein Wohn- und Wirtschaftsraum, war relativ groß. Der Raum wies wegen des Rauches eine größere Raumhöhe auf als die übrigen Räume. Die Feuerstätte bestand meist aus dem Herd und dem Ofen („Doppelfeuerstätte"). Neben dem Herd befand sich meist die Heizöffnung für den Ofen der rauchfreien Kachelstube („Hinterlader"). Vielfach wurde der Herd-Ofenkomplex noch mit einem „eingebauten" Kessel ergänzt, der bei Platzmangel auch im Vorhaus errichtet wurde.

In der Ecke der Außenmauer befand sich der Essplatz, die Bank war baulich mit den Wänden verbunden. Sie führte von einer Wand zur anderen („Umadumbank"). Das Tafelbett diente als Schlafplatz und war tagsüber mit einer Platte, der Tafel, abgedeckt, die als Arbeitsfläche benutzt wurde. Für kleine Vorräte und so manche Kochutensilien ergänzte ein Küchenschrank, die „Almer", die Ausstattung. Ein weiteres Merkmal eines Rauchstubenhauses war, dass dieses keine oder nur nachträglich errichtete Tiefkeller aufwies. Die Rauchküche diente vorwiegend zum Kochen. Nur in geräumigeren Rauchküchen (Obersteiermark) aßen weibliche Haushaltsmitglieder, eventuell auch Kinder, in der Küche. In den relativ schmalen Bauernhäusern, wo einst eine Rauchstube existierte, wurden diese zur Wohnstube und ein traufseitiger gemauerter Zubau für eine Rauchküche und meist auch ein Keller errichtet. In solchen Fällen sind die Rauchküchen schmal (zwei bis knapp drei Meter) und weisen meist eine Gewölbedecke auf. Sie hatten einen gemauerten Rauchabzug an der Außenmauer. Wurde nachträglich in einem Rauchstubenhaus ein Tiefkeller errichtet, war dies manchmal nur eine Grube oder ein niedriger Raum, der vom Vorhaus, der „Labn" aus zugängig war und oft nur mit einer Fallthüre geschlossen wurde. Damit der Rauch aus der Rauchküche nicht in die rauchfreie Stube dringen konnte, verzichtete man auf eine Verbindungstür zwischen diesen Räumen. Um den Weg vom Herd zum Tisch in der Stube zu verkürzen, diente eine kleine Öffnung der Zwischenwand, die Durchreiche. Mit der Umstellung auf den Sparherd wurde in vielen Fällen im Bereich der Durchreiche dann eine Verbindungstür geschaffen (siehe Abb. S. 239).

Bei alten Häusern waren die Fenster relativ klein. Glas war teuer, so dienten für die Fenster als lichtdurchlässiger Windschutz Schweinsblasen. Ursprünglich waren diese Licht-Öffnungen in der Höhe versetzt. Dies hatte nicht nur statische Gründe – einzelne Stämme der Blockwand sollten nicht zu viele Ausnehmungen haben –, sondern auch wegen besserer Lichtverteilung im Raum (siehe Abb. S. 192).

Das hoch liegende kleine Fenster der Rauchstube („Lie") speziell im weststeirischen Haus wird als Rauchabzug definiert. In der Praxis war es meist fest verschlossen. Bei jüngeren Bauten wie z. B. beim so genannten „Erzherzog-Johann-Haus"[176]

---

[176] Bauernhäuser mit breiter Giebelseite und einem mehr oder minder ausgeprägten gemauerten „Portikus", in der Funktion ähnlich dem weststeirischen „Essgangl", jedoch oftmals mit schönen Säulen.

Rauchstube mit Essplatz. Die kleinen, in der Höhe versetzten Fenster spenden spärliches Licht (FLM Stübing).

oder den ein- und zweigeschoßigen Ziegelbauten des späten 19. Jahrhunderts wurden bereits größere Fenster eingebaut, das Fensterglas wurde erschwinglicher und die Bewohner stellten höhere Ansprüche an die Belichtung der Räume.

Der Fußboden war in bescheidenen Bauernhäusern aus gestampftem Lehm, meist jedoch aus dicken Holzbrettern (Dielenboden), nur vor der Feuerstätte aus Lehm oder Steinplatten.

Im Vorhaus wurden hauptsächlich Holzböden (Dielen), Steinplatten oder gebrannte Ziegel verlegt. In Bauernhäusern, wo der Dachboden als Getreidespeicher diente, war der Fußboden meist feuerfest, indem der Raum zwischen den Tramen mit Sand oder Hochofenlösch ausgefüllt und ein Estrich aufgetragen wurde.

Keller

Viele Wohngebäude, speziell aus dem 19. Jahrhundert, haben einen Keller, der nur von außen zugängig ist oder war.[177] Tiefkeller haben oft ein Deckengewölbe. Im Grundbuch 1918 der Herrschaft Haus-Gröbming aus dem 18. Jahrhundert sind die Gebäude und im Wohnhaus die Räume aufgezählt. Fast jedes Haus verfügte über einen Keller, vielfach als „gewölbter" Keller erwähnt.

---

[177] Im 19. Jahrhundert nahm der Hackfruchtbau zu. Viele Bauern begannen in dieser Zeit mit dem Kartoffelbau. Die Landwirtschaftsgesellschaft förderte durch Versuche auch den Rübenbau.

Im ausgehenden 19. Jahrhundert wurde an dieses Haus im Raum St. Lambrecht traufseitig zugebaut und das Dach über dem Zubau abgeschleppt (Nordseite des Hauses, l.). Dasselbe Haus von der Südseite. Seit dem neuen Dachstuhl befindet sich der Dachfirst symmetrisch auf dem Haus (1987, r.).

Mit zunehmendem Hackfruchtbau (Kartoffeln und Rüben) im 19. Jahrhundert wurde mehr Kellerraum benötigt. Im oberen Murtal mit seinen Seitentälern wurde manchmal an die relativ schmalen, langen Wohnhäuser auf der Traufseite für eine Rauchküche und einen Keller ein Zubau errichtet, über den vorerst das Dach abgeschleppt wurde. In einer späteren Bauphase wurde ein neuer Dachstuhl errichtet, dessen First sich nun über der Gebäudemitte befindet.

Kachelstube

Die Stube wurde von einem Kachelofen erwärmt, der von der Küche oder vom Vorhaus („Labn") aus beheizt wurde. Der Rauch drang in diese Räume, die Stube war rauchfrei. In größeren Häusern wie z. B. in der Obersteiermark gab es oft eine zweite Kachelstube, die sich meist im Obergeschoß befand. Im oberen Ennstal war dies die „schöne" Stube, die oft aufwändig gestaltet wurde. In den Untertaneninventaren vom 17. bis 19. Jahrhundert wird häufig die „obere Kachelstube", oder die „Stube über der unteren" von den Hofübergebern als Ausgedingewohnung ausbedungen.

Vorherrschende Bauart des Kachelofens im oberen Murtal. Er diente auch als Trockenplatz für nasse Arbeitskleidung und als Liegeplatz für das Mittagsschläfchen (1987).

Kochen und Wohnen – rauchfrei

Als beachtliche Innovation im Bauernhaus zählt um die Wende vom 19. zum 20. Jahrhundert die Umstellung der Feuerstätten mit offenem Rauchabzug zu rauchfreien Öfen und Herden. Im städtischen Bereich begann die Umstellung auf den Herd mit eigenem Rauchabzug bereits Ende des 18. Jahrhunderts.

Der Rauch wird vom Herd in einen gemauerten Rauchfang, in den auch der Rauch von Feuerstätten entfernter Räume über so genannte Züge („Fuchs") eingeleitet wird, abgeführt. Dieser Rauchfang ist „schliefbar", d. h. zum Entfernen des Rußes im Rauchfang stieg der Rauchfangkehrer an der untersten Öffnung ein und den schlauchartigen Baukörper hoch. Die von den Wänden abgekehrte Rußmenge wurde dann am unteren Ende entfernt. Heute sind solche „Schliefkamine" für den Heizbetrieb nicht mehr zugelassen.

Bei der Umstellung auf einen Sparherd kam in Gewölbeküchen nur die Bauart ohne Aufsatz, also ein so genannter Tischherd in Frage. Diese Küchen entsprachen meist dem Typus einer „Arbeitsküche", ein Begriff aus jüngerer Zeit.

Wo die Rauchstube der Hauptaufenthalts- und Arbeitsraum war, wurde nun mit dem gemauerter Sparherd ein ofenähnlicher Teil verbunden, in dem sich ein bis zwei Backrohre und das Wasserschiff mit einem Auslauf, der „Pipe" befanden. Dieser „Aufsatzherd" oder „Sesselherd" wurde in manchen Gebieten auch als „Ofen" bezeichnet. Frühere Rauchstubenhäuser wurden vielfach zu „Wohnküchen". Mit der Einführung des Sparherdes konnte auch eine bisherige Wohnstube zur Küche werden.

Rauchstuben mit offener Feuerstätte hielten sich in der Steiermark vor allem in der nördlichen Oststeiermark vereinzelt bis nach dem Zweiten Weltkrieg. Ein besonderes Merkmal dieser ost- und auch mancher obersteirischer Rauchstuben war ein leichtes Gefälle des Fußbodens hin zur talseitigen Außenmauer. Dies bewirkte eine andere Thermik im Raum insofern, dass der Rauch nicht bis in den Bereich der Leute am Tisch reichte und daher nicht so störend empfunden wurde. Manche Räume mit Gefälle hatten Löcher in der Außenmauer im Fußbodenniveau, die mit einem Holzstöpsel verschlossen waren. Wurde der Bretterboden mit Lauge und danach reinem Wasser gerieben, wurden die Löcher geöffnet, und das Bodenwasser rann nach außen ab.[178]

Geräumige Rauchküchen, wie sie im Ennstal und auf größeren Bauernhöfen des Murtales mit seinen Seitentälern vorkamen, sind in diesen Gebieten schon in jahrhundertealten Gebäuden bezeugt.[179]

---

178 Interview Christine Jansenberger, 1994.
179 Z. B. im Grundbuch Alte Reihe (GBAR) Nr. 1918 der Herrschaft Haus-Gröbming, 18. Jahrhundert mit Aufzählung der Gebäude und der Räume im Haus.

Schlafstätten

Die Schlafräume waren bescheiden ausgestattet. Das Schlafzimmer der Bauersleute befand sich bei zweigeschoßigen Häusern meist im Obergeschoß über der Stube. Die Dienstboten schliefen gewöhnlich in finsteren, kalten und feuchten Kammern. Viehleute bevorzugten in der Regel den Stall, dort war es am wärmsten. Pferdeknechte hatten ihren Schlafplatz in der Nähe der Pferde oder deckten sich mit den Pferdedecken zu. Flöhe meiden angeblich den Pferdegeruch. Vielfach hatten die Männer ihr Nachtlager auch am Dachboden.[180] Nicht jede Person hatte ihr eigenes Lager. Kinder schliefen meist zu mehreren in einem Bett. Die weiblichen Dienstboten schliefen in der Schlafkammer, die oft feucht und kalt war und in der selten ein Ofen stand. Erst mit der Zentralheizung für das gesamte Haus wurden diese Räume behaglicher.

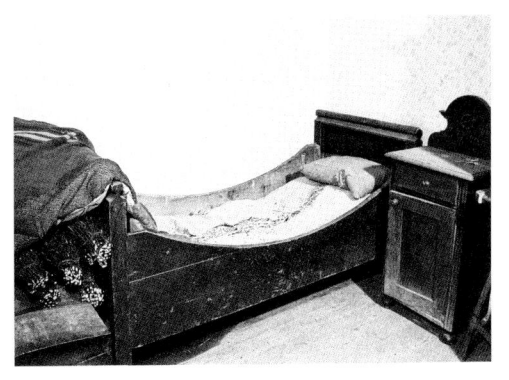

Bett mit Strohsack in einer Knechtkammer, wo auch Besen gebunden wurden (aufgenommen um 1948).

Zimmer einer Landarbeiterin um 1955.

Nutzung des Wohnhauses für den landwirtschaftlichen Betrieb

Das Bauernhaus hatte immer auch wirtschaftliche Funktionen des Betriebes zu erfüllen wie z. B. die Lagerung von Saatgut und Futtermitteln sowie Unterbringung landwirtschaftlicher Geräte[181] wie Sensen, Körbe, Fässer usw. Mit der Zunahme des Hackfruchtbaus wurde mehr Kellerraum zur Lagerung von Futterrüben und Kartoffeln benötigt. Die Lagerung von trockenen Futtermitteln im Dachboden des Hauses in den 50er-Jahren war keine Seltenheit mehr. Es wurde täglich von dort geholt und in den Stall getragen. Meist wurde der zusätzliche Raumbedarf durch Zubauten geschaffen, wie bereits erwähnt, als traufseitiger Anbau in der gesamten Hauslänge mit Gewölbe für eine Sparherdküche, einem Wirtschafts- und/oder einem Kellerraum.[182]

---

180 Gruber Hans, Tal bei St. Lambrecht, Interview im Oktober 1987.
181 Dies ist durch zahlreiche Untertanen-Inventare belegbar.
182 Bauaufnahmen im Bezirk Murau (St. Lambrecht, Katsch, Oberwölz-Hinteregg) von 1980–1988 durch die Verfasserin. – Schafhuber Dorothea, Die Nahrungswirtschaft der Bauern in Tal bei St. Lambrecht. Eine Studie zur bäuerlichen Nahrungsvolkskunde. Diplomarbeit. Graz 1988, S. 362.

In Maisbaugebieten wurden die Maiskolben an der Dachkonstruktion des Wohnhauses zum Trocknen aufgehängt. Als der Dachboden für Zimmer ausgebaut wurde, erfolgte die Maistrocknung in Maisharpfen („Woazharpfen"). Im Dachboden befanden sich im südoststeirischen Gebiet Körbe für Getreide, Erbsen und Bohnen, so genannte „Stibich" oder „Stiber".

Vorratsspeicher

Ein wichtiges Gebäude eines Bauernhofes war der Vorratsspeicher. In seiner Funktion ist er mit Haushalt und Betrieb verbunden. Ohne auf die regionalen Unterschiede einzugehen, seien einige maßgebliche Besonderheiten aufgezeigt. Am häufigsten steht der als „Troadkasten" bezeichnete, aus Holz gezimmerte zweigeschoßige Speicher etwas abseits von den übrigen Hofgebäuden, um bei einem Brandfall leichter und besser geschützt zu werden. Der Begriff „Kasten" trifft auch auf das massive, aus Stein gemauerte Gebäude im oberen Murtal zu. Die dicken, aus Stein gemauerten Wände mit den kleinen Fenstern mit einem Schutz aus Schmiedeeisen gleichen einer kleinen Festung. Seiner Form entsprechend wurde er auch „Turm" genannt. Eine außen liegende Stiege zum oberen Stockwerk des steinernen Kastens ist ein Beweis dafür, dass dieser einmal ein eigenständiges Gebäude war. In den 30er-Jahren brachen gerne hungrige Ausgesteuerte in solche Speicher ein. Die Stiege wurde dann nach innen verlegt.[183] Im 19. Jahrhundert wurden die Wohnhäuser verbreitert, wie oben beschrieben, und die Holzwände zumindest im Erdgeschoß durch Steinmauern ersetzt. Die dem Kasten zugewandte Giebelseite des Hauses, eine offene Laube, spätere „Lab'n" (Vorhaus), wurde in den Umbau einbezogen und mit dem Kasten verbunden. Das Ergebnis ist ein stattliches, massives Wohngebäude mit der üblichen

Der Kasten, auch Turm genannt, wie er vor Jahrhunderten bereits im oberen Murtal typisch war (1987, l.). Getreidetruhen oder Schreine. Im Kasten wurden die Vorräte im Obergeschoß gelagert: Das Getreide wurde hier in Säcke abgefüllt und zur Mühle gebracht; die Selchwaren hingen auf Stangen – hier war es dunkel und luftig, ideal zum Reifen des Specks (r.).

---

183 Interview Familie Berger, Tal bei St. Lambrecht, 1987.

Bauernhaus in der Gegend von St. Lambrecht. Das im 19. Jahrhundert errichtete breitere Wohnhaus wurde an den „Kasten" angeschlossen. Da er schmäler war als das neue oder umgebaute Haus, fügte ein Besitzer dem Kasten eine Glasveranda an (1987).

Wirtschaftsfunktion wie der Vorratslagerung auch für den Betrieb.[184]

Der „Troadkasten" aus Holz stand etwas entfernt vom Gehöft, um im Falle eines Brandes geschützt zu sein. Der Blockbau wurde auf ein Steinfundament gesetzt. Im Erdgeschoß waren hauptsächlich Geräte, im Obergeschoß Vorräte untergebracht.

Als Kasten wird gebietsweise auch heute noch die Vorratskammer (Fleischkammer) innerhalb des Wohnhauses bezeichnet. Im oberen Murtal, angrenzend an Kärnten, ist dies die „Kematn", wo sie meist im Obergeschoß südseitig gelegen war.

Getreidekasten aus Holz in Pruggern (1992).

---

184 Bauaufnahmen in St. Lambrecht und St. Blasen durch die Verfasserin 1986 und 1987/88.

Küchengeräte

In den alten Küchen gab es gar nicht so wenige Geräte und Kochgeschirr, wie man heute vermutet. Sie waren nicht in Schränken verstaut, sondern meist griffbereit im Herdbereich auf Borden und Haken untergebracht. Ein übliches Behältnismöbel war die „Almer"[185], ein ein- oder zweitüriger Schrank mit Lüftungsöffnungen. Je nach Verwendung und Standort war dies eine „Küchenalmer", ausgestattet mit Fächern und Laden für Küchenutensilien und kleine Vorräte, Vorläufer der späteren Kredenz, eine „Milchalmer" für Milchprodukte bzw. für die Milch in Stotzen oder Satten, den „Milchstölzn", die zum Aufrahmen der Milch dienten, oder eine „Wandalmer" – ein in die Wand eingebautes Schränkchen.

Ein altes Möbelstück ist die Rehm. In eine Schüsselrehm kamen die Teller, allenfalls auch Trinkgefäße. Sie hing in der Nähe des Essplatzes an der Wand. Heute ist oft eine Rehm[186] als Dekorationsstück in einer so genannten Bauernstube zu sehen.

Mit der Umstellung auf den Sparherd kam nach und nach ein neues Möbelstück auch in die Bauernküche, das Buffet, in Österreich „Kredenz" genannt (s. S. 201).

Der Herd (Ofen) aus den 20er-Jahren ist das Herzstück der Wohnküche (1990).

Situation und Entwicklung des Bauernhauses in der Zwischenkriegszeit

Vor, während und nach dem Ersten Weltkrieg war die Bautätigkeit aufgrund ungünstiger wirtschaftlicher Verhältnisse für die Bauern vorwiegend auf Notfälle wie Brand oder andere Elementarschäden eingeschränkt. Es ergaben sich daher auch kaum Diskussionen über Fragen des Baustils, man orientierte sich, wenn gebaut werden musste, an traditionellen Mustern. Für Einflüsse bürgerlichen Bauens waren Baumeister der Gegend verantwortlich. Die Raumnot im Haus wurde durch Zubauten für Schlafräume oder Ausgedinge gemildert. Da wurde nicht lange nach der Bauform gefragt, die kostengünstigste Variante kam zur Ausführung.

---

185 Vom lateinischen armarium, plur. armaria (Schrank). Moser Oskar, Handbuch für das Kärntner Freilichtmuseum, Klagenfurt/Maria Saal 1985, S. 14.
186 Auch manchmal „Rem" geschrieben.

Zur Kulturgeschichte des bäuerlichen Wohnbaus

Alte Holzhäuser, die auf einen aus Steinen gemauerten Sockel gestellt waren, gaben im Laufe der Zeit nach – man spricht davon „obig'huckten", also abgesenkten Gebäuden. Da das Geld für einen Neubau fehlte, wurde bei solchen Bauten mit starken Pfosten der obere Hausteil bzw. Dachstuhl aufgepfählt (gestützt). Bei größeren Gebäuden wurden von Bauunternehmern massive Abstützungen errichtet.

Als wohnliche Verbesserung galten in dieser Zeit größere Fenster. Im Innern des Hauses wirkte sich bereits die Weiterentwicklung technischer Einrichtungen aus. Bisweilen leitete so mancher Bauer um die Wende vom 19. zum 20. Jahrhundert das Wasser in das Haus. Für das Abwasser in der Küche war gebietsweise ein Trog üblich, von wo das Abwasser durch ein Holzrohr, ein so genannter „Ursch" oder „Nursch", durch die Außenmauer in den Abfluss des Hofbrunnens vor der Hausmauer floss.

Der Abort war früher außerhalb des Hauses, oft bei der Düngerstätte situiert. Seine Verlegung zum Haus mit einem Zugang vom Vorraum aus oder über einen Gang im Obergeschoß brachte mehr Annehmlichkeit. Nach und nach verschwanden dadurch auch die in manchen Gegenden üblichen Urinrinnen („Soachröhrln") von den Knechtkammern im Obergeschoß über die Außenwand des gezimmerten Obergeschoßes.[187]

Kleinbäuerliches Wohnhaus in der Südoststeiermark. Die Blockwände sind weiß getüncht. Gegen das weitere Absinken des vorderen Hausteiles wurde die Mauerbank mit Pfosten gestützt (1985).

Der ursprüngliche Baukörper der Bauernhäuser in Katsch (im oberen Murtal) war lang und schmal. Im Laufe der Zeit senkte sich der vordere Teil des Hauses (vor dem Abbruch 1981 aufgenommen).

Anlässlich der Sanierung des Mauerwerks wurde das einstige Abflussrohr aus dem Trog in der Küche zwar gekürzt, aber sichtbar gelassen (1986).

---
187 In P. Romuald Prambergers volkskundlichen Aufzeichnungen scheint diese Einrichtung als „Kundl" auf. R. Pramberger, Volkskunde, Bd. 23, 1.1.1925, Folio 477'.

199

Der Bauzustand der Bauernhäuser in der Steiermark 1934[188]

Von den 1017 untersuchten Bergbauernwirtschaften ... (s. folgende Grafik und %)

sind bezüglich des Bauzustandes

26·6% der Höfe in guter, 34·7% in mäßiger und 38·7% in sehr schlechter Bauverfassung

Der fortschreitende Verfall der Bauernhöfe bestätigt sich aus nachfolgender Übersicht:

	Anzahl der Betriebe	in % der Gesamtbetriebe
Neubauten	25	2.46
Guter Bauzustand	245	24.09
Mäßiger Bauzustand	353	34.71
Schlechter Bauzustand	321	31.56
Baufällig	73	7.18

Nahezu jeder dritte Bauernhof unter den erfaßten befindet sich sonach in bedenklich schlechtem, jedes 14. Gehöft in baufälligem Zustand.

Kücheneinrichtung vor dem Zweiten Weltkrieg

Die Nachfolge der Rauchstube ist nach Einführung des Sparherdes die geräumige Wohnküche. In ihr wurde gekocht, gewohnt und anfangs allenfalls handwerklich gearbeitet. Wurde die Rauchküche zur Sparherdküche, diente sie vorwiegend der Kocharbeit. Als im Haushalt immer weniger Personen zu versorgen waren, verlagerte sich auch das Essen zu den Hauptmahlzeiten in diesen Raum.

Ab der zweiten Hälfte des 19. Jahrhunderts kam in rauchfreie Küchen das „Buffet", in Österreich „Kredenz" genannt – ein neues Möbelstück, das erst durch die „moderne", auch „amerikanische" oder „Frankfurter Küche" genannt, abgelöst wurde. Es ist ein Unterschrank, auf den, unterbrochen durch eine Anrichte- und Abstellfläche, der meist mit Glastüren verschlossene Oberschrank aufgesetzt ist.

Der Name Kredenz leitet sich vom lateinischen credere (glauben) ab und wurde im 15. Jahrhundert aus dem gleichbedeutenden italienischen credenza entlehnt.[189] Im Weiteren wird damit der Tisch des Vorkosters und Anrichters verstanden, dem Glauben geschenkt wird. Die vorgekosteten Speisen galten als unschädlich. Vor den modernen Schrankmöbeln ab ca. 1950 gab es kaum eine Küche ohne Kredenz. Als Arbeitsfläche diente ein Tisch, der allenfalls auch als Esstisch benutzt wurde.

---

188 Aus: TB der Steirischen Landes-Landwirtschaftskammer für die Berichtsjahre 1932–1936.
189 Kluge Friedrich, Etymologisches Wörterbuch der deutschen Sprache, Berlin – New York 1975[21], S. 402.

Einfache Küchenkredenz aus gestrichenem Fichtenholz (um 1949).

Abwaschbecken in der Kredenz in einer Küche ohne Fließwasser (um 1949, l.). Kredenz als Geschirrschrank. Das Möbel besteht aus einem Naturholz-Rahmenbau (um 1955, r.).

Das Bauernhaus im „Dritten Reich"

In dieser Zeit wurde besonderer Wert auf die Betreuung der Landarbeiter und somit auf die Förderung von Landarbeiterfamilien gelegt[190], um die Landflucht einzudämmen. Auszug aus den Bestimmungen:

"Das Wohnhaus (Anm.: die Landarbeiterwohnung) soll mindestens folgende Räume, und zwar eine Wohnküche von rd. 24 qm, ein Elternschlafzimmer von rd. 16 qm, zwei Kinderschlafzimmer von rd. 10 qm, ferner Bodenraum und erforderlichenfalls eine Räucherkammer aufweisen. Statt der Wohnküche kann eine Kochküche von rd. 10 qm vorgesehen werden; es ist dann außer den Schlafzimmern ein besonderer Wohnraum von rd. 18 qm zu fordern. Auf das zweite Kinderschlafzimmer kann bei besonderen Verhältnissen verzichtet werden; es muß dann aber die Möglichkeit zu einem späteren Ausbau gegeben sein. [...]"

Die Bestimmungen galten ebenfalls für den Bau von Eigenheimen von Waldarbeitern.

Mit der Verordnung zur Förderung der Landbevölkerung vom 7. 7. 1938[190] wollte man die Abwanderung vom Land und die Sesshaftigkeit der Landbevölkerung sichern. Sie sah u. a. auch Ehestandsdarlehen, Einrichtungsdarlehen, Einrichtungszuschüsse für Jungbauern und Landarbeiter vor.[192]

Wie in der Zwischenkriegszeit kamen auch in dieser Ära Neubauten von Bauernhäusern nur in Notfällen vor, doch gab es klare Hinweise für die Hausplanung:

"Das Wohnhaus ist das Arbeitsgebiet der Bäuerin, die eine große Arbeitslast zu tragen hat. [...] Alle Räume, die sie oftmals betreten muß, sind in einer Ebene und möglichst nahe beieinander unterzubringen. Wir können uns hier an die guten alten Grundrisse unserer Berghöfe halten [...]. Ebenso wichtig ist, daß auch die Schlafstuben der Eltern und Kleinkinder neben der Küche liegen. [...]"[193] Vorgeschlagen bzw. gefordert werden auch für Altenteiler Wohnungen mit eigener Küche und Vorratsraum sowie bäuerlichem Haushaltsraum.[194]

Vor dem politisch-ideologischen Hintergrund und der baulichen Situation ergab sich für Fachleute wie für Vertreter der Partei eine von beiden vertretene Forderung, nämlich gesunde Wohnverhältnisse zu schaffen und das Wohnhaus als Reich der Bäuerin zweckmäßig und arbeitssparend zu gestalten, d. h. die Technik im Haus möglichst auf den letzten Stand der Entwicklung dieser Zeit – ohne städtische Einflüsse – zu brin-

---

190 Gesetzesblätter des Reichsnährstands, Verordnung zur Förderung der Landbevölkerung, 7. 7. 1938, RGBl. I, S. 835. – Durchführungsbestimmungen vom 31. 8. 1938, RGBl. I, S. 1174, Reichssteuerblatt S. 865. Besonders ausführlicher Durchführungserlass vom 3. 9. 1938 – H 2075-134 VI/H 2083-3 VI/H2084 – 3 VI Reichssteuerblatt S. 881f. – Förderung des Landarbeiterwohnungsbaues, in: Recht des Reichsnährstandes. H. 11, Juni 1941, 306f. Diese Förderung erfolgte im Rahmen des Vierjahresplanes.
191 RGBl. I, S. 835f.
192 Recht des Reichsnährstands, Heft 14, Juli 1938, S. 592–597.
193 Wochenblatt Folge 50, 16. 12. 1939, S. 1383.
194 Änne von Strantz, Der neue Hof nach den Ansprüchen der Bäuerin, in: Neues Bauerntum, 32. Jg, Heft 8, August 1940, S. 274.

gen. Weltanschaulich begründet ist die primäre Forderung an das ländliche Bauen „die Hebung und Pflege landschaftsgebundener Baukultur".[195]

Über bäuerliche Baukultur wird in dieser Zeit mehr publiziert, als in der Ära zuvor. Sie ist ein wesentlicher Gegenstand ideologischer Auseinandersetzung mit „echter Baugesinnung" und „Verfremdung durch städtische Stilelemente". Überlieferte Formen sind das Leitbild für Bauernhäuser, Neuerungen beziehen sich auf Verbesserung der Wohnqualität und wirtschaftliche Anforderungen.

Neubauten sollten demnach stilgerecht nach den überlieferten Formen, mit Hilfe der Nachbarn, errichtet werden.

„Nach altem Brauch stellten die Verwandten und Nachbarn bis auf die Zimmerleute und die Schindelmacher die Arbeitskräfte bei, die ‚Genossenschaft' das Holz. [...]. Was sich durch Jahrhunderte bewährt hat, soll auch in Zukunft wieder gelten [...]."[196]

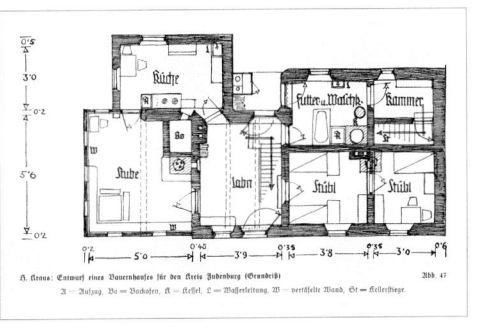

Idealvorstellung für einen Neubau eines Bauernhauses für den Kreis Judenburg in der NS-Zeit.[197]

In manchen Gebieten war diese Nachbarschaftshilfe als unbezahlte Ehrensache noch in den 70er- und 80-Jahren üblich.[198]

Die Stilfrage beschäftigte Baufachleute genauso wie Volkskundler und ideologisch beseelte Männer. In Ansätzen kam die Idee von einem Einheitsstil des Bauernhauses vor, die jedoch mehrheitlich und energisch abgelehnt wurde. Generell wurde gefordert, dass Baufehler tunlichst vermieden und die Wohnhygiene gefördert wer-

---

195 Höllerl N., Die Aufgabe der Abteilung „Landwirtschaftliches Bauwesen" der Landesbauernschaft Südmark, in: Wochenblatt Folge 50, 16. 12. 1939, S. 1373–1377. – Steindl Eduard, Das landwirtschaftliche Bauwesen in der Südmark, in: Wochenblatt Folge 50, 16. 12. 1939, S. 1378–1390.
196 Kraus Hermann, Das obersteirische Bauernhaus, in: Heimatliches Bauen in den Ostalpen. Ein Handbuch hgg. von Josef Papesch, Hans Riehl, Walter von Semetkowski. Das Joanneum. Beiträge zur Naturkunde, Geschichte, Kunst und Wirtschaft des Ostalpenraumes, Sonderband. Graz 1941, S. 98–106. Mit Entwurf eines Planes für ein neues Bauernhaus, S. 105.
197 Aus: Heimatliches Bauen im Alpenraum, Graz 1941, S. 104f.
198 Mitteilung eines Bauern in der Weststeiermark 1984.

den sollte. Daher galt es, die Gebäude vor eindringender Feuchtigkeit zu schützen und den Hausschwamm zu beseitigen. Die Parole der NS-Zeit, „Kampf dem Verderb", sollte auch durch bauliche Maßnahmen unterstützt werden, vor allem sollten Vorratsräume schädlingsfrei und nicht nass sein. Die noch relativ zahlreich vorkommenden Rauchstuben und Rauchküchen waren umzubauen, kleine Fenster durch größere zu ersetzen, ohne aber das Städtische zu imitieren; ferner waren zweckmäßige Arbeitsräume, z. B. Waschküchen zu schaffen. Feuerstellen waren auf geringeren Holzverbrauch hin zu sanieren und eine entsprechende Licht- und Wasserversorgung durchzuführen. Bauberatungen, Typenpläne und Merkblätter sollten diese Bestrebungen unterstützen, die Idee von „Muster"-Bauernhäusern entstand. In den Bau-Fachschulen sollten ländliche Baukunde unterrichtet und ländliche Bauhandwerker geschult werden.

Bäuerliche Wohnverhältnisse und Entwicklung nach dem Zweiten Weltkrieg

Bäuerliches Wohnhaus – Baukultur, Baustil, Wertung

Gegen Ende der 40er-Jahre war der Baustil eines bäuerlichen Wohnhauses noch kaum ein Thema für eine Auseinandersetzung zwischen Bauplanern und Landschaftsschützern. In den 60er-und 70er-Jahren wurde die Stilfrage zum Gegenstand kritischer Betrachtungen und Anlass für neue Kreationen. Während in den späten 40er- und 50er-Jahren kleinere Bauernhäuser im Stil eines Vorstadt- bzw. Arbeiterhauses geplant und gebaut wurden[199], ab und zu noch nach dem „steirischen" Stil, verbreitet sich nun der modische (nicht „moderne") Baustil mit flach geneigtem Dach und hoher Aufmauerung im Dachgeschoss sehr rasch. Der Pseudo-Tiroler Baustil wurde Mode, auf den sich Zimmerer und Maurer eingestellt hatten. Das „Alpenländische Einheitshaus" wurde diskutiert und propagiert, das unproportionierte, aufgestelzt wirkende Haus mit flachem Dach und dem mit Glasbausteinen belichteten Stiegenhaus – wie ein Schlitz in der Fassade, eine Folge der Bestimmungen zur Wohnbauförderung – wurde zum Standard. Es sollte künftig im Einheitsstil gebaut werden. Doch schon Dipl.-Ing. Hans Linhart, nach 1945 mit dem Wiederaufbau in der Steiermark beauftragt und dann Leiter der Bauabteilung der Landeskammer, lehnte den Einheitsstil ab, nachdem er einige Versuche mit Typenplänen machte, und befürwortete in-

---

199 Tritthart Michael, 40 Jahre Bauberatung durch die steirische Landwirtschaftskammer 1946 bis 1986, in: Bäuerliches Bauen in der Steiermark. Der Bauernhof im Dorf und in der Landschaft. Hg. Amt der Steiermärkischen Landesregierung, Fachabteilung II e, Agrartechnik, Landeskammer für Land- und Forstwirtschaft in Steiermark und Österreichisches Kuratorium für Landtechnik (ÖKL) anlässlich der Bautagung des ÖKL in der Steiermark vom 5. bis 7. Mai 1986. Graz 1986, S. 65–68.

dividuelle Lösungen.²⁰⁰ Diese Ansicht vertrat ab den 70er-Jahren auch die Referentin für hauswirtschaftliche Wohnbauberatung. Während der Verein für Heimatschutz noch Ende der 40er-Jahre eine Broschüre mit Beispielen traditioneller Baustile herausgab²⁰¹, legte die Bauabteilung Mustervorlagen auf, die einen Einheitstypus der Raumeinteilung und die Form des Einheitshauses in verschiedenen Größen der verbauten Flächen aufwiesen. Diese fanden in dieser Zeit kaum noch Zustimmung.²⁰² Sie entsprachen auch nicht den funktionellen räumlichen Anforderungen dieser Zeit. Leitbilder für den Wohnungsbau, die Außen- und Innengestaltung lieferten vor allem diverse Baubroschüren, als Meinungsbildner fungierten im Dorf und in der Region Baumeister, Baustoffhändler, Futtermittelhändler usw. Die salzburgisch-tirolerische Bauform wurde von steirischen Zimmerleuten, die allgemein ihre Schulungen in Tirol absolvierten, forciert. In dieser Zeit war die Werthaltung „Neues ist gut, Altes ist wenig wert" besonders ausgeprägt. Gute alte Bausubstanz wurde weggeschoben und durch Neues, meist von geringerer Qualität, ersetzt. Alte Möbel wurden verschleudert und modische Einrichtungen angeschafft. Es war dies die Hochsaison der Altwarenhändler.

Über den Zustand der bäuerlichen Wohngebäude gibt die Betriebszählung vom 1. Juni 1970 Auskunft. Damals befanden sich von den Wohnhäusern der 72.708 steirischen Betriebe 29.650 in gutem, 31.553 in reparaturbedürftigem und 9.064 in baufälligem Zustand. 19.971 Betriebe beabsichtigten in den nächsten fünf Jahren einen Um- oder Neubau. Zu dieser Zeit verfügten noch zwölf Prozent der Betriebe über keinen Zufahrtsweg. Notwendige Baumaßnahmen erfolgten hier daher zu einer späteren Zeit.

Der Bauboom der 60er- und 70er-Jahre mit den damaligen Förderungsbestimmungen brachte gravierende Auswirkungen auf die Grundrisslösungen, die zum Großteil funktionell nicht den Anforderungen einer für diese Zeit optimalen räumlichen Lösung entsprachen, überdies durch die fehlende räumliche Verbindung zwischen den Wohneinheiten von Alt und Jung eine sinnlose Barriere ergaben. Die Bauplaner mussten die Pläne entsprechend diesen Wohnbau-Förderungsbestimmungen des Bundes erstellen, wenn der Bauherr auf diese Förderung angewiesen war. Und dies war der Großteil der bäuerlichen Bauherren.²⁰³

---

200 TB 1962/63, S. 95f. – W. Reichert, Peter Frey, Untersuchungen über die tatsächliche Wohnnutzung von bäuerlichen Wohnhäusern. 143. Arbeit des Österreichischen Kuratoriums für Landtechnik. Wien 1971, S. 5f. In diesem einleitenden Text des ÖKL wird darauf verwiesen, dass Hofrat Dipl.-Ing. Linhart sich für ausschließliche Einzelplanungen entschied, um persönlichen Wünschen und örtlichen Gegebenheiten besser Rechnung tragen zu können.
201 Steirische Landbaufibel. Hg. Verein für Heimatschutz in Steiermark. Salzburg 1946.
202 Planungsvorschläge für ländliche Wohnhäuser. Hg. Landeskammer für Land- und Forstwirtschaft in Steiermark, Abteilung für landwirtschaftliches Bauwesen. Graz 1965.
203 In der vom Bautenministerium geförderten Untersuchung über die Wohnnutzung werden diese Grundrisstypen mit dem von Traufe zu Traufe durchgehenden Vorhaus als Labenhaus, und der Grundriss mit fensterlosem, innen liegendem, meist schmalem Vorraum als Mittelflurhaus bezeichnet, während in der volkskundlichen Hausforschung Ersteres das Mittelflurhaus ist, das Letztere als Bauernhaustyp gar nicht vorkommt.

Gehöft aus der mittleren Oststeiermark. Hier wurde Mais gebaut. Früher wurden die Maiskolben im Dachgerüst aufgehängt. Mit dem Ausbau des Dachgeschoßes und größerer Mais-Anbauflächen dienten Maisharpfen – rechts im Bild – zum Trocknen (um 1974).

In den 60er- und noch in den 70er-Jahren fiel zu oft gute alte Bausubstanz der Neubau-Euphorie zum Opfer. Die Förderungs-Bestimmungen des Bundes und des Landes Steiermark unterstützten den Neubau-Trend. Auch waren für Bauplaner Umbauplanungen wesentlich mühsamer und anspruchsvoller hinsichtlich Ideen und Planungszeit als die Vorlage eines „Typenplanes aus der Schublade". Erst mit der Wirksamkeit der Altbauförderung besinnte sich so mancher Hausbesitzer auf den Wert seines oft jahrhundertealten Bauernhauses. Nun, da es Geld gab, befassten sich auch Architekten mit Umbauplanungen und Revitalisierungen von Bauernhäusern.

In den zerstörten oststeirischen Regionen hauste unmittelbar nach dem Krieg so manche Familie notdürftigst, bis sie ein Gebäude mit Dach erhielt. Über 5.000 bäuerliche Wohngebäude waren in diesem Kriegsgebiet abgebrannt oder schwer beschädigt. Viele Wohnhäuser wurden nach dem Krieg mit primitiven, selbst hergestellten Baustoffen errichtet, die einige Jahrzehnte später wieder durch Neubauten zu ersetzen waren. Es fehlte an allem, auch an Nähzeug und Geschirr. Über die UNRRA-Textilspende und eine Sonderzuweisung von Öfen und Herden, eine Geschirraktion, Möbelaktion, Beschaffung von Kleidern und über die „Schweizer Spende" (Nähmaschinen, Bauwerkzeuge und Saatgut) konnte die Not der oststeirischen Abbrandler vorerst gelindert werden.[204] Mit Hilfe der Wiederaufbau-Förderung und dem angeborenen Fleiß und der Tüchtigkeit der Oststeirer verbesserte sich der Lebensstandard in den darauf folgenden Jahren deutlich.

Vorgaben zur Hausgröße

Die Kosten für einen Hausbau mussten aus der Landwirtschaft und dem Nebeneinkommen bestritten werden, dann gab es Wohnbau-Darlehen. Die Bauabteilung der Kammer war bedacht auf kostengünstige Lösungen des geplanten Hauses und gab 1957 „Vorschriften" bezüglich Kubikmeter umbauten Raumes heraus:

---

204 TB 1945/46, Graz 1947, S. 84f., 87f., 95f. – Die „Schweizer Spende" war eine unter dem damaligen Kammeramtsdirektor Fritz Schneiter aufgegriffene Aktion.

Der Wohnraumbedarf der steirischen Landwirtschaft ist nach Schätzungen Architekt Heckls wie folgt zu bemessen:[205]
1. Beim Zwergbetrieb (0,5 bis 2 ha Grundausmaß) 400 m³ umbauter Raum,
2. beim kleinbäuerlichen Betrieb (2 bis 5 ha) 500 m³,
3. beim mittelbäuerlichen Betrieb (15 bis 20 ha) 600 m³,
4. beim großen mittelbäuerlichen und großbäuerlichen Betrieb (20 bis 100 ha) 800 m³,
5. beim Großbetrieb (über 100 ha) 1200 m³ umbauter Wohnraum.
Die Wohnung im Bauernhaus muß natürlich geräumiger sein als die Stadtwohnung. Sie muß Platz bieten für die Bauersleute, die Kleinkinder, die mitarbeitenden Kinder, für die familienfremden Arbeitskräfte und die Auszügler, wobei vorzuziehen ist, Fremdarbeiter und Auszügler in abgetrennten Wohnungen und sogar in einem eigenen Häuschen unterzubringen. [...] (Gastkeuschen, Winzerhäuser mit Stall und Nebenräumen, Wohnungen über Schüttböden und im Feldkasten, Ausnehmerhäusl.)
Das Bauernhaus muß als Kernräume aufweisen: Vorhaus, Stube, Küche.
[...] Kochküche muß 20 m² (4 x 5) messen und drei Fenster haben
Wohnküche oder Kochstube 25 m².
Das Vorhaus soll 2,50 m bis 3 m breit sein und Platz für einen Esstisch in der Sommerszeit haben. [...] Ob es durchgängig [...] oder abgeriegelt (halbe Haustiefe) ist, entscheiden die Art der Gehöftanlage und der Brauch der Gegend.
[...] Im mittleren Bauernhaus: Eine Elternschlafstube für drei Betten (16 bis 20 m²),
zwei Kinderschlafkammern für je zwei Betten (8 bis 11 m²),
zwei Kammern für Landarbeiter (8 bis 11 m²) und
ein Auszugsraum für verschiedene Verwendungszwecke (16 bis 20 m²).

Landarbeiter-Dienstwohnungsbau

Die in der NS-Zeit eingeführte und nach dem Zweiten Weltkrieg fortgesetzte Förderung des Landarbeiterdienstwohnungsbaues wurde noch bis 1983 aufrecht erhalten. Gefördert wurden Wohnräume für familienfremde Arbeitskräfte oder eigene Kinder, die durch ihre Mitarbeit fremde Arbeitskräfte ersetzten. Diese Aktion wurde in zunehmendem Maße für Wohnraumsanierungen für erwähnte Arbeitskräfte genutzt. Als keine Arbeitskräfte mehr vorhanden waren, diente so manche Landarbeiterdienstwohnung nach entsprechender Adaptierung und Sanierung als Gästezimmer oder Ferienwohnung.

---

205 TB 1956/57, S. 114ff.

Wandel des Baustils, Wohnkultur

Der Baustil der Wohnhäuser in den 40er- und frühen 50er-Jahren sollte nach Ansicht des Vereins für Heimatschutz nach den traditionellen Vorbildern eingehalten werden.[206] Die 50er-Jahre waren Aufbruchs- und Umstellungsjahre in der Landwirtschaft. In den bäuerlichen Haushalten wirkten sich die Technisierung, die Hauswirtschaftsberatung mit den Kursen und Lehrfahrten sowie die zunehmenden Ansprüche der Haushaltsmitglieder an die Wohnung und die Ernährung aus. Das Hygienebedürfnis vor allem der Jungen, die über eine schulische Ausbildung und über die Landjugend auf Exkursionen und anderen Begebenheiten mit besseren Verhältnissen konfrontiert wurden, stieg merklich an. Speziell Fachschulabsolventinnen lernten Wohnkultur, sofern diese nicht ohnehin schon im Elternhaus gegeben war. Auffallend ist allerdings der Beginn modischer Einflüsse in die Raumgestaltung von Bauernhäusern. Moderne „Plattentischler"-Stücke ersetzten so manches alte Bauernmöbel, gute Handwerkskunst, die an Altwarenhändler verschachert wurde.

In den folgenden zwei Jahrzehnten haben sich die Wohnverhältnisse gebessert, der technische Standard der Haushaltsausstattung ist im Bauernhaus relativ hoch. Oft wohnen Familienmitglieder, die in nichtlandwirtschaftlichen Berufen arbeiten, noch daheim, bis sie einen eigenen Haushalt gründen. Fallweise helfen diese in ihrer Freizeit im Betrieb mit, wenn es notwendig ist. Wandern sie ab und ist noch keine junge Familie im Haus, wirkt das oft zu große neu- oder umgebaute Haus belastend. Die Meinung so mancher bäuerlicher Bauherrschaft, man müsse ein Bauernhaus groß genug bauen, erweist sich in solchen Fällen als Irrweg.

Ausgedinge – Wohnung oder Haus

Die Hofübergeber hatten sich in früheren Zeiten einen Raum ausbedungen, der als Schlaf- und Wohnraum diente. Oft war dies die Kachelstube. Speziell in der Obersteiermark gab es eine zweite Kachelstube. In Untertaneninventaren (meist vom 16. bis frühen 19. Jahrhundert) wird ein bescheidener Raum als Ausgedinge auch „Winkl" genannt. In Übergabsverträgen wird neben der *„Kost übern Tisch, wie es der Bauer selber hat"* eine warme Stube ausbedungen. Höfe mit einem Ausgedingehaus, ein „Ausnahmhäusl", „Söllhäusl", boten den Auszüglern die Möglichkeit einer selbständigen Haushaltsführung, solange sie dessen noch fähig waren. Die Ansprüche an einen Alteil in früheren Jahrhunderten nehmen sich gegenüber den heutigen sehr bescheiden aus. Es hat sich viel geändert.

Besonders wichtig für ein möglichst konfliktarmes Zusammenleben zwischen Alt und Jung ist heute die Schaffung einer Ausgedingewohnung. Meist errichten sich die Übergeber diese noch während ihrer Betriebsführerzeit, um sie ihren Bedürfnissen

---

206 Musterbeispiele des VfH.

und Ansprüchen entsprechend zu gestalten. Die Ausgedingewohnung besteht nun nicht mehr nur aus einem Raum. Auch die Wohnbauförderung sieht eine komplette Kleinwohnung mit Wohn-Schlafraum, eigener Kochgelegenheit und eigenem Bad und Klosett für das Altenteil vor.

Oft sind die Übergeber noch relativ jung, pflegen Kontakte zu Freunden und Bekannten und sind noch erwerbsmäßig oder gesellschaftlich aktiv. Ihre Wohnansprüche sind nicht mehr vergleichbar mit denen ihrer Vorfahren. Bauern übergeben seit der Bauernpension früher und leben in der Regel länger als ihre Vorfahren.

Das Ausgedingehaus hat in Gebieten mit größerer Betriebsstruktur Tradition und wird auch in jüngerer Zeit in vielen Fällen einer kleineren Wohnung im Bauernhaus vorgezogen. Andererseits sind alte, nicht mehr arbeitsfähige, aber nicht pflegebedürftige Leute für die Bäuerin oft noch eine Hilfe, indem sie während ihrer Abwesenheit „das Haus hüten". Dies beruhigt. Im Fall des Pflegebedarfs alter Menschen durch die pflegende Bäuerin, üblicherweise die Tochter oder Schwiegertochter, wird die Nähe zur Familienwohnung vorteilhafter empfunden. Bei langer Erkrankung oder ständiger Pflegebedürftigkeit kann es schon vorkommen, dass die Pflege im Haus nicht mehr möglich ist und die alten Besitzer in ein Pflegeheim gegeben werden. Früher waren mehr Leute auf dem Hof und daher meist jemand tagsüber im Haus zur Pflege, was heute nicht mehr selbstverständlich ist. Andererseits zeichnet sich in einzelnen Fällen ein neuer Erwerb für die eine oder andere Bäuerin auf dem Hof ab: Die Einrichtung und Durchführung einer Altenpension auf dem Bauernhof bis zur Altenpflege bei entsprechender Ausbildung und den erforderlichen Räumlichkeiten – die gelernte Krankenschwester kann z. B. ihren erlernten Beruf auch als Bäuerin ausüben, wenn es die räumlichen Gegebenheiten erlauben.

Förderungspreis für gutes Bauen

Im Jahre 1979 stiftete die Landwirtschaftskammer zu ihrem 50-jährigen Bestandsjubiläum über Vorschlag von Dipl.-Ing. Tritthart, Leiter der Bauabteilung, Preise für besonders gut gelungene Neu-, Um- und Zubauten sowie Sanierungen bzw. Revitalisierungen von Gehöften (Ensemble) und Bauernhäusern, später auch für Wirtschaftsgebäude. Der Förderungspreis kommt alle zwei Jahre zur Verleihung. Eine Jury, bestehend aus Vertretern der Bauernschaft, Hauswirtschaft und Architekten, bewertet nach einer Besichtigung die in einer Vorwahl ausgewählten Betriebe. In vielen Fällen absolvierten die Preisträger von gut gelungenen Wohnbauten zuvor eine von einer für die Wohnbauberatung spezialisierten Beraterin geleitete Bauherrenschulung.[207]

---

207 Vgl. Hinweis auf die Teilspezialisierung der Beraterinnen und die Aufgaben sowie Aus- und Weiterbildung der Mitarbeiterinnen im damaligen „Arbeitskreis Wohnbauberatung" der Abt. Hauswirtschaft im Beratungsbereich Wohnen und Wohnbau, S. 147ff.

Beispiele von Förderungspreisträgern:

Mit dem Förderungspreis 1979 ausgezeichnetes „Erzherzog-Johann-Haus" im Bezirk Weiz (l.). „Umadumhof" im Obdacherland, Förderungspreis 1981 (r.).

Teil eines Dreiseithofes in der nördlichen Oststeiermark, Förderungspreis 1985. Typisch für die Bauernhäuser in diesem Bergbauerngebiet waren die Aufzimmerung im Dachgeschoß und der fast ebenerdig angelegte vordere Kellerteil. Ursprünglich waren diese Höfe Vierseithöfe, bei denen im 20. Jahrhundert das vordere Gebäude abgetragen wurde, um mehr Licht in den Hof zu bekommen (l.). Neubau eines weststeirischen Bauernhauses mit Stilelementen des Vorgängertyps, aber mit zeitgemäßen Details. Förderungspreis 1987 (r.).

Hof in Tal bei St. Lambrecht. Förderungspreis 1987 (l.). Die vom Besitzer selbst entworfene Haustür.

Zur Kulturgeschichte des bäuerlichen Wohnbaus

Bauernhaus in Gröbming-Winkl. Förderungspreis 1987 (l.). Das Söllhäusl, zum Hof im Gröbming-Winkl gehörend (r.).

Der Vorschlag der Wohnbaureferentin, auch die funktionelle Lösung des Hauses in der Bewertung zu berücksichtigen, wurde nicht angenommen. Das Verständnis für derartige hauswirtschaftliche Ansprüche wurde von den Mitgliedern der Jury nicht geteilt.

Unter dem Begriff „landschaftsgebundenes Bauen" wird vielfach das Festhalten an traditionellen Formen verstanden, allerdings oft mit einem romantisch-übertriebenen Beiwerk „geschmückt" – ein Missverständnis, das weh tut. Die Anpassung an die landschaftlichen Gegebenheiten ist bei guter, neuer Architektur des Hauses eher gegeben, als bei so manchem, dem Prestigebedürfnis des Bauherrn entsprechend gestalteten Haus.

Bäuerliche Kultur am Straßenrand. Das Kreuz an der Hofzufahrt wird gepflegt und im Gedächtnis an Verstorbene des Hofes stets mit frischen Blumen geschmückt (1974).

Wohnen und Kochen in den Nachkriegsjahren

Der wichtigste Wirtschaftsraum, oft auch Wohnraum, ist die Küche. Sie hat einen gravierenden Wandel von den 50er-Jahren bis einige Jahrzehnte danach erfahren. Als Schrankmöbel ist die Kredenz in fast jeder Bauernküche zu finden. Sie wurde durch die „moderne", auch „amerikanische" oder „Frankfurter Küche" abgelöst.

Bald nach dem Zweiten Weltkrieg wurden vornehmlich Bauernküchen mit diesen „modernen" Küchenmöbeln ausgestattet. Möbelpläne, von der Hauswirtschaftsberatung erstellt und verbreitet, erleichterten den Tischlern die Anfertigung. Zu dieser Zeit kamen als neues Material für Möbel Spanplatten (z. B. „Novopan" u. a.) und die Kunstharzschichtstoffplatten mit Melaminharz als Deckschicht (z. B. das Fabrikat „Resopal") auf. Die Möbelkonstruktion wurde einfach, die Fronten der Küchenmöbel glatt und somit leicht abwischbar. Als Material für die Arbeitsfläche werden bis heute hauptsächlich Kunststoffe und als Modeerscheinung Keramikfliesen, seltener geölte Massivholzplatten verwendet. Im ausgehenden 20. Jahrhundert werden Arbeitsplatten auch aus Granit und abschleifbare Kunststoffplatten gerne gewählt. Die qualitätvolle Konstruktion des Rahmenbaus für Schrankmöbel verschwand in den 50er- und 60er-Jahren weitgehend, Schichtstoffplatten konnten in verschiedenen Farben hergestellt werden und waren glatt. Die Ära der bunten Küche währte längstens ein Jahrzehnt: Meist wechselten drei verschiedene Farben.

Die einfarbigen Küchen waren zeitlos und hielten bei guter Herstellung und pfleglicher Behandlung mehrere Jahrzehnte. Nun folgte der Trend zur wohnlichen Küche, und somit kamen auch fabriksmäßig hergestellte Rahmenbaufronten wieder in Mode. Die Unterschränke und die Großgeräte wie E-Herd, Tischkühlschrank und Geschirrspüler als Standgerät hatten anfangs eine Normhöhe von 85 cm. Als die Geräte auch für den Einbau hergestellt wurden, konnte die Höhe des Unterteils einer Kücheneinrichtung auch höher installiert werden, um der ergonomischen Erfordernis größerer Personen entgegenzukommen. Oberschränke werden meist an der Wand befestigt. Soll die Küchenzeile

In dieser Küche ist die technische Entwicklung ablesbar: Die Küchenmöbel mit verschiedenfarbigen Frontplatten aus den frühen 60er-Jahren werden nach und nach ergänzt mit einem Standkühlschrank, E-Herd, schließlich Fernsehgerät, Radio und Mikrowelle (1987).

als Funktionsteiler von Kochen und Wohnen dienen, ergibt sich eine Durchreiche und Durchsicht von der Küche auf den Wohnteil des Raumes.

Mit der haustechnischen Innovation kam es in den bäuerlichen Wohnhäusern zu Änderungen bisheriger räumlicher Einteilung. In Wohnhäusern mit einer ehemaligen Rauchküche, bevor ein Sparherd das offene Feuer ersetzte, war die Stube mit einem Kachelofen der wichtigste Wohnraum. Nun wurde die Küche durch den Sparherd rauchlos, darüber hinaus schrumpfte die Zahl der Haushaltsmitglieder, die Stube war nicht mehr täglich genutzter Wohnraum, außer zum Fernsehen. Alle noch verbliebenen Haushaltsmitglieder hatten in der Küche Platz.

Der Arbeitsplatz Kochen ist durch eine Küchen-Schrankzeile optisch vom Wohnbereich getrennt, aber nicht isoliert (1991).

Zudem kam Fließwasser in das Haus. Im Druckwasserschiff wurde das Wasser erhitzt und aufgrund des geschlossenen Systems ohne Mechanik das Heißwasser zur Bedarfsstelle, z. B. Küchenabwasch und zum Bad in einen anschließenden Raum geleitet. Für den thermischen Auftrieb bis ins Obergeschoß war dieses System nicht ausreichend. Daher wurde in vielen Fällen die geräumige Stube unterteilt. An der Seite, wo in der Küche der Herd platziert ist oder war, wurde ein Badezimmer eingebaut. Oft reichte der restliche Stubenraum noch für einen kleinen Wohnraum oder ein Schlafzimmer. So manche in den 50er-Jahren erfolgte räumliche Unterteilung wurde später wieder rückgebaut, als sich die Technik änderte und man geräumigeren Wohnraum wünschte oder benötigte.

Beispiel einer Kredenz als Vorläufermodell für die modernen Küchenschränke, hier mit strapazfähiger Abstellfläche, Oberteil der Kredenz mit gefälligen Glastüren und praktischen Schütten für kleine Vorräte und Gewürze (um 1950).

Den Wunsch nach einem Badezimmer konnten sich viele erst mit der Entwicklung der Warmwasserbereitung vom Küchenherd, später einem Zentralheizungsherd aus erfüllen.[208] Auch in das in den Mittelflurhäusern typische, von Traufe zu Traufe reichende Vorhaus wurden Sanitärräumen eingebaut.

Beispiel einer Unterteilung der Wohnstube und deren Rückbau:[209]

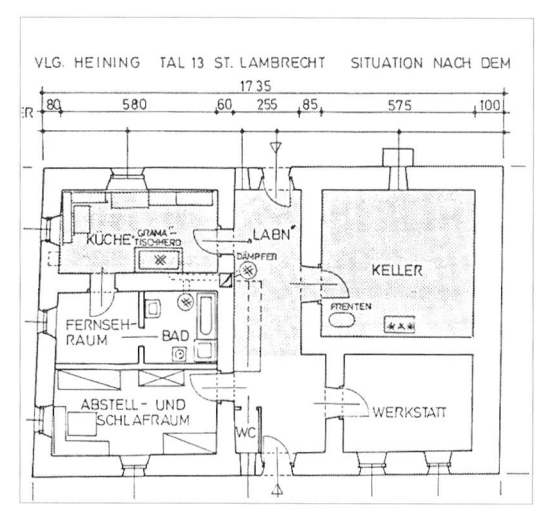

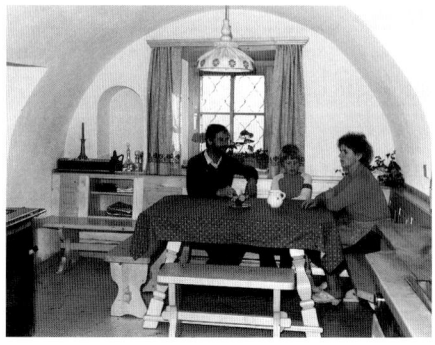

Ess- und Aufenthaltsplatz in der oben eingetragenen Küche mit dem Tonnengewölbe. Die Möbel stellte der Besitzer selbst her (1986, o.). Umbau des Erdgeschoßes mit Unterteilung der Wohnstube 1962 (l.).

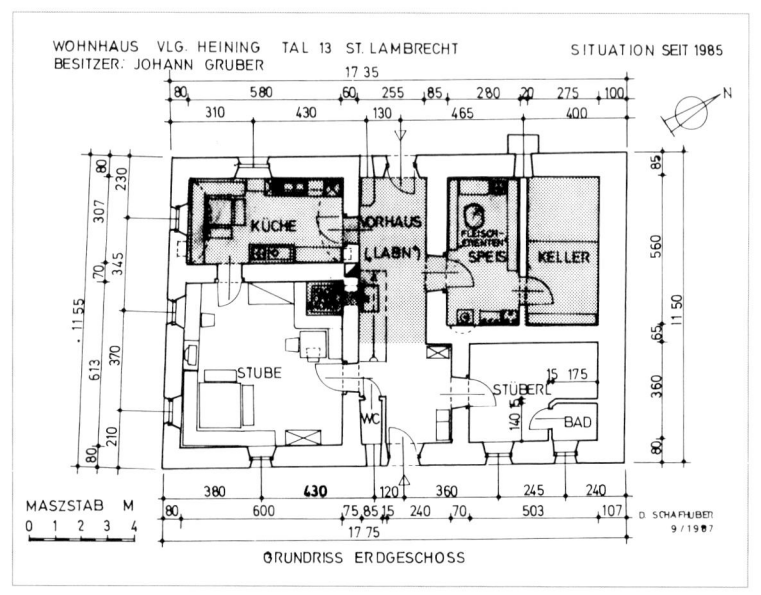

Rückbau der Wohnstube 1985.

---

208 Entwicklung der Warmwasserbereitung siehe Kapitel „Kulturgeschichte der Technik im Haushalt", S. 227ff.
209 Schafhuber Dorothea, Die Nahrungswirtschaft der Bauern in Tal bei St. Lambrecht. Eine Studie zur bäuerlichen Nahrungsvolkskunde. Diplomarbeit an der KFU Graz 1988, S. 243.

Eine Wohnküche, die noch die Merkmale einer Rauchstube zeigt: Ein Herdkomplex für Kochen, Backen, Warmwasserbereitung, daneben Wandschrank, Waschmaschine (1986, l.). Bauernstube aus Zirbenholz in der Obersteiermark (um 1955, r.).

Die Sparherdküche in einer ehemaligen Rauchstube erfüllte die Funktionen wie früher: In diesem großen Raum wurde weiterhin gekocht, gewohnt, allenfalls gewaschen. Zusätzlich zur Wohnstube wird oft noch ein kleinerer Wohnraum gewünscht.

Situation bäuerlicher Wohngebäude im ausgehenden 20. Jahrhundert – Maßnahmen

Die Betriebszählungen von 1980 und 1990 geben einen Überblick über die Veränderung der bäuerlichen Wohngebäude in diesem Jahrzehnt. 1980 wurden in der Steiermark bei 63.082 Betrieben 69.438 Wohngebäude, davon 66.064 bewohnt, 1990 bei 57.021 Betrieben 64.394 Wohngebäude, davon 60.643 bewohnt, gezählt.

Diese Ergebnisse bestätigen den bereits erwähnten Bauboom der 60er- und 70er-Jahre mit durchschnittlich 952 Neubauten pro Jahr. Hinzu kommen noch die Altbausanierungen und Um-, Zu- und Ausbauten älterer Wohngebäude.

Bestand der Hauptwohngebäude nach Baujahren:

	BZ[210] 1980	%	BZ 1990	%
Vor 1880	24.790	35,70	16.954	26,33
1880–1918	8.473	12,20	8.041	12,49
1919–1944	3.713	5,35	3.182	4,94
1945–1960	9.989	14,38	6.518	10,12
1961–1970	8.572	12,34		
1971–1980	18.094	28,10		
Nach 1980	4.232	6,57		

210 BZ = Betriebszählung.

Betriebe mit Fremdenzimmer (FZ):

	BZ 1980	%	BZ 1990	%
Betriebe	4.421	6,37	3.022	4,69
Zahl der FZ	21.517		14.183	

Die rückläufige Anzahl an Beherbergungsbetrieben und Gästezimmern auf Bauernhöfen dürfte mit dem von den Fremdenverkehrsexperten angestrebten Ziel, weniger Quantität und mehr Qualität zu fördern, zusammenhängen.

Von den bäuerlichen Wohngebäuden der Steiermark wurden in der Betriebszählung von 1980 39.798 für gut, 19.142 für reparaturbedürftig und 4.142 für baufällig befunden.

Betriebszählungen[211]	1980	%	1990	%
Hauptwohngebäude	69.438	100,00	64.394	100,00
bewohnt	66.064	95,14	60.643	94,17
mit Kalt- und Warmfließwasser	38.355	55,24	51.735	80,34
nur Kaltfließwasser	22.339	32,17	4.497	6,98
kein Fließwasser	2.388	3,43	789	1,22

Von den Hauptwohngebäuden landwirtschaftlicher Betriebe verfügten über

Zentralheizung	28.874	41,58	41.339	64,20
Bad/Dusche	42.002	60,49	49.807	77,35
WC	40.331	58,08	50.410	78,28

Diese Ergebnisse zeigen den raschen Wandel der Wohnqualität seit den 80er-Jahren auf. Vieles war möglich aufgrund von Förderungsmitteln. Bis zur Mitte der 80er-Jahre stand das Wohnhaus in seiner äußeren Form und inneren Gliederung mit Raumzuordnung, Funktionsabläufen, Stell- und Bewegungsflächenbedarf im Interesse von hauswirtschaftlichen Fachkräften und Bauplanern. Physiologische, ergonomische und sicherheitstechnische Anforderungen beeinflussten ebenfalls die Raumeinteilung und Einrichtungsplanung. Von hauswirtschaftlicher Seite wurden Empfehlungen ausgearbeitet, die in den Ö-Normen zum Wohnungsbau und in den Merkblättern des ÖKL berücksichtigt wurden.[212] Das Forschungsinteresse auf Landes- und Bundesebene zeigt sich allgemein ungefähr ab Mitte der 80er-Jahre rückläufig und

---

211 Land- und forstwirtschaftliche Betriebszählung 1980 und 1990, Beiträge zur Österreichischen Statistik. Hgg. vom Österreichischen Statistischen Zentralamt. Die Prozente wurden aus der Anzahl der Wohngebäude und nicht von den als bewohnt ausgewiesenen errechnet.

212 Planungsgrundlagen für den Wohnbau, die von Hauswirtschafterinnen erstellt bzw. an deren Erstellung Fachkräfte der steirischen Landwirtschaftskammer mitwirkten: ÖNorm B 5400 Haushaltsküche, ÖNorm B 5410 Sanitärräume im Wohnbereich, ÖNorm B 5420 Hausarbeitsraum.
ÖKL-Baumerkblätter: Nr 37 Küche, Nr. 40 Wirtschaftsräume, Dachausbau/Gästebeherbergung, Nr. 53 Tierische Direktvermarktung, Nr. 68 Milchverarbeitungsräume in der Direktvermarktung.

Zur Kulturgeschichte des bäuerlichen Wohnbaus

Ein modernes Bauernhaus in der Oststeiermark, nach funktionellen Grundsätzen und unter Berücksichtigung zum Teil traditioneller Elemente erbaut (1991). Der Hauseingang. Die Haustür mit dem Sonnensymbol. Auch die Sandkiste für die Kleinen darf nicht fehlen.

scheint gegen Ende des 20. Jahrhunderts, zumindest Bauernhäuser betreffend, kaum noch vorhanden zu sein.

In den letzten Jahrzehnten treten für den Wohnhausbau neben konservativ-traditionellen Leitbildern und modernisierten Traditionsformen auch architektonische Neukreationen, oft auch mit modischen Auffälligkeiten außen und innen auf. Es kommt teilweise zur Rückkehr zu natürlichen Baustoffen, andererseits aber zur Vernachlässigung optimaler Grundrisslösungen und funktionsgerechter Einrichtung des Wohnhauses.

Dachraumausbau

Steigender Raumbedarf wird entweder durch Aufstocken der Häuser, was das Dorfbild beeinträchtigt, oder durch einen gut geplanten und technisch einwandfrei gelösten Dachausbau gedeckt.

Aufstockung der Wohngebäude in einem südsteirischen Straßendorf (1973) statt Dachausbau (l.). Im obigen Straßendorf baute das Besitzerpaar ihr ebenerdiges Wohnhaus nach einem Architektenplan um und erhielt dafür den Förderungspreis 1989 (1988, r.).

Holz ist ein idealer Werkstoff für einen variantenreichen Innenausbau eines Dachraumes (1991).

Dämmmaterialien und wasserdampfdurchlässige Folien ermöglichen zusätzlichen behaglichen Wohnraum, in dem ein ständiger, aber zugfreier Luftaustausch erfolgt. Die Dachschräge lässt viele gestalterische Variationen zu.

Das typische Bauernhaus in der Nachfolge ursprünglicher Grundkonzeption verschwindet mehr und mehr, Prestigebauten nehmen zu, luxuriöse Details sind dort gefragt, wo die finanzielle Basis gegeben ist, was nicht überall zutrifft.

Das neue Bauernhaus gleicht zunehmend einem Ein- bzw. Zweifamilienhaus nichtbäuerlicher Bauherrschaften bzw. Bewohnern, wenn es nicht auch wirtschaftlichen Zwecken dient wie bei Direktvermarktung, Gästebeherbergung und Buschenschank. Diese Räume verleihen dem Wohngebäude noch einen Eindruck von bäuerlich-wirtschaftlichen Funktionen. Aber auch dieser Status schwankt bereits, denn zum Teil werden Ferienwohnungen in einem Nebengebäude oder Neubau errichtet und die Arbeits-, Kühl- bzw. Reiferäume für die Direktvermarktung in einem Nebengebäude eingerichtet.

Kücheneinrichtung

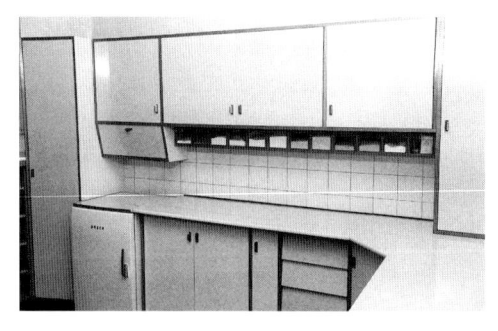

Eine der frühen modernen („amerikanischen") Küchen in einem steirischen Bauernhaus (um 1956, l.). Der zentrale Raum in einem modernen Bauernhaus mit dem Sitzplatz. Im Hintergrund die Küche und anschließender Hausarbeitsraum, rechts Tür zur Stube (1973, r.).

Zur Kulturgeschichte des bäuerlichen Wohnbaus

Typische Küchen in den 50er- und 60er-Jahren. In der Küche mit Steinmauern war es nur in der Nähe des Herdes warm (1958, l.). ONormen und ÖKL-Baumerkblätter zur Haushaltsküche (r.).

Küche und Essplatz in einem Raum, funktionell durch einen Unterschrank unterteilt (1991, l.). In einer Wohnküche bewährt sich der Küchenblock als Arbeitstisch und trennt den Arbeitsbereich vom Wohnbereich. Auch die Wand wird zur Unterbringung von Küchengeräten genutzt (1991, r.).

Für täglich benutzte Maschinen ist eine Mauernische zweckmäßig. Sie erspart Stellfläche auf den Küchenschränken (1991, l.). Moderne Wohnküche in einem neuen Bauernhaus 1986. Dem Küchenblock ist auf der Seite des Sitzplatzes ein höherer Schrank angefügt, der einerseits als Sichtschutz dient und auf der Kochplatzseite in den Nischen Platz für Gewürze etc. bietet. Auf der Essplatzseite wird der Schrank für Zeitungen etc. und Utensilien für den Esstisch genutzt (r.).

In einer praktischen Küche helfen auch Kinder gerne mit (1991, r.).

Mit einem Generationenwechsel wurden Küchen in so manchen Bauernhäusern bereits nach ca. zwölf bis 15 Jahren wieder ausgetauscht. Die alte Einrichtung landete meist im Wirtschaftsraum. Die Küche im Bauernhaus wurde gerne zu einem Prestigeobjekt, wo man den technischen Stand der Geräte und die Herstellerfirma den Besuchern präsentierte. Doch wirtschaftlich Denkende benutzen ihre Kücheneinrichtung oft über mehrere Jahrzehnte.

Die Haushaltsküche wurde in Österreich nach dem Beispiel in Skandinavien und Deutschland ab den 60er-Jahren zum Forschungsobjekt, um vom Arbeitsablauf her die bestmögliche Lösung zu eruieren. Bereits im Jahre 1927 entstand in Deutschland die so genannte „Frankfurter Küche", eine Vorläuferin der modernen Küche, deren Schöpferin auch Anleihen an amerikanischen Vorbildern nahm. Um die erforderlichen Mindestraummaße und die Grundfläche für diesen Arbeitsbereich auch in der Raumplanung zu berücksichtigen, entstanden Küchennormen. Nach dem deutschen Muster wurde eine österreichische Küchennorm (ÖNorm „Küche") erstellt, in die bereits praktische Erfahrungen von Hauswirtschaftlerinnen einflossen. Es folgte eine ÖNorm für Hausarbeitsraum und eine für Sanitärräume. International wurden ISO-Normen erstellt.

Leider kam es in Österreich im letzten Jahrzehnt zu keiner Weiterarbeit auf diesem Forschungsfeld, die Normen wurden nicht mehr aktualisiert. Der Industrie und den kleingewerblichen Möbelherstellern ist heute das Design einer modernen Küche wichtiger als die bestmögliche funktionelle und vor allem wirtschaftliche Lösung einer Kücheneinrichtung.

Wirtschaftsraum und Schmutzschleuse

Vielfach war es üblich, das Schweinefutter in der Küche oder im eingebauten Kessel in der Küche oder im Vorhaus zu kochen. Nur größere Betriebe verfügten über eine eigene Futterküche, eine so genannte „Saukuchl". Solange der Rauch über einen offenen Schlot, der an der Vorhausdecke begann, nach außen aufsteigen konnte, entwich auch der Wasserdampf nach außen. Mit dem Sparherd änderte sich die Situation. Über das Rauchrohr und den Rauchfang wurde nur noch der Rauch abgeleitet, der Wasserdampf vom Kochen auf dem Herd oder im Kessel in der Küche schlug sich nun an den kalten Steinmauern nieder und kondensierte. In manchen Haushalten war es üblich, auch einen Wasserhäfen ständig auf dem Herd stehen zu haben. Dadurch bildete sich viel Wasserdampf im Raum. Das Kondensat ergab einen idealen Nährboden für den Mauerschimmel, die Küche wurde „schwarz".

Auf größeren Höfen gab es allenfalls eine Waschküche und manchmal auch einen eigenen Backraum. In der Zeit des Strukturwandels wurde der Wirtschaftsraum zur Entlastung der Küche aktuell. Bei Neubauten wurde er meist im Kellergeschoß eingerichtet, manchmal auch außer Haus. In diesem konnten die Rohstoffe zu Vorräten verarbeitet werden (Fleischverwertung, Brotbacken, Gemüse und Obst konservieren). Frauen, die vorwiegend elektrisch kochten, haben den Holzherd im Wirtschaftsraum aufgestellt. Auf diesem konnten auch große Häfen zugestellt werden. Außerdem war hier eine Kochmöglichkeit, falls der Strom ausfallen sollte.

Nach und nach wurde auch ein Hausarbeitsraum aktuell, in dem Bügeln, Nähen, oft auch die Schreibarbeiten verrichtet wurden. War kein eigener Raum hiefür vorhanden, wurden die betreffenden Arbeitsplätze mit allen dazugehörenden Arbeitsutensilien in einem Vorraum, Wohnraum oder sonstigen geeigneten Raum eingerichtet. Immer öfter wurde ein eigenes Büro, ideal über eine Schmutzschleuse zugängig, erforderlich.

Nassbereich einer Schmutzschleuse mit Stiefelwaschbecken (rechts) und Haltevorrichtung zum Trocknen der Stiefel (1991).

Die Hygieneansprüche der Familien, die betrieblichen Verhältnisse und das Hygienegesetz hinsichtlich Vorschriften für die Einrichtung zur Lebensmittelverarbeitung für den Verkauf zwangen zu einer strikten Trennung von Wirtschaftsraum und dem Teil für die Körperreinigung nach der Arbeit im Stall und Außenwirtschaft, der Schmutzschleuse. Diese Bezeichnung und die Berücksichtigung eines Raumes für die Arbeitskleider mit Trockenplatz, mit Stiefelwaschbecken und allem sonstigen Bedarf, wur-

Eine Schmutzschleuse im oder neben dem Heizraum (1991) bewährt sich.

den anfangs von vielen Bauplanern abgelehnt. Von den Bauernfamilien hingegen wird eine Schmutzschleuse gefordert und inzwischen auch von den Planern akzep-

Platz für die trockene Arbeitskleidung vor dem Heizraum (1991, l.). Schuhputzplatz in der Schmutzschleuse (1991, r.).

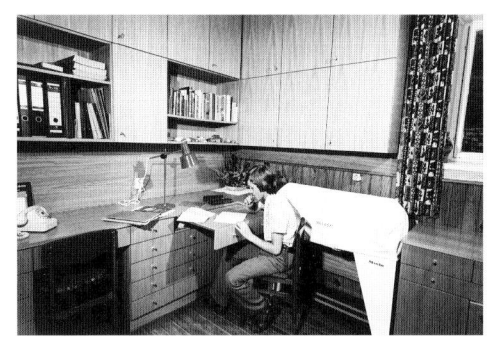

Büro, Schreibplatz für den Schüler und Wäschepflege in einem Raum (1973, l.). Im Hausarbeitsraum mit Schränken für Nähen und Bügeln ist auch Platz für die Kinder (1976, r.).

tiert. Für die grobe Reinigung, Duschen nach schmutziger Arbeit, zur luftigen Aufbewahrung der Arbeitskleidung und zum Umziehen der Hauskleidung wurde sie für die meisten bäuerlichen Betriebe unentbehrlich.

An die Räume für die Direktvermarktung werden hohe Anforderungen aufgrund der strengen Vorschriften gestellt. Die Ansprüche an die Gästezimmer und Ferienwohnungen steigen. Um konkurrenzfähig zu sein oder zu werden, muss verstärkt Wert auf Qualität hinsichtlich der bauphysikalischen Beschaffenheit, der Einrichtung und Ausstattung sowie der Gestaltung des Umfeldes gelegt werden, gelenkt durch die Bestimmungen der Förderungsaktionen. Die Planung solcher Räume bedarf spezieller Kenntnisse über den Produktionsablauf mit seinen räumlichen und technischen Erfordernissen und über Vorschriften, die immer wieder geändert werden. Planungsspezialisten[213] bearbeiteten anfallende räumliche Beratungsfälle der Direktvermarktung und Gästebeherbergung. Deren Erfahrung kommt u. a. in den Merkblättern des ÖKL für gute Beispiele von Räumlichkeiten dieser Betriebszweige zum Ausdruck.

---

213 Bis 1992 die Beraterin Adelinde Doppelhofer, dann Ing. Manfred Eder.

Buschenschankräume werden immer häufiger aufwändig gestaltet. Den oft vorkommenden gravierenden Baufehler, der zur unangenehmen Akustik in den Räumen führte, versuchen nun Beratungskräfte und Architekten bei Neuplanungen zu vermeiden. Den ursprünglich einfach eingerichteten Buschenschank findet man nur noch selten. Auffallend sind Fehler in der Planung der Arbeitsräume eines Buschenschanks, in denen der Funktionsablauf zu wenig berücksichtigt wurde. Diese Fehler gilt es zu vermeiden, da dem Bedarf entsprechende, arbeitstechnisch zweckmäßige Einrichtungen im Arbeitsraum von Buschenschänken besonders bei Hochbetrieb Zeit und Ärger ersparen.

Die Unterbringung von Haushalts- und Betriebsmitteln im Wohnhaus

Die Verflechtung des Haushalts mit dem Betrieb bedingte, dass seinerzeit auch wirtschaftliche Geräte und Vorräte innerhalb des Bauernhauses untergebracht wurden. So wurden nicht selten im Obergeschoß oder Dachboden Futtermittel gelagert, von denen täglich ein gewisses Quantum zur Fütterung in den Stall getragen werden musste. In der Knechtkammer wurden z. B. Besen gebunden und landwirtschaftliche Geräte, wie Sensen etc. aufbewahrt. Der Dachboden war Lagerraum für selten benötigte Dinge, aber auch für die Holzbadewanne, die in der Regel wöchentlich in die Küche für das samstägige Bad getragen wurde. Hier befanden sich auch die Spinnräder, der Webstuhl u. a. m. Gab es keinen Werkraum, keine „Schneggerkammer" oder Bastelwerkstatt, diente die Stube als Werkraum.

Auf größeren Betrieben gab es eine „Milchstube" oder „Milchkammer". Nur die Milchzentrifuge wurde gerne in der Stube am Ende der Stubenbank aufgestellt, da die Milch noch möglichst kuhwarm zentrifugiert werden musste und die Wohnstube der wärmste Raum im Haus war.

Das Bauernhaus am Ende des 20. Jahrhunderts

In Regionalprojekten waren qualitätvolle Neu- und Umbauten gefordert. Noch waren aber die Baubehörden auf Gemeindeebene, was die Außengestaltung der Gebäude betrifft, verunsichert, da von höherer behördlicher Instanz Auflagen erlassen wurden, die von Fachleuten nicht immer nachvollziehbar sind – dieser Prozess erinnert an die Situation anlässlich des Baubooms in den 70er-Jahren. In jüngerer Zeit tendieren auch Landwirte zu Energiesparhäusern, wenn auch nicht so auffällig wie im Privat-Wohnbau, da der Bauer meist über ausreichend Brennholz verfügt.[214]

---

214 DI Tritthart und DI Kreutzer, Bauabteilung der Landeskammer, Interview am 1. 3. 2004.

Die Planung der Räume unter Berücksichtigung des technischen Standards, optimaler funktioneller Lösungen zwecks zeitsparender, unfallsicherer Nutzung und Wirtschaftlichkeit der Baulichkeiten und Einrichtungen war ein Schwerpunkt der Grundlagenarbeit und Forschungsaufträge noch in den 80er-Jahren. Die Bedeutung des Haushaltes wurde danach zunehmend vernachlässigt, bereits vorliegende Ergebnisse von Forschungen, auf Situationsanalysen basierende Erkenntnisse und daraus entwickelte Empfehlungen werden immer mehr „vergessen". Dies zeigt sich besonders bei neuen Küchen, wo der logische Arbeitsablauf und die erforderlichen Stell- und Bewegungsflächen von Planern, die meist bei Küchenfirmen beschäftigt sind, nicht entsprechend berücksichtigt werden. Hingegen sind Einrichtungen wie z. B. die Schmutzschleuse, in den 70er-Jahren von vielen Architekten und Planern noch strikt abgelehnt, heute eine selbstverständliche Forderung der Bauherrschaften an die Planer.

Raumgestaltung

In den Nachkriegsjahren, als neue Baustoffe auf den Markt kamen und die Wohnbaubroschüren und Bausparhefte modisches Design präsentierten, waren Bildungsleute um Geschmacksbildung für die Landbevölkerung bemüht. Oft bestimmten die Handwerker die Form, auch Verkäufer in Einrichtungshäusern präsentierten ihren Kunden mit aller Überzeugungskraft die ihnen geläufige Einrichtung und Gestaltung der Räume. Diesen war eine bestimmte Note des Planers oder Tischlers abzulesen, es war die „Marke", an der der Urheber leicht erkennbar war. Nach und nach wurde die Kundschaft selbstbewusster und sicherer in der Auswahl der Gegenstände. In Fachschulen und in Kursen wurden Kenntnisse über Gestaltungsmittel vermittelt. Das Bestreben, das eigene Haus nach dem eigenen Geschmack zu gestalten, zeugt von eigenständigem Handeln und individueller Reife.

Verschalung der Mauer zum Kellerabgang und rund ausgeschnittene Öffnung für die Stiege in einem Vorhaus eines revitalisierten Bauernhauses vermitteln eine freundliche Atmosphäre (1981).

Die Bauernstube wurde um eine Kammer über einem Gewölbekeller durch die Herausnahme der Zwischenwand vergrößert. In dem vom Vorhaus aus zu beheizenden Kachelofen wurde eine Kachel mit dem Familienwappen eingesetzt (1980, o. l.).

In den 80er-Jahren wurden Bauernstuben gerne mit Möbeln überlieferter Formen eingerichtet (1990, o. r.).

Viele bäuerliche Familien wünschen sich ein Wohnzimmer zusätzlich zur Alltags-Stube (um 1984, r.).

Kulturgeschichte der Technik im Haushalt

Ein Streifzug durch die Entwicklung der Technik im bäuerlichen Haushalt soll einen Einblick in den Zustand und Wandel von der vorindustriellen Zeit bis zur jüngeren Vergangenheit vermitteln.

In jeder Epoche gab es Erneuerung und Fortschritt, zu jeder Zeit ein Festhalten am Überlieferten. Rückständigkeit wird hier nicht als Wertung verstanden, sie ergibt sich aufgrund verschiedener Faktoren, die für Beharrung, Erneuerungen und den Gebrauchswert der Gegenstände im Einzelfall maßgeblich sind.

Die technische Ausstattung der Bauernhäuser gilt bis in die erste Hälfte des 20. Jahrhunderts eher als bescheiden. Das Wasser musste vom Brunnen ins Haus getragen werden, ein Wassertrog in der Küche mit einem Abfluss ins Freie war schon komfortabel. Nur in besser situierten Betrieben gab es Fließwasser im Haus. Besonders unangenehm war ein Waschtag. Im Winter wurde im Vorhaus, in der übrigen Zeit im Freien gewaschen, nur größere Betriebe verfügten über eine Waschküche. Kein Wunder, dass nur alle vier Wochen Waschtag war. Die Versorgung mit Fließwasser in Haus und Stall war die wichtigste Maßnahme zur Einsparung von Arbeitszeit und für hygienische Verbesserungen.

Der Wandel von der offenen Feuerstätte zum geschlossenen Herd, der mit einem Rohr an den Rauchfang angeschlossen wird, setzte auf dem Lande um 1870 ein. Der Großteil stellte erst um die Jahrhundertwende, noch vor dem Ersten Weltkrieg, um. Doch bis nach dem Zweiten Weltkrieg gab es noch vereinzelt Rauchstuben- und Rauchküchenhäuser.

Die Elektrifizierung leitete eine neue Zeit der Technisierung ein. Die Anschaffung anfangs teurer arbeitssparender Geräte konnten sich viele nicht leisten. Es wurden Gemeinschaftsanlagen gegründet, vorerst Waschanlagen, dann Gefrieranlagen, die von allen Mitgliedern der Gemeinschaft zu erschwinglichen Kosten benutzt werden konnten. Als Haushaltsgeräte billiger in der Anschaffung wurden, lösten sich diese Gemeinschaften auf. Der Strukturwandel auf dem Lande und das stets neue Angebot an Geräten und Maschinen wirkten sich regional unterschiedlich und zeitlich versetzt auf die landwirtschaftlichen Haushalte aus.

Wasserleitungsbau

Die Einleitung des Fließwassers ins Haus galt als einer der ersten Schritte zur Verbesserung der Arbeits- und Wohnsituation im Haus. Als Wasserleitungsrohre von der Quelle zum Brunnen wurden seit eh und je Lärchenstämme, die gerade gewachsen waren, verwendet. Mit einem Spezialbohrer (Löffelbohrer) wurde die Rohrung gebohrt. Die einzelnen Rohre waren mittels Buchsen zusammenzuschließen. Als nach dem Krieg, ab 1947, die Förderungen mit Mitteln aus dem Marshallplan (ERP-Mittel) verstärkt in die Verbesserung der Arbeits- und Wohnsituation für Bauernhöfe eingesetzt werden konnten, stand die Wasserversorgung im Vordergrund. In den 50er-Jahren kamen die Kunststoffrohre auf, die leichter verlegt werden können und haltbarer sind als die Holzrohre.

Galt im Großen und Ganzen die Wasserversorgung im Haus in den Jahrzehnten nach dem Zweiten Weltkrieg als vorrangige Aktion, war sie dennoch jahrzehntelang danach noch nicht abgeschlossen. Einer der Gründe dafür war die qualitative Anforderung an das Wasser. Für Betriebe mit Gästeverpflegung und für den Markt erzeugten hofeigenen Produkte war das Wasser auf seine chemische und bakteriologische Beschaffenheit zu untersuchen. Solche Kontrollen wurden weiter verschärft. Nicht jeder Grundwasserbrunnen enthielt einwandfreies Wasser. Auch so manches Quellwasser konnte im Quellbereich verunreinigt worden sein.

In den Nachkriegsjahren kam es häufig zu Problemen, dass das ins Haus geleitete Wasser im Übergang vom hölzernen Leitungsrohr in der Erde zum Eisenrohr mit schlechter oder fehlender Wärmedämmung in der Hausmauer für die Hausleitung einfror. Das Problem gab es, bis geeignete Dämmstoffe für die Rohre auf den Markt kamen.

In Fällen, wo das Wasser nicht durch Eigendruck aufgrund des Gefälles eingeleitet werden konnte, waren Pumpen zur Förderung erforderlich. Die Handpumpe beim Brunnen im Hofbereich wurde durch eine elektrisch betriebene Oberwasser- oder Unterwasserpumpe ersetzt. Die stromlose Wasserförderung von tiefer gelegenen Quellen zum Verbraucher durch so genannte „Widder" war nur in Almgebieten üblich.

Während 1980 noch 32,17 Prozent der Bauernhäuser nur mit Fließwasser ausgestattet waren, gab es 1990 nur noch in knapp sieben Prozent keine automatische Warmwasserversorgung.

Der Wasserverbrauch stieg kontinuierlich sowohl im Haushalt als auch im landwirtschaftlichen Betrieb an. So wurden Trockenzeiten zum Problem, denn Flussbegradigungen wirkten sich auf das Absinken des Grundwasserspiegels aus.

Tägliches Wasserschleppen vom Brunnen mit Handpumpe ins Haus und meist auch in den Stall (1948).

Die Gemeinden errichteten Wasserversorgungsanlagen, es kam zu Zusammenschlüssen in Wassergenossenschaften bis hin zu Wasserverbänden. Die Qualität des Wassers von der zentralen Wasserversorgung wird ständig überprüft und weist meist bessere Werte auf als so mancher Hausbrunnen.

Warmwasserbereitung und Zentralheizung

Von der einfachen technischen Einrichtung zur Warmwasserbereitung im Küchenherd bis zur Erwärmung des Wassers über den Zentralheizungskessel, die Wärmepumpe und die Sonnenkollektoren vergingen nur einige Jahrzehnte.

Das Wasserschiff im Küchenherd deckte nicht immer den jeweiligen Bedarf an Warmwasser, es wurde zusätzlich in einem Häfen auf dem Herd Wasser erhitzt.

Mit dem druckfesten, aus Stahl gefertigten Druckschiff mit den Sicherheitsventilen und -armaturen kam es zur ersten automatischen stromlosen Warmwasserversorgung im Bauernhaus. Bald erwies sich dieses Druckschiff aufgrund gesteigerter Ansprüche und verbessertem Angebot auf dem Installationssektor als nicht ausreichend. Es war keine elektrische Umwälzpumpe gegeben. Die mit Schwerkraft funktionierende Warmwasserleitung reichte für die Küchenabwasch und die unmittelbar an die Herdwand anschließende Badewanne im neuen Baderaum in der ehemaligen Stube aus. Es folgte ein System, in dem das Wasser mittels Heizschlangen oder Heiztaschen im Feuerungsbereich des Küchenherdes erhitzt und zu einem Speicher geleitet wurde. Meist wurde ein Boiler (wenig oder nicht wärmegedämmt) knapp unter der Küchendecke montiert (s. Abb. S. 230 unten Mitte). Von diesem wurde das Warmwasser zu den Verbrauchsstellen (Zapfstellen) geleitet. Allmählich wurde auch auf eine bessere Dämmung des Wasserbehälters Wert gelegt, man sprach nun von einem Speicher. Reichte das Fassungsvermögen zeitweise nicht aus, musste im Herd zusätzlich geheizt werden. Unangenehm war die Wärmeabstrahlung des Herdes besonders in der warmen Jahreszeit.

Die Kombination der Warmwasserbereitung mit der Warmwasser-Zentralheizung erfolgte anfangs über so genannte Zentralheizungsherde, doch bald wurde auf die leistungsfähigeren Zentralheizungskessel umgestellt. Diese beanspruchten einen eigenen Raum, den man meist im Kellerbereich fand. Durch die Wärmeabstrahlung wurde der Keller warm und in vielen Fällen für die Lagerung von Obst und Gemüse nicht mehr geeignet. Als Brennstoff dient im Bauernhaus auch heute noch überwiegend Holz. Aus Gründen der Arbeitsersparnis stellten so manche Bauern, die über wenig hofeigenes Brennholz verfügten, ihre Heizanlage auf Öl um. Die Energiekrise im Jahre 1973 führte weitgehend zum Umdenken. Die Nutzung der Sonnenenergie zur Warmwasserbereitung fand gerade bei Landwirten sehr früh großes Interesse. Besonders jene Betriebe, die relativ viel Warmwasser benötigten, setzten auf Sonnenkollektoren. In Selbstbaukursen lernten sie anfangs solche selbst herzustellen. Der Installateur hatte lediglich die Anschlüsse mit den Sicherheitseinrichtungen und die Montage des Warmwasserspeichers sowie die Verbindung mit der Zentralheizung auszuführen.

Sonnenkollektoren werden in vielen Fällen im Freien aufgestellt (1993).

Zentralheizungskessel

Der Stückholz-Zentralheizungsofen wurde technisch mit einem sehr hohen Wirkungsgrad entwickelt und weist einen vergleichsweise geringen Arbeitszeitbedarf für seinen Betrieb auf. Noch komfortabler kann die Holz-Zentralheizung mit Hackgut betrieben werden. Bauern mit einem größeren Waldbesitz bzw. Gemeinschaften von Waldbauern beliefern auch größere Hackschnitzel-Heizanlagen im meist kommunalen Bereich. Holz ist nach wie vor der hauptsächliche Energieträger im Bauernhaus für die Warmwasserbereitung und die Raumheizung.

In den 80er-Jahren war die Ausstattung des Haushalts im Bauernhaus mit modernen technischen Geräten im Allgemeinen gut bis sehr gut. Den größten Energiebedarf im Haus hat die Heizanlage. Viele Bauernhäuser, die über einen schlechten Wärmeschutz des Gebäudes verfügten und deren Wände feucht waren, waren zu sanieren. Besonders die Dämmung der obersten Geschoßdecke bzw. des Daches sowie der Außenwände musste forciert werden.

Zentralheizungsanlage aus den 80er-Jahren.

Kachelofen

Zum Großteil werden die Wohngebäude über eine Zentralheizung erwärmt, zusätzlich kommt in jüngerer Zeit in vielen Fällen wieder ein Kachelofen in die Stube, manchmal kombiniert mit einer Kochstelle. Kachelöfen wurden noch in den 70er-Jahren abgetragen. Im letzten Jahr-

Der für das obere Murtal typische Kachelofen mit den Topfkacheln wird auch heute noch so als „Hinterlader" gebaut (1987).

Kachelofen, vom Vorhaus aus zu beheizen, in einem neuen Bauernhaus in der Weststeiermark um 1980 (r.).

zehnt wurden sie wegen ihrer angenehmen Wärme und ihrer attraktiven Gestalt als Schmuckstück im Wohnraum immer mehr errichtet. Architekten sind für Kachelöfen, aber nicht für überdimensionierte.[215]

Ursprünglich wurde der Stubenofen, mit oder ohne Kacheln, gemauert. Eine der frühesten Kachelformen ist die Topfkachel, aber auch Schüsselkacheln sind altbekannt. Die Form der Ofenkacheln unterliegt auch der Mode. Quadratische oder rechteckige Kacheln werden in vielen Fällen vom modischen Stil mit unregelmäßigen Keramikplatten abgelöst.

Herd-Kachelofenkombination. Auf der Seite der Stube wärmt der Kachelofen, küchenseitig schließt der Feuerungsherd an (1989, o.).

Wo ein Rauchfanganschluss gegeben war, war im Badezimmer auch ein Badeofen möglich (um 1955, l.). Im Herd sind Heizschlangen eingebaut, das Warmwasser wird hier im nicht gedämmten Boiler gespeichert (um 1955, M.). Lustig ist das gemeinsame Baden (1991, r.).

Elektro-Warmwasserspeicher

Die Warmwasserbereitung mit Hilfe elektrischer Energie wurde bereits durch die Aktion „Elektro-Beispielshöfe" forciert. Die Elektroversorgungsunternehmen (EVU) führten den verbilligten Nachtstrom ein. Somit wurde die elektrische Warmwasserbereitung auch für die Landwirtschaft interessant, wenn sie auch nicht so verbreitet war, wie die oben beschriebene mit Holzfeuerung.

---

215   D.I. Suppantschitsch, Interview 2003.

Elektrizität

Der elektrische Strom, eine der wesentlichsten Innovationen zur Energieversorgung, erleichterte die Arbeit in Haushalt und Betrieb wesentlich. Wo kein Anschluss an das Stromnetz eines Versorgungsunternehmens möglich war, bauten sich so manche von der Technik begeisterte Bauern mitunter schon in den 20er-Jahren selbst ein „E-Werkerl" mit einem Gleichstromgenerator; Elektroversorgungsunternehmen hingegen liefern Wechselstrom. Die Kapazität der Kleinkraftwerke reichte meist nur für die Beleuchtung und für Geräte mit geringem Anschlusswert. Auf Bauernhöfen ohne Druckwasserleitung konnte der Leierbrunnen durch eine elektrische Wasserpumpe ersetzt werden. Elektromotoren verdrängten in der Zwischenkriegszeit die in landwirtschaftlichen Betrieben eingesetzten mit Benzin betriebenen Motoren. Motoren für die Landwirtschaft erfordern Kraftstrom (Drehstrom).

Die Elektrifizierung ganzer Regionen wurde von Elektroversorgungsunternehmen (EVU) angestrebt. Doch vor dem Zweiten Weltkrieg war dies vielfach finanziell nicht möglich, während des Krieges mussten viele Technisierungsmaßnahmen zurückgestellt werden. Unmittelbar nach dem Krieg lag das Problem im Materialmangel. Der Ausbau des Elektrizitätsnetzes ging daher schleppend vor sich. So bekamen manche Talschaften in der Steiermark erst Anfang der 60er-Jahre elektrischen Strom.

Wie hilfreich die Verwendung von Strom im Haushalt ist, versuchten Beratungskräfte von EVU und Landtechnik den Bauern nahe zu bringen. In zahlreichen Vorträgen, Gerätevorführungen, Informationsschriften und Anschauungsmaterialien wurde Aufklärungsarbeit geleistet. Die Aktion „Elektro Beispielshof" in den 50er- und 60er-Jahren sollte die Effizienz der Stromwerbung heben. Der billigere Nachtstromtarif sollte mehr genutzt werden. Nachtstrom-Warmwasserspeicher, Nachtstrom-Kartoffeldämpfer, sogar mit Nachtstrom beheizte Brotbacköfen und Nachtstromspeicheröfen wurden von der Industrie angeboten. Das elektrische Bügeleisen war sehr bald in jedem Haushalt zu finden. Um Anschaffungskosten zu sparen, wurden in den 50er-Jahren Gemeinschaftswaschanlagen errichtet. Als die Haushaltswaschmaschinen billiger wurden, bevorzugte man diese. Die Gefriertechnik war in kurzer Zeit verbreitet. Nur der Elektroherd wurde etwas zögerlicher angeschafft. Es lag nicht nur an den Kosten, sondern auch an der Gewohnheit, mit dem Feuerungsherd zu kochen. Umlernen ist immer schwieriger als neu lernen, der E-Herd erfordert eine andere Bedienung als der mit festen Brennstoffen befeuerte Herd – in der heutigen Zeit kennt man dieses Problem nicht mehr. Die alten Brotbacköfen waren oft schon reparaturbedürftig, beanspruchten zuviel Holz und somit auch höheren Arbeitsaufwand. Da entschied man sich meist für einen Elektrobackofen. (Elektrische Küchengeräte s. Absatz Küchengeräte, S. 242ff.).

Küchenausstattung: Vom offenen Feuer zum Sparherd

Die volkskundliche Nahrungsforscherin Anni Gamerith erforschte u. a. den Speisenkanon und die Zubereitung der Speisen in ihrer Abhängigkeit von der Art der Feuerstätten.[216] Aufgrund der Ergebnisse erkannte sie in der Steiermark zwei Kochlandschaften:
- Offener Herd mit Kochofen. Diese Form kam vorwiegend in der Südoststeiermark vor. Hier wurden die meisten Speisen im Kochofen gegart, die Töpfe wurden mit Hilfe einer Ofengabel in den Ofen geschoben und wieder entnommen.
- Gebiete mit offenem Feuer auf dem Herd, der meist mit einer Steinplatte abgedeckt war. Hier wurden die meisten Speisen gegart; Schmalzgebäck, aus heißem Fett schwimmend herausgebacken, kamen in diesen Gebieten häufig vor. Ofengebäck wurde im Ofen (Doppelfeuerstätte), im Kachelofen (kleinere Mengen) oder nach dem Brotbacken im Brotbackofen gebacken.

Die typischen Speisen in diesen Landschaften sind großteils heute noch als traditionell bekannt.

Über der offenen Feuerstätte war der Funkenhut angebracht. Er bestand meist aus einem Weidengeflecht, das mit Mörtel verputzt wurde oder aus einem Korpus aus Holz, ebenfalls dick mit dem brandsicheren Mörtel versehen. Die Funken stiegen hoch, wurden durch den Funkenhut abgehalten, die festen Stoffe fielen zurück. Der Rauch stieg zur Raumdecke auf, kühlte ab und zog durch eine Luke über der Eingangstür und einen Rauchkamin aus Holzbrettern im Vorhaus ins Freie ab.

Ein wichtiges Utensil dieser Feuerstätte war der Kessel, der auf einem drehbaren Arm, dem „Kesselgalgen" oder der „Kesselreidn", über das Feuer geschwenkt werden konnte. Unter der Raumdecke befanden sich Stangen, so genannte „Asn" oder „Dasn", auf denen Holz oder die Späne zum Anheizen aufgeschlichtet wurden („Holzasn", „Spanasn") oder auch solche zum Aufhängen des Fleisches zum Räuchern („Fleischasn").

Kochstätten und Kochgeräte

Auf diesem Gebiet zeigt sich die Entwicklung über einen größeren Zeitraum: ein Beispiel für die „Ungleichzeitigkeit des Gleichen". Während es in manchen Bauernhäusern bereits in der zweiten Hälfte des 19. Jahrhunderts Sparherde gab, kochte vereinzelt eine Bäuerin noch um die Mitte des 20. Jahrhunderts auf einem offenen Feuer. In Almhütten kennt man sie noch in der Gegenwart, hier werden offene Feuerstätten als Tourismusattraktion noch benutzt.

---

216 Gamerith Anni, Speis und Trank im südoststeirischen Bauernlande. Inauguraldissertation. Graz 1961.

Herd mit offenem Feuer und Kochofen

Die Feuerstelle entwickelte sich im Laufe der Zeit vom Feuerplatz in der Raummitte auf dem flachen Boden oder in einer Mulde. Dann wurde der knie- bis tischhohe Herd üblich, die Feuerstätte rückte von der Raummitte an die Wand.

In den Kochofen wurden Tontöpfe mit der Ofengabel eingeschoben und herausgenommen. In Gebieten des Kochofens waren die flachen Tommerln üblich. Sie wurden in gusseisernen Pfannen ebenfalls im Ofen gebacken.

Der offene Herd mit größerer Herdfläche, auf einem Herdsockel aus Steinen oder Ziegeln aufgemauert, war mit starken Kanthölzern eingefasst und mit einer Steinplatte abgedeckt. Die Glut wurde über Nacht mit Asche zugedeckt. Es gab auch Herde, in denen dafür im hinteren Bereich eine Mulde vorgesehen war. Am Morgen wurde die Glut wieder zu Feuer entfacht.

Die Kesselschwinge („Kesselreidn"), wie bereits erwähnt, ist ein unentbehrliches Herd-Zubehör. Meist wurden Kessel aus Kupfer, seltener aus Eisenblech verwendet. Im Kessel wurde das Wasser und im Käsekessel die Milch zur Käseerzeugung erhitzt. Zum offenen Herdfeuer wird der Dreifuß zum Einhängen des Kochtopfes benötigt. Dieser wird direkt über die Flammen oder die Glut gestellt. Die Temperatur wird durch starkes oder schwaches Feuer geregelt. Es gab auch Töpfe mit Füßen. Der Feuerbock aus Eisen, in der Regel mit vier Füßen, diente zum Auflegen bzw. Anlehnen der Holzscheiter. In die oberen ringförmigen Enden der stehenden Teile konnte der Spieß mit dem Fleisch zum Braten eingehängt werden.

Feuerstätte mit Funkenhut im FLM Maria Saal (o.).

Offenes Herdfeuer in der Putzentalalm: Die Kupferkessel hängen auf der schwenkbaren Kesselreidn, der Dreifuß („Trifuess") wird zum Kochen und Braten über die Glut gestellt. Der „Schnellsieder" (links unten) wird in den Dreifuß eingehängt. Er diente auch als täglich gebrauchter Kochtopf beim Sparherd. Die Sennerin Sela deckt am Abend mit Hilfe des „Wisch"[217] die Glut mit Asche zu (1987, r.).

---

217 Der „Wisch" ist ein dünner Ast, der bis etwa zu 2/3 gespalten wird. In diesen Spalt wird wischfähiges Material (spezielle Wurzeln etc.) eingeklemmt.

Die Altbäuerin versteht sich noch auf die Zubereitung des Häfennigls im Rauchstubenhaus – eine oststeirische Spezialität, die es früher anlässlich schwerer Erntearbeiten gab. Über dem Feuer befindet sich der Niglhäfen in einem Dreifuß. Das Herausheben des Häfennigls ohne ihn zu brechen bedurfte äußerster Geschicklichkeit (1992).

Der Sparherd

Die Umstellung auf den Sparherd mit der Rauchableitung über den Rauchfang brachte eine wesentliche gesundheitliche Verbesserung, hatten doch viele Frauen unter dem Rauch in der Küche zu leiden, Augenentzündungen waren keine Seltenheit. Der Sparherd ermöglichte nun auch die Zubereitung von Speisen, die vorher aufgrund der feuerungstechnischen Gegebenheiten nicht üblich waren. Z. B. nahm in der Südoststeiermark die Zubereitung von diversen gebackenen Strudeln zu und bereicherten die bisher vorherrschende Brei- und Tommerlkost. Karl Reiterer bemerkt, dass früher die Bäuerin beim offenen Herd gekocht habe, hingegen würde sie nun (um 1911) einen Sparherd brauchen und zitiert eine Bäuerin aus dem Ennstal, die meinte: „[...] das ist ein Kommodherd, aber kein Sparherd."[218]

Die meisten Sparherde waren mit einem Wasserschiff ausgestattet, sodass das Erhitzen des Wassers im Kessel über dem Feuer wegfiel.

Der „Sparherd" wurde gemauert und mit Kalk oder mit Farbe gestrichen oder mit Keramikkacheln verkleidet. Beim so genannten „Tischherd" befindet sich neben dem Feuerraum des Herdes das Backrohr, im hinteren Teil das Wasserschiff. In Räumen mit geraden Wänden, insbesondere in Wohnküchen, wurde gerne ein „Aufsatzherd" („Sesselherd") eingebaut, der eigentlich ein Ofen ist und gebietsweise noch heute auch als solcher bezeichnet wird („Ofen", „Sesselofen"). Bei dieser Bauart sind ein oder zwei Backrohre in bequemer Bedienungshöhe und darüber das Wasserschiff mit „Pipe" in den Aufsatz eingebaut. Die Kochplatte aus Stahl, vielen noch bekannt als „Rottenmanner" Herdplatte, bestand aus mehreren ca. 30 cm breiten Teilen. Die Fugen zwischen den einzelnen Platten waren zwecks Ausdehnung der Platten im erhitzten Zustand erforderlich. Die dicken Stahlplatten haben in der Mitte über der Feuerung und allenfalls noch weiter hinten eine Öffnung, die mit mehreren Ringen abgedeckt wird. Je nach Kochgut und seinem Hitzebedarf konnten diese stufenweise herausgenommen werden, sodass das Herdfeuer den Boden des Kochgeschirrs und somit das Kochgut schneller erhitzte. Hiefür wurde vornehmlich der „Schnellsieder",

---

218 Reiterer Karl, Der oberländische Bauer von einst und jetzt, S. 678.

ein Kochtopf, der sich aufgrund seiner konischen Form besonders für das Einhängen in die Ringe eignet, eingesetzt. Was beim Elektroherd einfach durch den Temperaturregler eingestellt wird, erreicht man auf dem Feuerungsherd durch die Platzierung des Kochgeschirrs auf der Platte.

Die erwähnte Herdplatte wurde von der Gußstahlplatte („Sonnenglut") abgelöst. Diese bestand aus einem Stück, zwecks Ausdehnung bekam sie strahlenförmig von der Öffnung über der Feuerstelle aus Einschnitte (Nuten). Das „Loch" in der Herdplatte wurde nur noch mit einem Deckel statt mit Ringen abgedeckt.

In kleineren Wirtschaften wurde der Herd nicht gemauert, sondern ein eiserner Sparherd aufgestellt. Herde aus Metall waren meist weiß emailliert. In den kleinen, meist schmalen Häusern der Südoststeiermark entwickelte sich der Übergang vom

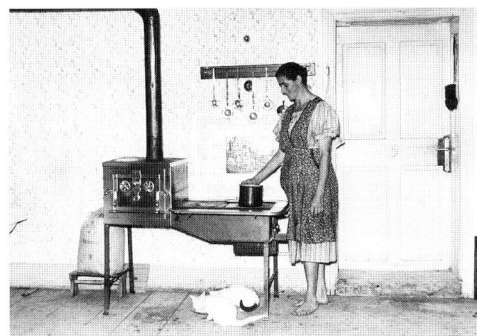

Dieser Aufsatzherd wurde entsprechend dem Monogramm I T H und der Jahreszahl 1873 am Herdsims schon sehr früh errichtet (l.). Einfacher Eisenherd, der rasch erwärmt, aber schnell auskühlt (r.).

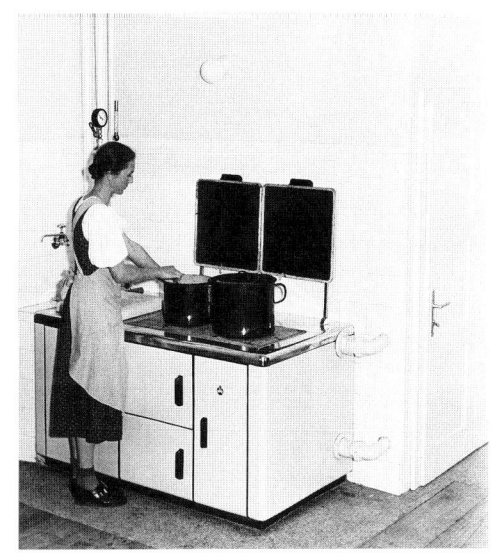

„Hoval"-Zentralheizungsherd (um 1960, l.). Hafnerbetriebe stellten sich auf die Herstellung von Küchenherden ein und verfliesten mit dem Herd unnötigerweise gleich zwei ganze Küchenwände (um 1960, o.).

Kochofen zum Sparherd in den Rauchküchen ebenfalls ungefähr in diesem Zeitraum. Zum Teil wurde zuerst nur ein Backrohr als Ersatz für den Kochofen, dann ein vollständiger, aber kleiner Eisenherd aufgestellt. Nach dem Kochofen wurde das Schweinefutter in einem Einbau-Kochkessel gekocht.[219]

Technisch wurde der Herd für feste Brennstoffe weiterentwickelt, indem auf bestmögliche Heizleistung mit gutem Wirkungsgrad, Brandsicherheit durch entsprechende Materialwahl für den Herdkörper und erforderliche Abstände zu brennbaren Materialien, schließlich auf Einbaufähigkeit abgezielt wurde.

Da so manche Backöfen reparaturbedürftig waren und der Brotbedarf rückging, bot die Industrie Herde mit eingebautem Backofen an. Um diesen auch ergonomisch problemlos bedienen zu können, wäre wie beim traditionellen Backofen eine Vertiefung des Fußbodens vor der Backofentür erforderlich, was selten vorkam.

Ein Herd der 50er-Jahre, kombiniert mit einem Backofen. Der tief liegende Backofen würde zur Bedienung eine Vertiefung des Bodens erfordern (1986).

Die Kombination des Herdes mit der automatischen Warmwasserbereitung wurde bereits beschrieben. Der nächste Modernisierungsschritt war die Verbindung des Feuerungsherdes mit dem Elektroherd. In den 80er-Jahren setzte eine Welle ein, die eine gute Planung der Stellung des Rauchfangs und der Räume mit ihrem speziellen Wärmebedarf voraussetzte: die Kombination Kachelofen mit dem Küchenherd. Hier kommt es auf eine gut gelöste technische Einrichtung zur Ableitung der Rauchgase an, wenn von der Feuerung der Herdes auch der Ofen befriedigend erwärmt werden soll. Sicherheitshalber lassen manche Bauherren diese Herd-Ofenkombination mit getrennten Heizstellen errichten.

Von der Wohnküche, eine ehemalige Rauchstube, wurde in den 50er-Jahren ein Teil für das Bad abgetrennt. Die Warmwasserleitung vom Druckschiff des Küchenherdes zum Bad ist kurz. Im Aufbau rechts vom Herd befindet sich der Backofen (1990).

---

219 Gamerith Anni, Speis und Trank, S. 127–135.

Der Küchenherd, Baujahr 1925, ist auch Wärmequelle, die Küche Hauptwohnraum der kleinen Familie (1987, o. l.).

Aufsatzherd mit Druckschiff und „Sonnenglut"-Kochplatte (um 1965, o. r.).

Zusatzherd für feste Brennstoffe an der Wand (Rauchfanganschluss), Hauptgerät ist der E-Herd (um 1965, u. r.).

Elektrische und mit Flüssiggas betriebene Küchenherde

Eine „schnelle" Kochstelle war der Wunsch vieler Frauen, um rasch eine Kleinigkeit, z. B. Kaffee- oder Teewasser, zu erhitzen oder Speisen aufzuwärmen. Anlässlich der sommerlichen Hitze war auch das Kochen auf einem Herd ohne größere Strahlungswärme von Vorteil. Als Hauptkochstelle diente weiterhin der Feuerungsherd, deshalb wurde der kleinere elektrisch oder gasbeheizte Herd als Zusatzherd bezeichnet. Erst als der E-Herd als vorrangige Kochstätte benutzt wurde, kam ein Feuerungsherd ohne Backrohr als Zusatzherd in die Küche; für den Fall, wenn einmal der Strom ausfallen sollte.

Die Wahl ob Gas- oder E-Herd war meist davon bestimmt, wie störungsfrei die Stromversorgung verlief. In den Jahrzehnten nach dem Zweiten Weltkrieg kam es bei entlegenen Betrieben zum Spannungsabfall. Praktisch wirkte sich dies z. B. so aus, dass ein gleichzeitiges Melken mit der Melkmaschine und Kochen auf dem E-Herd nicht möglich war. Die ersten Kochgeräte im Bauernhaus waren meist ein Elektrokocher und in größeren Betrieben im Wirtschaftsraum ein Hockerkocher, der bereits einen Drehstromanschluss benötigte.

Der Elektro-Hockerkocher diente in Wirtschaftsräumen ohne Rauchfanganschluss als Ersatz für einen Holzherd als Kochstelle für größere Kochgefäße (um 1950).

Die Entwicklung der Kochplatten im E-Herd führte über die „Massekochplatte" mit einem Temperaturregler in Stufenschaltung zur stufenlos schaltbaren Temperatureinstellung. Die „Masse" speicherte viel Wärme, d. h. sie hielt noch lange nach dem Abschalten warm. Diese Wärme ging danach meist verloren, war also ungenutzt. Stromsparender, wenn auch mit höherem Anschlusswert, wirken die so genannten Blitzkochplatten. Dazu zählen auch die aus dem anglikanischen Raum kommenden Ringkochplatten.

Die Automatikkochplatten, mit oder ohne Zeitautomatik, sind heute Bestandteil der meisten E-Herde und Einbaukochmulden. Ein Vorteil sowohl bei Kochplatten als auch bei den Backrohren ist die stufenlose Temperaturregelung. Aus der emaillierten Herdplatte mit den eingesetzten Kochplatten führte die Entwicklung weiter zu Herdplatten aus Glaskeramik mit den Kochzonen. Für das Backrohr wurde zusätzlich zur herkömmlichen Ober- und Unterstufenregelung der Umluftbetrieb eingeführt, bei dem gleichzeitig mehr als ein Backblech ins Backrohr kommen kann.

E-Herd mit einer Ringkochplatte (um 1960).

Heute werden in modernen Küchen Koch- und Backteil getrennt eingebaut. Das in bequemer Bedienungshöhe, also hochgestellte, eingebaute Backrohr kommt besonders Personen mit Rückenproblemen zugute. Weitere Spezialgeräte zum Garen sind auf dem Markt: Dampfgarer, Fritteusen, usw.

Der Herd für Holzfeuerung, kombiniert mit einem Einbau-E-Herd mit Glaskeramikplatte. Darüber wurde der Dunstabzug in den Gewölbezwickel der Küchendecke eingefügt. Zur Zeit der Rauchküche gab es statt der Tür zur Stube eine Durchreiche (1987).

Ergonomisch hat das hochgestellte Backrohr Vorteile (1972).

Dämpfer, gemauerte Kessel

So genannte „eingemauerte" Kessel waren bereits im 18. Jahrhundert bekannt. Sie standen entweder in der geräumigen Rauchstube oder im Vorhaus und waren oft in eine Mauernische eingefügt. Darin wurde, wie bereits erwähnt, das Schweinefutter oder die Wäsche gekocht.

Interessant ist die Verwendung eines solchen Kessels als Backstätte: In der Südoststeiermark hatten diese eine auffallend große Feuerungsöffnung. Hier wurde nach der Umstellung des Kochofens auf den Sparherd am Morgen das Schweinefutter im Kessel gekocht. Währenddessen bereitete die Bäuerin den Tommerlteig für das traditionelle Frühstück. War das Schweinefutter fertig, wurde die Glut beiseite geschoben und die Tommerlpfannen eingeführt. Nach dem Füttern der Schweine war auch der Tommerl fertig – eine bemerkenswerte Arbeitsorganisation in dieser Zeit.

Es gab Bauarten von Kesseln mit austauschbarem Kesseleinsatz. Die Industrie stellte für den Haushalt nicht nur Sparherde aus Stahl her, sondern erzeugte für die Landwirtschaft auch so genannte Kartoffeldämpfer. Das sind Kessel mit Holzfeuerung, frei stehend oder in einem Raum aufgestellt. Letztere bedürfen eines Rauchfanganschlusses.[220]

---

[220] Erna Lechner schildert, wie die Dosen mit diversen Fleischspeisen im Kreis Leibnitz 1939 in so einem frei stehenden Kessel gekocht wurden.

Der eigentliche Koch- oder Dämpfteil konnte je nach Erfordernis gegen einen „Waschkessel" ausgetauscht werden.

Dämpfer mit Kesseleinsatz für Wäsche. Darauf ein Wringer. Dahinter ein Wasserbehälter um das Rauchabzugsrohr zur Nutzung der Rauchgaswärme für das Waschwasser (um 1955, l.). Gemauerter Waschkessel mit Wasserzu- und Ablauf (um 1954, r.).

Kartoffeldämpfkolonen

Das Kochen der Futterkartoffeln erfolgte täglich auf dem Küchenherd oder im Dämpfer. Um Zeit zu sparen und Lagerverluste zu vermeiden, wurden bereits im Zweiten

Die Dämpfkolone besteht aus dem holzbeheizten Dämpfer (Mitte) mit dem Abgasrohr und dem Anschluss der Dampfleitung zu den fahrbaren Kartoffelkesseln. Vor dem Dämpfen werden die Kartoffeln in der Waschtrommel (rechtes Bild hinten) gereinigt (um 1956).

Weltkrieg Dämpfkolonen eingesetzt. Diese wurden mit der Gründung von Umstellungsgemeinschaften wieder instand gehalten. Damit wurde der gesamte Bestand an Futterkartoffeln eines Betriebes meist an einem Tag gedämpft und in frostsichere Kartoffelsilos eingestampft. Als die Bauern vom Kartoffelbau auf Getreidebau übergingen, wurden diese Anlagen funktionslos.

Selch oder Räucherkammer

Mit der Umstellung des offenen Herdes auf den Sparherd musste eine neue Einrichtung geschaffen werden: Die Räucherkammer, allgemein als „Selch" bezeichnet. In manchen Häusern wurde die so genannte „schwarze Küche" erhalten, um hier das Fleisch zu räuchern. Der Großteil baute eine eigene „Selchhütte" – aus Sicherheitsgründen in einiger Entfernung vom Haus. Bewährt haben sich jene Anlagen, bei denen die Feuerstelle etwas vom Selchraum entfernt ist, sodass der Rauch durch einen Kanal und somit kühl in den Selchraum gelangt. Nicht selten wurde eine Kammer im Dachgeschoß an den Rauchfang angebaut, in die bei Bedarf der Rauch vom Küchenherd mittels eines Schubers in den Selchraum geleitet wird.

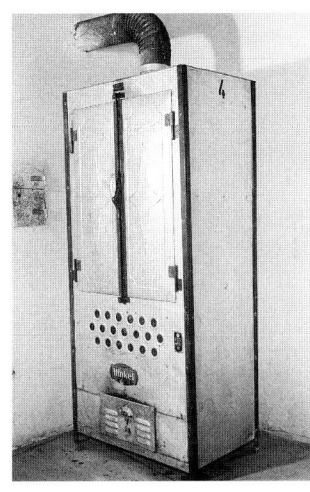

„Selchhütte" mit einem mehrere Meter langen Rauchkanal von der Feuerung (vorne) zur Hütte (l.). Räucherschrank (r.).

Räucherkammer im Dachboden mit Anschluss an den Rauchfang (um 1958, l.). Selch und Brotbackofen kombiniert (um 1958, r.).

Küchengeräte

In den Küchen mit offenem Feuer gab es bereits Kleingeräte, die noch heute bekannt sind: Kochlöffel, Quirl, Trichter, Messer, Fleischgabel etc. Das Kochgeschirr bestand aus Ton, Eisen, Kupfer, das Geschirr zum Zubereiten und das Tischgeschirr waren aus Keramik und aus Holz. Für die Feuerstätte mit offenem Feuer waren gebräuchlich: Dreifuß, Pfannhaber, Fleischrost und Spieß. Für Ofengebäck gab es in Bürgerhäusern, dann auch in manchen Bauernhäusern, eigene Formen für Festgebäck wie z. B. Lamm-Model. Zum Zerkleinern dienten noch im 17. Jahrhundert Hackmesser. Dann bediente man sich zum Zerkleinern von Kraut und Rüben der Krautschabe (Krauthobel) und der Rübenschabe. Größere Gefäße wie Wasserschaff, Eimer, Zuber waren aus Holz („Assach").

In der Sparherdküche benutzte man als Kochgeschirr Häfen aus emailliertem Stahlblech, auch Aluminiumgefäße gab es. Schließlich kam Nirostageschirr und feuerfeste Glaskeramik auf den Markt. Die Bratpfannen aus Schmiedeeisen, Stahl und aus Gusseisen sind bis heute üblich.

Eine Besonderheit ist der Dampfdruckkochtopf mit dicht schließendem Deckel und einem Sicherheitsventil. Es ist wenig bekannt, dass es sich beim Prototyp um eine Erfindung aus dem 17. Jahrhundert handelt.[221] Im 20. Jahrhundert erzeugten eine Reihe von Geschirrfabriken Dampfdrucktöpfe für den Haushalt. Er setzte sich in dieser Zeit sehr schnell durch. Seit Mikrowellengeräte, Fertigspeisen und Kochmethoden, die langsames Garen verlangen, vorherrschen, wird der Dampfdruckkochtopf (meist nach dem Fabrikatsnamen „Kelomat" benannt) weniger benützt. Darüber hinaus musste darauf geachtet werden, dass es im Dampfdruckkochtopf zu keinem Überdruck kam. Anfangs passierte es öfters, dass dadurch der Deckel und das Kochgut auf die Raumdecke geschleudert wurden und Speisereste vom Fußboden entfernt werden mussten.

Handbetriebene Brotschneidemaschine, Gemüseschneidmaschine, handbetriebener Fleischwolf, handbetriebene Kaf-

Papinscher Kochtopf im Bauernmuseum Höfler in Puch (1987).

---

221 Der französische Arzt und Naturforscher Denis Papin kam als Hugenotte nach Deutschland und erfand so manche sehr modern anmutende Geräte wie den Dampfdrucktopf, der als „Papinscher Topf" in die Technikgeschichte einging.

feemühle und viele andere kleine Helfer gehörten zum Kücheninventar. Mit dem elektrischen Strom kamen zusätzliche Geräte auf den Markt wie Mixstab, Mixer, Küchenmaschine und der Fleischwolf als Zusatzgerät oder als Spezialgerät.

Neu war auch die elektrische Kaffeemühle mit Schlagwerk oder Mahlwerk, die die handbetriebene verdrängte.

Moderne Espressomaschinen lösen Kaffeefiltermaschinen ab, diese verdrängten zuvor schon die Espressokanne und die bekannte Karlsbader Filterkanne. Als Kleingerät gilt auch die elektrische Kochplatte. Sie diente in Haushalten mit einem Feuerungsherd als Kochgerät, das wenig Platz beanspruchte, aber für schnelles Erhitzen des Kaffeewassers geschätzt wurde. In den 70er-Jahren kamen Mikrowellengeräte auf den Markt. Sie sind heute auch in vielen bäuerlichen Haushalten zu finden, obwohl sie für so manche Gesundheitsbewusste als bedenklich gelten.

Die Kochkiste wurde seit der Zeit vor dem Ersten Weltkrieg und noch nach dem Zweiten Weltkrieg in Haushaltungsschulen verwendet und den Hausfrauen wegen ihres energiesparenden Einsatzes empfohlen. Dennoch setzte sie sich nicht durch. Der Hauptgrund dafür dürfte der Zeitmangel in den Morgenstunden sein, um in dieser Zeit die Speisen zuzubereiten und anzukochen. Das Kochgut wurde aufgekocht und zum Fertiggaren in die Kochkiste gestellt, wo der Garvorgang ohne zusätzliche Heizenergie vor sich ging. Dazu wurden Kochtöpfe benötigt mit einem gut schließenden Deckel und die Kiste, die mit dickem Dämmmaterial, Stroh, Heu, Federpolster etc. ausgestopft war. In manchen Haushalten wurde dafür Raum in einer Truhenbank geschaffen oder eine eigene Kiste dafür vorgesehen, die bei Platzmangel auch als Hocker benutzt werden konnte. Auch ein Korb eignete sich dafür.

Robuste Universalküchenmaschine der 60er-Jahre, in landwirtschaftlichen Haushalten bevorzugt (50er-Jahre).

Großmutters Kaffeemühle.

Wand-Kaffeemühle (1985).

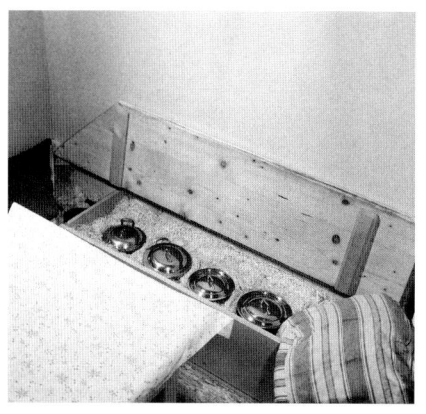

Kochkiste in Truhenbank (l.). Vorbildliche Kochkiste (Mitte). Deckelhalter und Salzfass (1985, r.).

Brotbacken und Vorratshaltung

Vom Getreide bis zum Brot

Das Getreide wird zu Mehl gemahlen, wobei es noch um die Wende vom 19. zum 20. Jahrhundert in vielen Bauernhäusern mehrere Brotmehlsorten gab. Das derbe Mehl aus Roggen gab ein schweres Brot, das als Suppenbrot verwendet wurde. Das hauptsächliche Brotmehl war je nach Gegend aus Roggen, Weizen oder einer Mischung aus beiden. In Untertaneninventaren wird öfters auf das „weiße Laibl" oder den „weißen Flecken" für die Auszügler hingewiesen. Weißbrot und Flachgebäcke wie Flecken wurden meist mit der Restwärme nach dem Brot gebacken oder die Restwärme für das Dörren von Obst u. a. genutzt. Als besseres Mehl als das Brotmehl galt das „Schwunkmehl".[222] Das Mehl wurde ausschließlich in trockenen Räumen gelagert. In den 50er-Jahren begann der Umtausch Getreide gegen Mehl; wenn der Müller auch eine Bäckerei führte, auch gegen Brot. Das Brotbacken ist ein sehr bekannter Vorgang, den hier zu beschreiben wäre müßig. Die Schwerstarbeit des Brotknetens wurde früher auf so manchen Bauernhöfen von Männern durchgeführt, doch meist blieb es Frauenarbeit. In Brotbackgemeinschaften wurde bereits in den Nachkriegsjahren eine Brotknetmaschine angeschafft. Heute sind diese Maschinen wieder für Direktvermarkter aktuell.

---

[222] Als Schwunkmehl wird in der Obersteiermark ein fein ausgemahlenes Roggenmehl oder auch eine Mischung von Roggen- und Weizenmehl verstanden.

Kulturgeschichte der Technik im Haushalt

Trockener Vorratsraum mit unterteilter Mehltruhe für verschiedene Mahlprodukte (um 1955, l.). Brotknetmaschine in der Gemeinschaftsbackanlage in Kumpitz bei Fohnsdorf (1953, r.).

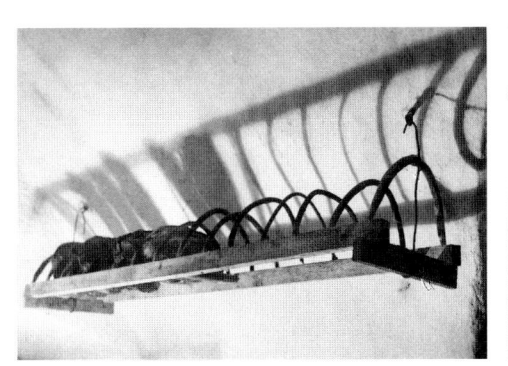

Brotrehm in der Vorratskammer (um 1950, l.). In der Gemeinschaftsbackstube Kumpitz (1953, r.).

Brotbottich, seit den 40er-Jahren in der nördlichen Oststeiermark in Gebrauch (1989, l.). Bis Mitte des 20. Jahrhunderts wurde in einigen steirischen Gebieten noch Hirse gebaut. Diese Frucht wurde mit der speziellen handbetriebenen Hirsemühle gemahlen (Ausstellung in St. Margarethen 1990, r.).

„Ausloatzn" des Brotteiges (1987).

Für die Aufbewahrung des gebackenen Brotes war eine Brotrehm üblich. Wollte man das Brot saftiger aufbewahren, wurde ein Brottbottich verwendet. Da sich in diesem leicht Schimmel bildete, wurde der Bottich vor dem Einlegen des Brotes ausgeschwefelt. Mit der Gefriertechnik begann eine neue Methode der Brotlagerung.

Je älter das Brot war, desto härter und schwerer war es zu schneiden. Dazu benutzte man spezielle Brotmesser. In Haushalten mit zahlreichen Versorgungspersonen war das Brockenschneiden für die Suppe Schwerarbeit. Um diese Arbeit zu erleichtern, gab es einen Brothobel. Im steirisch-kärntnerischen Raum war der Brotkotter, eine Truhe für die dünnen Brotschnitten („Brocken"), mit einer Schneidevorrichtung darauf, gebräuchlich.

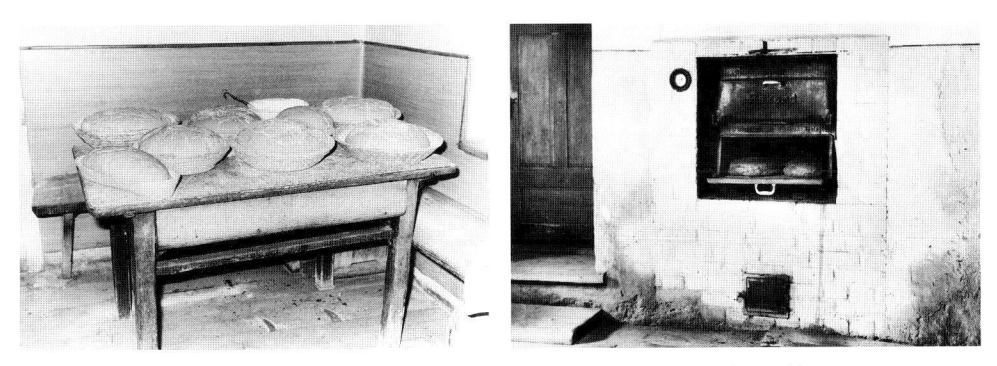

Im wohltemperierten Raum geht der Brotteig in den Brotsimperln auf (1987, l.). Ein zweietagiger, mit Holz beheizter Brotbackofen (um 1955, r.).

Der Elektrobackofen der Gemeinschaftsbackanlage Kumpitz (1953).

Brotbacköfen

Der Backofen war in der Steiermark vorwiegend innerhalb des Wohnhauses und häufig von der Küche oder vom Vorhaus aus zu bedienen. Meist ragte er in die Stube, wo der Stubenofen draufgesetzt war. Nur im oberen Ennstal waren bereits aus dem 18. Jahrhundert gemauerte Brotbacköfen im Freien belegt.[223] Auf größeren Höfen gab es einen Wirtschaftsraum, in dem gebacken wurde. Nach dem Zweiten Weltkrieg wurden viele Backöfen abgetragen, da sie für den nun kleineren Haushalt zu groß und meist auch reparaturbedürftig waren. Es erzeugten Ofenfirmen Elemente für Backöfen mit zwei Etagen, die in einen gemauerten Ofen eingebaut wurden. Backöfen in verschiedenen Größen aus emailliertem Stahlblech mit Schamotteauskleidung kamen auf den Markt. Transportable Brotbacköfen wurden von einer Firma in Spratzern bei St. Pölten erzeugt und über die landwirtschaftlichen Genossenschaften vertrieben. Sie sollten Platzprobleme mindern. Mit der Elektrifizierung kam meist ein Elektro-Backofen ins Haus. Schließlich wurde das Brot wegen des geringen Bedarfs beim Bäcker gekauft. Bald zeigte sich eine Renaissance des Selber-Brot-Backens.

Typische Ofengrube zur Bedienung des Backofens, der in die Stube ragt und auf den der Kachelofen gesetzt wurde. Die Details von unten nach oben: Ofengrube mit Deckel, Feuerungsloch mit innerer Eisentür und äußerem „Ofenblech", in diesem Fall aus Holz, darüber die Deckel der Dam(pf)löcher", Holzbrett vor den Putzlöchern und Putztürl (St. Lambrecht, 1987, l.). Transportabler Backofen (FLM Großgmain 1991, r.).

---

223 Grundbuch Alte Reihe (GBAR) 1918 der Herrschaft Haus-Gröbming, StLA.

Die Restwärme nach dem Brotbacken wird für Flachgebäck oder zum Dörren genutzt (um 1960).

Für den einfachen Bedarf reicht meist das Backrohr in der Küche aus. Inzwischen werden Brotbackgeräte für einen Laib auf dem Markt angeboten. So mancher Bauer besinnt sich wieder auf die alte Bauweise eines Holz-Backofens mit der besonderen Form des Backraumes und den Rauch- und Dunstabzügen. Seit die Nachfrage nach Bauernbrot ansteigt, sind Brotbacköfen, und hier wiederum die mit Holz befeuerten, bei den Direktvermarktern aktuell. Das Brotbacken für den Verkauf erfordert nun eine eher professionelle Einrichtung.

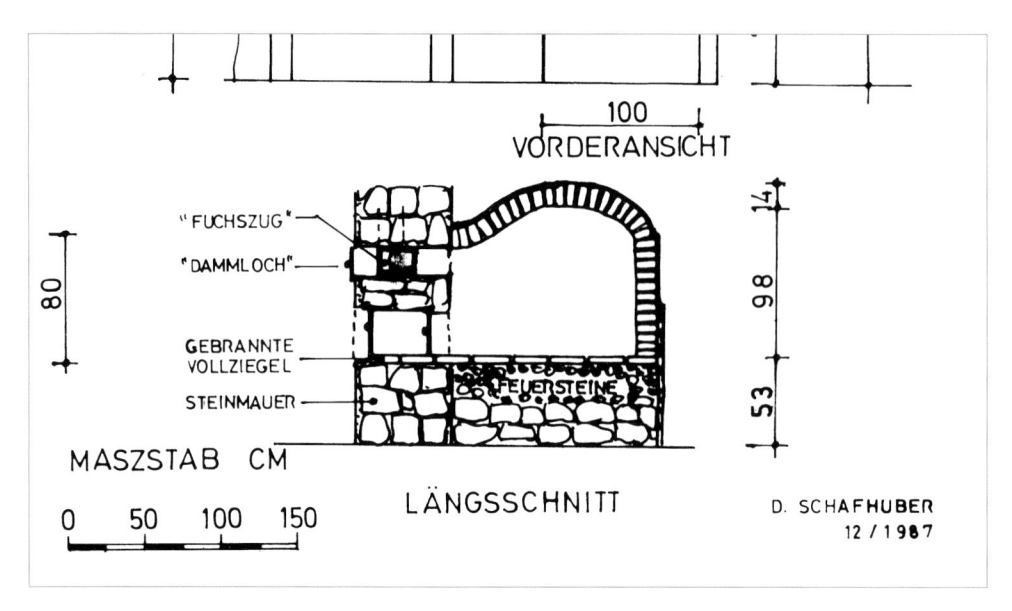

Typischer mit Holz zu beheizender Brotbackofen im oberen Murtal.[224]

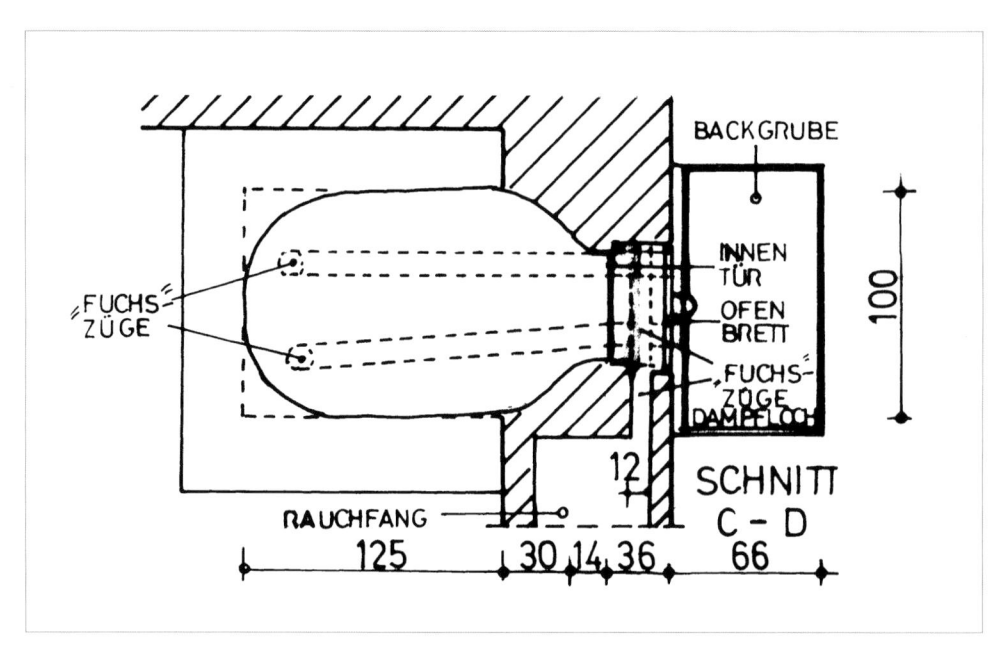

Grundriss eines Backofens (mit Backgrube vor dem Feuerungsloch), auf den ein Stubenofen aufgesetzt ist.

---

224 Die beiden Grafiken sind entnommen aus: Schafhuber Dorothea, Die Nahrungswirtschaft der Bauern in Tal bei St. Lambrecht, S. 184 und 144.

Der Stubenofen sitzt auf dem Backofen, der von der Küche aus beschickt wird. Die Höhe des Backofens über dem Fußbodenniveau entspricht der üblichen Höhe der Sitzfläche (1988).

Konservierungsmittel Salz

Salz war einst ein kostbarer Stoff. Es war nicht nur zur Würze, sondern zur Konservierung von Fleisch und anderen Erzeugnissen unentbehrlich. Daraus ergab sich der hohe Salzverbrauch in früheren Jahrhunderten. Salz wurde als Salzstock gekauft, der meist auf dem Stubenofen stand. Dort war es trocken. Wurde Salz benötigt, hatte man es mit einem speziellen Reibeisen vom Stock zu reiben. Der Vorrat an geriebenem Salz kam in das „Salzfassl", in die „Salzjeiten" (oberes Ennstal) oder in den „Salzhelm" (Weststeiermark).

Fleisch und Speck in der Vorratswirtschaft

Fleisch wird bei der Nassbeize in eine Salz-Gewürzlösung, die Sur oder Lake, gelegt, bei der Trockenbeize mit diesem Gemisch eingerieben, wo es durch Lagern auf einem Brett in das Fleisch einziehen kann. Beide Verfahren sind noch heute gebräuchlich.

Die Stücke aus der Nassbeize werden zum Abtropfen aufgehängt und anschließend wie die trocken gebeizten geräuchert. In Häusern mit offenem Feuer hing man die Fleischstücke auf eine Stange um

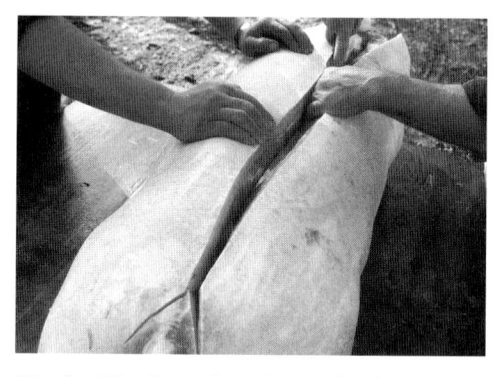

Für das Räuchern der Schweinehälften ist das Öffnen des geschlachteten Schweines am Rücken erforderlich. In der südlichen Steiermark wurde nach dieser Methode das „Hochruckenfleisch", das gekochte Rückgrat mit Rippenansatz, zur Spezialität (1987).

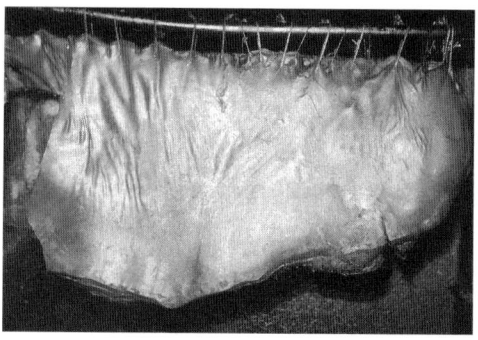

Die im Raum St. Lambrecht übliche „Fleischfrenten" (Surfassl) steht auf einem niedrigen, leicht geneigten Schragen. Hier wechselte man bei Bedarf die Lake, die alte wird über den Spund am Fassboden abgelassen. Die Fleischstücke werden mit einem Holzdeckel zugedeckt und mit Steinen beschwert (1987, l.). Als „Bachen" ist die geräucherte Hälfte eines Schweines in früheren Jahrhunderten erwähnt. Nach der Trockenbeize werden auch heute, wenn auch nur noch selten, die Hälften im Ganzen geräuchert (1987, r.).

den Herd, nach Errichtung des gemauerten Rauchfanges laut Bauordnung 1857 in den Bereich des Rauchfang-Ansatzes. Seit den Sparherdküchen wurde entweder die „Schwarze Küche" für diesen Zweck behalten oder eine eigene Räucherkammer, die „Selch", geschaffen.

In manchen Gebieten war es üblich, den Speck nicht zu räuchern, sondern trocken reifen zu lassen. Eine Methode zur Frischerhaltung von Fleischstücken ohne zu räuchern ist das Eingießen des Bratens in Fett bzw. Verhackert. Auch die Selchwürstel wurden gerne auf diese Weise konserviert.

Eindosen

In der Zwischenkriegszeit wurde das Eindosen von Vorräten empfohlen. Dazu benutzte man Weißblechdosen und eine Dosenmaschine. Mit Hilfe dieses Gerätes wurde das Dosenblech am Rand nach außen gebogen. Nach dem Befüllen der Dose und Reinigen der Einfüllöffnung wurde der Deckel aufgelegt. Die Maschine börtelte den Deckelrand mit dem umgebogenen Dosenrand, die Dose war nun luftdicht verschlossen. Es kam vor, dass sich Bakterien in der Dose vermehrten, eine Bombage, die sich im Aufwölben des Dosendeckels zeigte. Der Inhalt solcher Dosen war verdorben. Die geöffneten Dosen mussten vom gebörtelten Rand befreit werden und der Vorgang begann von neuem. Die Dosen wurden dadurch immer kleiner.

Dosenmaschine und Dosenleergut, der nach dem Öffnen entstandene dicke Dosenrand wird mit der Maschine abgeschnitten und gleichzeitig die Schnittfläche im rechten Winkel einige Millimeter breit umgebogen (um 1950, l.). Dosen mit Schraubverschluss (um 1957, r.).

Das Wurstbrat wird geknetet (um 1950, l.). Nassbeize. Das Fleisch im Schaff wird mit der Lake übergossen, mit dem Deckel abgedeckt und mit einem Stein beschwert (um 1950, r.).

Wurstherstellung mit dem Fleischwolf (um 1950).

Kulturgeschichte der Technik im Haushalt

Vorratsraum für Selchware und Aufbewahrung der Dosen (um 1950).

Als der Schweizer Markus Huber in der Steiermark die Schweizer Methode der Fleischverarbeitung vorführte und in zahlreichen Kursen verbreitete, brachte er auch Dosen mit, die bereits mit einem Schraubverschluss versehen waren und daher keiner Verschlussmaschine bedurften. Bei Schlachtungen werden auch Würste hergestellt. Mit dem Fleischwolf wird das Fleisch zerkleinert und in einem Gefäß (Multer, Wanne, Weitling) mit den meist von Hand geschnittenen Speckwürfeln, dem Salz und den Gewürzen verknetet. Das Putzen der Därme ist mühsam, deshalb verwenden heute viele für die dickeren Würste Kunstdärme. Das Einfüllen des Wurstbrats erfolgte früher durch Hineinstopfen, mit dem Aufkommen des Fleischwolfs durch den Wurstvorsatz. Am schnellsten kann das Befüllen der Würste mit einer Wurstfüllmaschine durchgeführt werden.

Wurstfüllmaschine mit verschieden dimensionierten Vorsätzen (40er-Jahre).

Eier einlegen in den 50er-Jahren.

Eier konservieren

Diese Methode wurde in der Hauptlegezeit praktiziert, um genügend Eier zum Kochen und Backen in der legeschwachen Zeit wie z. B. um Weihnachten zur Verfügung zu haben. Mit der Haltung von Legehennen mit entsprechender Fütterung und der Käfig- und Bodenhaltung der Hühner gibt es das ganze Jahr über Frischeier. Die Eier wurden in einer Kalklösung oder im Wasserglas oder in einem speziellen Konservierungsmittel („Garantol") konserviert.

Milchverarbeitung

Bis um die Wende vom 19. zum 20. Jahrhundert wurde die Milch in flachen Gefäßen, den Milchstölzln, zum Aufrahmen aufgestellt. Der Rahm wurde mit dem Rahmzweck abgeschöpft oder mit diesem beim Ausgießen der nun mageren Milch zurückgehalten. Von Ende des 19. bis in die 20er-Jahre des 20. Jahrhunderts schafften sich die Bauern eine Milchzentrifuge an. Die Entrahmung der Milch ist nun wirksamer – zum Leidwesen der Dienstboten, die nun die fettärmere Milch zum Trinken bekamen.

Der Rahm wird meist durch Milchsäurebakterien sauer und vor der Einführung des Rührkübels mit dem Stoßbutterfass zu Butter gerührt. Die fertige Butter wird gewässert und durch verschiedene Techniken entwässert. Dazu gehört das „Pracken" der Butter: Die Sennerin nimmt ein etwa faustgroßes Stück bereits gewässerte Butter aus dem Rührkübel und klatscht es mit beiden Händen, wobei die Hände nach oben und unten wechseln. Es entspricht dem Ehrgeiz und dem Können der Sennerin, wenn dies in einem bestimmten Rhythmus erfolgt. Dann wird die Butter in die Butterschüssel „geklatscht". Entspricht die Menge der vorgesehenen Größe des Butterstriezels, wird die Butter in dieser Holzschüssel so lange geschupft, bis das

Serge Melotte-Milchzentrifuge. Rechts Eimer der Melkanlage (1987).

Der Butterstriezel kann mit einem Rollmodel noch verziert werden. Für kleinere Stücke wird der mit geschnitzten Mustern versehene Model verwendet (1987).

Selbstgebauter Rührkübel (1987).

Sturzbutterfass (um 1950, l.). Rührkübel mit Elektromotor (1987, r.).

meiste Restwasser entfernt wird und eine schöne Striezelform erreicht ist. Kleinere Portionen werden in Buttermodeln geformt.

Da Butter nicht lange haltbar ist, wird sie „ausgelassen", d. h. sie wird bei milder Temperatur geschmolzen (geläutert). Dabei verdampft das restliche Wasser und Bestandteile wie Milchzucker und Mineralstoffe setzen sich am Boden ab bzw. schwimmen als „Foam" (Schaum) an der Oberfläche, beides zusammen wird „Läutrach" genannt. Das reine Butterfett, „Rindsschmalz", ist völlig klar und wird in den Schmalztopf gegossen. Das Läutrach gilt als Delikatesse, wenn das Ausgangsprodukt, der Sauerrahm, nicht zu alt und somit auch nicht bitter wurde. Zum Läutrach wurde Brot („Reinnudel") gegessen oder es wurde zur Verbesserung von Speisen verwendet.

Käse wurde früher für den Hausgebrauch ausschließlich aus der Magermilch hergestellt (Sauermilchkäse). In der Obersteiermark wurde und wird auch heute noch der Ennstaler „Steirerkas" zubereitet. Im Murtal wird der Röstkäse hergestellt, der in Kärnten „Glundner Kas" genannt wird. Auch dieser Käse wird heute in der Steiermark oft als „Steirerkäse" angeboten.

Lagerung und Konservieren von Kraut und Rüben

Kraut war in früheren Jahrhunderten einer der wichtigsten Vitamin-C-Spender. In der vegetationslosen Zeit kam täglich Kraut auf den Tisch. Es war daher die Konservierung dieses Nahrungsmittel für die Winterzeit besonders wichtig. Ursprünglich waren Krautgruben im ganzen Land verbreitet. Eines der ältesten Verfahren zur Haltbarmachung ist die Lagerung der Krautköpfe in so genannten Krautgruben, im oberen Ennstal als „Krautschwöller"[225] und „Krautstiber"[226], in der Oststeiermark als Krautaller[227] überliefert. Die geputzten Krautköpfe wurden ganz oder halbiert ohne Strunk in den großen Krautkesseln meist noch auf dem Felde kurz aufgekocht, „geschwellt" (blanchiert) und sodann in den Krautgruben ohne Salzzugabe eingelegt und beschwert. Die Gruben waren am Boden mit Stroh belegt, die Wand der runden Grube bestand aus dicken Lärchenbohlen, mit dem Rindenteil nach außen. Für den kleineren Gebrauch wurde das Kraut mit den Krauthacken zerkleinert. Die Krautschabe scheint in den Untertaneninventaren seit dem 17. Jahrhundert auf. Im oberen Ennstal gehörten zu fast jedem Gehöft ein, meist zwei „Krautschwöller".[228] Hier wurde das Kraut im letzten Jahrhundert, wie das im Krautschaff, geschnitten und mit Salz versehen eingelagert. Als der Krautbedarf geringer wurde, nutzte man einen der Schwöller zum Silieren von Schweinefutter (aus den Krautstrünken und den groben Außenblättern der Krautköpfe).[229] Nach dem Zweiten Weltkrieg verloren nach und nach die Krautschwöller ihre Funktion und wurden meist mit Steinen und Erdreich aufgefüllt. Ähnlich verlief das Schicksal der Krautgruben in der Weststeiermark, wo sie sich ebenfalls da und dort bis zum Strukturwandel in der Landwirtschaft hielten.

Im oberen Murtal war üblicherweise der große Krautbottich im Keller etwa ein Viertel bis ein Drittel im Boden versenkt. Beim Kraut einschaben waren meist mehrere Personen beschäftigt. Das Kraut wurde geputzt, der Strunk entfernt. Eine Person war mit dem Schaben des Krautes beschäftigt. Das Kraut im Krautfass oder in der Grube wurde mit den Füßen eingetreten, gewürzt wurde es mit Salz, Kümmel und Wacholderbeeren. Bei kleineren Mengen wurde statt des Eintretens der Krautstössel verwendet. Das fertig eingetretene Kraut wurde mit einem Deckel abgedeckt und mit Steinen beschwert. Manche Bäuerinnen geben zum Kraut auch einige Möhren, die die Milchsäuregärung unterstützen.

---

225 Schmeller, Bayerisches Wörterbuch, 2/1, 630: schwellen, in kochendem Wasser aufschwellen machen, weich sieden.
226 Karl Reiterer berichtet über Krautstieber im Donnersbachtal, die der Beschreibung nach den Krautschwöllern gleichen.
227 Unger-Khull, Steirischer Wortschatz: Aller: klaftertiefe, schachtartige, ausgetäfelte Grube zum Aufbewahren von Krautköpfen, daher auch Krautaller.
228 Beschreibung der Herrschaft Salzburg über ihre Liegenschaften im steirischen Ennstal.
229 Interview Erwin Haas, Mitterhof in Gröbming-Winkl, 9. 7. 1990.

Für Frischkraut wurden die geernteten Krautköpfe samt Wurzelstock aufgehängt. Dabei trockneten die Außenblätter und bildeten eine Schutzschicht um das innere, frisch gehaltene Kraut. Auch war es üblich, Krautköpfe in Erdmieten in Sand, mit den Wurzeln nach oben, einzulagern.

Für Saure Rüben werden auch heute noch die so genannten Wasserrüben angebaut. Wenn sie im Spätsommer gesät werden, nennt man sie auch Stoppelrüben, im Frühjahr sind sie als Mairüben bekannt. Rüben waren in früheren Jahrhunderten ein häufiges Gericht auf dem Bauerntisch. In unserer Zeit werden noch in so manchen bäuerlichen Haushalten Rüben eingesäuert, wenn auch nur in geringen Mengen. Zum Schaben der Rüben gibt es seit Jahrhunderten einen speziellen Rübenhobel.

Von den Salatarten ist der Endiviensalat wohl eine der ältesten Sorten, die in Bauerngärten kultiviert und in Mieten oder im Mistbeet eingelagert wird.

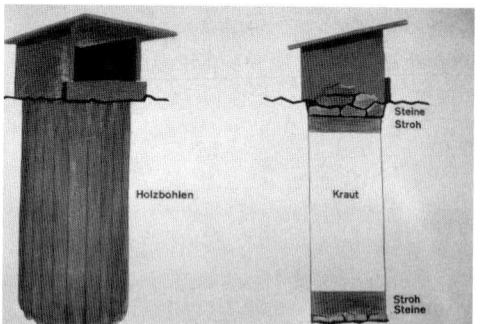

Oberteil der Krautgrube (FLM Großgmain 1991, l.). Schema und Schnitt durch eine Krautgrube (r.).

Krautkessel, der im Freien über das Feuer gehängt wurde. Meist beteiligten sich mehrere Besitzer an dessen Anschaffung oder er wurde vom Meierhof des Grundbesitzers ausgeborgt (l.). Weißkrautköpfe werden für den Frischkrautgebrauch an der Wurzel aufgehängt oder mit der Wurzel nach oben in Erdmieten eingeschlagen (um 1950, M. u. r.).

Kraut putzen und schaben und mit Salz und Gewürzen vermengen und einstampfen (um 1955).

Obst und Beerenobst konservieren

Eines der ältesten Verfahren ist das Dörren (Darren). Dabei wird den Früchten Wasser entzogen und diese somit haltbar gemacht. In einigen Gebieten gibt es eigene Darrhäuschen, oft werden die Früchte auf einem Darreinsatz im Backofen nach dem Brotbacken gedörrt. Das Einkochen ohne Zucker war in Zeiten, wo Zucker für viele Haushalte zu teuer war sowie in Notzeiten für bestimmte Früchte üblich. Bekannt ist der Powidl, bei dem entsteinte Zwetschken lange unter ständigem Rühren bis zur dicklichen Konsistenz gekocht und in Gläser abgefüllt werden. Dieser Powidl ist lange haltbar. Noch im 20. Jahrhundert war in der Obersteiermark das Einkochen von Preiselbeeren ohne Zucker bekannt. Konservieren mit Zucker ist wohl die häufigste Methode, Saft, Marmelade und Kompott haltbar herzustellen. Das einfachste Verfahren zur Saftgewinnung ist, die aufgekochten Früchte durch ein Tuch, das mit seinen Ecken an den Fußenden eines umgestürzten Sessels gebunden wird, abtropfen zu lassen.

Teil 2: Beiträge zur Kulturgeschichte des Wohnbaus und der Technik im Haushalt

Bessere Saftausbeute erzielt man mit der Saftpresse als Vorsatz zur Fleischmaschine. Für größere Mengen wurde eine eigene Beerenpresse eingesetzt. Der Dampfentsafter hat sich in kurzer Zeit durchgesetzt. Während zur Saftgewinnung bei den oben erwähnten Methoden der Saft mit dem Zucker nach dem Entsaften aufgekocht wird, kommt er beim Dampfentsaften bereits zu den Früchten. Für Marmeladen werden heute meist die aufgekochten Früchte passiert und mit Zucker und Gelierhilfe gekocht. Dunstgläser werden für Kompotte verwendet. Als das Eindosen noch aktuell war, gab es Dosen mit einer säurefesten Auskleidung (eloxierte Dosen), die auch für Kompotte geeignet waren. Trotz des einfachen Konservierungsverfahrens durch Einfrieren hat sich das Einkochen von Obst und Beerenobst erhalten, wenn auch in geringen Mengen.

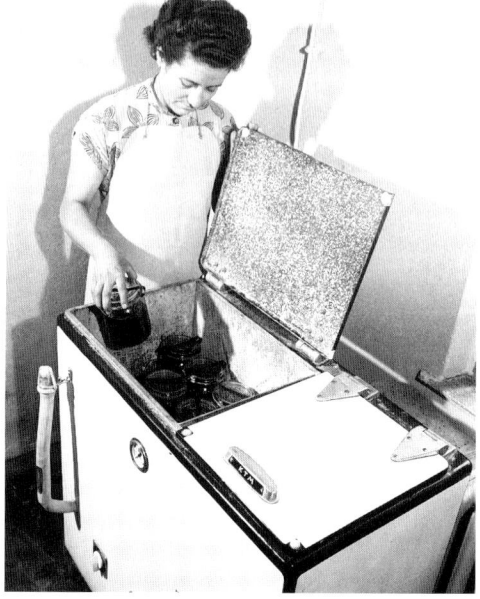

Einfache Vorrichtung zum Abtropfenlassen des Obstsaftes.[230]

Dampfentsaften (1955, l.). Mehrfachnutzung eines Waschbuffets: Der Waschteil dieser Wasch-Schleuderkombination wird zum Sterilisieren der Kompottgläser verwendet (um 1955, r.).

230 Grafik aus: Betty Hinterer, Führung der ländlichen Hauswirtschaft, Graz 1948, S. 149. Die 1. Auflage erschien 1923.

Auch die Süßmostbereitung ist heute wesentlich einfacher als die Herstellung mit der Süßmostglocke. Dazu wurde ein Kessel mit Wasser für die Glocke benötigt, oder sie hatte einen Elektroanschluss (Anschlusswert 7 KW). Der heiße Most wurde in Flaschen abgefüllt. Findige Menschen füllten den frisch gepressten Obstsaft gleich in Flaschen ab und erhitzten diese. Erst danach wurden sie verschlossen. Heute wird der neue Most in Druckfässer abgefüllt, wo er auch bei kontinuierlich geringer werdender Menge haltbar ist.

Technik der Wäschepflege

Das Waschen der Wäsche war oft Schwerarbeit und mangels zweckmäßiger Ausstattung unangenehm. Vor der Einführung des Waschpulvers wurden die Waschlauge und die Seife selbst hergestellt, was nicht selten noch nach dem Zweiten Weltkrieg in bäuerlichen Haushalten praktiziert wurde. Für die Waschlauge wurde Holzasche mit kochendem Wasser übergossen, über Nacht stehen gelassen und am nächsten Tag abgeseiht. Die Seife wurde aus Fett, meist Darmfett und Talg (Inslet), versetzt mit Laugenstein oder Asche gekocht. Die Masse wurde danach in ein flaches Gefäß gegossen und im erkalteten Zustand in handliche Stücke geschnitten.

Nach dem Einweichen der Wäsche wurde vorgewaschen, die Kochwäsche im Waschkessel gekocht. Am besten eignet sich zum Waschen weiches Wasser. Hartes Wasser wurde mit Soda weich gemacht. Die Buntwäsche und die gekochte Wäsche wurden im Waschtrog mit der Waschrumpel und allenfalls mit der Waschbürste gereinigt. Gebräuchlich war auch das „Klatschen" der Wäsche an der Trogwand. Meist war dies bei rupfernen Leintüchern, die zuvor gekocht wurden, sobald man in die heiße Lauge greifen konnte, üblich. Geschwemmt wurde meist im Brunntrog oder beim Bach, auf manchen Höfen gab es eine Waschküche mit einem großen Trog zum Schwemmen. Bei Schönwetter wurde die Wäsche auf der Leine im Freien, bei Schlechtwetter im Dachboden getrocknet.

Die ersten Waschmaschinen bestanden aus einem Bottich für Lauge und Wäsche, in dem durch ein Drehkreuz, ursprünglich per Handbetrieb, dann mittels eines Elektromotors die Wäsche bewegt wurde. Die Wäsche kam vorbehandelt in die Waschlauge und wurde im Bottich mit Hilfe der Drehflügel durch Reibung gereinigt. Technisch wurde die Maschine durch eine Heizung weiter entwickelt. Noch während des Zweiten Weltkrieges wurden Trommelwaschmaschinen häufiger, meist als Gemeinschaftsanlagen eingesetzt, die mit Holz befeuert wurden. Für die Kugeltrommel war ihre torkelnde Bewegung typisch. Die frühen zylindrischen Waschtrommeln waren bereits in zwei Bauarten auf dem Markt: entweder von vorne zu beschicken (Frontlader) oder von oben, wobei die Trommel mit einem nach oben aufklappbaren Deckel versehen war (Toplader). Beide Grundformen wurden in Haushaltsmaschinen weiterentwickelt. Zum Entwässern der Wäsche bot die Geräteindustrie vorerst Wäschepressen, dann elektrisch betriebene Wäscheschleudern an. Die Wäsche war so in die Schleudertrommel einzufügen, dass das Gewicht rundum annähernd gleich war. Als Nächstes kamen als Haushaltsmaschinen Trommelwaschmaschinen mit eingebauter Heizung und automatischer Temperaturregelung und die billigeren Pulsatorwaschmaschinen neben Drehkreuzwaschmaschinen auf den Markt. Die beiden Letzteren waren meist mit einem Wringer zum Entwässern der Wäsche aus dem Bottich ausgestattet.

Die Technik der Waschmaschinen wurde laufend verfeinert, von der automatischen Temperaturregelung bis zu den elektronisch gesteuerten Programmen mit Schleudergängen, bei denen es nur eines Knopfdruckes bedarf. Das Waschen, Schwemmen und Entwässern läuft selbsttätig ab.

In größeren Haushalten gab es mitunter eine Wäschemangel zum Glätten der großen Wäschestücke. Ansonsten benutzte man zum Bügeln ein Stachelbügeleisen. In einen hohlen Gusseisenkörper mit Holzgriff wurde ein Eisenklotz, der Stachel, eingeschoben. Meist waren zwei dieser Stachel in Einsatz. Während der eine die Sohle des Bügeleisens erhitzte, kam der bereits abgekühlte wieder in die Glut des Herdes. Dann kam das Kohlebügeleisen auf. Der Hohlkörper wurde mit der Glut der Holzkohle gefüllt und mit dem Deckel, auf dem der Griff befestigt ist, verschlossen. Der Deckelrand hatte zwecks Luftzufuhr für die Glut Öffnungen.

Eine besondere Annehmlichkeit stellte das elektrische Bügeleisen dar. Nun war das Bügeln unabhängig von einer Feuerstätte und zeitsparend möglich. Die Bügelmaschine wurde allmählich kein Luxus mehr und setzte sich besonders in Haushalten mit mehreren Versorgungspersonen durch.

Ausstattung einer Gemeinschaftswaschanlage mit Waschkessel, Waschbottich („Waschfrenten") und Kugeltrommelmaschine (um 1950, l.). Waschmaschine mit Kugeltrommel (um 1950, r.).

Kulturgeschichte der Technik im Haushalt

Die Waschlauge nach der Kochwäsche wurde zum Nachwaschen oder Einweichen der Buntwäsche verwendet (um 1953, l.). Waschmaschine und Wäscheschleuder in einer Gemeinschaftswaschanlage (Mitte 50er-Jahre, r.).

In der Regel ist in jüngerer Zeit die Haushaltswaschmaschine in der Schmutzschleuse, im Hausarbeitsraum oder im Bad aufgestellt. In einem mehrgeschoßigen Bau, wo die Waschmaschine im Keller oder Erdgeschoß steht, die meiste Schmutzwäsche im Obergeschoß anfällt, wird mitunter ein Wäscheabwurfschacht für die Schmutzwäsche eingerichtet. Dieser erspart Platz und Arbeit für den Schmutzwäschetransport. Hiezu dient oft ein groß dimensioniertes Rohr vom oberen in das untere Geschoß, das im Sichtbereich als Möbel verkleidet ist.

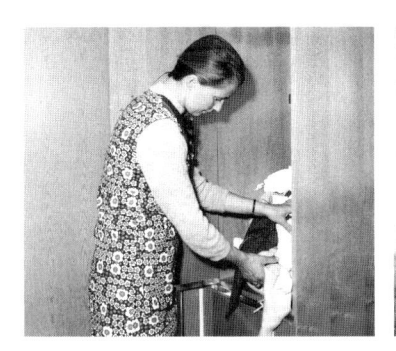

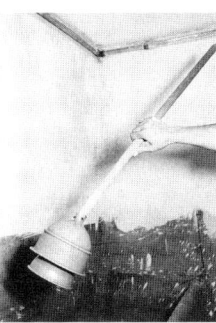

Die Schmutzwäsche wird im Wirtschafts- oder im Hausarbeitsraum, wo die Waschmaschine steht, dem Wäscheabwurfschacht entnommen. Im unteren Teil des Schrankes sind die Waschmittel untergebracht (1972, l.). Die Wäscheglocke – nach dem Krieg in den meisten Haushalten ein wirksamer Helfer beim Wäschewaschen. Für spezielle Fälle, wie Waschen eines Fleckerlteppichs in einem Bottich, wäre sie auch heute noch nützlich (M.). Elektrobügeleisen mit Stufen-Schaltung: 0-1-2-3.

265

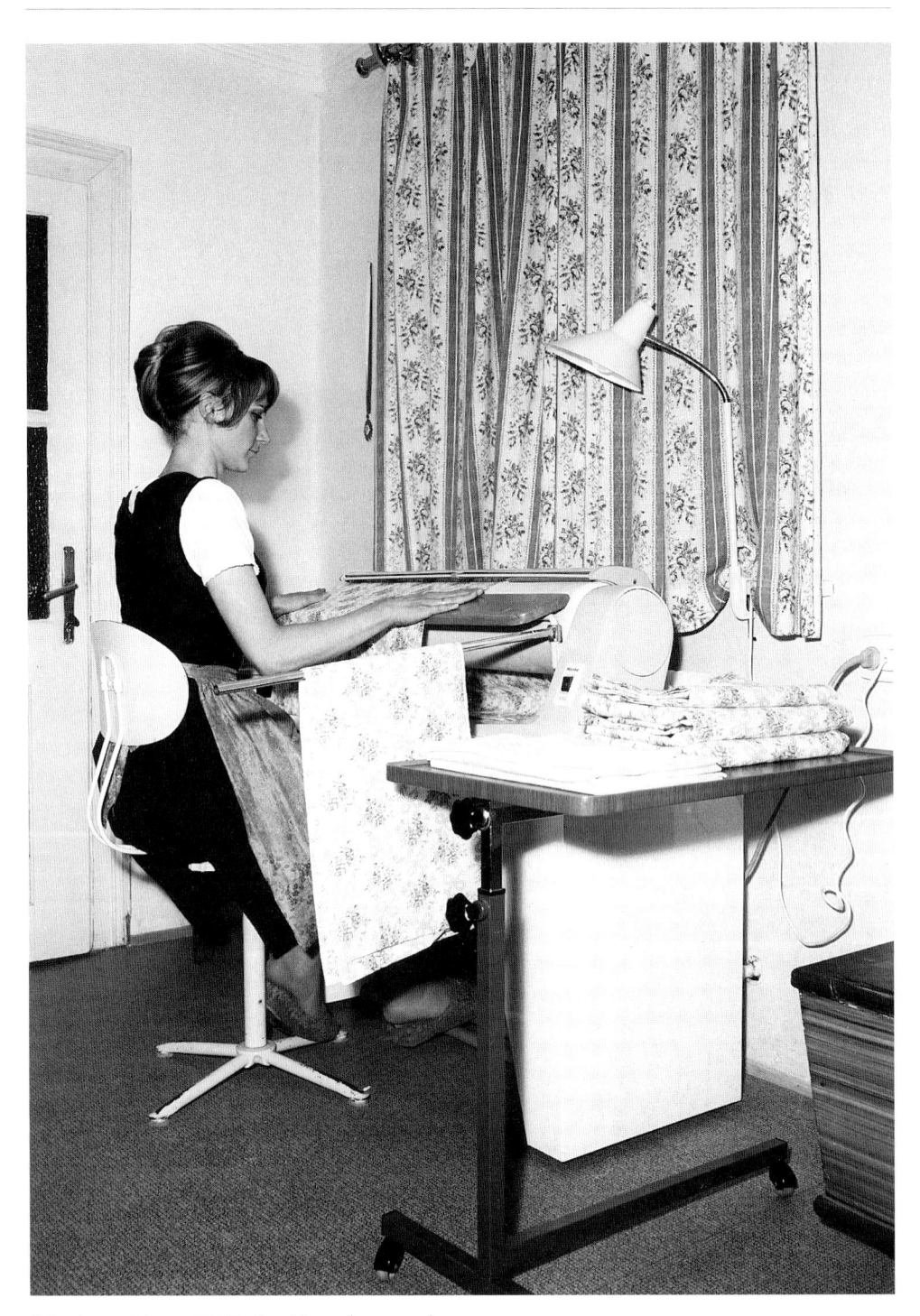

Bügelmaschine mit Wäscheablage (um 1974).

Nähmaschine

Als Nähmaschinen auch in bäuerlichen Haushalten angeschafft wurden, handelte es sich meist um Langschiff-Nähmaschinen mit einer Handkurbel, ohne Fußantrieb. Dann wurden nur noch Nähmaschinen mit Fußantrieb angeschafft. Die Bauart mit dem Rundschiff setzte sich schließlich durch. Mit dem elektrischen Strom kam die nächste Verbesserung, und zwar übernahm statt des Pedalantriebes ein kleiner, nachträglich aufmontierter Elektromotor den Antrieb. Die Industrie stellte alsbald nur noch Nähmaschinen mit eingebautem E-Motor und vielen technischen Raffinessen her.

Nähmaschine, nachträglich ausgestattet mit Elektromotor.

Zusammenfassung

Die Ausstattung des Haushalts im Bauernhaus mit modernen technischen Geräten ist im Allgemeinen gut. Großteils werden die Wohngebäude über eine Zentralheizung erwärmt, dazu kommt in vielen Fällen ein Kachelofen, manchmal kombiniert mit einer Kochstelle. In den Bauernhäusern überwiegt die Holz-Zentralheizung, z. B. mit dem bereits sehr Arbeit sparenden Stückholzkessel moderner Bauart oder die Hackschnitzelzentralheizung. Sonnenkollektoren werden hauptsächlich zur Warmwasserversorgung errichtet. Immer mehr Bauern interessieren sich für Biogasanlagen, mehrere Anlagen sind in Planung bzw. in Bau.

Die modernen Küchen in bäuerlichen Haushalten unterscheiden sich nicht von den nichtbäuerlicher, wenn auch vielfach, und zwar aus begründeten Anlässen, auch ein Feuerungsherd aufgestellt ist.

Die Methode des Brotbackens im Bauernhaus wird heute wieder praktiziert. Überlieferte Konservierungsmethoden sind auch heute noch üblich, wenn auch mit zum Teil neuen technischen Lösungen.

Elektro-Haushaltsgeräte stellten sich als Artikel zum Schenken heraus. Daher scheint so mancher Haushalt übertechnisiert zu sein, so manches gut gemeinte Geschenk wird mitunter nie oder selten benutzt.

Quellen- und Literaturverzeichnis

Ausbildungs- und Prüfungsbestimmungen für Lehrer und Lehrerinnen an landwirtschaftlichen und gartenbaulichen Berufs- und Fachschulen. Hg. Reichsministerium für Wissenschaft, Erziehung und Volksbildung. Berlin 1943. Kopie Archiv Schafhuber.
Bayer Johanna – Weber-Patat Traude, Bäuerliches Wohnen – praktisch und schön.
Bayer Johanna – Weber-Patat Traude, Moderne Küchenmöbel, beide hgg. vom Bundesministerium für Land- und Forstwirtschaft o. J. (um 1955).
Betriebszählung 1970, 1980, 1990. Hg. Statistisches Zentralamt Wien.
Brönimann Benna, Die ersten ländlichen Hauswirtschaftsprüfungen in der Ostmark, in: Wochenblatt des Reichsnährstandes, Folge 22. Graz, 3. 6. 1939.
Buchinger Josef, Geschichte des land- und forstwirtschaftlichen Schul- und Bildungswesens in Niederösterreich. Hgg. vom Verein zur Förderung der forstlichen Forschung in Österreich. Wien 1968.
Bundesseminar für das landwirtschaftliche Bildungswesen – Land- und forstwirtschaftliches berufspädagogisches Institut Wien Ober-St. Veit, Lehrer- und Berater-Fortbildungsplan des Bundes und der landwirtschaftlichen Kammern.
Bünker J. R., Dorffluren und Bauernhäuser in der Gegend um Murau (Obersteiermark), in: Mitteilungen der Anthropologischen Gesellschaft in Wien, Bd. XLIII. Wien 1913.
Dachler Anton, Texttafeln I–VI, in: Das Bauernhaus in Österreich-Ungarn und seine Grenzgebiete, hgg. vom Österreichischen Architekten- und Ingenieursverein. Dresden 1906.
Der Urlaubsgast am Bauernhof, Hg. Landeskammer für Land- und Forstwirtschaft, Abteilung Hauswirtschaft, Graz 1972.
Doppelhofer Linde, Die Situation der Bäuerinnen im Wandel der Zeit. Auswirkungen auf die Beratungstätigkeit, in: Ländlicher Raum, Hg. Österreichisches Kuratorium für Landtechnik und Landentwicklung. Mitteilungen des Arbeitskreises Ländlicher Raum 2/59. Wien Nov. 1995.
Fischer Hedwig, Überbetriebliche Frauenarbeit. Eine neue Art der organisierten Nachbarschaftshilfe, in: Der Förderungsdienst 4/1990.
Fischer Rosa, Oststeirisches Bauernleben. 1908.
Frey Peter – Reichert Wilhelm, Untersuchungen über tatsächliche Wohnnutzung von bäuerlichen Wohnhäusern. 143. Arbeit des ÖKL. Wien 1971.
Gamerith Anni, Speis und Trank im südoststeirischen Bauernlande. Inauguraldissertation. Graz 1961.
Geisler Gundi, Matzinger Nora, Schafhuber Dora, Der Urlaubsgast auf dem Bauernhof. Hg. ÖKL. Wien 1974.
Geisler Gundi, Matzinger Nora, Schafhuber Dora, Urlaub auf dem Bauernhof – Nebenerwerb oder Hobby, in: Praktische Landtechnik 8/1974.
Geisler Gundi, Vermieter werden ist nicht schwer – Vermieter sein dagegen sehr, in: Praktische Landtechnik 5/1974.
Geramb Viktor von, Die Kulturgeschichte der Rauchstuben. Ein Beitrag zur Hausforschung, in: Wörter und Sachen 9. Heidelberg 1924.
Geramb Viktor von, Das Bauernhaus in Steiermark, in: ZHVSt, 9. Jg. 1911.
Gesetzblätter des Reichsnährstandes, Verordnungen und Förderung der Landbevölkerung. RGBl. I. Berlin 1938.
Halmer Irmtraud, Von der „Ersten landwirtschaftlichen Frauenschule" zur „Höheren Bundeslehranstalt für Land- und Ernährungswirtschaft", in: Festschrift 1951–2001 Höhere Bundeslehranstalt für Land- und Ernährungswirtschaft Sitzenberg. Sitzenberg Okt. 2001.
Heinzinger Gertraud, Gemeinwesenorientierte Erwachsenenbildung als Motor für die Entwicklung ländlicher Räume und Gemeinden. Konsequenzen für die Weiterbildungspraxis der Zukunft. Diplomarbeit am Institut für Erziehungswissenschaften. Graz 2000.
Hinterer Betty, Führung der ländlichen Hauswirtschaft. Graz 1948.
Höllerl N., Die Aufgabe der Abteilung „Landwirtschaftliches Bauwesen" der Landesbauernschaft Südmark, in: Wochenblatt 50. Graz, 16. 12. 1939.
Holzinger Otto, 25 Jahre Landeskammer für Land- und Forstwirtschaft Steiermark. Graz 1954.
Kalin Lisbeth, Bericht über die Entwicklung der Beratungsarbeit in der Steiermark von Anbeginn. Maschinschriftlicher, unveröffentlichter Bericht an die Arbeitsgemeinschaft der landwirtschaftlich-hauswirtschaftlichen Lehrerinnen und Beraterinnen Österreichs, o. Jg. (um 1961). Kopie im Archiv Schafhuber.
K. k. o. ö. Landwirtschaftliche Gesellschaft, Die erste „landwirtschaftliche Frauenschule" Otterbach, o. J.

Kluge Friedrich, Etymologisches Wörterbuch der deutschen Sprache. Berlin, New York 1975[21].
Kraus Hermann, Das obersteirische Bauernhaus, in: Heimatliches Bauen in den Ostalpen. Ein Handbuch, hgg. von Josef Papesch, Hans Riehl, Walter Semetkowski, Sonderband. Graz 1941.
Kurz Gertrude, Bericht über die Ausbildung zur landwirtschaftlichen Haushaltungslehrerin aus dem Jahr 1924. Maschinschriftlicher, unveröffentlichter Beitrag. 1982. Kopie Archiv Schafhuber.
Kurz Gertrude, Niederösterreichische Landwirtschaftliche Lehranstalt: Landwirtschaftliche Frauenschule und Haushaltungslehrerinnenseminar in Bruck an der Leitha. Unveröffentlichter Bericht Aug. 1982. Kopie Archiv Schafhuber.
Land- und forstwirtschaftliche Betriebszählung 1980 und 1990.
Landwirtschaftliche Mitteilungen, Holzinger-Ausgabe. Graz 31. 12. 1973.
Lechner Erna, Bericht über das 1. Dienstjahr in den Kreisbauernschaften Leibnitz – Mureck im Jahre 1939. Blindenmarkt 1986. Original Archiv Schafhuber.
Leopold Rudolf, Agrarförderung im Wandel der Zeit. Wien 1978.
Linhart Hans, Das landwirtschaftliche Schulwesen in der Steiermark, in: Steirische Bauernzeitung Nr. 1, 2. 1. 1938.
Matzinger Nora, Information über die wirtschaftliche, menschliche und soziale Situation der Familie – Situationsanalyse und Beratung bei der Anpassung der Haushaltsorganisation an die wirtschaftlichen und familiären Gegebenheiten, in: Der Förderungsdienst, 11/1970, Sonderheft 3.
Matzinger Nora, Wertung in der Beratung, in: Der Förderungsdienst, 10/1973.
Mayrbäurl Maria, Entwicklung des oberösterreichischen landwirtschaftlich-hauswirtschaftlichen Schulwesens. Unveröffentlichter Bericht. April 1985. Kopie Archiv Schafhuber.
Meringer Rudolf, Das deutsche Haus und sein Hausrat. Leipzig 1906.
ÖKL-Baumerkblätter Nr. 37 Küche, Nr. 40 Wirtschaftsraum, Nr. 53 Tierische Verarbeitung, Nr. 68 Milchverarbeitung in der Direktvermarktung.
ÖNorm B 5400 – Haushaltsküche. ÖNormen B 5410 Sanitärräume im Wohnbereich, B 5420 Hausarbeitsraum.
Petzold Ruth, Die Entwicklung der hauswirtschaftlichen Ausbildung im Landwirtschaftlichen Bereich in Österreich. In gekürzter Form in diversen Publikationen. Klosterneuburg 1986. Kopie Archiv Schafhuber.
Petzold Ruth, Seit 75 Jahren Ausbildung der Landwirtschaftslehrerinnen in Österreich. Manuskript für: Blick ins Land und Die Landjugend. 1986.
Pramberger Romuald, Volkskunde. Handschriftliche Folienbände Nr. 21 und 23.
Prettenthaler Annemarie, Gute Fleischspezialitäten. Hg. Landeskammer für Land- und Forstwirtschaft Steiermark, Abt. Hauswirtschaft, o. J. (um 1960).
Recht des Reichsnährstandes, Heft 11, Juni 1941 und Heft 14, Juli 1938.
Reichert Wilhelm, Der Bauer ohne Knecht. Ein Skizzenbuch über die bäuerliche Entwicklung in den letzten vier Jahrzehnten. Graz 1982.
Reiter-Stelzl Josepha, Die land- und forstwirtschaftliche berufspädagogische Akademie. Entwicklung, Aufgaben und Perspektiven des Bundesseminars in Wien. Diplomarbeit an der Grund- und Integrationswissenschaftlichen Fakultät der Universität Wien. Wien 1998.
Reiter-Stelzl Josepha, Historischer Rückblick auf die Ausbildung von Landwirtschaftslehrer/innen und Beraterinnen, in: Festschrift 50 Jahre agrarpädagogische Ausbildung. Wien 2004.
Reiterer Karl, Der oberländische Bauer einst und jetzt, in: Roseggers Heimgarten, 35. Jg. Graz 1911.
Richarz Irmintraut, Zur Entwicklung der Wissenschaft vom Haushalt, in: Bulletin des Internationalen Verbandes für Hauswirtschaft 8/1977.
Schafhuber Dorothea – Doppelhofer Linde, Wohnen und Bauen. Planungshilfen für den Eigenheimbauer. Praxisbuch Landwirtschaftliches Bauen. Graz 1993.
Schafhuber Dorothea – Doppelhofer Linde, Wohnen und Bauen. Praxisbuch Landwirtschaftliches Bauen. Graz 1985.
Schafhuber Dorothea, Die Nahrungswirtschaft der Bauern in Tal bei St. Lambrecht. Eine Studie zur bäuerlichen Nahrungsvolkskunde. Diplomarbeit an der Karl-Franzens-Universität Graz. Graz 1988.
Schafhuber Dorothea, Geschichte der Bäuerinnen und der bäuerlichen Lebensverhältnisse, in: Die Grüne Mark. Graz 2004.
Schafhuber Dorothea, Wohnen und Bauen. Graz 1975.
Schafhuber Dorothea, Wohnen und Bauen. Hauswirtschaftliche Beratungsgrundlagen für den Wohnbau. Hg. Landeskammer für Land- und Forstwirtschaft Steiermark (Broschüre), 1. und 2. Aufl. Graz 1971.

Schafhuber Dorothea, Wohnhausplanung und hauswirtschaftliche Beratung. Überlegungen zur Wertung der Beratung und Verbesserung der Wirksamkeit, in: Der Förderungsdienst, Mai 1974.
Schmeller Johann Andreas, Bayerisches Wörterbuch. Sonderausgabe München 1985.
Schweizer Gemeinnütziger Frauenverein Sektion Bern, 50 Jahre Haushaltungslehrerinnenseminar Bern 1897 bis 1947. Bern 1947.
Steiermärkische Landarbeiterdienstordnung, Ausführungsgesetz zum Bundesgesetz vom 2. Juni 1948 in TB 1947 und TB 1953.
Steindl Eduard, Das landwirtschaftliche Bauwesen in der Südmark, in: Wochenblatt Folge 50, 16. 12. 1939.
Steirische Landbaufibel. Hg. Verein für Heimatschutz in Steiermark. Salzburg 1946.
Stöckler Franziska, Die Beratungs- und Bildungsarbeit der steirischen Landeskammer für Land- und Forstwirtschaft unter besonderer Berücksichtigung der Bezirkskammer Weiz von 1945 bis 1970. Dissertation an der Karl-Franzens-Universität Graz. Graz 1995.
Strantz Änne von, Der neue Hof nach den Ansprüchen der Bäuerin, in: Neues Bauerntum, 32. Jg. H. 8. 1940.
Tätigkeitsbericht der Landes-Landwirtschaftskammer Steiermark 1932 bis 1936.
Tätigkeitsberichte der Landeskammer für Land- und Forstwirtschaft Steiermark 1945/1946, 1947, 1948, 1949, 1950/1951, 1952/1953, 1954/1955, 1956/1957, 1958/1959, 1962/1963, 1968/1969, 1970/1971, 1974/1975.
Tritthart Michael, 40 Jahre Bauberatung durch die steirische Landwirtschaftskammer 1946–1986, in: Bäuerliches Bauen in der Steiermark. Hg. Amt der Steiermärkischen Landesregierung, Fachabteilung IIe, Agrartechnik, Landeskammer für Land- und Forstwirtschaft und Österreichisches Kuratorium für Landtechnik (ÖKL) anlässlich der Bautagung des ÖKL in der Steiermark vom 5. bis 7. 5. 1986. Graz 1986.
Unger Theodor – Khull Ferdinand, Steirischer Wortschatz als Ergänzung zu Schmellers Bayerisches Wörterbuch. Reprint Vaduz 1984.
Weihs Ludmilla, „Ausbildungsmöglichkeiten in der ländlichen Hauswirtschaft". Hg. Landeskammer für Land- und Forstwirtschaft Steiermark, Abt. Hauswirtschaft, o. J.
Weihs Ludmilla, „Wir lernen Landwirtschaft". Ein Unterrichtsbehelf für den landwirtschaftlichen Unterricht der Beraterinnen an den landwirtschaftlich-hauswirtschaftlichen Fortbildungs- und Berufsschulen. Hg. Landeskammer für Land- und Forstwirtschaft, Abt. Hauswirtschaft, o. J.
Wochenblatt des Reichsnährstandes. Folge 5, 4. 2. 1939; Folge 38, 23. 9. 1939; Folge 46, 18. 11. 1939; Folge 1, 12. 9. 1942; Folge 50, 16. 12. 1939.
Zehn Jahre Höhere Bundeslehranstalt für landwirtschaftliche Frauenberufe in Oberösterreich 1956–1966. Elmberg 1966.

Verzeichnis der Abbildungen

Bildquellen:

Film- und Lichtbildstelle des Bundesministeriums für Land- und Forstwirtschaft Wien: 118 o. l., 239 l., 265 u. l., 267.

Kerschbaumer: 193.

Lechner: 55 (3).

LK: 66, 81 l., 87.

Loidolt: 86, 88, 114, 138, 175.

Marko: 89, 108, 111 (2), 129, 132 (2), 133 o., 218 u. r., 222 (2) u., 224, 225 (2) o. l.und u., 254 o. r.

Schafhuber: 17, 46 (2), 47 (3), 62, 81 r., 104 r., 130, 133 u., 135, 149, 153, 156, 161 o., 164 (2), 165 (2), 171, 184, 185, 187 (2), 188 (4), 189 (2) o., 190 (2), 192, 193 (2) o. l. und u., 196 (2), 197 (2), 198, 199 (3), 206, 210 (6), 211 83), 212, 213 o., 214, 215 l., 217 (5), 218 (2) o., 219 (4), 220 (2), 221 (2), 222 o., 225 o. l., 228, 229 (2), 230 (3) o. und u. r., 233 (2), 234, 236 (2), 237 o. l., 239 r., 242, 243 (2) M. und u., 244 r., 245 (2) M. l. und u. l., 246 M. l. und u. l., 247, 248 (2), 251, 252 (2), 253, 257 (2), 258 (2) r., 260 (3) o. l. und u. l.

Steffen: 29, 90, 96, 99 (2), 103, 104 l., 112 (2), 115 (3), 116, 118 u., 119, 120, 127, 131 (2), 139, 140, 144 (2), 148, 195 (2), 201 (3), 213 u., 215 r., 218 u. l., 227, 230 (2) u. l. und M., 235 (4), 237 o. r und u., 238 (2), 240 (4), 241 (4), 243 o., 244 l. und M., 245 (2) o. M. r., u. r., 246 (2), 247 (3) o. r., u., 249, 254 (5), 255, 256 (2), 258 l., 260 (2) u. M. und r., 261 (2), 262 (2), 264 (2), 265 (3) o. und u. r., 266, 267.

StLA: 189 u.

Die Fotos von Marko und Steffen wurden von der Landeskammer für Land- und Forstwirtschaft Steiermark, Abt. Hauswirtschaft in Auftrag gegeben und großteils aus ERP-Mitteln finanziert (Archiv Landeskammer).

Grafiken:

Doppelhofer: 153 M., 161 u.

Schafhuber: 153 o. und u., 154, 214 (2), 250 (2).

Abkürzungen

AIK	Agrarinvestitionskredit
D. A.	Diplomarbeit
Ebd.	Ebenda
FD	Förderungsdienst
FLM	Freilichtmuseum
FS	Festschrift
Hg.	Herausgeber
hgg.	herausgegeben
o. J.	ohne Jahresangabe
ÖKL	Österreichisches Kuratorium für Landtechnik
StLA	Steiermärkisches Landesarchiv
TB	Tätigkeitsbericht
UG	Umstellungsgemeinschaft
VfH	Verein für Heimatschutz

Sachregister

Abteilungsleiterin 53, 58, 65, 86, 87, 89, 91, 92, 93
Adressenverzeichnis 167
AIK-Anträge 62
Almer 191, 198
Alpenländisches Einheitshaus 204, 205
Altbausanierung 161, 184, 215
Amerikanische Küche 200, 212
Annabichl 21
Apfelstraße 164
Arbeitsaufwandsermittlung 129
Arbeitskreise 36, 49, 63, 65, 68, 85, 147, 152, 157, 161, 165, 167, 168, 179
Arbeitsküche 138, 139, 194
Arbeitstagung 31, 42, 44, 48, 49
Arbeitsüberlastung 64, 101, 166, 179
Arbeitswirtschaft 35, 38, 39, 42, 133, 141
Asche 233, 263
Asn 232
Assach 242
Aufbaukurse 157, 167
Aufstockung 60
Ausbildungsplan 92, 129
Ausseergebiet 190
Ausstellungen 12, 84, 95, 139, 140, 141
Automatikkochplatte 238
Bachen 252
Badeofen 230
Badezimmer 138, 213
Bauabteilung 109, 148, 150, 152, 161, 183, 204, 205, 206, 209
Bauaufnahme 186
Bauboom 16, 85, 150, 161, 179, 183, 184, 205, 215, 223
Bäuerinnenkurse 16, 53, 72, 78, 85, 98, 100, 120, 141, 146, 178
Bäuerinnenorganisation 71, 175, 178
Bauernkrankenkasse 90, 173
Bauernmarkt, Bauernmärkte 45, 64, 65, 85, 162, 163, 164
Baugesinnung 203
Bauherrenschulung 16, 65, 71, 85, 151, 153, 154, 159, 162, 209

Bauvorhaben 157, 159
Bauwerber 153, 155, 160, 161
Bauzustand 159, 200
Bedarfsermittlung 154, 157
Beerenpresse 262
Beihilfen 16, 62, 68, 109, 117, 137, 142, 167
Beraterinnenstand 16, 83
Beraterinnentagung 43, 44
Beratungskräfte 10, 13, 28, 30, 31, 32, 33, 36, 40, 44, 45, 46, 48, 64, 67, 71, 79, 94, 136, 162, 179, 223, 231
Beratungsmethodik 39, 40, 41, 48, 84, 152
Beratungspsychologie 63
Beratungsschwerpunkt 36, 38, 93, 104, 105, 141, 150, 179
Berufsausbildung 56, 59, 71, 88, 92, 121, 123, 124, 126, 135, 178
Berufsausübung 14
Berufsethos 9, 31, 64
Berufsschulen 85, 92, 95
Berufung 31, 92
Betriebe 9, 13, 16, 37, 38, 44, 50, 51, 58, 59, 60, 67, 72, 73, 83, 100, 103, 105, 108, 121, 125, 130, 133, 137, 142, 143, 144, 146, 151, 154, 155, 159, 164, 167, 169, 171, 179, 182, 195, 205, 209, 215, 216, 220, 222, 225, 238
Betriebseinkommen 162, 179
Betriebswirtschaft 16, 40, 41, 86
Betriebszweig 52, 163, 165, 167
Bezirksbäuerin 37, 114, 176, 177
Bildungsprogramm 52
Bildungsurlaub für Landfrauen 174
Blitzkochplatte 238
Boiler 143, 145, 228
Brotbackofen 108, 232
Brotbottich 245
Brotkotter 246
Brotrehm 245, 246
Brückl 190
Buffet 198, 200, 262
Bügeleisen 143, 231, 264
Bügelmaschine 143, 264

Sachregister

Bundesseminar 25, 26, 34, 37, 38, 39, 40, 41, 42, 46
Buschenschank 16, 36, 44, 45, 62, 70, 130, 141, 144, 162, 169, 170, 171, 178, 218, 223
Buschenschankgesetz 62, 170
Čelodič 163
Dachboden 81, 190, 192, 195, 196, 223, 263
Dampfdruckkochtopf 242
Dampfentsafter 74, 96, 262
Demonstrationsmittel 81
Dienstboten 19, 51, 190, 195, 257
Dienstrecht 27, 31
Direktvermarktung 10, 16, 45, 71, 84, 100, 102, 113, 144, 162, 163, 164, 165, 218, 222
Doppelfeuerstätte 191, 232
Dosenmaschine 253
Dosenverschlussmaschine 51, 73
Drehkreuz 263, 264
Drittes Reich 15, 21, 22, 58, 87, 121, 175, 201
Durchlässigkeit 14
Dürnstein 188
Eggenberg 24
E-Herd 145, 212, 231, 237, 238
Eindosaktion 51
Einfrierkurse 84, 109, 110, 112
Einkommensbeschaffung 166
Einrichtungsplanung 90, 157, 216
Elektrifizierung 83, 107, 138, 226, 231, 248
Elektro-Beispielshöfe 107, 142, 178, 230
Elektrobügeleisen 265
Elmberg 23, 24
Eloxierte Dosen 262
Energie 39, 40, 44, 45, 46, 85, 142, 145, 146, 147, 228, 229, 230, 231
Energiesparhäuser 223
Ennstal 67, 188, 190, 193, 194, 234, 248, 252, 258, 259
Entscheidungshilfen 12, 69, 146
Erholungswochen 173, 174
Erlebnisberichte 15
ERP-Mittel 23, 84, 108, 109, 120, 178, 226
Erwerbseinkommen 14, 71, 178
Erzherzog-Johann-Haus 186, 192
Essgangl 186
Evaluierung 16, 33, 68, 157, 168
Fachberatung 14, 36, 62, 63, 71, 168

Fachlehrerinnen 53, 87, 88, 178
Familienhelferin 172, 173, 174
Fassadengestaltung 188
Federnschleißen 103
Fehlinvestitionen 16
Ferienwohnungen 167, 171, 218, 222
Feuerungsherd 149, 231, 235, 236, 237, 243, 268
Finanzierung 10, 20, 40, 44, 70, 85, 130, 162, 164, 168, 170
Fleischfrenten 252
Fleischmaschine 262
Fleischverwertungskurse 84, 85, 110, 113, 114, 163, 178
FLM 233
Förderungen 17, 62, 71, 84, 162, 167, 182, 184, 226
Förderungsdienst 25, 26, 27, 59, 74, 83
Fortbildungsschulen 28, 83, 84, 93, 94, 95, 122, 123, 178
Frankfurter Küche 200, 212, 220
Freilichtmuseum 198
Fremdenverkehr 36, 43, 44, 45, 49, 71, 84, 85, 86, 100, 103, 166, 167, 168, 169, 170, 188, 216
Fremdenverkehrsausschuss 84, 167
Fremdenverkehrsausstellung 168
Fremdenverkehrsreferentin 86, 167, 169
Funkenhut 189, 232, 233
Funktionsablauf 161, 223
Futterküche 145, 220
Gästebeherbergung 84, 103, 141, 162, 165, 166, 167, 168, 218, 222
Gefrieranlagen 84, 109, 112, 113
Gefriertechnik 110, 113, 231, 246
Gehilfenbrief 95, 121, 125, 126
Gehilfenprüfung 88, 123, 125, 126
Gemeinschaftsanlagen 84, 93, 107, 108, 109, 143, 178, 226, 263
Gemeinschaftswaschanlage 55, 93, 107, 108, 178, 231, 265
Gerätehersteller 182
Gerätemarkt 182
Gesellschaft 14, 59, 60, 63, 65, 66, 70, 121, 151, 186
Gesundheit 13, 14, 39, 44, 46, 50, 66, 70, 84, 85, 94, 102, 148, 243
Getreidetruhen 196
Glaskeramik 238, 242

Sachregister

Gleichstromgenerator 231
Hackfruchtbau 193, 195
Häfennigl 234
Hausarbeitsprüfung 21, 56, 91
Hausarbeitsraum 49, 220, 221, 265
Hausforschungen 186
Haushalt 10, 12, 13, 14, 18, 19, 20, 21, 38, 39, 40, 41, 42, 43, 44, 45, 59, 60, 121, 128, 129, 133, 137, 142, 143, 162, 182, 223, 225, 242, 243, 268
Haushaltführung 39, 40, 41, 44, 45, 83, 85
Haushaltshilfe 173
Haushaltstechnik 42, 43, 44, 83, 84, 89, 104, 137, 142
Haushaltsüberschlag 129
Haushaltungsschulen 18, 19, 20, 21, 23, 87, 243
Hausväterliteratur 13
Hauswirtschaft 9, 12, 13, 27, 37, 49, 56, 58, 59, 69, 86, 93, 101, 102, 121, 127, 137, 150, 172
Hauswirtschaftlicher Beirat 175
Hauswirtschaftsberatung 9, 12, 18, 36, 58, 69, 137, 172
Hauswirtschaftskurse 19
Hauswirtschaftsprüfung 56, 88, 91
Hauswirtschaftsschulen 19, 21, 23, 24, 25, 50, 182
Heizschlangen 143, 145, 228
Herd kombiniert mit Backofen 236
Herdplatte 234, 235, 238
Herrschaft Haus-Gröbming 192
Hinterlader 191
Hockerkocher 238
Hygieneansprüche 221
Hygienegesetz 221
Ingenieur-Titel 34
Intervalltraining 40, 41
Investitions- und Finanzierungsplanung 10, 44, 70, 85, 130, 151, 162, 164, 170
Judenburger Silberschinken 163
Jungberaterinnenseminar 45
Kachelofen 146, 193, 213, 225, 229, 236
Kachelstube 186, 191, 193, 208
Kaffeemühlen 242, 243
Kaiser-Josef-Platz 165
Kaltraumanlagen 109, 110
Kammerfachkurse 84, 92, 95, 98, 100, 101, 102, 122, 123, 141

Kampf dem Verderb 52, 55, 178, 204
Kartoffeldämpfanlage 144, 145
Kartoffeldämpfkolonen 240
Kellerstöckl 101, 190
Kematen 24
Kesselreidn 232, 233
Kochgeschirr 198, 234, 235, 242
Kochkiste 243, 244
Kohlebügeleisen 264
Kommunikation 27, 41, 42
Kontrastbau 185
Koralmgebiet 164, 165
Körberlgeld 162
Krautaller 259
Krautkessel 259
Krautschabe 242, 259
Krautschwöller 259
Kredenz 198, 200, 212
Kreisbauernführer 53, 178
Kreisbauernschaft 21, 53, 54, 55, 57, 58, 178
Kücheneinrichtung 139, 147, 200, 212, 218, 220
Kugeltrommelwaschmaschine 55
Kulturgeschichte 183, 225
Kunsthandwerk 165
Labn 191, 193
Landesbauernschaft 53, 54, 56, 87, 89, 178
Landfrauenschulen 21, 22, 56, 57, 91
Landjugend 9, 84, 85, 95, 96, 136
Landschaftsgebundenes Bauen 211
Landwirtschaftslehrerinnen 18, 19, 20, 21
Läutrach 258
Lebensverhältnisse 13, 21, 52, 179
Lehrbefähigung 20, 21, 22, 23, 26, 27, 28, 91, 92
Lehrberuf 56, 57, 121
Lehrbetriebe 57, 87, 121, 122, 125, 126
Lehrerinnen-Ausbildung 18
Lehrling 53, 56, 57, 73, 83, 84, 87, 88, 121, 122, 123, 124, 125, 126, 127, 128
Lehrlingsausbildung 83, 121, 122, 124
Lehrlingsschulung 85, 88, 123, 126
Leierbrunnen 231
Maisharpfen 196
Management 42, 59, 67, 69
Maria Saal 21, 233
Markenpolitik 164

277

Sachregister

Marketingstrategien 169
Marshallplan 73, 74, 89, 226
Massekochplatte 238
Mauerschimmel 150, 221
Meeraufenthalt 173, 177
Meisterinnenkurse 127, 128, 134
Meisterinnenprüfung 85, 93, 127, 128
Meisterkurse 127
Methodik 20, 39, 40, 41, 44, 45, 84
Mikrowellengeräte 242, 243
Milchkammer 223
Milchstube 223
Milchzentrifuge 223, 257
Mittelflurhäuser 214
Mostbuschenschänken 171
Murau 125, 136, 160, 176, 186
Murauer Schinken 163
Musterhausgarten 117
Müttererholungswerk 173
Nachtstrom 107, 157, 230, 231
Nähmaschine 101, 267
Nassbeize 114, 252
Nirostageschirr 242
Oberklasse 21, 22, 57, 91
Obersiebenbrunn 21, 22
Ofenkachel 230
ÖKL 45, 49, 107, 164, 216, 222
Ortsbäuerinnen 37, 53, 84, 101, 175, 176, 177
Österreichisches Kuratorium für Landtechnik 32, 168, 204, 273
Ostmark 21, 56
Oststeiermark 82, 108, 166, 186, 188, 189, 194, 232, 259
Otterbach 19, 87
Paarhof 186
Pädagogium 14, 21, 26, 27, 30, 35, 93
Papinscher Topf 242
Pferdeknechte 195
Pitzelstätten 23, 24
Planungsgrundlagen 154
Portikus 186
Preiskalkulation 166, 168
Prestigeobjekt 220
Probelehrerin 22, 26
Professionalisierung 102, 171

Pruggern 190, 197
Pulsatorwaschmaschinen 143, 264
Putzentalalm 233
Raiffeisenhof 39, 40, 41, 42, 43, 44, 45, 46, 174
Ramsau 188
Rassach 165
Räucherkammern 241
Räucherschrank 241
Rauchküche 58, 149, 178, 191, 200
Rauchstube 178, 186, 191, 194, 200, 234, 239
Regionaltagung 43, 48
Rehm 198
Richtwerte 133, 168, 170
Ringkochplatte 238
Röstkäse 258
Rübenschabe 242
Rührkübel 257
Saftpresse 262
Salzstock 252
Saukuchl 220
Schladming 188
Schliefkamin 194
Schmutzschleuse 62, 220, 221, 224, 265
Schnellsieder 233, 234
Schopfwalmdach 188
Schulbuch 157
Schulschwestern 24
Schüsselrehm 198
Schwerpunktprogramme 141
Schwunkmehl 244
Seife 263
Selch 241, 253
Seminar 19, 20, 21, 22, 23, 37, 38, 39, 40, 41, 42, 85
Situationsanalyse 155, 224
Sitzenberg 23, 24, 35, 142
Sommerfrischler 162, 163, 190
Sommerküche 190
Sonderlehrgang 22, 23, 25
Sonnenkollektoren 145, 227, 228, 268
Sozialaufgaben 172
Sozialversicherungsanstalt für Bauern 27, 174
Sparherd 104, 194, 195, 198, 200, 213, 220, 222, 223, 232, 234, 235, 236, 239, 241
Speckroulade 163
Speicher 145, 196, 228, 230

Sachregister

Stachelbügeleisen 264
Stampflehm 189
Steirerkas 258
Steirisches Mutterhilfswerk 84, 90, 172, 174
Stibich 196
Straßendorf 217
Strukturwandel 65, 67, 101, 185
Stubenofen 230, 248, 252
Südmark 53, 54. 87, 89
Suppenbrot 244
Surfassl 252
Süßmostglocke 73, 74, 263
Tafelbett 191
Technik im Haushalt 10, 17, 62, 104, 130, 137, 142, 182, 225
Teilspezialisierung 35, 36, 85
Tiefkeller 191, 192
Tiefkühlanlagen 93
Troadkasten 196, 197
Trockenbeize 113, 114, 252
Trommelwaschmaschinen 55, 143, 263, 264
Tullnerbach 21, 23, 25
Typenplan 206
Überzeugungsarbeit 166

Umwälzpumpe 228
Unterklasse 21, 22, 91
Unterwasserpumpe 227
Urlaub am Bauernhof 10, 16, 62, 70, 84, 85, 86, 92, 165, 168, 169, 171, 178
Viehleute 195
Volksbildungswerk St. Martin 24, 50, 53, 87, 92, 93, 94, 95
Vorratskammer 197
Vorratslagerung 197
Wanderkurse 49, 50, 51, 52, 53, 56
Wanderlehrerinnen 49, 52, 53, 87, 177
Wärmedämmung 226
Warmraumanlagen 109, 110
Warmwasserbereitung 146, 147, 227, 228, 229, 230
Wäscheabwurfschacht 265
Wäschepresse 264
Waschlauge 263, 265
Waschrumpel 263
Wasserglas 257
Webkurse 56, 83, 97, 98
Weinbauregion 170
Weinzerl 190
Wiederkehr 186

Ihr Gartenprofi im Apfeldorf Puch

DER OBSTSPEZIALIST MIT ÜBER 200 ARTEN & SORTEN.

- 2000 m² Erlebnisgarten mit Vielfalt und Flair
- große Solitärbäume als Schattenspender
- kompetente Fachberatung
- Kräuter- und Gewürzspezialitäten
- viele Angebote erwarten Sie!

...um eine Blüte mehr®

höfler
Baumschule + Gartengestaltung
Apfeldorf Puch bei Weiz

Öffnungszeiten:
Montag - Freitag: 7.30 - 12 Uhr & 13 - 18 Uhr
Samstag: 7.30 - 12 Uhr

»Vertrauen liegt in der Natur der Sache.«

NEU

Die **„Kürbis-kernöl-Minis"!**

In einem Karton befinden sich 50 Stk. Kürbiskernöl-Minis á 0,02 l / Fläschchen.

Flaschenhöhe: 105 mm

„Mutter Natur® – so wertvoll wie das Leben."

Wir tragen alle Verantwortung. Verantwortung gegenüber unseren Mitmenschen, aber auch gegenüber der Natur, die uns mit reichen Gaben beschenkt. Da ist es nur selbstverständlich, mit den natürlichen Ressourcen verantwortungsvoll umzugehen.

Dieses Selbstverständnis zeichnet schließlich auch die gesamte Mutter Natur®-Linie aus.

>>> www.mutternatur.at

Überzeugen Sie sich selbst vom erlesenen Mutter Natur® Sortiment:

> **Kürbiskernöl**
> NEU **Kürbiskernpesto**
> NEU **Kernöl-Dressing**
> **Kürbiskerne natur oder mit Meersalz geröstet**
> NEU **Käferbohnen essfertig**
> **Natur-Riegel**
> **Sonnenblumenkerne**
> **Sesam**
> **Leinsamen**
> **Mohn**

MUTTER NATUR

© : www.cmm.at

F.URL & Co GmbH, A-8141 Unterpremstätten, Seering 7, Tel: 03135 / 9007-0, Fax: 03135 / 9007-160

Weizer Schafbauern reg. Gen.m.b.H.

Steirisch – Aus gutem Grund.

A-8160 Weiz • Marburgerstraße 45
Tel. 03172 / 30370 • Fax 03172 / 30370-4
schafbauern@austro.net

Es gibt nur eine Steiermark!

Steirerkraft – Produkte mit Herkunftsgarantie.

DIE KRAFT DES ORIGINALS

Steirerkraft

Der Kern I Die Bohne I Das Öl

Steirerkraft Naturprodukte GmbH, Wollsdorf 75, A-8181 St. Ruprecht/Raab
Tel. +43/3178/2525-0, Fax +43/3178/2525-15, office@steirerkraft.com, www.steirerkraft.com

Marcel Kropf
Kursleiter, Gewürz- und Fleischprofi
Verkauf von Schlachtartikeln und Gewürzen
Ärztlich geprüfter Gesundheitsberater,
Kneippberater, Fastenbegleiter nach
Dr. M. O. Bruker.
8504 Preding 42, 03185/8321, FAX DW 6
marcel.kropf@aon.at

Da die Fleisch-Verarbeitung – das Kochen, Braten, Grillen, hausgemachtes Wursten und Räuchern immer mehr zurückgedrängt werden, biete ich spezielle Kurse und Kursreihen zu folgenden Theman an: Fleischverwertung, Kochen, Rindfleisch, Lammfleisch, Grillen, Fleisch in der Vollwertküche, wobei sowohl auf die althergekommenen Spezialitäten als auch auf die „moderne" gesunde Küche Wert gelegt wird. Diese Kurse können sowohl in Ihrer Gemeinde als auch bei mir zu Hause auf meinem Bauernhof organisiert werden.

Almo
Die exclusive Rindfleischmarke

Bodenständig und traditionell

Die umeltbewußte und bodenschonende Bewirtschaftung der Höfe und Almen, mit den natürlichen Einflüssen auf Flora und Fauna, frei von jeder gentechnischen Veränderung, ist es, die dem naturverbundenen und qualitätsbewußten Konsumenten unter der geschützten Marke „Almo" eine echte und unverkennbare Spitzenqualität sichert.

Almo - Gustostücke (z.B.:Tafelspitz, Schulterscherzl, Mageres Meisl, Beinfleisch) langsam gekocht und mit guten Beilagen serviert, sind seit jeher eine wahre Delikatesse für jeden Rindfleischkenner.

Weishaupt Verlag • www.weishaupt.at

Jäger- und Almlieder
Weidwerkstatt – Kulturerlebnis Jagd
ISBN 3-7059-0107-9; 4. Aufl.
10,1 cm x 14,5 cm; 152 Seiten; 13 farbige Abb.; Brosch.; € 7,50

Das Almleben und das Jagern, der Jäger – manchmal auch der Schütz – und die Sennerin sind viel und gerne besungene Themen unserer Volkslieder und damit ein ganz wesentlicher Faktor unserer alpenländischen Kultur.

Lieder zur Wallfahrt
Gehen, Beten, Singen …
ISBN 3-7059-0143-5
10,1 x 14,5 cm; 176 Seiten; 8 Abb.; Brosch.; € 7,50

Beten mit den Füßen und singen mit dem Herzen! Dieses Buch ist eine Singhilfe, die auffordert, sich wieder einmal auf den Weg zu machen …

Weihnachtslieder selber singen …
ISBN 3-7059-0110-9
10,1 x 14,5 cm; 160 Seiten; Brosch.; € 7,50

Weihnachtslieder gehören heute zu den beliebtesten Liedern. Es gibt kaum eine Familie, in der sie nicht gesungen werden, kaum eine Weihnachtsfeier, wo sie nicht erklingen. Hier finden sich an die siebzig Advent-, Verkündigungs- und Nikolauslieder ebenso wie Lieder zur Herbergsuche und zur Geburt Christi …

Singen im Wirtshaus
ISBN 3-7059-0124-9
10,1 x 14,5 cm; ca. 160 Seiten; Brosch.; € 7,50

Seit altersher sind Wirtshäuser Zentren des gesellschaftlichen Lebens. Das neue Wirtshausliederbuch beinhaltet die wichtigsten Lieder und Jodler, die man zwischen Stammtisch und Schank benötigt. Wirtshaus = Kulturhaus. Kultur ist: selber singen …

Singen im Buschenschank
ISBN 3-7059-0187-7
10,1 x 14,5 cm; 160 Seiten; Brosch.; € 7,50

Die Abendsonne im Nacken und das Glas an den Lippen, dann und wann die Geräusche einer Zugmaschine aus dem Weingarten und eine Fliege auf dem Speckbrot. Es sind die schönsten Stunden an der Hausmauer, wenn sich der Tag ewig lange verabschiedet. In diesen Stunden entsteht Lust am Leben und die Wehmut der Vergänglichkeit zugleich. Es ist die Geburtsstunde von Freundschaft und Ausgelassenheit, der Zeitpunkt der Verbrüderung mit den Hausleuten, dem Welschriesling, den Strauben und mit uns selbst …

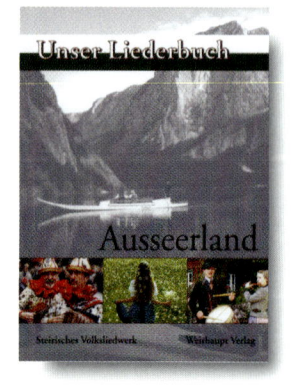

Unser Liederbuch
Ausseerland
Lieder der Regionen, Bd. 2
ISBN 3-7059-0221-0
10,1 x 14,5 cm; 160 Seiten; 25 Abb.; Brosch.; € 8,50

Das Ausseerland ist ein Liederland – das wird mit diesem Buch wiederum bestätigt. Im Vorfeld zur Herausgabe dieser Sammlung wurden mehr als 430 verschiedene Melodien zusammen getragen. Aus dieser Fülle war schließlich die enge Auswahl zu treffen, um die beliebtesten Lieder des Ausseerlandes im handlichen Rocktaschenformat herausgeben zu können.

Dorothea Schafhuber

Die Reitingau
Eine Liesingtaler Talschaft im Wandel

ISBN 3-7059-0140-0; 17,5 x 24,5 cm; 432 Seiten; ca. 330 z.T. farb. Abb.; geb.; € 49,90

In den waldreichen Talschaften der mittleren Obersteiermark verschwinden nach und nach einstige Bauerngehöfte. Eine jahrhundertealte Agrar- und Baukultur weicht dem Wald, der sich speziell auf den Hängen zurückholt, was ihm von den Besiedlern dieses Gebietes vor 800–1000 Jahren abgerungen wurde. Die Tourismusbranche fasste in diesen Gebieten kaum Fuß, daher werden heute auch kaum Wünsche und Forderungen nach einer abwechslungsreichen Kulturlandschaft laut. Damit ein im Verschwinden begriffenes bäuerliches Siedlungsgebiet nicht völlig in Vergessenheit gerät, ging die Autorin der Frage nach früheren Besiedlungs- und Besitzverhältnissen und den Ursachen des Bauernsterbens nach. Sie hielt Relikte ehemaliger Baukultur und bäuerlicher Flurformen dokumentarisch fest, bevor diese gänzlich im Wald versinken. Sie befragte Zeitzeugen und fotografierte noch bestehende Altbauten. Aus diesem ursprünglich rein volkskundlichen Interesse wurde schließlich ein umfassendes Forschungsprojekt, das historische Hintergründe, wirtschaftliche Faktoren, Geologie, Pflanzen und Tierwelt, Land- und Forstwirtschaft, Jagd, Gewerbe, gesellschaftlichen Wandel und Hausformen gründlich behandelt. Die Ermittlung der Besiedlung und der Lebensverhältnisse von Reitingauer Bewohnern in früheren Jahrhunderten bis zur jüngsten Vergangenheit war geleitet von dem Bemühen, Ursachen und Auswirkungen von Veränderungen zu veranschaulichen. Deshalb sind besonders agrar-, forst- und jagdgeschichtliche Abhandlungen relativ umfangreich.

Die Reitingauer, auch „Grabler" genannt, zeichneten sich immer durch ein besonderes Zusammengehörigkeitsgefühl aus. Auch heute legen sie noch Wert darauf, ihre Identität zu wahren, auch wenn diese neue Ausdrucksformen gefunden hat.

Die Autorin:

Mag. Dr. Dora Schafhuber ist gebürtige Reitingauerin. Sie war beruflich in der ländlich-hauswirtschaftlichen Beratung tätig, absolvierte als Pensionistin ein geisteswissenschaftliches Studium und ist speziell mit kultur-, sozial- und wirtschaftshistorischer Regionalforschung befasst.

Weishaupt Verlag • www.weishaupt.at

Konrad Maritschnik
unter Mitarbeit von Karl Sluga
Steirisches Mundart-Wörterbuch
ISBN 3-7059-0084-6; 2. Aufl.;
14 x 21,5 cm; 232 Seiten; 73 SW-Abb.; geb.;
€ 21,70

Die Ausdruckskraft des Dialektes ist eine Bereicherung unserer Sprache. Trotz gegenteiliger Tendenzen und einer Flut von Fremdwörtern haben sich bis heute Mundartausdrücke, die teilweise zu den Anfängen unserer Sprache zurückreichen, erhalten. Das erste Mundartwörterbuch, das die Dialektausdrücke an erster Stelle platziert!

Konrad Maritschnik
Holzknechte und Studierte
Geschichten aus dem Steirerland, Band 1
ISBN 3-7059-0165-6
14 x 21,5 cm; 224 Seiten;
40 SW-Abb.; geb.; € 21,70

In diesem ersten Band der Reihe „Geschichten aus dem Steirerland ..." finden sich zahlreiche teils überlieferte, teils selbst erlebte Geschichten aus dem Weststeirischen Grenzland, aus der Obersteiermark und anderen Gebieten der Steiermark, in denen der Autor in seiner Dienstzeit als Lehrer gelebt hat.

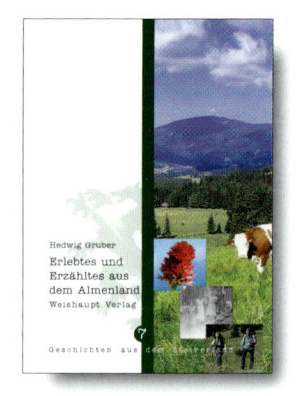

Hedwig Gruber
Erlebtes und Erzähltes aus dem Almenland
Geschichten aus dem Steirerland, Band 7
ISBN 3-7059-0219-9
14 x 21,5 cm; 232 Seiten; 51 teils farb. Abb.; geb.; € 22,–

In diesem Buch erzählt die Autorin Gedichte und Geschichten in der Mundart der nördlichen Oststeiermark. Sie beschreibt bäuerliches Brauchtum und Erlebnisse in ihrer Kindheit und Jugendzeit. Auch Lustiges und Zeitkritisches fehlt nicht.

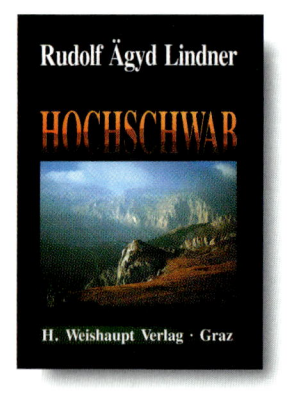

Rudolf Ägyd Lindner
Hochschwab
ISBN 3-900310-26-2; 2. Aufl.; 25,5 x 32,5 cm; 288 Seiten; 286 Farbfotos; geb.;
€ 99,90
Ausgezeichnet mit DAV-Literaturpreis.

Bergsteigen • Klettern • Schitouren • Blumen • Tiere • Brauchtum • Naturerlebnis zu allen Jahreszeiten

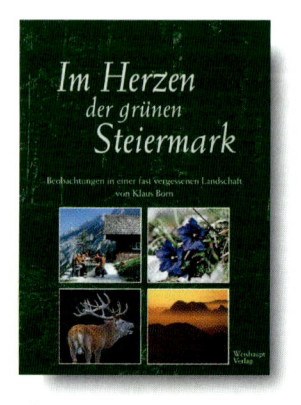

Klaus Born
Im Herzen der grünen Steiermark
Beobachtungen in einer fast vergessenen Landschaft
ISBN 3-7059-0117-6; 21,5 x 30 cm;
176 Seiten; ca. 190 Farbfotos; geb.; € 49,90

Weichselboden, zwischen Ötscher und Hochschwab gelegen, ist eine außergewöhnliche Region der Alpen. Dieses Buch mit seinen traumhaften Landschaftsbildern, Bergpanoramen sowie Pflanzen und Tieraufnahmen wird Naturliebhaber, Bergsteiger und Jäger gleichermaßen in ihren Bann ziehen!

**Weishaupt Verlag
A-8342 Gnas 27**

Tel. +43-3151-8487
Fax +43-3151-84874
Onlineshop: www.weishaupt.at
e-mail: verlag@weishaupt.at